KB156010

철학의 이해

김명혜

Understanding of
Philosophy

박영story

머 리 말
Preface

　현재 재직하고 있는 대학에서 철학을 가르치라는 지시가 떨어졌을 때, 그리고 출판사에서 철학 교재에 대한 의뢰를 받았을 때 맨 처음 들었던 생각이 과연 내가 이렇게 엄청난 책을 쓸 자격이 있을까 하는 것이었다. 다른 것은 몰라도 책을 읽는 것을 좋아하던 나는 소위 '고시공부' 하듯 철학책들을 정독하기 시작하였다. 다행스러웠던 것은 그동안 축적된 학문적 경험 탓인지 철학 내용들이 과거처럼 어렵게만 느껴지지 않았다는 사실이었다. 오히려 내 인생을 정리하는 마음으로 이 책을 썼다는 것이 정확한 표현인지도 모른다. 그러면서 지난 30년 동안의 강의경력이 파노라마처럼 스쳐가며 몇 가지 잊지 못할 일들이 상기되었다. 특히 한국의 유교사상을 집필하면서 유학자란 한마디로 선비의식으로 무장한 조선시대 이상적인 인간상이라는 사실을 쓸 때였다. 선비사상의 진정한 의미가 무엇일까에 생각이 집중되면서 내 인생에서 결코 잊지 못할 하나의 사건이 상기되었다. 한 대학의 교수로 임명되면서 학장님으로부터 전 교수들 앞에서 '공개강좌'를 하라는 지시가 떨어졌다. 공개강좌를 준비하기 위해 얼마나 많은 시간을 들였는지는 언급하지 않겠다. 드디어 수십 명의 교수들 앞에서 공개강의가 시작되었다. 약 한 시간에 걸친 발표가 나름 성공적으로 끝났다는 생각이 들었을 때 중년의 교수가 손을 번쩍 드셨다. 그 분은 제 강의에 대한 평가를 이렇게 내리셨다. "발표 도중 건방지게 '나'라는 표현을 쓰다니!"라고 말이다. 내가 강의를 하면서 '제가'라는 존칭어 대신 '내가'라는 말을 그 분 앞에서 사용했다는 것이었다. 후에 그 분과의 접촉을 통해 알게 된 사실이지만, 그 분은 늘 자신이 왕족의 성(family name)을 가진 양반이라는 사실을 모두에게 주지시켰다. 나는 그 분의 양반의식에 반한 행동으로 말미암아 몇 주일인가를 준비한 발표내용을 무용지물로 만들어버렸던 것이었다. 나는 그 뒤 세 살짜리 어린아이에게도 '저는'이란 존칭어를 사용한다. 지금도 일인칭으로 써야 하는 이 글이 영 거북할 뿐이다. 그 분은 그 후에도 양반계급에 들어올 수 없는 배경을 가진 교수들과 이런저린 분란을 일으키셨지만 그 교수의 인격은 결코 존경할 만한 수준은 아니었다.

　나의 어머님은 서당 선생님의 큰 따님이셨다. 교육열이 남달라 자식 6명 중 4명을 박사로 만드시고 큰 아들을 과거제도에 급제도 시키셨다. 어머님의 교육 탓이었는지, 현존하는 모든 나라 중에서 가장 자유롭다고 하는 미국에서 7년간을 머물며 나의 선비의식으로 웃지 못할 에피소드도 많이 발생하였다. 한국 사람들은 진정한 선비란 물질적 욕심을 부리면 안 된다고 교육을 한다. 아무리 빈곤하더라도 궁핍한 표현을 하면 안 된다고 배운다. 나도 예외는 아니었나 보다. 미국의 장학금제도는 납부금은 물론 매달 생활비가 나온다. 어느 날 학과 사무실의 비서가 나에게 이런 말을 하였다. "다른 미국학생들은 생활비가 나오는 날 아침부터 달려와 돈을 타 가는데, 너는 내가 봉투를 줄 때까지 왜 돈을 달라는 소리를 하지 않느냐"고 말이다. 그 당시 티국에서의 나의 생활은 스피노자나 퍼스에 못지않게 극빈생활을 하고 있던 터이라 그 어느 미국학생들보다도 생활비가 필요한 처지였다. 그럼에도 불구하고 돈 얘기를 꺼내는 것이 몸에 배어 있지 않았기 때문에 이를 편안하게 표현하지 못했던 것이었다. 이러한 나의 태도를 실용주의에 젖어 있던 미국 비서는 결코 이해하지 못한다고 하였고, 나는 그 비서의 말이 부끄러워 얼굴이 빨개졌던 것 같다.

　철학의 가장 궁극적인 목적은 무엇일까? 동 시대를 사는 사람들의 인식이 이렇게 다를지라도 철학을 공부해야 하는 가장 궁극적인 목적은 바로 평등이어야 한다고 생각한다. 모든 사람들은 이 세상에 던져진 가치 없는 존재가 아니라 언제나 존중받고 평등하게 대우를 받아야 한다고 생각한다. 작금에도 양반의식을 강조하며 자신들만이 한국전통을 유지 발전시켜 나간다고 생각하는 사람들이 있다면, 그들은 반드시 그들의 반대편에 서있는 사람들의 정신적 고충을 생각해봐야 할 것이다. 이 세상 그 누구도 양반과 평민의 태도로 구별되어서는 안 된다. 이런 마음으로 이 책을 썼다고 한다면 이 어려운 주제인 철학을 다루려고 했던 이유가 설명이 될지 모르겠다.

　아무래도 전 인생을 볼 때 7년이란 기간이 그리 긴 시간은 아니었지만, 외국에서 생존하기 위해 혼신을 다했기 때문에 질적 측면에서 본다면 7년이란 내 인생의 절반 이상의 의미를 가지고 있다고 할 것이다. 이러한 이유로 이 책의 많은 부분을 내가 접했던 외국의 철학사상에 할애하였다. 그렇다고 해서 결코 한국인으로서의 전통적인 사상을 폄하하고자 하는 의도는 전혀 없다. 각설하고 나에게는 동서양을 막론하고 각 시대를 대표하는 철학자들이 다양한 사상들을 내놓았지만, 모든 사상들은 헤겔이 주장한 정반합의 변증법적 과정에 의해 흘러가는 것이라고 보여진다. 즉, 그리스 신화적 배경에서 벗어나기 위해 자연주의 철학이 등장하였고, 자연보다는 인간의 순수한 정신을 탐구하는 것이 중요하다는 생각으로 소크라테스가 등장했다고 보여진다. 이들은 다시 천년의 긴 시간 동안 기독교 신앙에 의해 지배되면서 현세 경시 사상을 경험하였고, 이를 탈피하기 위해 르네상스 시대의 도래를 자극하였다. 그 후 과학혁명의 압도적인 발전으로 실험위주의 사상들이 등장했지만, 점차 물질만능시대로 인간성이 말살되면서 불확실성시대를 타파하기 위해 실존주의 철학이 대두되었다. 실용주의는 현재의 미국과 선진국의 사상을 가장 잘 표현해주는 사상이라고 할 수 있다. 이 책에서는 실용주의를 마지막으로 서양철학에서 한국 사상으로 넘어갔다. 한국의 사상을 지배하는 것은 불교와 유교라고 할 수 있다. 물론 이 두 사상은 한국의 전통적 사상은 아니지만, 5천년 이상 한국인의 정신을 지배해온 대표적인 철학사상임에는 틀림없다.

내가 이 책을 쓰면서 알게 된 철학자들의 숫자는 그야말로 어마어마하다. 물론 이 책에 넣어야 할 사상가들이 생략된 인물들도 많을 것으로 사료된다. 그러나 제한된 지면 내에서 가장 중시해야 할 사상가들을 추려내는 것은 그리 녹록치 않은 작업이었다. 아마도 모든 저작들이 그렇겠지만, 다분히 저자의 주관적 판단에 의해 사상가들이 추려지는 것이 일반적일지도 모른다.

마지막으로 한국과 가장 대조적인 분위기를 가진 미국에서의 사건을 하나 더 소개하면서 이 책을 마감하려고 한다. 박사과정을 모두 끝내고 논문 학기에 접어들면서 어느 날 강의 장학금 공고를 보게 되었다. 이제 논문만 쓰면 한국으로 돌아가야 하는데, 귀국하기 전 미국학생들을 가르쳐볼 기회가 있다면 얼마나 좋을까라는 단순한 생각으로 덜컥 신청하였다. 면접을 보러 간 날 나를 포함한 미국학생들이 6명이 모여 있었는데, 그들을 보는 순간 응시한 나의 결정을 그렇게 후회해본 적이 없었다. 왜냐하면 그들은 모두 영어가 모국어인 미국인들이었으며, 중년의 안정감을 풍기던 박사과정 학생들이었기 때문이었다. 하여간 떨리는 마음을 진정하지도 못한 채 학장님 방에 들어서면서 나는 한국식으로 정중하게 인사를 올렸다. 고개를 들면서 백발의 학장님의 얼굴에 연한 미소가 지나가는 것을 보게 되었다. 면담이 끝날 무렵 학장님이 내미는 서류를 벌떡 일어나 두 손으로 받아들었다. 그때서야 그 분이 입을 여셨다. "너의 나라에서는 연장자가 물건을 줄 때는 두 손으로 받는 것이 예의라지?"라고 말이다. 강의 장학금은 두 손으로 서류를 받은 나에게 주어졌다. 그 후 나는 외국에 나갈 때는 한국식 예의범절에 특히 신경을 쓴다. 가장 한국적인 유교적 에티켓이 미국의 노령의 학자에게 글로벌 에티켓으로 받아들였다는 것을 몸소 체험했기 때문이었다. 또 한 가지 에피소드가 있다. 교수가 강의실로 들어서는데도 학생 한명이 두 다리를 앞의 의자에 길게 올려놓은 채 비스듬히 앉아 있는 것에 충격을 받았다. 후에 이를 언급하자 내 지도교수는 이렇게 응답해주셨다. "그래서 나는 동양에서 온 학생들을 좋아한다"고 말이다. 진정한 생철학이란, 혹은 삶의 철학이란 이런 것이 아닐까 한다. 어려운 철학사상을 지식으로만 받아들일 것이 아니라 이를 자신이 처한 상황 속에서 남을 먼저 고려하고 연장자를 존경하는 행동의 지침으로 받아들인다면 말이다.

본 저서를 쓸 수 있게 물심양면으로 도와주신 박영스토리 모든 관계자들에게 마음 깊이 감사를 드린다. 이 책을 보게 될 모든 사람들도 깊은 성찰로 자기 스스로의 인생철학과 전 인류를 위한 진정한 평등사상을 생각해보는 기회가 되기를 진심으로 바란다. 그리고 이 순간까지 나를 있게 한 모든 사람들에게 가장 깊은 애정을 보낸다.

2019년 겨울
저자 **김명혜**

철학의 이해

차 례
Contents

제1장

철학의 개념

제1절 철학의 정의와 분류

01. 철학의 정의(Definition of Philosophy)

철학(philosophy)이란 고대 희랍어인 'philosophia'에서 온 말로, 'philosophia'는 '사랑'이라는 뜻의 'philos'와 '지혜'라는 뜻의 'sophia'가 합성된 용어이다. 따라서 철학이란 '지혜(sapience: wisdom)에 대한 사랑'을 의미한다. 지혜라는 단어는 철학이라는 용어만큼이나 추상적인 의미를 갖는 용어로 '지식, 경험, 이해력, 상식, 통찰력을 이용하여 생각하고 실천하는 능력(ability to think and act using knowledge, experience, understanding, common sense, and insight)'을 말하며 동시에 '동정심(compassion), 체험적 자기지식(experiential self-knowledge), 윤리의식(ethics), 자비(benevolence)에 관한 초월적 이해력(transcendent understanding)', 혹은 '실재의 궁극적 본질(ultimate nature of reality)에 대한 이해'를 의미한다. 좀 더 간략히 말한다면, 지혜란 삶의 가치나 세상의 본질, 인간의 본성, 바람직한 삶에 대한 현명한 인식을 의미한다. 바람직한 삶에 대한 철학적 지혜란 주로 사변(speculation)을 통해 형성되며, 이렇게 형성된 아이디어는 인간 세계와 사회 전반을 이끌어가는 행동지침이 된다. 따라서 철학이란 지혜와 지식, 혹은 인식을 포함하는 '앎'을 사랑하는 학문이며, 인간의 '삶'이나 세계에 대한 광범위하고 종합적이며 전체적인 학문이라고 할 수 있다.

철학의 정의에서 등장하는 '사랑'이나 '지혜'라는 말의 추상성만큼이나 철학이라는 개념 자체는 일반인들에게 상당히 어려운 개념으로 다가온다. 철학에 대해 일반인들이 갖는 즉각적인 반응은 지적 독창성과 지적 우월성이 특출한 소수의 우상화된 철학자들이 인간 문제에 대해 이해할 수 없는 난해한 이론을 전개하는 것일 뿐, 일상생활과는 상당히 괴리된 비현실적 이론이라고 할 수 있다. 일반인들은 철학을 인간의 심오한 정신세계를 간파하려는 소수의 철학자들의 개인적 사상일 뿐, 이들이 주장하는 어렵고, 복잡하며 심지어는 신비스럽기까지 한 개념들은 과학적으로 받아들이기가 힘들다는 생각을 가지고 있다.

이러한 추상성은 비단 일반인들만이 느끼고 있는 것이 아니다. 철학자들 사이에서도 형이상학적 관념을 인간세계와 연결 지으려는 시도는 늘 논쟁의 핵심현안으로 등장하였다. 예를 들어, 근세 경험론의 아버지이며 철학을 과학으로 설명히려는 최초의 과학적 인식론의 시조인 영국의 베이컨(Francis Bacon, 1561~1626)은 그의 우상론(theory of idols)을 통해 권위주의, 신비주의, 현학주의에 얽매인 전통적 철학자들이 지적 우월성이나 철학적 특권을 악용하여 학문적 궤변(sophistry)을 개진하려고만 한다고 지적하였다. 베이컨은 사람을 지적 편견이나 오류, 혹은 사고의 함정에 빠지게 하는 것을 정신적 우상(idol of mind)이라고 지칭하면서, 사람들을 정신적 편견과 오류에 빠지게 하는 우상을 자연적 우상(natural idol)과 사회적 우상(social idol)으로 구분하였다. 자연적 우상은 다시 종족의 우상(idol of tribe)과 동굴의 우상(idol of cave)으로, 사회적 우상은 시장의 우상(idol of marketplace)과 극장의 우상(idol of theater)으로 구분하였다. 베이컨은 사회적 우상 중 극장의 우상이라는 개념을 통해, 철학자들은 절대지존, 천상의 이데아계, 초월적 존재 등 인간 세상에는 실재하지도 않는 형이상학적 궤변을 편파적으로 늘어놓으면서 사람들을 현혹시키려 한다고 지적하였다. 베이컨은 이러한 형이상학적 개념은 가상적 개념에 상징적 의미를 부여한 상징화의 가면일 뿐, 인간 경험에 의해 증명될 수 없는 사이비 설명이라고 맹비난하였다. 독일계 현대 물리철학자인 라이헨바하(Hans Reihenbach, 1891~1953) 또한 잘못된 은유법(metaphor)이나 비유법(analogy)적 추론을 무분별하게 사용하면서 사이비 설명을 만들어내는 것이 언제나 철학자들의 고질적 문제라고 비난하였다. 이들의 비난은 모두 철학의 비과학적 한계를 지적함으로써 일반인들의 철학에 대한 태도를 반영해주는 것이라고 할 수 있다. 즉, 철학을 제대로 이해하기가 어려운 이유는 철학이 다수의 관찰치의 통합적, 일반적 결론이라기보다는, 홀로 사유한 철학자의 지극히 자의적인 해석이나 왜곡된 유추로 인간세계의 보편성을 주장하기 때문이라고 할 수 있다. 현존하는 모든 학문 중에서 가장 높은 수준의 추상성(abstractiveness)을 가지고 있는 철학의 취약점은 다수의 개별적 관찰치를 근거로 측정가능(measurable)하고 관찰가능(observable)하며 실제로 손에 쥘 수 있는 증명된 결과(tangible)를 바탕으로 보편타당한 인간 법칙이 형성된다는 과학적 경험주의에 반한다는 것이다. 그렇기 때문에 인간세계의 모든 현상을 과학적으로 설명하려는 과학적 실증주의(scientific positivism) 학습에 오랫동안 노출된 현대인들로서는 철학사상을 받아들이기가 어려운 것이다.

그럼에도 불구하고 인간이 이 세상에 출현함과 동시에 등장하여 2,500년이 넘는 장구한 역사를 가지고 있는 철학사상은 인간의 정신생활을 풍요롭게 해주고 인간의 삶을 보다 도덕적이고 윤리적으로 이끌어 세계 질서를 유지하기 위한 정신적 학문이다. 철학이란 만물의 영장인 인간에게만 부여된 이성적, 합리적 정신활동을 통해 과학적, 경험적, 귀납적 방법으로는 설명할 수 없는 문제를 다루는 영역이라고 할 수 있다. 이러한 점이 철학이 가지는 최상위의 추상성과 보편성의 가치라고 할 수 있다. 또한 감각적 경험과 개별적 사실에 대한 관찰과 검증의 과학적 일반화란 관찰이 가능한 객관적인 사례들만을 대상으로 이루어질 수밖에 없으며, 따라서 과학적 일반보편성이라는 것도 측정이 가능한 사례들의 추정치(estimation)에 의거한 확률론(probability theory)에 불과하다는 측면에서 본다면, 관찰할 수 없는 현상이나 정신활동의 일반화를 위해 철학은 지식 너머의 지식(knowledge beyond knowledge)을 추구하는 학문이라고 할 수 있다. 따라서 철학을 공부하는 목적은 모든 것을 포괄하는 우주에 관한 세계관을 확립하기 위한 것이며, 이때 세계관이나 우주관은 특수 과학의 용어들로는 설명하기 어려운 추상성과 일반성, 심오성을 지니고 있다는 사실을 인식한다면, 철학자들의 이론을 보다 더 깊은 성찰로 판단함으로써 오류와 편견에서 벗어나 세계를 움직이는 포괄적인 체계를 보다 깊게 이해할 수 있을 것이다.

많은 사람들은 철학적 사조를 철학자 개인이 정신적 세계를 보는 특수한 관점이라고 생각한다. 그러나 철학자들이 이루고자 했던 진정한 목적은 개인적인 차원의 진리 탐구가 아니라, 이를 초월한 사회적, 역사적, 전 인류적 과업이라고 보는 것이 타당하다. 그들은 일상적인 사람들이 가지고 있지 않은 철학적 직관력(intuition)이나 통찰력(insight)을 통해 보편적 진리를 설파하였으며, 시간과 공간을 초월하여 인간의 정신을 바르게 유지하기 위한 삶의 지침을 제공해주었다. 직관이란 과학적 지식의 습득을 위한 두 가지 확실한 방법, 즉 감각적 관찰(sensational observation)과 논리적 추리(logical inference)의 방법을 전혀 사용하지 않은 상태에서 문제를 해결하는 정신적 통찰력을 말한다. 직관이란 문제를 해결할 수 있다는 확신이외에는 아무런 명백한 증거가 없는 상태에서 문제를 접하자마자 불현듯, 직각적으로, 갑작스럽고 확실하게 지식에 도달하는 활연관통(豁然貫通)의 통찰을 의미한다. 직관의 가장 커다란 장점은 즉각성에 있지만, 반면에 가장 커다란 취약점은 공개성(disclosure)이라고 할 수 있다. 공개성이란 주관적인 직각적 통찰력을 일반적, 과학적 방법으로 증명할 수 없다는 것을 의미한다. 그러나 직관은 아무런 인식적 바탕이 없이 무조건 나타나는 것이 아니라, 오랜 기간의 경험 속에서 잠재하고 있던 인식적 반응이 정신적 부화기(incubation period)를 거쳐 결정적 순간에 나타나는 것이다. 이러한 의미에서 철학자들이 가지고 있는 세계관이나 인간관에 대한 직관력은 오래된 경험의 순간적 발현이라고 볼 수 있으며, 이를 통해 우리들은 진리 탐구에 대한 포괄적인 이해를 할 수 있는 것이다. 직관에 대한 가장 비근한 예를 들면 다음과 같다. 일요일이면 항상 교회의 일요학교(Sunday School)에 참석하던 학생이 있다고 치자. 이 학생은 신앙심이 깊은 어머니에 의해 모태신앙을 갖게 되었지만, 청소년기로 접어들면서 습관적으로 갔던 종교모임을 빠지고 싶다는 생각이 자주 들었다. 어느 일요일, 어머니에게는 종교모임에 참석한다고 집을 나서서는 종교모임활동이 끝나는 시간까지 PC 방에서 시간을 보낸 후 제시간에 귀가하였다. 아파트 문을 열고 들어서는 학생에게 어머니는 "너, 오늘 종교모임에 안 갔지?"라고 다그쳤다. 모든 것이 완전범죄라고 생각했던 이 학생은 어머니의 돌발적인 질문에 당황하게 되었고, 결국 이실직고하고 말았다. 그 후 자신이 가지 않은 사실을 어떻게 알게 되었느냐고 묻자, 어머니는 "뭐라고 말 할 수 없지만, 그냥 알게 되었다."라고 응답하였다. 어머니는 이 학생이 현관을 들어오는 순간 모임에 가지 않았다는 것을 직관적으로 알았다는 것이다. 그러나 이러한 어머니의 직관은 말 그대로 아무런 근거 없이 일어난 것이 아니다. 아마도 어머니는 이 학생이 평소와는 다르게 행동하는 아주 미세한 힌트를 파악했을지도 모르며, 문을 열고 들어서는 학생 얼굴에 나타나는 미세한 죄의식을 간파했는지도 모른다. 이러한 어머니의 직관은 학생을 양육하던 긴 시간 동안 축적된 경험의 발로라고 할 수 있으며, 딱히 뭐라고 설명할 수 없는 어머니의 순간적 통찰력도 과거에 무수히 일어났던 학생의 행동적 변화들을 논리적으로 추론한 결과라고 할 수 있다.

우리가 철학을 공부해야하는 또 다른 이유는 개인의 철학적 사조는 곧 그 시대의 정치, 사회, 문화의 역사적, 시대적 정신을 반영하기 때문이다. 대표적인 것이 중세 기독교 시대에 등장했던 교부철학과 스콜라 철학의 몰락을 들 수 있다. 거의 천년에 가까운 긴 시간 동안 막강한 권력을 누리며 유럽 사회를 지배해오던 기독교는 자신들이 일으킨 십자군 전쟁으로 몰락을 하게 되었는데, 기독교 교회의 입장에서 보면, 아시아 지역에서 막 등장하기 시작한 이슬람교도들은 기독교인들에게는 아무런 걸림돌도 되지 못한다고 판단했을 것이다. 거기에 덧붙여, 십자군 전쟁은 외형상으로는 박해를 받는 이스라엘 성지 순례자들을 보호한다는 미명 하에 시작되었지만, 내면적으로는 두 갈래로 갈라져 있던 기독교 교파를 통합하여 절대적인 권력을 쥐고 싶어 했던 우르반 2세 교황의 정치적 야심으로 시작되었다는 것이 정설이다. 교황은 기독교 세력이 승리할 것이라는 자신감으로 전쟁을 시작하였으나, 그들의 예견과는 달리 십자군 전쟁은 무모한 도전이었으며, 200년이라는 긴 시간 동안 무고한 시민들만 전쟁터의 이슬로 사라져야 했다. 인간을 악으로부터 구제하겠다는 기독교가 종교라는 미명하에 수많은 인간들을 희생시키는 정치권력으로 작용한 십자군 전쟁은 기독교의 몰락으로 이어졌으며, 이에 대한 반대급부로 중세의 비현실적인 기독교 사상에서 벗어나기 위한 르네상스가 도래한 것이었다. 르네상스의 등장은 곧 바로 인간을 중심으로 하는 철학사상과 계몽주의 사상으로 연결되었으며, 때마침 발전하게 된 과학혁명을 기초로 영국의 경험론, 대륙의 합리론, 독일의 관념론 등 과학주의적 인간 정신의 철학이 탄생하였다. 그 후 물질만능의 현대 사회를 비판하고 진정한 인간성과 주체성을 확립하자는 실존주의와 과학적 혁명을 이어나가기 위한 논리실증주의 등 복잡해진 인간 사회만큼이나 복잡한 철학 사상들이 현대 사회를 지배하고 있다. 이와 같이, 철학적 사조를 성찰한다는 것은 인류가 거쳐 온 역사적 배경의 시공간적 개념과 철학적 사상이 발현될 수밖에 없었던 사회 전반의 인과관계를 파악하는 것이며, 철학자들의 삶의 지침에 대한 사유방식을 통해 현재를 사는 사람들의 삶의 지침과 삶의 방향에 대한 실천적 행동규범을 발견하는 것이라고 할 수 있다.

결론적으로, 우리가 탐구하고자 하는 거의 모든 학문은 철학적 사상이나 이념이 없이는 불가능하다. 비근한 예로, 모든 학문의 전통적 정의는 과학(science)과 예술(art)의 종합적 접근이라고 내려진다. 이는 인류의 건강을 책임지는 의학이나 보건관련 학문처럼 완벽한 과학적 지식을 요구하는 영역도 예외가 아니다. 의학의 현대적 의미의 과학적 측면은 근거중심의학(evidence-based medicine)이라고 할 수 있으며, 예술적 측면은 이야기중심의학(narrative-based medicine)이라고 할 수 있다. 근거중심의학이란 모든 계층의 건강대상자들을 대상으로 대단위 의학 연구와 실험을 시행한 결과 가장 최근(the most recent)에 밝혀진 지식 중 가장 최고(the best)의 실험결과만을 적용해야한다는 정신을 말한다. 예술적 측면의 이야기중심의학이란 모든 환자들은 질병에 대해 자기만의 이야기를 가지고 있으며, 따라서 질병 치료도 치료자 입장에서만 볼 것이 아니라 건강과 질병에 대한 환자의 전망(perspective)과 이해도, 가치관과 선호도를 중시해야 한다는 것을 말한다. 예술이라는 측면은 과학적 측면보다 정의를 내리기가 힘들고 결과 또한 증명하기가 어려운 것이 사실이나 이는 '건강한 신체에 건강한 마음(A sound mind in a sound body)'이라는 말로 대변될 수 있을 것이다. 즉, 건강대상자들에게 삶의 의욕과 활력을 주기 위해서는 의료인들의 감각과 직관, 상상력과 이해심 등 풍부한 정신적 자원을 활용함으로써 과학적 차원을 최고 수준의 미적, 예술적 차원으로 승화시키는 것이라고 할 수 있다. 예를 들어, 선천성 호흡기 질환을 가지고 태어난 어린 환자가 있다고 하자. 이 어린 환자에게 의사는 인공호흡기에 의한 치료법을 결정했으나, 이 환아는 인공호흡기라는 거대한 기계에 심한 공포심을 나타내어 이를 자꾸 피하려고 한다. 이 때 어느 치료자가 어린이들이 좋아하는 풍선불기나 비눗방울 놀이를 통해 호흡근육을 강화시키면서 인공호흡기 치료를 줄일 수 있는 중재를 했다면, 이는 오랜 기간 축적된 경험을 직관적으로 의식화한 예술적 접근이라고 할 수 있다. 이와 같이 오랜 기간 동안 어린이들에 대한 진정한 이해와 경험을 축적한 사람만이 결정적인 순간에 풍선불기를 생각해 낼 수 있는 것이며, 풍선불기는 호흡근을 강화시키는 훌륭한 방법이라는 과학적 지식을 통해 효과적인 치료 결과를 산출해낼 수 있는 것이다. 따라서 풍부한 경험을 바탕으로 창조적이며 직관적인 예술 감각은 확고한 과학적 지적체계와 더불어 모든 의료인들에게 요구되는 기본적 소양이라고 할 수 있다. 직관력이 뛰어난 사람은 다른 이들이 발견하지 못하는 환자의 미세한 변화도 감지할 수 있으며, 이를 객관적 정보와 지식체계에 적용해봄으로써 과학적으로 증명할 수 있는 것이다. 모든 학문의 궁극적 목적을 과학과 예술로 설정한 것은 고대 철학 사상이 수학이나 천문학과 같은 과학과 불가분의 관계 속에서 발전해왔다는 사실의 반영이라고 할 수 있다.

02. 철학과 관련 학문

1) 철학과 과학

모든 학문의 시조로 알려진 철학은 지금으로부터 2,500년이 넘는 장구한 역사를 거치면서 발전하였다. 특히 17세기에 들어오면서 눈부신 과학혁명의 결과로 수학과 물리학 같은 자연과학이 철학에 도입되기 시작하였으며, 그 결과, 가장 추상성이 높은 철학을 탐구한 사상가들 중에는 수학과 물리학의 천재성을 발휘한 인물들이 많았다. 예를 들어, 근대 철학의 아버지인 데카르트는 수학적 천재였으며, 영국 논리 원자주의와 경험주의적 실증주의 철학자인 러셀(Bertrand Russell, 1872~1970)은 1890년 명문 케임브리지 대학교 트리니티 대학(Trinity College of Cambridge University)에 입학하여 수학과목에서 우등을 차지했다. 러셀은 또한 수학을 전공하기 위해 트리니티 대학에 입학한 무어(George Edward Moore, 1873~1958)에게 전공을 철학으로 바꾸라는 조언도 해주었다. 무어와 러셀은 그들의 수학적 배경을 철학에 적용하면서 기호 논리학을 정립하였으며 이를 기초로 영국 분석철학을 대표하는 케임브리지 학파를 창설하였다. 러셀은 또한 그의 스승인 화이트헤드(Alfred North Whitehead, 1861~1947)와 공동으로 현대 논리학의 경전이자 백과사전으로 불리는 '수학원리(Principles of Mathematics)'를 집필하였다. 이와 같이 가장 추상적인 철학이 가장 과학적이라고 할 수 있는 자연과학과 분리되지 않은 상태로 19세기 이후까지 이어져 내려왔다는 것은 매우 흥미로운 일이 아닐 수 없다.

따라서 과학적 발견들을 기초로 철학에 대한 신조를 충분히 세울 수 있으며, 현대적 의미의 철학이란 특수과학이 제시할 수 있는 일반적인 결론보다 훨씬 더 포괄적이고 보편적인 세계관을 제공할 수 있다고 할 수 있다. 프랑스의 철학자이자 사회학자인 콩트(Isidore Marie Auguste François Xavier Comte, 1798~1857)와 객관적 실학과 비판적 실학에 저항하여 새로운 실학 학파(New Realist school)를 내세운 미국의 철학자 몽테규(William Pepperell Montague, 1873~1953)는 과학의 제반분야를 추상의 등급에 따라 6단계로 나누었는데, 이에는 수학, 물리학, 화학, 생물학, 심리학, 사회학이 포함된다. 이러한 6개의 과학 분야는 수레바퀴의 중심축을 연결하는 바퀴살에 해당하며, 바퀴살들을 지지하는 중심축에는 철학이 위치한다고 주장하였다. 따라서 철학은 제반 과학의 여러 분야를 연결시키거나 질서정연한 체계로 정돈하고 통합, 통일시키는 기능을 가지고 있는 학문이라고 주장하였다.

철학은 '지혜에 대한 사랑'을 말하며, 지혜란 인간과 세상의 본질, 삶의 가치나 바람직한 삶에 대한 인식을 의미한다. 따라서 철학이란 인간과 사회 전반을 이끌어가는 지혜와 행동지침을 제공해주는 학문이라고 할 수 있다. 예를 들어, 가난한 학생이 대학에 다니면서 아르바이트를 하는 상황을 보자. 이 학생이 아르바이트를 하는 일차적 목적은 돈을 벌기 위해서이지만, 돈을 번다는 것은 납부금을 내고 책을 사기 위한 목적의 수단이 된다. 책을 사는 목적은 좋은 성적을 얻기 위함이며, 좋은 성적을 받는다는 것은 좋은 취업을 위해서, 좋은 직장에 취업을 한다는 것은 안락한 생활(decent living)을 위한 수단이 된다. 이와 같이 수단과 목적의 연계성을 계속 추구하다보면 더 이상 다른 것의 수단이 되지 않는 궁극적인 목적에 이르게 된다. 궁극적인 목적이 바로 인간으로서의 보편타당한 인생철학, 즉 삶의 철학이라고 할 수 있다. 따라서 삶의 철학은 좋은 성적을 얻기 위해서나 재산을 축적하기 위해서가 아니라 가장 최고의 선(good)을 실천하는 것이어야 한다. 이를 위해서 사람들은 지식을 습득하는 것이고, 자신이 상대하는 사람들을 인간적으로 대하기 위한 선한 태도를 함양하는 것이다. 이때 철학적 지식을 자신의 삶이나 정신 속으로 내면화(internationalization)시킬 때, 비로소 삶을 보는 안목(perspective of life)과 삶에 대한 심미안(esthetic appreciation)을 갖게 되는 것이며 바람직한 인간상을 실천하는 것이다. 이러한 삶의 안목은 바로 내가 알고 있는 것이 무엇인지에 대한 성찰(reflection)과 더불어 내가 모르고 있는 것이 무엇인지에 대한 정확한 반성(reflection), 즉 지식의 정직성을 내포한다. 소크라테스가 언급한 바와 같이, 자신의 무지를 깨닫고 성찰과 반성을 통해야만 무지의 세계에서 애지의 세계로 나아갈 수 있는 것처럼, 다양한 지식을 습득하는 것은 결국 참된 진리에 대한 심미안을 갖기 위함이라고 할 수 있다.

2) 철학과 종교

과학과 불가분의 관계를 가지고 있는 철학은 종교(religion)와도 밀접한 관련이 있는 학문이다. 유명한 철학자인 피타고라스에서 키르케고르에 이르기까지 많은 철학자들은 그들의 생애 중 많은 부분을 종교에 헌신하였다. 철학과 종교는 모두 인간의 본성과 운명에 대한 학문이라고 할 수 있다. 그러나 종교가 부족함과 무력감을 통감한 인간이 전지전능한 절대자에 귀의하고자

신앙에 기초를 두고 계시, 경전, 교리를 통해 인생의 방향을 결정짓는 학문이라고 한다면, 철학은 순전히 인간의 이성에 의해서만 삶의 본질이나 방향을 결정짓는 학문이라고 할 수 있다. 철학은 다양한 삶의 문제에 대한 정확한 논증을 필요로 하나, 종교는 초월적 존재인 신에 대해 무조건적인 신앙을 기초로 하기 때문에 논증을 필요로 하지 않는다. 다시 말해 논증을 필요로 하는 신앙이라면 그것은 더 이상 종교적 신앙이라고 할 수 없다. 사람들의 삶의 태도에 대해서도 철학과 종교는 상당히 대조적인 접근법을 가지고 있다. 사람들이 살아가면서 당면하는 어려운 문제를 오로지 자신의 힘으로 해결하기위해 사색을 한다면 이는 철학적 접근법이라고 할 수 있지만, 무조건적인 신앙에 의지하여 정서적으로 해결하려고 한다면 종교적 접근법이라고 할 수 있다. 또한 종교의 궁극적 목표는 초월적 존재인 절대자에 귀의하는 것이며 옳고 그름의 모든 판단은 이미 경전에 주어져 있으므로 인간들은 오로지 경전을 익히고 실천하면 된다. 그러나 철학의 경우에는 스스로의 사색을 통해 끊임없이 회의하고 성찰하는 과정을 통해 해답을 터득해야 한다. 이와 같이 종교와 철학은 많은 차이점을 가지고 있지만, 철학과 신학 모두 과학과 같은 구체적이고 객관적인 사실로는 단정 지을 수 없는 문제들을 다룬다는 점에서 유사성을 가지고 있다. 이러한 유사성에 대해 경험주의적 실증주의자이며 분석철학의 대표자인 러셀(Bertrand Russell, 1872~1970)은 철학을 과학적 요소와 종교적 요소를 지닌 중간적 학문이라고 하였다.

03. 철학적 접근법

인간의 삶과 세계의 본질을 탐구하기 위한 철학적 접근법은 형이상학적 방법, 분석적 방법, 도덕적 방법, 통합적 방법의 4가지로 분류할 수 있다. 형이상학적 방법은 존재론, 사변철학, 순수철학이라고도 한다. 분석적 방법은 비판적 접근법이라고 하며, 도덕적 방법은 가치론, 윤리학, 실천철학 등을 포함한다. 통합적 방법이란 존재론, 분석철학, 가치론의 장단점을 절충하여 종합한 접근법을 말한다.

1) 형이상학적 접근법(Metaphysics)

형이상학(metaphysics)은 추상성이 매우 높은 주제에 대한 접근법으로 존재론(ontology), 사변철학(speculative philosophy), 혹은 순수철학(pure philosophy)이라고 할 수 있다. 형이상학은 특수한 과학용어로는 설명할 수 없는 일반성과 심오성을 지닌 우주관, 또는 세계관 속 사물의 본성을 체계적으로 설명하려는 사상을 말한다. 존재론을 의미하는 'ontology'란 고대 희랍어의 '존재'를 의미하는 'onto-'와 '학문'을 의미하는 '-logy'가 합성된 말로 인간 존재의 본질을 연구하는 학문을 의미한다.

형이상학은 2,500년이 넘는 유구한 역사를 지닌 사상으로서, 자연주의적 유물론(natural materialism)으로부터 사상적 전환점을 형성한 소크라테스(Socrates, 기원전 470경~399)와 그의 제자인 플라톤(Platon, 기원전 427~348/347)의 인간중심 철학에서부터 시작되었다. 이원론적 형이상학을 주장한 플라톤은 우주를 이데아계와 현상계로 구분하면서, 이데아계를 인간이 살고 있는 현상계와 떨어진 천상의 불멸의 세계로 보았다. 플라톤은 감각기관에 의해 파악되는 현상계의 모든 사물은 형상(Form), 즉 영원한 이데아계에 대한 모사품(copy)이나 그림자일 뿐, 모든 개별적 사물이 지닌 제한된 실재성은 이데아계의 형상에 의해 설명된다는 이원론적 형이상학을 구축하였다.

중세 시대 스콜라 철학을 완성시킨 토마스 아퀴나스(Saint Thomas Aquinas, 1224/25~1274)는 영원불멸의 우주의 본질로 종교적 신의 존재를 증명하였으며, 아리스토텔레스의 상향적 질료형상론을 차용하여 신으로부터 영적 세계를 거쳐 인간과 물질적 자연에 이르기까지의 하향적 형상질료론을 완성하였다. 헤겔은 모든 세계의 본질은 정신이나 영혼의 본질과 유사하다고 주장하며 근대 변증법적 관념론을 구축하였다. 헤겔은 절대정신, 즉 궁극적인 세계의 본질을 정－반－합의 도식화로 설명하였으며, 인간의 정신이나 역사란 절대정신이 실현될 때까지 대립과 모순, 종합이라는 변증법적 운동으로 움직여 나가는 힘이라고 설명하였다.

사변철학을 반대하는 철학자들은 형이상학자들이 실재하지 않는 관념이나 개념을 앞세워 세계를 있는 그대로 기술하지 않기 때문에 과학이전의 사변이며 신화적 설명이라고 비판하였다. 그러나 현대에 들어와서도 형이상학적 철학을 연구하는 사람들은 과학의 추정치(estimation)에 대한 편견, 즉 과학이란 측정이 가능한 우주의 한 단면만을 다루고 있기 때문에 측정할 수 없는 전체적이고 보편적인 우주를 탐구하고자 하는 철학에 비해 포괄적이지 못하다고 대응하였다. 따라서 포괄적 사물의 체계가 지니고 있는 궁극적 성격을 이해하기 위해서는 과학을 넘어선 보다 광범위한 사변적 활동과 형이상학적 관념의 이해가 중요하다고 주장하였다.

2) 분석적 접근법(Analytic Approach)

분석철학은 형이상학에서 주장하는 신, 영혼, 정신 등의 주제를 신랄하게 비판하고, 철학적 사고를 이루는 언어(language)를 철저히 분석함으로써 철학적 주제의 엄밀성(precision)과 정확성(accuracy)을 파악하려는 논리적 철학 사조를 말한다. 분석철학은 논리학의 기호적 구조와 언어의 규칙성을 통해 사고과정의 엄격성, 지식의 획득방법, 지식의 한계성에 대한 논리적 설명을 파악하려고 한다. 따라서 분석철학은 사람들이 일상적으로 사용하는 언어의 의미를 분석하는 일에서 출발하였다. 예를 들어, "A 학생은 착하다."라는 일상적 명제가 있다고 할 때, '착하다'라는 용어의 다의적 애매 모호성을 최대한 제거함으로써 의미를 명확히 하려고 시도한다. 즉, 교수님이나 부모가 시키는 일을 고분고분 잘 따라한다는 점에서의 착함인지, 절약하는 생활습관으로 월급을 저축하고 미래를 계획한다는 점에서 착함인지, 아니면 졸업 후에도 지식에 대한 끊임없는 탐구정신이나 봉사활동을 지속한다는 점에서의 착함인지 착함의 기준과 정의를 정확히 내려야만 착하다는 의미를 명확하게 파악할 수 있다는 것이다. 분석철학에서 일상 언어를 분석하는 두 가지 기준에는 의미의 애매성(ambiguity)과 모호성(vagueness)이 포함된다. 의미의 애매성이란 하나의 말이 여러 가지 다의의 뜻 가운데 어떠한 뜻으로 사용되고 있는지가 불분명한 정도를 말하며, 모호성이란 하나의 말이 나타내고 있는 범위, 혹은 경계기 뚜렷하지 않는 경우를 말한다. 예를 들어, 한 대학의 '교육'의 목적을 '인본주의 인간을 육성해내는 것'이라고 설정한 경우, 언어의 애매 모호성을 제거하기 위해서는 우선적으로 '교육'이라는 개념에 대한 명확한 범위의 정의와 '인본주의'라는 다의적 의미의 개념을 명료화 시킬 기준이 설정되어야 교육목적에 의거한 교육철학이 성립될 수 있다. 이때 '교육'은 모호성을 가진 용어이며 '인본주의'란 애매성을 가진 용어라고 할 수 있다. 낱말의 모호성이란 '경계'를 가지고 있는 경우를 말하므로, 대학교육의 경계, 즉 4년간의 대학교육과정의 이수와 특정한 국가시험에 합격하는 것을 모호성을 제거하기 위한 경계로 정의할 수 있으며, 인본주의라는 개념은 백인백답을 유도하는 추상적이고 다의적인 용어이므로 많은 사람들에게 물어봤을 경우에 나올 수 있는 다양한 해답 중 특정 대학의 교육적 목적에 가장 적합한 인본주의에 대한 정의가 내려져야 할 것이다.

3) 도덕적 가치론(Ethical Axiology)

철학의 도덕적 접근법, 혹은 가치론적 접근법이란 사물이나 사건을 접할 때 사물에 대한 정보뿐만이 아니라 사물에 대한 가치판단(value judgment), 즉 도덕적 가치와 미적 판단을 중시하는 가치론(axiology)을 말한다.

가치론(axiology)이란 고대 희랍어의 '가치(value, worth)'를 의미하는 'axia'와 '학문'을 의미하는 '－logia(－ology)'가 합성된 용어로, 가치론은 윤리적, 도덕적 가치(ethics)와 심미적 가치(aesthetics)의 판단을 포함한다. 즉, 철학의 궁극적 가치를 진, 선, 미로 본다면 진(truth)이란 참된 진리, 즉 지식을 추구하기 위한 인식론(epistemology)의 기본주제가 되며, 선(goodness)이란 사람의 행위 속에서 나타나는 실천적, 도덕적 가치(concepts of "right" or "wrong" in individual and social conduct), 미(beauty)는 자연이나 예술품에서 발견되는 아름다움과 조화(concepts of beauty and harmony)에 대한 심미적 경험을 의미한다. 예를 들어, 사람들이 아름다운 꽃들이 만개하여 계절의 향연을 펼치고 있는 들판을 보면서 아름답다고 느끼거나, 시들어가는 꽃을 보고 추하다는 느낌을 갖는 것처럼, 미추와 관련된 평가는 아름다움에 대한 가치적 판단을 말하며, 이와는 반대로 형사적 책임을 피하기 위해 의료 기록지를 고친 의료인을 보고 옳지 못하다고 판단하는 경우는 도덕적 가치판단이라고 할 수 있다.

가치판단은 또한 정치적, 경제적, 사회적 기능과 밀접한 관계에서 일어나게 된다. 예를 들어, 근간에 대두된 중증의료센터 건립에 대한 팽팽한 대립은 의학적 문제가 정치경제적 문제와 밀접하게 연관되어있음을 증명하는 단적인 예라고 할 수 있다. 중증의료센터의 성격 상 센터에서 근무하는 의료인들은 중증사고가 날 때까지 아무런 의료 활동을 하지 않고 기다려야 한다. 이러한 유휴인력에 대해 사회적 공리주의를 표방하는 병원 관계자들은 의료 인력을 사고가 날 때까지 방치하기 보다는 의료적 도움을 바라는 보다 많은 환자들의 치료에 투입해야 한다고 주장한다. 예측불허하게 발생하는 중증환자를 기다리기 보다는 보다 많은 환자에게 치료를 제공해주어야 한다는 병원관계자들의 숨은 의도는 역시 재정적 문제이다. 언제 일어날지도 모르는 사고를 기다리는 고급인력에게 고임금을 주고 고가의 헬리콥터를 장만해야 한다는 사실은 병원 측에게는 매우 커다란 재정적 부담이 아닐 수 없다. 이렇듯 중증의료센터 지지자들과 반대하는 사람들이 팽팽하게 대립을 하고 있는 동안, 극심한 의료 인력의 부족을 경험하고 있는 중증의료센터에서는 대규모 재해가 일어날 경우, 임신 6개월의 간호사가 의료헬리콥터에 탑승하여 사건 현장까지 날아가야 하는 극단적인 현실이 초래된다. 임신한 간호사가 고공의 헬리콥터에 탑승함으로서 산모의 안전은 물론 태아의 안전이 보장되지 못하는 작업환경은 간호사의 퇴직을 유도하는 극단적인 환경으로 이어지게 되고, 결과적으로는 중증의료센터의 인력 부족을 악화시키는 악순환을 가져오게 된다. 이러한 경우, 공리주의와 소수의 인권보호에 대한 가치판단이 다양한 사회적 현안문제와 어우러져 복잡한 가치판단을 요구하게 되는 것이다. 이와 같이 도덕적 가치론은 개별적 인간에게는 인생철학, 즉 인간의 본성에 관한 신조, 인생의 바람직한 목표, 사람의 행위를 이끌어주는 원리와 기준을 제시해 주며, 전체 사회를 위해서는 지역사회 전체의 행복과 공공의 이득에 밀접한 관계를 가지고 있는 복잡한 판단을 포함한다.

4) 통합적 방법(Eclectic Approach)

인간의 이상적인 삶이란 한 가지 방법으로 설명할 수 없을 정도로 복잡하다. 대부분의 철학자들도 한 가지 방법으로 사색을 하기보다는 형이상학적, 분석적, 가치론적 방식으로 얻은 성과를 철학적 사상 속에 배합시키려고 시도한다. 따라서 다양하고 복잡하게 얽혀있는 삶의 문제를 해결하여 가장 바람직한 삶의 본질을 규명하기 위해서는 한 가지 방법보다는 다양한 접근법의 장단점을 절충한 종합적 접근법이 필요하게 된다. 예를 들어 낙태의 경우, 생명의 시작점을 언제부터 보아야할 것인가에 대한 생리학적 관점, 낙태란 곧 생명을 죽이는 죄악이라는 종교적 관점, 낙태의 부작용을 강조하는 의학적 관점, 강간과 같은 범죄행위로 인한 임신의 경우 원하지 않는 출산이 가져올 개인적, 사회적 문제를 해결하려는 사회심리학적 관점, 원하지 않는 임신을 여성의 권리 측면에서 설명하려는 여성학적 관점, 낙태 자체를 법적으로 제한하려는 모자보건법적 관점 등 상당히 많은 관점들이 다양하게 얽혀있다. 이러한 각각의 기준과 관점을 조정하고 통합하여 가장 적합하고 타당한 일관성 있는 체계를 추구하고자 하는 사고활동을 통합적 방법이라고 할 수 있다.

철학에 대한 분류를 종합적으로 살펴보면, 크게 진, 선, 미, 논리의 4영역으로 구분할 수 있다. 일반적으로 사람들은 진(truth), 선(goodness), 미(beauty)라는 분류법을 사용하지만, 원래 철학의 주요 관심사나 중요도의 순서대로 배치하자면 선, 진, 미라고 해야 한다. 즉, 선이란 철학의 가장 핵심주제인 '삶'에 대한 본질을 탐구하는 것으로, 삶의 궁극적인 목적이란 참된 '선'의 추구이기 때문이다. '진'은 지식과 연결되는 관념으로 '앎'과 인식의 문제를 탐구하는 것이며 '미'란 가치의 문제를 다루는 것으로 주어진 삶(선)을 보다 풍요롭게 해주는 선의 부차적인 차원이라고 할 수 있다. 이에 덧붙여 논리란 지식의 문제인 '진'을 탐구하기 위한 구체적인 방법론적 지침을 말한다. 따라서 선, 진, 미, 논리를 학문적으로 분류하면, 선에 대한 문제를 연구하는 것은 존재론(ontology)이며, 진리나 인식의 문제를 파악하는 것은 인식론(epistemology), 미적 가치판단을 하는 것은 가치론(axiology), 철학의 방법론은 논리학(logic)이라고 할 수 있다.

존재론은 모든 존재의 궁극적인 근원이나 근본원리를 탐구하는 분야이다. 존재론에서는 존재의 본질을 객관적인 물 자체로 보는지, 정신으로 보는 지에 따라 유물론(materialsim)과 관념론(idealsim)으로 나뉜다. 유물론과 관념론은 또한 물질과 정신 중 하나만을 철학적 주제로 다루기 때문에 일원론(monism)이라고 하며, 이에 반해 정신과 물질 모두를 존재의 양식으로 보는 것을 이원론(dualism)이라고 한다. 일원론, 이원론에 대응하여 다수의 존재가 실재한다는 이론을 다원론(pluralism)이라고 한다. 존재론은 다시 존재의 생성과 소멸을 원인과 결과에 의해 기계적으로 일어나는 것으로 보는 인과론(causationism)과 목적적 활동의 결과로 보는 합목적론(teleology)으로 구분된다. 'Teleology'란 용어는 고대 희랍어의 '목적(purpose)'을 나타내는 'teleo-'와 '학문'을 의미하는 접미사인 '-logy'가 합성된 말로서 아리스토텔레스에 의해 최초로 소개된 용어이다. 신의 존재를 인간 본질과 연결해서 연구하는 이론을 유신론(theism)이라고 하며 신의 존재를 부정하는 이론을 무신론(atheism)이라고 한다.

인식론(epistemology)이란 앎, 곧 지식이나 진리에 대한 이론으로 지식론이라고도 한다.

'Epistemology'의 어원은 고대 희랍어의 '지식(knowledge)'을 의미하는 'epistēmē'과 '학문'을 의미하는 접미사인 '-logy'가 합성된 말로 '논리적인 담론(logical discourse)'으로 해석된다. 따라서 인식론은 '지식에 관한 이론(theory of knowledge)', 혹은 '과학 철학(philosophy of sciences)' 이라고 할 수 있다. 인식론을 진리의 기준에 의거하여 분류하면 대응설(correspondence theory), 정합설(consistency theory), 실용설(pragmatic theory)로 나눌 수 있다. 대응설이란 어떤 신념이나 명제가 '사실'과 일치, 부합, 대응하면 그 명제나 신념이 옳다고 보는 입장을 말한다. 대응설에 대한 최초의 주장은 아리스토텔레스라고 할 수 있는데, 그는 "그렇지 않은 것을 그렇다고 하는 것은 틀리며, 그러한 것을 그렇다고 하거나 그렇지 않은 것을 그렇지 않다고 하는 것은 옳다"라고 간파하였다. 정합설, 혹은 일관주의(coherence theory)란 어떤 신념이나 판단이 이미 옳다고 인정된 신념이나 판단들의 체계 전체와 일관되거나 부합되면 이를 진리라고 보는 관점을 말한다. 즉, 모든 일상적, 과학적 명제가 진리인지를 파악하기 위해서는 특정 진술이 다른 진술들과 정합성을 가지고 있는 지를 먼저 검증을 해야 하므로, 정합설은 모든 진리 탐구의 시금석이라고 할 수 있다. 이에 비해, 실용론(pragmatism)이란 명제나 신념이 실생활(real life)에 유용성(availability)을 가지고 있을 때만 진리라고 보는 관점으로, 명제나 신념의 진리성이 행위의 도구로 사용되어 이룩한 성공과 동일한 것이라고 주장하는 이론을 말한다. 즉, 미국의 실용주의 창시자인 제임스는 진리성을 행동을 위해 준비한 신념의 속성이라고 하면서, 옳은 신념이란 성공적이고 편리하며 만족스럽고 유용한 신념을 의미한다고 주장하였다. 한 마디로 옳은 신념이란 유용한 신념이라고 할 수 있으며, 실용론이란 모든 명제의 실생활적 유용성과 실천적 결과를 중시하는 이론이라고 할 수 있다.

인식론은 다시 인간의 주관적인 감각기관과 객관적인 사물 자체와의 연관성에 의거하여 모사설(copy theory)과 구성설(constructivism)로 나뉜다. 모사설이란 인간의 감각기관에 물 자체가 그대로 모사되는 것이 진리라고 보는 입장을 말하며, 구성설은 인간의 지식이란 감각기관을 통해 들어온 객관적 사물을 인간의 주관적 경험에 의해 능동적으로 구성하는 것이라고 보는 관점을 말한다. 인식론은 인식의 성립이나 인식의 기원에 대한 기준에 의해 경험론(empiricism), 합리론(rationalism), 비판론(criticism)으로 분류된다. 경험론이란 인간의 감각기관으로 들어온 경험, 즉 감각적 경험에 의해서만 인식이 형성된다는 이론이나, 합리론은 이성적 사유에 의해서만 인식이 성립된다는 이론을 말한다. 비판론이란 칸트가 주장한 이론으로, 칸트는 경험론과 합리론 양자를 비판, 종합하여 초월적 관념론(transcendental idealism)을 구축하였다. 관념론이란 인간이 인식하는 것은 실재가 아니라 관념에 불과하다는 이론을 말하며, 이에 반해 인간이 인식하는 것이 실재라고 보는 이론을 실재론(realism)이라고 한다. 인간의 이성으로 모든 절대적 진리를 무제한적으로 인식할 수 있다고 주장하는 이론을 독단론(dogmatism), 혹은 절대론(absolutism)이라고 하며, 이와는 반대로 회의론(skepticism)은 인간이 인식하는 것은 아무 것도 증명할 수 없다는 상대론(relativism)적 관점을 말한다.

　　가치론이란 가치에 대한 보편적 원리를 연구하는 철학사상을 말하며, 특정 현상에 대한 학문적 가치, 예술적 가치, 종교적 가치를 윤리적 측면과 실천적 측면에서의 가치판단(value judgment)으로 결정하는 것이기 때문에 실천철학, 혹은 윤리학이라고도 불린다. 가치론은 크게 주관주의(subjectivism)와 객관주의(objectivism)로 나뉜다. 주관주의란 가치의 본질을 개인의 주관적인 기준으로 평가하여 개인에게 가치가 있는 것을 진리라고 보는 입장을 말하며, 또한 개인에게만 적용되는 상대적 가치를 중시하므로 상대주의(relativism)라고도 한다. 반면에 객관주의란 절대주의(absolutism)라고도 하는데, 편협적인 개인적 차원의 가치가 아니라 인류 공통의 보편적, 절대적 가치를 추구하는 이론을 말한다. 가치의 객관주의, 절대주의는 공리주의(utilitarianism)와 연결된다. 공리주의란 19세기부터 영국을 중심으로 발달한 윤리사상으로 '최대 다수의 최대 행복'을 도덕의 목적으로 하는 이론을 말한다. 따라서 공리주의는 최대행복의 원리(greatest happiness principle)라고도 한다.

　　마지막으로 논리학은 철학적 명제의 진리성과 확실성을 검증하기 위한 방법론을 말하며, 크게 연역적 방법과 귀납적 방법으로 구분된다. 연역법(deduction)이란 아리스토텔레스가 그의 저서 '논리학'에서 최초로 소개한 논리적 방법론으로, 삼단논법(syllogism), 혹은 정언논증(categorical judgment)이라고도 한다. 연역법은 보편타당성이 증명된 대전제, 즉 일반법칙이 주어지고, 주어진 대전제로부터 개별적인 사실을 이끌어내는 추론방법을 말한다. 예를 들어, "모든 사람을 죽는다.""소크라테스는 사람이다.""따라서 소크라테스는 죽는다."에서 보는 것처럼 모든 사람은 죽을 수밖에 없다는 '필사'의 법칙을 제시하고, 이에 근거하여 소크라테스라는 개별적이고 구체적인 사실의 진위를 유추해내는 논리적 방법을 말한다. 반면에 귀납법(induction)이란 개별적이고 특수한 사실로부터 일반적이고 보편적인 명제를 이끌어 내거나 구체적인 사실에서 추상적인 개념을 추론해 나가는 것을 말한다. 연역법이 아리스토텔레스가 강조한 방법이라면, 귀납법은 과학적 연구에 주로 사용되는 방법으로 예를 들어, "소크라테스는 죽었다.""플라톤도 죽었다.""철수도 죽었다.""영희도 죽었다."라는 많은 개별적인 사례들의 관찰을 통해 "모든 사람은 죽는다."는 일반적인 명제를 이끌어내는 것을 말한다.

04. 철학의 시대적 변천사(History of Philosophy)

앞에서 언급한 바와 같이, 서양철학의 변천사를 이해하기 위해서는 위대한 철학자들의 특징적인 철학사조에 대한 성찰도 중요하지만 이러한 철학자들이 등장한 시대적, 역사적 배경에 대한 폭넓은 이해도 필요하다.

고대 서양철학의 기원은 기원전 6세기경에서부터 시작된 밀레토스학파의 자연주의 철학 사조(natural philosophy)라고 할 수 있다. 밀레토스학파(Miletus School of Philosophy), 혹은 이오니아학파(Ionian School)가 등장하기 전의 서양은 그리스 신화(Greek mythology)에 바탕을 둔 세계관이 지배적이었다. 탈레스(Thales, 기원전 625/624~547/546)를 시초로 하는 밀레토스학파는 당시의 고대 희랍신화에 바탕을 둔 세계관으로부터 광대하고 신비로운 우주와 자연의 법칙을 설명하고자 등장한 학파이다. 이러한 자연주의 사조를 인간중심 철학을 구현한 소크라테스를 기준으로 소크라테스 이전 철학(pre-Socratic philosophy)이라고도 부르는데, 이에는 우주의 기원이 물(water)이라고 주장한 탈레스를 기점으로 무한자(Apeiron)라고 주장한 아낙시만드로스(Anaximandros, 기원전 610~546), 공기(air)라고 주장한 아낙시메네스(Anaximenes, 기원전 585~525), 불이라고 주장한 헤라클레이토스(Heraclitus of Ephesu, 기원전 535~475), 유일자(To On)라고 주장한 파르메니데스(Parmenides, 기원전 510년경~450), 수(number)라고 주장한 피타고라스(Pythagoras, 기원전 582경~497)의 일원론적 전기 자연주의 철학자들이 포함된다. 후기 자연주의 철학은 일원론을 종합하여 다원론으로 발전시킨 철학 사조를 말한다. 다원론을 주장한 자연주의 철학자로는 물, 불, 흙, 공기의 4원설을 주장한 엠페도클레스(Empedocles, 기원전 490년경~430), 무수한 종자(spermata)를 주장한 아낙사고라스(Anaxagoras, 기원전 500년경~428년경), 원자론을 주장한 데모크리토스(Demokritos, 기원전 460년경~380년경)가 포함되며, 데모크리토스를 마지막으로 고대 희랍의 자연주의 철학은 막을 내리게 된다.

소크라테스를 중심으로 하는 고대 인간중심 철학은 페르시아 전쟁(Persian War) 결과 현 터키 서남부의 고대 부흥도시였던 밀레토스를 중심으로 전개되었던 모든 철학적 중심이 아테네(Athens)로 옮겨오면서 등장한 철학운동을 말한다. 페르시아 전쟁을 승리로 이끈 아테네는 그 후 집권한 페리클레스(Pericles, 기원전 495~429)에 의해 황금시대(golden age)가 열리게 되었고, 황금시기에 등장한 소크라테스(Socrates, 기원전 470~399), 플라톤(Plato, 기원전 428~348), 아리스토텔레스(Aristoteles, 기원전 384~322)는 철학의 관점을 자연주의에서 인간중심 철학사상으로 전환하였다. 페르시아 전쟁의 영웅으로 등장한 시민계층은 일찍이 민주주의를 확립한 아테네에서 정치적 입지를 차지할 수 있었으며, 젊은이들에게도 정치적 입신출세의 기회가 주어졌다. 이들은 정치적 변론에 필수적인 수사학, 문법, 논리학, 변론술에 대한 교육을 필요로 하게 되었으며, 이러한 교육적 요구에 부응하기 위해 아테네 젊은이들을 가르치기 위한 새로운 교사가 등장하게 되었는데, 이들이 바로 소피스트(sophist)라고 불리는 최초의 직업교사들이었다. 소피스트들은 외지에서 아테네로 유입된 사상가들로 초기에는 철학의 방향을 인간주의 사상으로 바꾸는데 상당한 역할을 담당한 전환기적 사상가들이었으나, 점차 권력과 부의 축적에만 치중함으로써 소크라테스와 같은 철학자들의 비판의 대상이 되었다. 세계 4대 성인의 한 사람으로 불리는 소크라테스는 철학적 관점을 자연에서 인간으로 전환한 최초의 인간주의 철학자로, 최고의 행복은 선을 행하는 것이며, 선은 무지의 지에서 애지의 지로 이행되어야만 가능하다는 지덕복 합일설을 주장하였다. 플라톤은 스승인 소크라테스의 사형선고에 심한 충격을 받은 결과 철학자들만이 정치를 해야 한다는 철인정치를 주장하게 되었으며, 인간의 본질도 정신과 육체의 두 부분으로 설명하면서 인간이란 현상계에서 머물 것이 아니라 정신의 본래 고향이었던 이데아계로 올라가야 하며, 이를 위해서는 이데아를 인식하는 삶을 살아야 한다고 주장하였다. 아리스토텔레스는 스승인 플라톤의 이원론을 거부하고 현상계에 살고 있는 인간의 실체론을 강조하며 인본주의, 도덕철학, 윤리철학을 완성시켰다.

아리스토텔레스의 말년에 들어오면서 그리스 북부에 위치한 마케도니아의 세력이 확장되기 시작하였으며, 마케도니아의 알렉산드리아 대왕이 전개한 동방원정에 의해 그리스는 몰락하기 시작하며 뒤이어 등장한 로마에 의해 기원전 30년에 이르러 완전히 멸망하게 되었다. 그러나 그리스 문화와 철학은 아리스토텔레스의 제자인 알렉산드리아 대왕의 동방원정으로 전 세계로 퍼져 나갔으며, 그리스 문화와 동방문화가 혼합된 헬레니즘(Hellenism) 문화는 그 후 서방세계를 지배하는 정신적 문화로 자리 잡게 되었다. 알렉산드리아 대왕의 사망 이후 로마에서는 그리스의 인본중심의 순수이론 철학보다는 개인의 안심입명을 강조하는 개인주의적, 현실도피적 학파인 스토아학파와 에피쿠르스학파가 등장하였다. 기원전 7세기에 이탈리아 반도의 중부에 세워진 도시국가에서 시작된 로마는 로마시를 중심으로 이탈리아 반도 및 지중해 전체를 지배했던 고대 서양 최대의 로마제국을 건설하게 되었다. 로마제국은 영토 확장을 위한 수많은 전쟁을 거치면서 왕정 시대(Roman monarchy), 공화정 시대(Roman Republic), 제1차, 2차 삼두정치(Triumvirate)의 독재정권시대를 거쳐 제정시대(Roman Imperialism)를 맞이하였다. 제1차 삼두정치는 기원전 60년에 폼페이우스, 카이사르, 크라수스 세 사람을 중심으로 이루어졌으며, 제2차 삼두정치는 기원전 44년 카이사르가 사망한 후 옥타비아누스, 안토니우스, 레피두스 3인에 의해 시작되었다. 그 후 옥타비아누스(Octavianus, 기원전 63~14)는 자신의 정적인 레피두스와 안토니우스를 차례로 제거함으로서 공화정 시대를 마감하고 '존엄한 자'라는 의미의 아우구스투스(Caesar Augustus)가 되어 로마 제정시대를 열게 되었다. 아우구스투스란 종교적 의미를 가진 '초법적 권한'이나 '점술'이라는 어원을 갖는 용어로, 특히 인간의 능력과 헌법을 초월하여 최고의 우월성을 지닌 존엄성을 의미한다.

395년에 로마제국은 동서로 분리되었으며, 로마를 수도로 하는 서로마 제국은 476년 오도아케르(Odoacer)에 의해 멸망하였으나, 동로마 제국은 현 터키의 이스탄불인 콘스탄티노플로 천도한 후 1453년까지 유럽의 강대국으로 그리스 로마 문화와 기독교를 유럽에 보급하고 계승하였다. 역사적으로 중세(middle ages)라고 하면 서로마 제국이 멸망한 476년에서 동로마 제국이 멸망한 1453년까지의 1,000년의 시기를 일컫는다. 시대적으로는 14세기에서 16세기에 걸쳐 이탈리아 남부에서 일어난 문예부흥시기인 르네상스시대를 포함한다. 중세는 이스라엘에서 시작된 기독교를 사도 바울(Paul)이 로마에 전파한 후 콘스탄티누스 황제(Emperor Constantine)의 정치적 지지에 힘입어 중세 천년을 지배하던 기독교 시대를 말하며, 경제적으로는 타지의 침략을 방어하기 위해 일정한 장원을 중심으로 영주와 기사들에 의해 운영되던 봉건제도(feudalism), 장원제도(manorialism), 기사제도(chivalry)를 시대적 배경으로 한다. 이론가들에 따라서는 중세 기독교 철학을 순수한 철학사조로 인정하지 않으나, 기독교는 명실상부 중세를 대표하는 철학적 사상이라고 할 수 있다. 천 년이라는 장구한 시간 동안 중세 유럽인들의 정신적 세계를 지배한 중세 기독교 철학은 교부철학(patristic philosophy)과 스콜라 철학(scholasticism)으로 대표된다. 교부철학의 대표자인 아우구스티누스(Saint Aurelius Augustine, 354~430)와 스콜라 철학을 완성한 토마스 아퀴나스(Thomas Aquinas, 1224/1225~1274)는 각각 플라톤과 아리스토텔레스의 철학적 이론을 적용하여 기독교 신앙을 확립하게 되었다.

역사적으로 근대(modern ages)란 17세기에서 20세기 전까지의 시기를 말한다. 좀 더 구체적으로 본다면, 근대는 17세기부터 시작된 눈부신 과학기술혁명을 시작으로 정치적으로는 영국과 프랑스의 국왕을 중심으로 하는 절대주의(absolutism) 왕정정치의 확립, 종교적으로는 1517년 마르틴 루터(Martin Luther, 1483~1546)에 의해 촉발된 종교개혁(religious revolution, 1517~1560)을 포함한다. 종교개혁이란 교황 레오10세의 면죄부 판매에 항거하여 중세 기독교의 부패와 타락에서 원시 기독교 정신을 부활시키기 위한 종교운동으로, 중세의 신 중심의 타율주의, 내세주의, 비인간주의에서 탈피하여 인간의 자율성과 주체성을 강조하는 인문주의(humanism) 운동을 촉발시켰다. 17세기에 시작된 과학혁명은 철학을 위시한 모든 인간생활을 과학적으로 설명하려는 지적운동을 자극하였으며, 그 결과 17세기에 들어오면서 영국의 경험주의 철학(empiricism)과 유럽 대륙의 합리론(rationalism)이 등장하게 되었으며, 경험론과 합리론은 그 후 독일의 관념론으로 흡수되어 빛나는 독일의 이상주의를 완성시켰다. 영국의 경험론과 유럽 대륙의 합리론을 창시하여 17세기 실학주의를 대표하는 철학자로는 베이컨(Francis Bacon, 1909~1992), 로크(John Locke, 1632~1704), 버클리(George Berkeley, 1685~1753), 데카르트(Rene Descartes, 1596~1650) 등이 포함되는데, 데카르트와 함께 근대철학의 아버지로 불리는 베이컨은 개별사실을 관찰한 후 일반 보편적인 결론을 내리는 방식을 실천하여 자연과학의 귀납법적 경험론을 세우는데 중요한 역할을 하였다. 데카르트는 당대의 뛰어난 수학자요, 분석기하학과 대수기하학의 선구자로서 "나는 생각한다, 고로 존재한다(corgito ergo sum)."는 유명한 명제를 내세우면서 인간의 지성을 활용한 우주 만물의 올바른 인식을 강조하였다. 영국의 경험론자인 존 로크의 저서인 '인간 오성론(An Essay Concerning Human Understanding, 1690)'과 '백지설(theory of tabula rasa)'은 인간 지성에 대한 생각에 새로운 활력을 불어넣기도 하였다.

18세기는 절대주의 왕정으로부터 평민의 주권을 찾기 위한 시민혁명인 영국의 무혈명예혁명(Glorious Bloodless Revolution)이 일어난 1688년에서부터 프랑스 혁명(French Revolution)이 일어난 1789년까지의 백년간을 말한다. 프랑스 혁명은 '짐이 곧 국가'라는 주장으로 72년간을 지배해온 루이 14세(Louis XIV, 1638~1715) 이후 지속되어 온 절대왕권을 타파하고 시민계급의 권위를 되찾기 위한 대대적인 국민봉기를 말한다. 그 결과 18세기에는 몽매한 시민들의 정신을 회복시키기 위한 계몽주의(enlightenment movement) 사상이 대두되었다. 1760년경 이후 대두된 계몽주의 사상은 과거의 특권적 권위주의에서 벗어나 개인의 자유, 평등, 권리와 인간의 이성을 중시하고, 학문적으로는 형이상학에서 벗어나 과학과 경험을 중시한 사상을 말한다.

18세기 후반부터 시작된 산업혁명(industrial revolution, 1776~1880)은 19세기로 들어오면서 전 세계로 확산되어 산업자본주의, 자유민주주의시대를 초래하게 되었다. 그러나 산업자본주의의 발전으로 근대화를 이룩한 유럽 강대국들이 식민지 제국 건설에 뛰어들게 되면서 카이로, 캘커타, 케이프타운을 잇는 영국 제국의 3C정책과 베를린, 비잔티움, 바그다드를 잇는 독일의 3B정책은 국제 갈등의 원인이 되었다. 산업혁명으로 말미암아 서구사회에서는 물질만능시대, 대중화 시대를 가져오게 되었으며, 그 과정에서 인간성의 소외와 극심한 사회계층의 양극화를 초래하게 되었다.

20세기 현대를 설명하기 위한 시대적, 역사적 배경으로는 두 번에 걸친 세계 대전(World War I, II)과 제1차 세계대전(1914~1919) 직후인 1920년에서 1940년까지 지속된 세계대공황(Great Depression)을 빼놓을 수 없을 것이다. 제1차 세계대전(1914~1919)과 제2차 세계대전(1939~1945)은 전 세계의 강대국들이 모두 참여한 전쟁으로 인류역사상 가장 참혹한 살육의 전쟁으로 기록되어 있다. 제1차 세계대전은 1914년에서 1919년까지 5년 동안 계속된 세계대전으로 7천만 명의 군인이 전쟁에 가담하면서 900만 이상의 병사가 사망하였으며, 많은 나라의 정치적, 이념적 변화를 초래하였다. 제1차 세계대전에서 패망한 독일은 전쟁 후 결성된 평화협정조약인 베르사유 조약(Treaty of Versailles, 1919년 6월)에 의해 대부분의 식민지와 독일 자국의 영토를 잃었으며, 많은 금액의 전쟁 책임부담금을 지불하게 되었다. 막대한 전쟁 보상금의 지불은 전쟁으로 인한 독일의 인플레이션을 악화시켰으며, 이러한 정치 혼란을 극복하기 위해 히틀러(Adolf Hitler, 1889~1945)가 주도하는 나치정권이 등장하였다. 독일 나치정권은 이탈리아의 무솔리니(Benito Andrea Amilcare Mussolini, 1883~1945)와 함께 우익파시즘(fascism)을 결성하였으며, 우익파시즘은 러시아를 중심으로 하는 좌익 공산주의와 대립함으로서 제2차 세계대전이 발발하게 되었다. 히틀러는 또한 유대인, 흑인, 신체장애자, 정신질환자, 집시 등이 신성한 독일인의 피를 더럽힌다는 이유로 이들을 몰살하기 위한 '인종청소법(genocide)'을 단계적으로 시행하여 총 1,100만 명의 생명을 빼앗는 대학살(holocaust)을 단행하였다.

제2차 세계대전은 1939년에 시작되어 1945년까지 6년간의 세계대전을 말한다. 히틀러의 나치 독일군과 소비에트 사회주의 공화국 연방군이 폴란드를 침공하면서 시작된 제2차 세계대전은 1945년 일본의 히로시마와 나가사키에 미국이 원자폭탄을 투하하면서 끝이 났다. 원자폭탄 투하로 일본은 34만 명에 달하는 사람들이 죽었으며 많은 국민들이 원자폭탄의 피폭 증상에 고통을 받게 되었다.

두 번의 세계대전을 경험하면서 철학계에서는 인간이 얼마만큼 잔인해 질 수 있는가에 대한 비극적인 성찰이 시작되었다. 철학의 방향도 정신적, 객관적, 주지적, 낙관적 철학에서 처절한 인간의 생(삶, life)의 철학으로 바뀌었으며, 생의 철학은 다시 실존주의 철학(existentialism)으로 이어졌다. 비이성주의, 주정주의, 현실주의적 철학사상이라고도 불리는 실존주의는 두 번의 세계대전이 불러온 불안과 절망과 좌절과 위기의 시대, 불확실성의 시대, 자기 상실의 시대, 병든 시대라는 한계상황에서 인간의 실존과 주체성을 회복하기 위한 철학적 사조를 말한다. 실존주의를 대표하는 사르트르는 이러한 실존주의를 무신론적 실존주의와 유신론적 실존주의로 구분하였으며, 유신론적 실존주의에는 키르케고르(Søren Aabye Kierkegaard, 1813~1855), 야스퍼스(Karl Theodor Jaspers, 1883~1969), 마르셀(Gabriel-Honoré Marcel, 1889~1973) 등이 포함되고, 무신론적 실존주의에는 니체(Friedrich Wilhelm Nietzsche, 1844~1900), 하이데거(Martin Heidegger, 1889~1976), 사르트르(Jean-Paul Sartre, 1905~1980) 자신이 포함된다고 하였다.

덴마크 출신 키르케고르나 야스퍼스같은 유신론적 실존주의자들은 인간의 육체를 불안(anxiety)의 근원으로 간주하면서 이 세상에 던져진 불안한 존재로서의 인간이 한계상황을 초월하기 위해서는 절대자로의 귀의가 중요하다고 강조하였다. 이에 반해 "신은 죽었다."고 외친 니체는 인간 정신을 아폴로(Apolo)적인 정신과 디오니소스(Dionysus)적 정신으로 구분하였다. 아폴로는 태양의 신이자 이성의 신이며, 디오니소스는 술과 황홀경의 신을 말한다. 그러면서 니체는 생명의 본질은 아폴로적인 것이 아니라 디오니소스적인 것으로 격정, 정열, 파토스(pathos)적 속성으로 이루어졌다고 주장하였다. 파토스란 아리스토텔레스가 소개한 에토스(ethos)에 반대되는 개념으로, 에토스란 인간의 자연적 성향이나 도덕적 성격을 말하며, 파토스란 주어진 상황에서 그대로 표출되는 일시적이고 강렬한 감정 상태를 말한다. 실존은 본질에 선행하며, 실존은 주체성이라고 외친 사르트르는 인간의 실존을 즉자존재(being-in-itself), 대자존재(being-for-itself), 대타존재(being-for-others)로 구분하였다. 즉자존재란 이 세상에 존재하는 사물 자체나 자기 통찰의식이 없는 인간을 말하며, 반면에 대자존재란 한계상황에서 오는 불안을 회피하지 않고 직면하기 위한 자기의식을 가진 존재로, 인간의 진정한 실존은 대자존재를 통해 존재의 무의미(nothing)를 깨달아야한다고 강조하였다. 인간은 이 세계에 던져진 무력한 존재로 죽음과 같은 인류 공통의 원초적 불안(anxiety)을 향해 철저히 혼자 서있는 존재이지만, 무(nothing)로부터의 사실인식을 통해 아무런 가식이 없는 자신, 즉 실존을 깨닫게 된다고 강조하였다. 불안의 끝에서 끊임없는 주체적 비판을 통해 가식이 없는 자기 자신과 실존의 의미를 알게 되면 자신의 현존재를 전체적으로 이해하게 됨으로써 모든 불안과 공포와 무력감, 삶의 무의미, 허무함으로부터 자유로워진다고 강조하였다.

실존주의가 세계대전과 대공황이라는 비극적 현실에서 벗어나기 위해 실존의 본질을 규명하려고 노력한 소수의 철학자들로부터 시작이 되었다고 한다면, 그 뒤에 등장한 분석철학(analytic philosophy)은 세계적으로 유명한 대학교들을 중심으로 보다 집단적이고 체계적인 학문적 토대를 배경으로 시작되었다. 이들은 모든 기존의 형이상학을 배제하고 인간의 언어를 분석함으로써 철학의 명료성을 정립하려고 시도하였다. 분석철학은 언어분석철학자들이 활동한 지역에 따라 영국의 케임브리지 학파, 오스트리아의 비엔나 학파, 영국의 옥스퍼드학파의 세 부류로 분류된다. 케임브리지 대학교를 중심으로 발전한 케임브리지 학파는 무어(George Edward Moore, 1873~1958), 화이트헤드(Alfred North Whitehead, 1861~1947), 러셀(Bertrand Russell, 1872~1970), 비트겐슈타인(Ludwig Josef Johann Wittgenstein, 1889~1951) 등에 의해 언어를 최소 원자단위로 분석하려는 논리적 원자론(logic atomism)과 기호논리학(symbolic logic)을 창시하였다. 오스트리아의 비엔나 대학교를 중심으로 하는 비엔나 학파에서는 슐리크(Moritz Schlick, 1882~1936), 카르납(Rudolf Carnap, 1891~1970), 에이어(Sir Alfred Jules Ayer, 1910~1989) 등을 중심으로 언어사용의 논리성과 검증원리(verification principle)를 강조한 논리경험주의(logical empiricism)가 창시되었다. 옥스퍼드학파에서는 라일(Gilbert Ryle, 1900~1976), 오스틴(John Langshaw Austin, 1911~1960), 스토로슨(Peter Frederick Strawson, 1919~) 등에 의해 일상 언어의 용도를 분석하는 일상언어학파

(ordinary language school)가 완성되었다.

현대로 들어오면서 미국은 남북전쟁(American Civil War, 1860~1865)을 기점으로 유럽의 영향에서 완전히 벗어나 실용주의(pragmatism)라는 독자적인 철학을 등장시켰다. 미국의 실용주의는 1905년 퍼스(Charles Sanders Peirce, 1839~1914)를 기점으로 윌리엄 제임스(William James, 1842~1910), 듀이(John Dewey, 1859~1952)로 이어졌다. 실용주의란 인간이 궁극적으로 추구해야하는 진리를 실생활의 유용성(availability), 실천적 활용(practical use), 실천적 적용(practical application)에 두는 이론을 말한다. 듀이는 실용주의라는 말이 갖는 오해를 불식시키기 위해 자신의 실증주의 이론을 도구주의(instrumentalism)라고 불렀으며, 이는 모든 인간의 지식이나 진리, 이론들은 실생활의 문제를 해결하기 위한 도구나 수단이 되어야 한다는 것을 의미한다. 실용주의는 미국의 자본주의와 맞물려 생활철학과 상식철학으로 받아들여졌으며, 현재까지 미국인들의 정신을 지배하는 대표적인 철학사상으로 자리 잡고 있다.

이와 같이 철학적 역사를 정치, 사회, 문화적 배경과 함께 살펴봄으로써 철학적 사상이 개인적인 사유에서만 비롯된 것이 아니며, 철저한 시대정신을 반영하는 학문적 운동이라는 것을 이해할 수 있을 것이다. 그 어느 시대보다 빠르고 복잡하게 변화하는 IT(information technology) 시대를 맞이한 현대인들에게는 다른 어느 시대보다도 살아있는 의식과 정신이 필요하다고 할 수 있다. 따라서 현대를 살아가고 있는 모든 사람들은 살아있는 의식으로 진정한 인간성을 회복하기 위한 철학적 성찰을 게을리 하지 말아야 할 것이다.

05. 철학자에 대한 심리적 분석(Psychological Analysis of Philosophers)

굳이 프로이트가 주장한 "인간의 현재는 과거의 축적이며, 인간의 성격은 과거의 경험에 의해 결정된다."는 심리성적 결정론을 들먹이지 않더라도 한 사람의 인생철학을 정확히 이해하기 위해서는 그 사람이 어떠한 생을 살았는지 살펴보는 것이 중요하다고 할 수 있다. 하물며 2,500년 이상의 장구한 역사를 거치면서 현대인의 삶에 지대한 영향을 미쳐온 위대한 철학자들의 사상을 사상 면으로만 분리해서 파악하는 것보다는 그들이 어떠한 '일상생활'을 영위했는지, 어떠한 심리학적 문제들을 위대한 철학사상으로 승화시켰는지에 대한 이해는 필수적이라고 할 수 있다. 이러한 맥락에서 본 저서는 철학자들의 생애를 가능한 한 자세히 기록하려고 시도하였다.

일반적으로 위대한 철학자들은 천재로 알려져 있다. 또한 천재들은 기이한 사람(odd people)으로 여겨진다. 기이한 천재들이 펼친 철학사상은 따라서 일반사람들이 이해하기에는 상당히 난해하고 복잡한 것이 사실이다. 이러한 이유로 철학은 거의 모든 사람들에게 어렵고 현실성이 없는 추상적인 이론으로 비쳐진다. 그러나 엄청난 양의 독서와 천재적 두뇌로 어렵고 난해한 철학이론을 개진한 철학자들도 한 시대를 살아가고 있는 우리와 똑같은 인간이라고 할 수 있다. 즉, 철학자들도 많은 사람들이 겪는 대인관계의 어려움, 직업적 문제, 결혼문제, 종교적 갈등, 인종차별주의(racism)로 인한 문제, 특히 심각한 건강문제를 가지고 있었으며 이러한 일상적 문제들과 신체적, 정신적 고통을 천재적 영감으로 승화시켰다. 특기할 점은 많은 철학자들이 허약한 체질로 태어났거나 선천적인 기형과 고질적인 질병, 혹은 비만으로 고통을 받았다는 사실이다. 의학이 발전이 되기 전 시대에 살던 철학자들은 세계적으로 창궐한 콜레라나 결핵, 혹은 한센병의 희생자가 되기도 하였으며, 사르트르 같은 철학자는 사시로 태어났음에도 엄청난 독서량과 저작활동을 위해 암페타민이란 약물에 중독이 되기도 하였다. 철학자들을 단지 정신적 천재로 우상화하여 그들의 난해한 철학이론을 일반상식과 맞지 않은 독단적이고 맹목적인 형이상학적 이론으로 치부해버리지 않기 위해서는 그들이 왜 철학적 활동에 집착하게 되었는지를 심리학적 측면에서 연구해보는 것이 중요할 것이다. 특히 철학자들의 독특한 생활양식(lifestyle)을 건강과 질병의 맥락에서 살펴봄으로써 천재적 철학자들도 평범한 생애를 살았다는 이해는 물론, 그들이 내세운 비범한 건강지식도 함께 배울 수 있을 것이다.

신체적인 측면에서 가장 흥미로운 건강 라이프스타일(lifestyle)을 고수한 철학자로는 단연 칸트(Immanuel Kant, 1724~1804)를 꼽을 수 있다. '순수이성비판', '실천이성비판', '판단력 비판'이라는 유명한 3대 철학서를 완성한 칸트는 이 3대 저서 안에서 자신의 철학을 개진하기 위해 수없이 많은 새로운 철학용어들을 만들어냈으며, 이러한 그의 지적 저작물에 대해 그 당시 저명한 지식인들조차 도저히 이해할 수 없는 난해한 책이라고 혹평하였다. 그러나 선천적인 흉부 기형과 새가슴으로 인해 정상적인 성장 발육을 하지 못한 칸트가 이러한 엄청난 양의 지적활동을 유지할 수 있었던 것은 평생을 거르지 않고 강박적으로 지켜온 생활습관 덕분이었다고 할 수 있다.

칸트는 '땀은 물의 형태를 띤 대변'이라고 하면서 땀을 몹시 혐오한 인물로 알려져 있다. 이러한 칸트의 비과학적인 지론은 순전히 개인적이며 주관적인 경험에 의한 판단으로 여겨진다. 가난한 집안에서 허약한 체질로 태어난 칸트는 유아기에 걸린 영양실조로 좁고 편평한 새가슴(pigeon breast)과 오른쪽 어깨의 변형으로 호흡기 질환을 달고 산 것으로 알려져 있다. 기형적인 흉곽으로 인해 숨을 제대로 쉴 수 없을 정도로 심폐기관이 나빴던 칸트에게는 땀을 흘릴 정도의 과격한 운동은 치명적이었을 것이다. 칸트는 이러한 기형으로 인해 오랫동안 자살 충동과 우울증에 시달려 왔다고 토로한 것으로 알려져 있다.

또한 칸트는 많은 지역을 여행하면서 철학적 통찰력을 깨우친 다른 철학자들과는 달리 자신이 태어난 쾨니히스베르크(Königsberg)라는 작은 독일 지역을 평생토록 한 번도 떠난 적이 없는데, 이 또한 그의 기형적 신체 조건과 연관이 있어 보인다. 그 당시 철학자들에게 여행이란 철학적 영감을 얻을 수 있는 가장 중요한 기회였지만, 여행을 위한 체력과 건강을 갖추고 있지 못했던 칸트는 자신의 부족한 여행 체험을 엄청난 양의 독서로 채웠다. 여행 결손자로서의 열등감을 지적 정보로 승화시킨 결과, 런던을 한 번도 가보지 않았던 칸트가 런던 다리를 이루고 있는 석재 하나하나의 위치를 정확히 꿰뚫을 정도로 박식하게 되었으며, 이러한 그의 지적 정보력은 그의 강의를 듣는 학생들을 매료시켰다고 전해진다.

　일반적으로 선천적인 순환계 질환을 가진 사람들은 정상적인 발육이 어렵게 되고 평균수명도 낮아지게 된다. 성인이 된 칸트도 체중과 신장은 150~160㎝와 60kg을 넘지 않은 작은 체구였다. 작은 체구와 심폐기능이 비정상적인 칸트가 18세기 당시의 평균수명의 두 배에 가까운 80세까지 장수를 누린 이유는 철저한 자기 관리 때문인 것으로 알려져 있다. 칸트는 2010년 경에 일본에서 시작된 일일일식 다이어트를 290년이나 앞서서 몸소 실천한 선각자이다. 현대적 의미의 일일일식 다이어트란 하루 한 끼를 충분히 먹고 별도의 운동은 하지 않는 다이어트 방법으로, 신체를 공복상태로 유지하면 장수유전자와 공복유전자로 알려진 시투루인(sitruin)이 활발하게 생성되어 각종 성인병과 치매의 예방은 물론, 집중력이 향상되고 수명이 연장된다는 이론이다. 이런 맥락에서 볼 때, 허약한 체질로 격렬한 운동을 하지 못하는 칸트에게는 최적의 식습관이라고 할 수 있다. 칸트는 또한 하루 일과표를 정해놓고 평생 동안 딱 한번을 제외하고는 거른 적이 없이 실천해온 인물로 유명하다. 즉, 아침 5시 기상, 8시간 독서와 저작 활동, 오후 1시 점심식사, 오후 3시 산책, 오후 6시부터 10시까지 독서, 저녁 10시에 취침하는 일과표대로 생활하였는데, 2시간에 걸친 느린 점심식사와 2시간에 걸친 느린 산책은 그의 건강을 유지시키는 중요한 생활습관으로 자리 잡았다. 칸트는 오후 1시에 하는 점심식사도 소화를 돕기 위해 손님들과 대화를 하면서 천천히 먹었다고 한다. 이와는 달리 산책길에는 늘 혼자였는데, 동행이 있을 경우에는 대화를 나누기 위해 구강으로 호흡을 하게 되는데, 구강호흡을 하게 되면 폐 건강에 해롭다고 믿었기 때문이다. 자신의 경험에서 나온 비강호흡에 대한 칸트의 지론은 의학적으로도 증명이 된다. 인간의 비강은 3개의 갑개(choncha), 즉 선반모양의 골 성분인 비강 갑개로 이루어져 있다. 코로 들어온 차가운 공기가 상, 중, 하갑개를 통과하는 동안 체온과 동일한 온도로 가온이 되고. 습도 100%로 가습이 되어 인두(pharynx)를 지나가게 된다. 따라서 추운 날씨에는 특히 코로 흡기를 해야만 찬 공기가 인두를 자극하지 않게 된다.

　칸트는 또한 평생 독신으로 살며 철학연구에만 열중했는데, 칸트처럼 결혼을 하지 않은 철학자로는 플라톤, 로크, 흄, 니체, 스피노자 등이 있으며 중세 기독교 철학자인 아우구스티누스나 토마스 아퀴나스는 종교적 이유로 결혼을 하지 않았다. 이 중 영국의 경험주의 철학의 대표자로 인간은 백지상태로 태어난다고 주장하여 후천적 교육만능설의 창시자가 된 로크(John Locke, 1632~1704)도 우울증에 걸릴 정도로 허약한 체질을 가지고 있었으며, 이러한 자신의 건강을 관리하기 위해 의학을 전공한 철학자로 유명하다. 로크는 또한 상당히 특이한 성격을 가지고 있었는데, 그는 비밀을 좋아해서 자신의 많은 행적을 부호나 속기를 사용해서 은폐시켰으며, 여성들과 교제를 할 때에도 자신이 사귀던 여성의 이름 첫 글자를 부호로 썼기 때문에 아직까지도 그가 사귀었던 여자들의 정체가 밝혀지지 않고 있다고 한다.

신체적 결함을 가지고 태어난 또 다른 철학자로는 실존주의의 대표자인 사르트르(Jean-Paul Sartre, 1905~1980)를 들 수 있다. 사르트르는 많은 독서를 해야 하는 철학자에게는 치명적이라고 할 수 있는 외사시(divergent, wall-eyed strabismus)를 가지고 태어났다. 외사시란 한 쪽 눈의 안구가 다른 쪽 안구와 정렬 상태로 있지 않고 한 쪽 방향으로 치우쳐 있는 상태를 말한다. 일반적으로 외사시를 가지고 있는 사람들은 사물에 대한 초점이 한 곳으로 집중되지 않기 때문에 물체가 두 개로 보이는 복시 현상(diplopia)이 나타나며 이로 인해 심한 두통에 시달리게 된다. 초기에는 물체가 두개로 보이는 복시현상을 극복하기 위해 사시가 있는 쪽의 눈을 본인도 모르게 사용하지 않게 되어 시력저하가 오며 이러한 현상이 오래 지속될수록 사시가 있는 눈의 시력이 영구히 소실되어 안경으로도 교정이 되지 않는 약시(amblyopia)가 된다. 또한 둘로 보이는 복시를 극복하기 위해서 사물을 볼 때 고개를 상하, 혹은 좌우로 돌리거나 옆으로 기울이는 현상을 보이는데, 사르트르의 사진에서도 이러한 얼굴 형태를 볼 수 있다. 외사시의 경우, 눈을 움직이는 6개의 근육 중, 외직근(external rectus)의 힘이 강해 눈을 바깥쪽으로 끌어당기기는 것이므로, 외직근을 후방으로 후진시켜 힘을 약화시키는 수술방법을 사용하면 치유가 된다. 그러나 이러한 사시 교정술은 재발률이 높고 외사시가 내사시로 변하는 등의 부작용이 높은 것이 문제라고 할 수 있다. 사르트르의 경우, 말년인 72세가 되던 1973년에 완전히 실명이 된 것을 보면 사망할 때까지 교정술을 하지 않고 외사시 상태로 있었던 것으로 보인다. 사시는 선천성, 유아성, 후천성 사시로 구분되는데, 선천성 사시는 태어날 때부터 가지고 태어난 경우를 말하며, 유아성 사사란 생후 6개월 이내에 발생한 경우, 후천성 사시는 생후 6개월 이후에 발생한 경우를 말한다. 유아기에 조기 발견을 통해 사시를 교정해 주어야 하는 이유는 외양도 문제이지만, 그것보다는 약시의 초래로 영원히 시력을 잃을 가능성이 크기 때문이다. 사르트르도 결국 완전한 실명이 되어 그가 사망할 때 까지 7년을 맹인으로 살아야만 했다.

사르트르의 사망 원인은 고혈압(hypertension)으로 알려져 있다. 고혈압은 암페타민을 상습적으로 복용할 경우에 오는 대표적인 부작용이다. 사르트르는 초점도 맞춰지지 않는 외사시임에도 불구하고 무자비할 정도로 일중독에 빠진 인물로 잘 알려져 있다. 그는 암페타민의 상용과 더불어 지독한 줄담배(chain smoking)를 피우면서 일중독에 빠진 것으로 알려져 있다. 그 결과, '자아의 초월성'(1936), '구토'(1938), '존재와 무'(1943), '문학이란 무엇인가'(1947), '자유의 길'(1954), '변증법적 이성비판'(1960), '집안의 천치'(1970) 등 셀 수 없이 많은 소설과 비평서, 철학서를 집필하였다. Alpha-methylphenethylamine으로 알려진 암페타민(Amphetamine)은 주로 주의력 결핍장애(attention deficit hyperactivity disorder: ADHD) 환자들에게 처방되는 중추신경계 자극제로 자율신경계 중 교감신경계에서 분비되는 신경전달물질인 도파민의 분비를 촉진시키고 노르에피네프린(nor-adrenaline)과 도파민(dopamine)의 재흡수를 억제하는 약물이다. 따라서 사르트르는 집필에 필요한 집중력과 에너지, 정신적 각성을 위해 교감신경계를 지속적으로 활성화 시키는 암페타민을 상용한 것으로 추측된다. 그러나 이 약물을 사르트르처럼 상용할 경우에는 고혈압(hypertension)과 빈맥(tachycardia) 등 심각한 심혈관계의 부작용을 일으키는 것으로 알려져 있다. 구체적으로 암페타민의 부작용으로는 고혈압이나 저혈압(hypotension), 빈맥 등의 순환기계 부작용과 불면증, 발기부전 장애, 오심, 복통, 식욕부진, 시야부전(blurred vision), 비강출혈, 발한, 과호흡(faster and deeper breaths) 등이 있으며, 심할 경우에는 심정지(cardiac arrest)와 뇌졸중(stroke)으로 급사의 위험성이 있는 것으로 알려져 있다. 사르트르는 75세가 되던 해인 1980년에 파리에서 폐수종(edema of lung)으로 사망하였는데, 그 이유도 바로 암페타민의 부작용으로 추정된다. 사르트르는 독신은 아니지만 평생 결혼을 하지 않은 철학자이다. 사르트르는 그가 1929년에 수석으로 합격한 1급 교원자격시험에 차석으로 붙은 보부아르(Simone de Beauvoir)와 평생 계약결혼의 형태로 지냈으며, 그들의 계약결혼은 그 당시 사회분위기에서는 상당히 파격적인 개방결혼의 효시로 받아들여지고 있다.

칸트가 작은 체구에 일일일식 다이어트의 시조라고 한다면, 중세 스콜라 철학의 아버지라고 불리는 성 토마스 아퀴나스(Thomas Aquinas, 1225~1274)는 비만의 아이콘이라고 할 수 있다. 어려서부터 거구로 불리던 아퀴나스의 수도원 학창시절 별명은 '황소'였으며, 지나치게 비만한 그를 위해 그가 앉는 책상에 복부가 들어갈 정도의 반원 모양의 홈을 팠다고 하니 그의 비만이 어느 정도였는지 짐작이 갈 정도이다. 편안한 종교 지도자의 길을 마다하고 그 당시 새롭게 등장한 도미니크 수도원에 들어가 탁발수도승이 되기로 결심한 아퀴나스는 엄격한 금욕과 절제를 강조하는 생활규칙을 지켜야 했는데, 특히 우람한 체격을 가진 아퀴나스가 수도사로서의 수행에 가장 기본적인 지침이라고 할 수 있는 식탐을 어떻게 조절할 수 있었는지가 의문스럽다. 식욕의 절제란 기본적인 욕구를 억제하고 절제된 생활을 강조하기 위해 기독교에서 주창한 7대 죄악(seven sins) 중 가장 기본적인 죄악이기 때문이다. 기독교의 7대 죄악이란 교만(pride), 탐욕

(greed), 성욕(lust), 시기(envy), 분노(wrath: anger), 나태(sloth), 그리고 식탐(gluttony)을 포함한다. 식탐이나 폭식을 의미하는 'gluttony'는 고대 라틴어의 'gluttire'에서 온 말로 '한 입에 꿀꺽 먹어 삼키다(gulp down or swallow)'라는 뜻을 가지고 있다. 따라서 광의의 식탐이란 낭비라고 할 정도로 음식에 대한 과도한 집착이나 소비(overindulgence and overconsumption of anything to the point of waste)를 말한다. 가톨릭에서 식탐을 금기시 하는 이유는 신체가 필요로 하는 만큼의 음식만 섭취해야한다는 수도사의 자기 통제력과 기아로 허덕이는 중생에게 음식을 나누어줘야 한다는 구제의 목적이 함께 함유되어 있다. 기독교에서는 극심한 기아로 생명을 잃을 수 있기 때문에, 남을 생각하지 않고 자신의 식탐만 채운다는 것은 다른 사람을 간접적으로 죽이는 살인행위이며 타인의 안녕보다 자신의 충동을 우선시하는 이기주의적인 행동으로 해석하였다. 식탐에 대한 금기조항은 그레고리 1세 교황이 제정했다고 알려져 있으며, 토마스 아퀴나스도 식탐에 대한 금기조항을 제정했다고 알려져 있다. 우선 그레고리 교황이 제정한 식탐의 금기조항을 보면 필요한 양 이상의 음식을 먹는 행위(Exceeding the necessary quantity of food), 음식의 양이 적당하거나 고급스럽지 않다고 하더라도, 음식을 먹는 것에 지나치게 열중하는 행위(Taking food with too much eagerness, even when eating the proper amount, and even if the food is not luxurious), 비천한 미각의 충족을 위해서 더 맛있고 더 좋은 음식을 원하는 행위(Seeking delicacies and better quality of food to gratify the "vile sense of taste"), 미각의 만족을 위해 식사시간이 오지 않았는데도 먹는 행위(Eating before the time of meals in order to satisfy the palate), 미각에 자극을 주기 위해서 양념과 소스를 추구하는 행위(Seeking to stimulate the palate with sauces and seasonings) 등이 포함된다.

토마스 아퀴나스와 같은 중세 기독교 교회 지도자들은 식탐에 대한 금기조항을 보다 더 확대시켜서 강박적으로 식사를 기대(obsessive anticipation of meals)하거나 지나치게 비싼 음식을 지속적으로 먹는 행위(eating too expensively)를 식탐 금지조항에 포함시켰다. 토마스 아퀴나스가 지정한 5가지 식탐 금지조항으로는 지나치게 고급스럽고 비싼 음식을 먹는 행위, 음식을 지나치게 가려먹는 행위, 지나치게 많이 먹는 행위, 지나치게 빨리 먹는 행위, 그리고 먹는 것에 지나치게 열중하거나 게걸스럽게 먹는 행위 등이 포함된다. 토마스 아퀴나스는 이 중에서 음식에 지나치게 열중(ardent)하는 것을 가장 금기시하였는데, 음식에 열중한다는 것은 먹는 행위 자체에서 오는 쾌락에 극단적으로 애착을 보이는 행위로 기독교 정신에 위배된다고 하였다. 그러나 기록에 의하면, 토마스 아퀴나스가 프랑스의 루이 9세(1226~1270 재위)의 초청으로 왕궁 만찬에 초대된 적이 있었는데, 이 때 루이 9세는 이 유명한 신학자가 너무도 열심히 음식을 먹는 모습을 흥미로운 눈으로 지켜봤다고 한다. 아퀴나스의 과체중은 일찍이 그의 건강을 해치는 주요 원인이 되었다. 결국 기독교 역사상 가장 위대한 성인의 한사람으로 추앙된 아퀴나스는 49세라는 비교적 젊은 나이에 생을 마감하였다.

많은 철학자들이 우울증이나 정신질환으로 고생한 것으로 나타났는데, 우울증은 주로 사상적 문제나 민족적 문제, 건강문제로부터 기인되었다고 볼 수 있다. 특히 유태인의 경우, 천재적인 자의식과 사회의 편견사이에서 이를 견디지 못하고 심한 우울증이나 자살 시도를 경험한 것으로 나타났다. 동시대에 살았던 거의 대부분의 철학자들로부터 추앙을 받았던 루소(Jean-Jacques Rousseau, 1712~1778)도 그가 저술한 소설인 '에밀'이 금서로 지정이 되며 박해를 받자 심한 피해망상을 보인 것으로 알려져 있다. 영국의 회의론자로 유명한 흄(David Hume, 1711~1776)이 1766년 파리 주재 영국대사의 비서관 일을 마치고 귀국하면서 루소를 영국으로 데려와 도피처와 연금까지 주선하였으나, 극심한 피해망상증에 시달리던 루소는 흄의 이러한 환대를 자신을 착취하기 위한 계획적인 음모라고 매도함으로써 열렬한 루소주의자인 흄은 루소와 결별하게 되었다. 하루도 빠지지 않고 마을 산책을 나갔던 칸트도 평생 딱 한번 루소의 '에밀'을 읽다가 산책을 거른 적이 있을 정도로 학문적인 천재성을 인정받았던 루소도 파문이라는 극한적 상황에 처하자 피해망상증을 보였다는 사실은 천재적 철학자들이 얼마나 약한 심성의 소유자인가를 단적으로 보여주는 일례라고 할 수 있다.

정신질환에 걸린 철학자들 중에서 가장 극단적인 삶을 살았던 인물로는 니체(Friedrich Nietzsche, 1844~1900)를 들 수 있다. 니체는 19세기 말 "신은 죽었다."고 외치며 극단적인 무신론을 주장한 실존주의 철학자로 그의 광적인 말기 저서들은 모두 매독(syphilis)으로 인한 조현병, 즉 정신분열증적 상태에서 탄생되었다고 알려져 있다. 매독은 크리스토퍼 콜럼버스가 아메리카 대륙으로 항해하던 중 감염되어 유럽에 최초로 전파한 것으로 알려져 있다. 이 외에도 베토벤, 슈베르트, 고흐, 히틀러, 슈만, 보들레르 등 많은 사람들이 매독에 걸린 것으로 알려져 있다. 슈베르트는 젊은 나이에 매독으로 사망하였으며, 베토벤은 말년에 매독의 합병증으로 청력을 상실했다고 한다. 또한 고흐가 정신병으로 자살한 사실이나 히틀러가 메시아 콤플렉스에 걸렸다는 사실은 모두 매독이 진행됨에 따라 발생되는 신체적 징후라고 할 수 있다. 중세 이후 매독은 '천재의 질병'으로 알려졌는데, 이는 매독 말기에 이르면 폭발적인 희열감과 통찰력, 신비로운 영적 경험 등을 하게 되며 그 결과 천재적인 작품이 탄생되었다고 해서 붙여진 이름이다. 니체가 걸린 매독은 마비성 신경매독으로 뇌에 정신적 문제를 일으켜 치매 및 사지마비에 이르는 질병이다. 현재 진행성 매독은 페니실린으로 치료가 가능하지만, 니체가 활동하던 19세기에는 수은을 사용하여 매독을 치료하였다. 중금속인 수은을 과다 복용할 경우에는 극심한 소화기 계의 염증과 복부경련 등을 일으키며 체내에 수은이 축적되면서 사지의 통증과 떨림은 물론, 우울증과 정신착란 등 정신적 변화가 나타나며 심하면 사망에 이르게 된다. 매독의 잠복기는 평균 15년 정도가 되며 30~40대에 빈발한다고 알려져 있다. 매독은 성관계를 통해 전염되는 전염병으로, 니체는 늦은 20대나 30대 초반에 매독에 걸렸을 것으로 추측되는데, 삶의 절반을 여행으로 보냈던 니체가 여행 중 전염이 되었다는 설과, 젊은 시절 매음굴을 드나들었다는 설 등이 전해진다. 매독이 진행됨에 따라 정신착란 증세가 심해진 니체는 정신병원에 입원하게 되었고, 정신병원에서의 니체의 삶은 상당히 비참했다고 전해진다. 니체는 복도 한 구석에 엉거주춤 선 자세로 그의 앞을 지나가는 환자들에게 손을 흔들며 대학 시절의 자신의 직함이었던 '니체 교수!'라는 말을 계속 중얼거렸다고 한다.

그 외 다수의 철학자들이 역학적 질병이나 만성 질환에 의해 사망한 것으로 알려졌다. 예를 들어, 19세기는 전 세계에 콜레라, 결핵 등 감염병이 창궐하여 많은 사상자를 내던 불안한 시기로, 변증법적 절대주의자로 유명한 헤겔(Georg Wilhelm Friedrich Hegel, 1770~1831)은 61세가 되던 1831년 독일에 퍼진 콜레라에 걸려 사망하였다. 콜레라(cholera)는 경구 또는 정맥으로 적절한 수액이나 전해질을 보충할 경우 사망률이 1%도 안 되는 질병이지만, 이러한 치료법이 없었던 19세기 이후 20세기 초반에는 범세계적인 유행이 수차례 발생한 급성 감염병이다. 콜레라의 최초 발상지는 인도 지방으로 초기에는 인더스 강 유역의 풍토병으로 유행하였으나, 1817년 이후 인적, 물적 교류가 활발해지면서 전 세계적으로 퍼져나갔다. 1817년 벵골(Bengal) 지방에서 시작된 콜레라는 1819년에 유럽에까지 전파되었으며 그 후 1826년부터 1837년까지 유럽은 물론 아시아, 아프리카, 아메리카까지 확산되었다. 1884년 독일의 세균학자인 코흐(Robert Heinrich Hermann Koch, 1843~1910)에 의해 콜레라균이 발견되면서 콜레라의 세계적인 유행은 진정되기 시작하였다. 독일 의사인 코흐는 콜레라균의 발견은 물론 탄저균(1877년)과 결핵균(1882년)을 발견하여 '세균학의 아버지'로 평가되는 인물이다. 코흐는 결핵균의 발견으로 1905년 노벨 생리학상과 의학상을 수상하였다. 그 외, 스피노자(Baruch Spinoza, 1632~1677)는 밀폐된 작은 공간에서 안경 렌즈를 연마하면서 흡입한 가루가 원인이 되어 폐결핵(tuberculosis)에 걸려 44세라는 젊은 나이에 사망하였다. 스피노자는 데카르트, 라이프니츠와 더불어 18세기 유럽 대륙의 합리론을 대표하는 트로이카 중의 한 사람이다.

고대 그리스 로마 시대의 신플라톤학파 중 가장 마지막이자 가장 위대한 철학자로 불리는 플로티누스(Plotinus, 204년-270년)는 한센병(Hansen's disease)이라고 개칭된 나병(leprosy)으로 사망하였다. 나병을 의미하는 'leprosy'란 라틴어의 '비늘'이라는 뜻을 가진 'lepra'에서 기인한 용어로, 나병환자의 피부가 갑각류의 비늘 형태를 띠는 데서 기인한 병명이다. 한센병은 기원전 6세기 경 인도에서 처음으로 발견될 정도로 그 기원이 매우 오래된 질병으로 주로 지대가 낮고 습한 열대나 아열대 지방에서 발생한다. 한센병은 한센간균의 감염으로 인한 악성 피부병으로, 주로 피부 및 점막의 병변이 광범위한 홍반을 동반하면서 흉측한 비늘모양으로 변해 예로부터 '신의 저주'라고 여겨졌던 질환이다. 그 후 나병은 '신의 저주'라고 불리는 사회적 오명을 없애기 위해 1873년 나병의 병원균을 발견한 후 자신의 이름을 붙여 한센간균(Mycobacterium leprae)이라고 명명한 노르웨이의 의학자인 한센(Gerhard Henrik Armauer Hansen, 1841~1912년)의 이름을 따 한센병으로 개칭되었다. 고대 사람들은 흉측한 외양을 가진 나병 환자와의 접촉을 꺼렸으며, 플로티누스 자신도 육체를 가졌다는 사실, 즉 육체의 껍질을 가지고 있다는 사실을 몹시 수치스럽게 여겼다고 한다. 이러한 이유로 플로티누스의 가족, 출생지, 혈통에 관해서는 알려진 바가 전혀 없다.

그 외 고대 희랍의 자연주의 철학의 창시자이자 밀레토스학파를 설립한 탈레스(Thales, 기원전 625/624~547/546)는 체조경기를 관람하던 중 탈수증(dehydration)으로 사망했다고 전해진다. 우주 만물의 근원을 물(water)이라고 주장하며 물의 신성함을 강조한 장본인이 수분의 부족으로 사망했다는 사실은 매우 아이러니컬한 귀결이라고 아니할 수 없다. 참고로 현대 과학지식으로 밝혀진 바에 의하면, 물은 정상 성인 체중의 60%를 차지하며, 근육의 절반 이상도 물로 이루어져 있다. 이러한 이유로 성인은 음식에 포함된 수분을 제외한 순수 음용수로 하루 1.5L에서 1.8L 정도를 마셔야 한다. 충분한 수분섭취를 하지 못하거나 고대 경기장처럼 폭염이 내리 쬐이는 뙤약볕에 장시간 노출될 경우, 무력감, 피곤함, 두통 및 집중력 장애 등의 증상을 경험하게 되고, 전체 체중의 2% 내지 3% 이상의 수분이 소실되면, 심각한 열사병이나 일사병으로 진행되어 심하면 사망에 이르게 된다. 열사병(heatstroke)은 일사병(sunstroke)을 포함한 모든 열 관련 질환을 말한다. 즉, 일사병은 직사광선에 오래 노출되어 열 관련 질환에 걸린 경우를 말하나, 열사병은 직사광선뿐만이 아니라 냉방시설이 갖추어 지지 않은 덥고 습한 곳, 즉 41℃에서 43℃ 이상의 고온 환경에 장시간 노출될 경우에 발생하는 질환을 말한다. 열사병에 의한 치사율은 50%를 넘는 것으로 알려져 있다. 특히 탈레스처럼 78세가 되는 노인은 땀구멍의 위축으로 땀을 통한 온도조절능력이 젊은 사람의 60%에 불과하게 되며, 또한 노령으로 인해 감각기능이 저하되어 열사병의 초기증상을 자각하기가 어렵게 되어 치명율이 높아지게 된다.

이 외에도 선천적으로 몸이 허약하여 정오가 될 때까지 침대에서 일어나지 못했던 데카르트는 학창시절 침대에 누운 채 수업을 받았다고 알려져 있다. 이러한 습관은 평생 지속되었으며 데카르트의 사상적 위대함도 침대에서 이루어졌다고 볼 수 있는데, 오래된 늦은 기상 습관은 그의 사망의 직접적인 원인이 되기도 하였다. 데카르트가 53세가 되던 1649년 스웨덴의 크리스티나 여왕의 초청으로 여왕의 개인교사가 된 그는 그 다음 해인 1650년 겨울에 사망하였는데, 그 이유가 바로 정오까지 침대에서 사색을 즐겼던 그의 생활습관이 깨졌기 때문이라고 볼 수 있다. 크리스티나 여왕은 자신의 춥고 썰렁한 궁전에서 아침 5시에 개인교습을 하길 원했고, 새벽 5시까지 궁전에 도착해야하는 데카르트에게 스톡홀름(Stockholm)의 겨울 날씨는 그를 죽음에 이를 정도로 상당히 가혹했던 것으로 알려져 있다. 노르웨이, 스웨덴, 핀란드로 구성된 스칸디나비아 반도 3국 중 스웨덴은 멕시코 만류의 영향으로 동일 위도상의 다른 지역보다 따뜻한 해양기후를 가지고 있지만, 북부 지방은 북극기후의 영향으로 6개월간 영하의 날씨가 계속되는 추운 곳으로 알려져 있다.

대부분의 철학자들의 사상은 기존의 철학사상을 인정하고 이를 보완하기 보다는 기존 이론에 대한 강력한 비판과 반박으로 점철되었다고 해도 무리가 없을 것이다. 이러한 주체적인 비판의식이 철학을 발전시킨 원동력이 되었지만, 한편으로는 진정한 사회적 동물로서의 화해와 조화를 꾀하지 못했다는 점에서 참으로 외롭고 고독한 사람들이었다는 생각을 지울 수 없게 만든다. 현대를 살아가는 우리들은 위대한 철학 역사를 써온 이들의 사상을 종합해서 개인적인 삶은 물론 인류 전체의 행복한 삶을 위한 가장 최선의 절충안(eclectic guideline)을 만들어야 할 것이며, 이들의 일상적 생활을 반추하면서 서로를 이해하며 조화롭게 어울려 사는 따뜻한 사회가 되도록 노력해야 할 것이다.

제2장

고대 그리스
자연주의 철학

제2절 전기와 후기 자연주의 철학

㉮ 전기 자연주의 철학(Early Natural Philosophy)

고대 그리스의 밀레토스 학파(Milesian School)에서 시작된 자연주의 철학은 크게 전기와 후기 철학으로 나뉜다. 전기 자연주의 철학은 일원론적 유물론(materialistic monism)으로 대표되며, 후기 자연주의 철학은 다원론적 유물론(materialistic pluralism)으로 대표된다. 후기 자연주의 철학은 독창적인 이론이라기보다는 전기 시대의 일원론적 이론들을 절충하여 다원론으로 발전시킨 이론이라고 할 수 있다.

전기 자연주의 철학은 다시 밀레토스 학파, 엘레아학파(Eleatics), 피타고라스학파(Pythagoreanism)로 구분된다. 밀레토스 학파는 우주를 구성하는 원질(arche)을 물(water)이라고 주장한 탈레스(Thales, 기원전 625/624~547/546), 아페이론(Apeiron), 혹은 무한자라고 주장한 아낙시만드로스(Anaximandros, 기원전 610~546), 공기(air)라고 주장한 아낙시메네스(Anaximenes, 기원전 585~525), 불(fire)이라고 주장한 헤라클레이토스(Heraclitus of Ephesu, 기원전 535~475)가 포함된다. 엘레아학파의 창시자인 파르메니데스(Parmenides, 기원전 510~450)는 우주의 원질을 일자(To On), 혹은 유일한 존재자로, 피타고라스학파의 창시자 피타고라스(Pythagoras, 기원전 582~497)는 수(number)라고 주장하였다.

다원론을 주장한 후기 자연주의 철학자로는 물, 불, 흙, 공기의 4원설(four roots theory)을 주장한 엠페도클레스(Empedocles, 기원전 490~430), 종자설(spermata theory)을 주장한 아낙사고라스(Anaxagoras, 기원전 500~428), 원자론(atomic theory)을 주장한 데모크리토스(Demokritos, 기원전 460~380)가 포함되며, 데모크리토스의 원자론을 마지막으로 고대 희랍의 자연주의 철학은 막을 내리고 소크라테스, 플라톤, 아리스토텔레스를 중심으로 하는 고대 그리스 인간 중심 철학 시대로 전환하게 된다.

01. 밀레토스 학파(Milesian School of Natural Philosophy)

우주의 생성과 운동을 일원론적으로 설명한 전기 자연주의 철학은 탈레스(Thales, 기원전 625/624~기원전 547/546)가 창시한 밀레토스 학파에서 시작되었다. 밀레토스 학파는 탈레스의 제자인 아낙시만드로스(Anaximandros, 기원전 610~546), 아낙시만드로스의 친구이자 제자인 아낙시메네스(Anaximeneses of Miletus, 기원전 585~528), 그리고 헤라클레이토스(Heraclitus of Ephesu, 기원전 535~475)로 이어지는 기계론적 유물론(mechanical materialist)을 말한다. 밀레토스 학파의 유물론적 특징은 인공론적 유물론(animism), 혹은 물활론적 유물론(hylozoism)이라고 하는데, 이는 밀레토스 학파를 창시한 탈레스가 우주 만물이란 인간 정신과 같이 생명을 가진 실체라고 주장한 데서 기인하였다.

탈레스의 자연철학이 탄생하기 전 고대 그리스 사회를 지배하던 사상은 희랍 신들을 중심으로 한 신화적 창조설(methological creationism)이었다. 그리스 신들의 계보를 종합적으로 정리한 역사가인 헤시오도스(Hēsíodos, 기원전 7세기경 활동)의 신통기(Theogony)에 의하면, 그리스 로마 신화는 카오스(chaos)로부터 시작되는데, 카오스란 '혼돈', 혹은 '질서나 규칙, 형상이 없는 무한한 에너지 덩어리나 공간'을 말한다. 이와 대조적으로 질서와 정돈의 개념을 갖춘 우주를 코스모스(cosmos)라고 한다. 혼돈의 세계인 카오스는 대지의 신인 가이아(Gaia)와 정신적인 힘인 에오스(Eos) 등의 신들이 등장하면서 점차 질서를 갖춘 우주의 형태를 띠게 된다. 가이아와 하늘의 신인 우라노스(Uranus) 사이에서 태양, 달, 강 등 12명의 티탄 신이 탄생하나, 이 중 가이아의 저주를 받게 된 크로노스(Cronus)는 레아(Rhea)와의 사이에서 태어난 포세이돈, 하데스, 헤스티아, 데메테르, 헤라를 삼켜버린다. 레아의 도움으로 살아난 막내 제우스(Zeus)는 성인이 되자 부친이 삼켜버린 다섯 명을 전부 토하게 한 후 아버지를 처단하고 티탄 족과의 전쟁을 승리로 이끌면서 올림포스 신들의 시대를 열었다. 그리스 신화에 등장하는 희랍 신들은 모두 인간과 자연을 초월하는 초자연적 신으로 그려져 있으며 이러한 초자연적인 신들을 부정하는 것은 그 당시 가장 커다란 죄악으로 받아들여졌다. 이러한 시대적 상황에도 불구하고 탈레스는 우주란 신에 의해 창조된 것이 아니라 아르케(arche)라고 하는 근원적 원질에 의해 생성되었다고 주장함으로서 서양 역사상 최초로 자연주의 세계관을 수립하였다. 탈레스의 자연주의적 우주관은 신화적 우주론이 지배하던 고대 희랍 사회를 변화시킨 최초의 사상적, 지적 혁명이 되었다.

1) 탈레스의 물 원질론

(1) 생애

밀레토스 학파의 창시자인 탈레스(Thales, 기원전 625/624~547/546)는 고대 그리스의 식민도시인 이오니아(Greek Ionia)의 밀레토스에서 출생하였다. 밀레토스는 현 터키 서남부에 위치하며 에게 해에 접해있는 항구도시로 기원전 6, 7세기 경 이오니아인이 세운 도시국가이다. 이오니아인은 기원전 1,000년경 그리스의 아카이아 왕국이 도리아인에 의해 무너지자 그리스 아티카 지역으로부터 터키 서남부의 아나톨리아(Anatolia) 지역으로 이주해온 고대 그리스인을 말한다. 기원전 500년 경 지중해 연안에서 가장 큰 도시로 부상한 밀레토스는 페르시아, 바빌로니아, 이집트 등으로부터 동방 문물을 수입하여 그리스나 지중해 연안으로 수출하는 중개무역항이자 상업의 중심지였다. 우수한 동방 문물을 받아들여 풍요와 부를 누리게 된 밀레토스 인들은 학문 활동의 기본 조건인 정신적 자유로움과 한가로움(schole)을 즐겼다. 참고로 '학교(school)'라는 용어는 '한가로움'을 의미하는 고대 희랍어의 'scholē'에서 유래되었다. 따라서 학교에서의 자유로운 학문 추구를 하기 위해서는 정신적 여유와 한가로움을 전제로 한다는 것을 의미한다. 이러한 사회적 분위기에서 신화적 신비주의에 회의를 품은 사상가들은 보다 객관적이고 과학적인 관찰이나 증명을 통해 우주 만물의 생성 이치를 탐구하기 시작하였다. 그 결과 밀레토스는 학문의 요람이 되었으며 이 곳을 중심으로 탈레스, 아낙시만드로스, 아낙시메네스와 같은 위대한 철학자들이 배출되었다.

탈레스의 직업은 주변 국가들을 돌아다니며 장사를 하던 상인으로 알려져 있지만, 그의 주요 관심사는 이집트 등 고대 문명도시의 발전된 수학이나 과학적 학문체계였던 것으로 보인다. 탈레스는 이러한 외국 문물을 접하면서 과학, 역사, 공학, 지리학, 철학 등 다방면에 걸친 위대한 업적을 세우게 되는데, 그가 세운 업적 중 대표적인 것들을 열거하자면, 신화적 실체(supernatural entities)로 여겨지던 이집트 천문학(astronomy)에 새로운 주석을 제시함으로서 그리스 천문학의 시조가 된 것을 필두로, 기원전 585년 5월 28일 일식의 예측, 1년을 365일, 1달을 30일로 나누는 일력의 제정, 이집트 피라미드의 높이 측정, "이등변 삼각형의 밑각은 같다"는 탈레스의 정리(Thales' theorem) 등을 꼽을 수 있다. 이러한 이유로 아리스토텔레스는 탈레스를 자연 철학의 시조(founder of natural philosophy), 철학의 아버지라고 칭송하였다.

탈레스는 78세가 되던 기원전 547년(혹은 546년)에 운동 경기를 관람하던 중에 탈수증(dehydration)으로 사망했다고 알려져 있는데, 천지만물의 원질이 물이라고 주장한 그가 신체의 수분이 부족한 탈수현상으로 사망하였다는 사실은 매우 아이러니컬하다고 볼 수 있다.

(2) 물 원질론(Water Theory of Thales)

기원전 369년경 플라톤이 저술한 대화편 중 지식의 본질에 대한 내용을 담은 '테아이테토스(Theaetetus)' 편에서는 우주 탐구에 대한 탈레스의 유명한 일화가 전해진다. 어느 날 탈레스는 장엄하게 빛나는 천체의 별들을 경외심으로 올려다보면서 걷다가 웅덩이에 빠지고 말았다고 한다. 이 광경을 본 그의 시녀가 "자기 발밑에 있는 것이 무엇인지도 모르는 사람이 하늘에서 일어난 일을 어떻게 알겠느냐?"며 빈정거렸다고 전해지지만, 이러한 일화를 통해 만물을 포용하는 거대한 우주 공간과 삼라만상을 지배하는 자연법칙에 대한 탈레스의 탐구심을 엿볼 수 있다.

탈레스를 비롯하여 밀레토스 학파에 속하는 자연철학자들은 모두 신비롭고 광대한 우주와 자연의 일차적인 원질, 즉 아르케(arche)에 대해 관심을 갖게 되었다. 아르케(arche)란 고대 희랍어로 '유일한 물질적 근원(single material substance)', '기원(origin)', '원칙(principle)'이라는 뜻을 가진 용어이다. 탈레스는 만물의 유일한 아르케는 물(Water is the archê)이라고 주장하였다. 탈레스의 물 원질론에 대한 구상은 그 당시 해상무역항으로 유명한 밀레토스 선착장에서 대부분의 선박들이 물보다 무거운 화물들을 싣고도 가라앉지 않은 채 들고 나는 것을 관찰하면서 시작되었다. 탈레스는 물에 떠 있는 통나무 원리에 입각하여, 선박을 포함한 우주 만물에는 부유성(floatiness)과 부력성(buoyancy)이 존재한다는 가설을 세웠으며, 선박들의 움직임을 관찰함으로서 자신의 가설을 합리적으로 증명하려고 시도하였다. 즉, 물이란 우주 만물을 이루는 유일한 원질로 대지는 물 위에 떠 있으며(The Earth floats on water), 인간의 신체나 생물의 씨앗 등 모든 피조물(creature)은 물, 곧 수분(moist)이라는 원질(arche)로 이루어져 있다고 주장하였다. 수분을 포함하고 있는 생명체는 열을 생산해내는데, 생산된 열은 기체인 수증기가 되고, 차가워지면 고체인 얼음이 된다고 주장하였다. 여기서 한 걸음 더 나아가 탈레스는 물질에도 정신적 영혼을 가지고 있다고 주장하는 인공론적, 물활론적 유물론(hylozoism)을 창시하였다. 물활론이란 해, 달, 별, 바람, 불과 같은 자연계의 모든 현상에는 생명과 영혼이 깃들어져 있다고 믿는 관점을 말한다. 탈레스는 우주 만물은 물과 같이 강력한 신적 위력을 가지고 있기 때문에 생명력이 유지된다고 주장하면서 자신이 발견한 자석의 과학적 원리, 즉 자석이 금속을 끌어당기는 작용도 영혼을 가지고 있기 때문에 일어나는 현상이라고 설명하였다.

아리스토텔레스는 그의 저서 '형이상학(Metaphysics)'에서 탈레스의 물 원질론과 지구는 물 위에 떠있는 실체라는 가설을 지지하였다. 현대적 과학개념에서 보면 탈레스의 물 원질론은 지나치게 단순화된 이론이라고 할 수 있다. 그러나 탈레스의 이론이 주는 의미는 그 당시 지배적이었던 신화적 우주론에서 탈피했다는 점과 자연을 인간이 지배할 수 있는 규칙적인 법칙을 가진 것으로 해석했다는 점을 들 수 있을 것이다. 이러한 그의 자연주의적 세계관은 그 후 아낙시만드로스, 아낙시메네스, 헤라클레이토스, 피타고라스 등의 고대 사상가들을 거쳐 현대 철학적 방법론에도 결정적인 영향을 미쳤다.

2) 아낙시만드로스의 무한자론(Apeiron Theory)

(1) 생애

아낙시만드로스(Anaximandros, 기원전 610~546)는 물 원질론을 주장한 탈레스의 젊은 제자로, 스승인 탈레스의 물 기원설이 지나치게 단순하다는 생각에 물보다는 좀 더 추상적인 원질인 아페이론(Apeiron)을 만물의 기원이라고 주장하였다.

아낙시만드로스의 생애에 대해서는 알려진 바가 거의 없으며 아리스토텔레스와 그의 제자인 테오프라스토스(Theophrastus, 기원전 372년경~287)에 의한 기록이 전해질 뿐이다. 이 기록에 의하면 기원전 610년 밀레토스에서 태어난 아낙시만드로스는 그리스와 스파르타에서 사용한 해시계(sun-dial)인 그나몬(gnomon)과 세계지도(world-picture of open universe)를 최초로 고안한 인물로 알려져 있다. 해시계를 최초로 만든 사람이라는 기록을 통해 아낙시만드로스는 그 당시 항해를 즐겼던 밀레토스 인들처럼 여행을 많이 한 사람으로 추측된다.

아낙시만드로스는 아무런 저서를 남기지 않은 탈레스와는 달리 그리스 철학자들 중 최초로 '자연에 대하여(On Nature)'라는 저술을 집필한 철학자이다. '자연에 대하여'라는 저서의 일부는 현재 아테네의 리케이온 도서관(Lyceum Library)에 비치되어있다.

(2) 무한자론(Apeiron Theory)

아낙시만드로스는 스승인 탈레스가 주장한 바와 같이 우주 만물의 근본 원질이 존재한다는 기본 명제는 받아들였지만 만물의 아르케가 물이라는 이론은 부정하면서 독자적인 우주관을 구축하였다. 즉, 물이라는 원질은 지나치게 규정적이고 실질적이라서 변화무쌍한 우주 만물의 원리를 설명하기엔 부족하며, 수분(moist)이라는 규정적 성질을 가진 물은 건조한 물질의 재료가 될 수 없다고 반박하였다. 따라서 만물의 근원적 존재란 그 특성이 구체적으로 규정되거나 형체가 있어서는 안 되며, 동시에 천지 만물을 이루어낼 수 있을 정도로 무한정하면서도 사멸되지도 않는 불변의 신적 존재여야 한다고 주장하였다. 아낙시만드로스는 이러한 불생불멸의 신적 존재를 아페이론(Apeiron), 곧 무한자라고 하였으며 무한자란 우주를 생성시키고 만물을 구성하는 근본적이며 일차적인 재료로 무한한 운동을 하면서도 사라지지 않는 물질이라고 정의하였다. 'Apeiron'은 '아님', '부정', '결여'의 뜻을 가진 접두어 'a−'와 '경계나 한도'를 뜻하는 '−peras'의 결합어로, '경계가 없는 존재(no boundaries)'라는 뜻을 가진다. 즉, 무한자란 경계가 없고 (boundless) 비규정적(unlimited)이며 무한정한 존재를 의미하는 추상적인 실체를 말한다. 아낙시만드로스의 우주론에 의하면, 우주는 무한자로부터 따뜻한 것과 차가운 것이 분화되어 서로 대립함으로서 형성되었다고 설명하였다. 이때, 따뜻한 것은 위로 올라가 불(화염)과 천공이 되고, 차가운 것은 아래로 내려가 공기(air)와 대지(earth)로 나눠진다고 하였다. 대지란 우주의 중심에 떠 있는 원통형의 형태로, 물과 공기와 불이 무게의 경중에 따라 순서적으로 지구를 둘러싸고 있다고 하였다. 이와 같이 우주 만물은 아페이론으로부터 물, 공기, 불이 생성되고 시간의 질서에 따라 소멸되어 궁극적으로는 다시 무한자인 아페이론으로 돌아간다고 강조하였다.

아낙시만드로스의 흥미로운 이론 중의 하나는 진화론적 관념이라고 할 수 있다. 그는 인간을 포함한 모든 육지의 생물체는 물고기로부터 진화된 것이라고 주장하여 현대적 의미의 진화론을 창시하였다. 즉, 태양의 열기가 땅위에 있는 물로 내리쬐어 물고기라는 생물체가 생겼으며, 습기에서 태어난 물고기는 초기에는 가시 돋친 외피로 둘러 싸여 있었으나, 점차 태양열에 의해 지구가 건조해짐에 따라 외피의 습한 요소가 증발하면서 벗겨지게 되었다고 주장하였다.

(3) 우주론

고대 희랍 당시의 우주관에서는 탈레스의 말처럼 지구가 물 위에 떠 있거나 우주의 다른 부분에 매달려 있다는 이론이 지배적이었으나, 아낙시만드로스는 그리스 건축학, 기하학, 물리학의 원리를 활용하여 새로운 우주관을 정립하였다. 그는 건축학의 원리를 차용하여 지구란 물 위에 떠 있는 것이 아니라 우주의 중심에 정지해 있는 원통형의 실체라고 하였으며, 이 원통형의 높이는 지름의 1/3이라고 하였다. 또한 "가벼운 것은 위로 올라가며 무거운 것은 아래로 내려간다."는 그리스 물리학의 원리를 차용하여 흙이 가장 무겁고, 그 다음이 물이며, 불이 가장 가볍다고 생각하였다. 따라서 가장 무거운 흙이 우주의 중심인 지구가 되었으며, 가장 가벼운 불은 천체를 이룬다고 하였다. 또한 원통형인 지구 둘레를 3개의 불의 바퀴인 태양, 달, 별이 둘러싸고 있는데, 태양, 달, 별의 둘레는 각각 지구의 27배, 18배, 9배이므로 별, 달, 태양의 순서로 지구와 근접해 있다고 설명하였다. 이러한 천체의 구성을 위에서 내려다 볼 경우, 지구, 태양, 달, 별은 마치 크기가 다른 동심원들이 중첩된 모양을 하고 있다고 부언하였다. 세 개의 불로 이루어진 바퀴에 대해 아낙시만드로스는 우주가 최초로 만들어지던 시점에 아페이론으로부터 뜨거움과 차가움이 분리되었으며, 뜨거운 것은 위로 올라가고 차가운 것은 아래로 내려갔다고 하였다. 위로 올라간 불꽃은 마치 나무껍질들이 나무를 감싸듯 지구를 둘러싼 공기가 되었다고 하였다. 지구를 둘러싼 불꽃은 다시 작은 조각들로 부서져 바퀴 모양을 하게 되는데, 이것이 바로 태양과 달, 별이라고 하였다. 태양, 달, 별을 이루는 바퀴에는 관 모양의 통로들이 형성되어 있는데, 불의 바퀴에 있는 관모양의 통로가 차단되어 일어나는 자연현상이 일식이라고 하였다.

결론적으로 아낙시만드로스의 스승인 탈레스는 만물이 물로 이루어져 있다고 주장했을 뿐, 물이 어떠한 구체적인 과정을 통해 개별적 사물로 변하는 지에 대한 설명이 미흡하였다. 아낙시만드로스는 탈레스의 단순한 원질론을 보완하기 위해 보다 추상적인 개념인 무한자를 들고 나왔으며, 아페이론의 추상성을 구체화시키기 위해 다양한 과학적 원리를 도입하여 우주의 생성과 순환과정을 피력하였다. 그러나 아낙시만드로스의 이론을 비판한 피타고라스학파에서는 한계가 없는 무한정의 아페이론을 부정적 사물(negative things)로 치부하였으며, 아리스토텔레스 역시 완벽함(perfection)이라는 개념은 한계(limit, 희랍어의 'peras')와 연관 짓지 않고는 설명할 수 없다는 이론을 내세워 아페이론을 비완벽성(imperfection)의 개념이라고 비판하였다. 그럼에도 불구하고 아낙시만드로스는 과학적 원리를 적용하여 우주의 모습을 매우 구체적으로 설명하였으며, 특히 태양과 지구 사이의 거리를 최초로 측정함으로서 천문학 역사에 중대한 영향을 미치게 되었다.

3) 아낙시메네스의 공기 원질론(Air as Arche of Universe)

(1) 생애

아낙시메네스(Anaximenes, 기원전 585~525/528)의 업적이나 생애에 대해 보존된 기록이 남아 있지 않아 그의 생애에 대해서는 알려진 바가 전혀 없다. 아낙시메네스는 탈레스의 제자인 아낙시만드로스(Anaximandros, 기원전 610~546)가 25세 때 출생한 것으로 보아 그의 제자로 추정된다. 아낙시메네스는 탈레스와 아낙시만드로스에 이어 밀레토스 학파를 이끈 3번째 철학자로 만물의 원질을 공기라고 주장하였다.

(2) 공기 원질론

아낙시메네스는 공기(air)가 만물의 근원이라는 유물론을 창시하였다. 아낙시메네스의 공기 원질론은 그의 스승인 아낙시만드로스의 아페이론이 유한하고 제한적인 우주만물을 설명하기에는 지나치게 모호하고 임의적이며 추상적이라는 비판에서 나온 것이었다. 그 결과, 아낙시메네스는 공기란 탈레스가 주장한 물보다는 추상적이고, 아낙시만드로스가 주장한 무한자보다는 구체적이라고 보았다. 우선, 아낙시메네스는 공기란 그의 스승인 아낙시만드로스가 주장한 '지속적인 운동을 하는 무한한 실체'에 가장 가깝고 적합한 원질이라고 보았다. 실제로 공기란 인간이 존재하는 우주 공간에 고루 퍼져 있으며, 모든 생물의 호흡운동에도 필수적인 요소이므로, 공기가 끊임없는 운동을 한다는 아낙시메네스의 주장은 상당히 구체적이고 과학적인 이론이라고 할 수 있다.

아낙시메네스에 의하면, 공기란 본질적으로 두 가지 대조적인 개념, 즉 희박성(rarity, rarefaction)과 농후성(condensation, density)에 의해 일련의 지속적인 운동(series of changes)을 전개한다고 보았다. 즉, 공기란 팽창하면 희박해지고 수축하면 진해지는 성질을 가지고 있는데, 공기가 팽창하면서 엷어지면 온기를 불러들이게 되고, 더 엷어지면 온기가 강해져 불이 되며, 불은 공중으로 올라가 별이 된다고 하였다. 반대로 공기가 수축하면서 농후해지면 진해진 공기는 바람을 만들고, 농후성이 더 강하게 지속되면 구름이 되며, 그 다음엔 물, 지구(흙)의 상태로 변하게 되어 마지막에는 가장 딱딱한 형태의 돌이 된다고 주장하였다.

아낙시만드로스는 지구를 원통형이라고 주장하였으나, 아낙시메네스는 지구를 편평한 디스크(flat disk) 형체라고 보았다. 편평한 형체인 지구는 공기가 만든 쿠션 층에 부유(float on cushion of air)하고 있는데, 지구뿐만이 아니라 태양과 달도 공기 흐름 층(air stream) 위에 부유하고 있으면서 지구 주위를 돌고 있다고 주장하여 천동설의 기초를 제시하였다. 특히 태양은 지구 밑이 아니라 지구 주위를 원으로 돌고 있으며, 이러한 이유로 태양이 지구의 상층부(higher parts of earth)에 의해 가려지기 때문에 밤에는 태양을 볼 수 없다고 하였다. 더불어 하늘(sky, heaven)은 마치 여성들이 머리에 쓰는 펠트 모자(felt cap)와 같이 부드러운 반원 모양을 하고 있다고 강조하였다. 펠트란 모직이나 털을 압축해서 만든 부드럽고 두꺼운 천을 말한다. 별들은 펠트 모자의 표면에 마치 손톱처럼 고정되어있거나, 공기 중에 부유하고 있는 불타는 잎사귀 같다고 설명하였다.

아낙사고라스와 마찬가지로 아낙시메네스는 다양한 자연현상을 설명하기 위한 원칙을 정립하였는데, 그 중에서 현대적 지식에서 볼 때 가장 정확한 기상학적 설명은 '얼어붙은 비(frozen rainwater)'라고 정의한 우박(hail)을 들 수 있다. 그 외 천둥과 번개(Lightning and thunder)는 구름으로부터 부서진 바람(result from wind breaking out of clouds)에서 기인하며, 무지개(rainbow)는 구름 위에 떨어진 태양광선의 결과로 생겨난 것이고, 지진이란 비로 인해 습기를 머금었던 지구가 건조해지면서 깨져버렸기 때문에 발생한다고 설명하였다.

4) 헤라클레이토스의 불 원질론(Fire as Arche of Universe)

(1) 생애

헤라클레이토스(Heraclitus, 기원전 540/535~480/475)의 생애에 대한 기록도 다른 밀레토스 학파의 철학자들처럼 남아있는 것이 거의 없다. 철학자들의 전기를 기록한 디오게네스 라에르티오스(Diogenes Laërtius)에 따르면, 헤라클레이토스가 기원전 504년경 성인 남자로 가장 활발한 사회활동을 하는 연령대인 40대를 의미하는 아크메(akme)에 접어들었다는 기록을 보아 그의 출생연도가 기원전 540년에서 535년경으로 유추할 뿐이다.

헤라클레이토스는 현 터키 지역이며 밀레토스에서 멀지않은 유명한 고전 도시 에페소스(Ephesos)에서 왕족 가문의 장남으로 태어났다고 전해진다. 헤라클레이토스는 '어두운 철학자(skoteinos)', 혹은 '수수께끼를 내는 철학자(riddler)'로 유명한데, 이러한 이유로 그에게 있어서 귀족적 지위나 부귀영화는 삶의 우선순위가 아니었던 것으로 추측된다. 헤라클레이토스의 이러한 별칭은 당대의 위대한 사상가들의 이론을 맹렬히 비판하는 한편, 일반인들은 이해하기가 어려운 저서들을 집필하고는 자신의 저서를 읽기 위해서는 그가 낸 수수께끼를 풀어야 한다는 기이한 행동에서 붙여진 것이었다. 헤라클레이토스에 의하면, 신의 계시는 언어가 아닌 암시적 사인(sign)으로만 주어지기 때문에 수수께끼를 푸는 것은 신이 세상 사람들에게 준 사인(sign)을 깨닫는 것과 동일한 것이며, 진정한 지혜란 단편적인 지식의 습득이 아니라 복잡한 사상 속에 숨겨진 사인이나 형이상학적 원리에 대한 통찰이라고 강조하였다.

헤라클레이토스는 기원전 475년 60세의 나이로 세상을 떠난 것으로 전해진다.

(2) 불 원질론과 로고스(Fire as Arche & Logos)

헤라클레이토스는 자연 현상의 원질을 불(pur, fire)이라고 했으며, 인간의 영혼 속에서도 로고스(logos)라고 하는 영원한 불을 가지고 있다고 하였다. 또한 천지 만물이나 인간 존재는 변증법적 생성과 변화를 지속한다는 만물유동설(universal flux theory)을 주장하여 파르메니데스의 만물부동설(universal immovable theory)과 함께 형이상학적 존재론의 두 시조가 되었다.

헤라클레이토스는 우주 만물은 특정한 신에 의해 만들어진 것이 아니라, 언제나 살아있는 불로 이루어졌으며, 세계의 변화 또한 불의 연소, 소멸, 점화되는 과정을 통한 지속적 운동과정이라고 주장하였다. 천차만별의 객관적인 사물들이 불로부터 생기는 것처럼 인간의 영혼(soul)도 불타는 실체(fiery in nature)로 이루어져 있다고 하였다. 특별히 인간의 영혼 속에서 불타고 있는 실체를 로고스(logos)라고 규정하면서, 로고스란 인간의 영혼뿐 만이 아니라 모든 삼라만상의 현상에 질서를 제공하는 법칙(ordering principle)이라고 덧붙였다. 원래 'logos'의 어원은 고대 희랍어의 '말(word)'이었으나 점차 '합리적 언사', '이성', '이성적인 법칙'으로 확대되어 중세 기독교 철학에서는 '신의 말씀', '신의 계시', 혹은 '신' 그 자체로 변화되었다. 헤라클레이토스는 술에 대한 흥미로운 해석을 통해 불 원질론에 대한 특징을 강조하였다. 그에 의하면, 인간의 영혼을 맑고 지적으로 유지하기위해서는 언제나 건조한 상태를 유지해야하는데, 술에 만취하게 되면 수분(moist)을 가지고 있는 술로 인해 영혼이 축축하게 되며 이로 인해 영혼이 망가진다고 하였다.

헤라클레이토스는 모든 생성과 변화는 대립과 투쟁, 갈등(conflict)과 불화(strife)의 산물로 보았으며, 대립과 투쟁은 로고스에 의해 조화와 질서가 유지되어 균형을 이루게 된다고 하였다. 예를 들어, 여름이 가면 겨울이나 봄이 오는 것이 아니라 반드시 가을이 오며 1년이 지난 후에는 어김없이 여름이 다시 찾아오는 것처럼 계절의 변화를 포함한 모든 자연 법칙은 혼돈과 무질서의 카오스적 대립과 투쟁이 아니라 로고스적 규칙성에 인한 조화로운 변화라고 주장하였다. 이러한 맥락에서 헤라클레이토스는 "만물은 로고스에 의해서 생겨나며 로고스에 의해 변화한다."고 결론지었다. 따라서 인간이 궁극적으로 추구해야하는 과업은 천지만물을 총괄하는 세계의 이법인 로고스를 인식하는 것이며, 이러한 로고스를 직관적으로 인식하는 능력을 지혜(wisdom)라고 하였다. 그러면서 세상에 대한 독설을 즐겨하던 헤라클레이토스는 오성이 결핍된 채 아집과 편견에 사로잡힌 대다수의 사람들로 인해 로고스의 아름다운 세계가 쓰레기더미로 전락하는 것이므로 이성을 통한 지혜를 획득함으로서 진정한 로고스를 인식해야한다고 강조하였다.

(3) 만물유동설(Universal Flux Theory)

"모든 것은 변한다."는 헤라클레이토스의 만물유동설(universal flux theory)은 "사람들은 결코 같은 강물에 두 번 들어갈 수 없다(You could not step twice into the same river)"는 그의 말로 대변된다. 헤라클레이토스가 만물유동설을 통해 강조하려는 핵심은 정체성의 파괴가 아니라 정체성의 유지라고 할 수 있다. 즉, 강물에 다른 물이 지속적으로 유입된다고 해서 예전과 다른 강물이 되는 것이 아니라, 오히려 지속적인 유입과정을 통해서만이 강물이라는 본연의 정체성이 유지된다는 것이다. 왜냐하면 강물이 정체될 경우, 강물이 썩게 되며 썩은 물속의 생물체는 생명을 잃어버리기 때문이라는 것이다. 이러한 관점에서 사물에 대한 정체성을 유지하기 위한 운동과 변화의 개념은 헤라클레이토스의 만물유전설(universal flux theory)의 핵심 명제가 된다.

헤라클레이토스의 만물유전설은 아낙시만드로스(Anaximander)가 주장한 신과 사람들 사이에는 투쟁이 없다는 이론을 비판하면서 개진되었다. 헤라클레이토스의 만물유동설은 현 상태를 벗어나려는 투쟁의 힘과 이를 막으려는 현 상태의 힘의 변증법적 대립으로, 이러한 변증법적 대립이야말로 새로운 생성을 위한 필연적인 변화과정이라고 하였다. 헤라클레이토스에 의하면, 선과 악, 밤과 낮, 겨울과 여름, 젊음과 늙음, 살아있는 자와 죽은 자 등 모든 반대되는 현상은 동일한 것(Opposite things are identical.)으로, 끊임없는 대립과 투쟁(constant conflict of opposites)을 통해 하나의 물체가 유전되어 다른 물질이 되고, 다른 물체가 다시 원래의 물질로 변하는 생성과 변화(flux) 과정이라고 하였다.

헤라클레이토스의 불, 로고스(logos), 대립과 투쟁의 변증법적 변화과정은 그 후 스토아학파에게 전파되어 헤라클레이토스는 스토아학파의 선구자로 추앙되었다. 중세 기독교 철학자들은 그를 이단의 시조라고 비판하면서도 그의 불 원질론과 로고스 관념을 수용하여 로고스를 신의 말씀으로, 불을 최후의 심판으로 설명하였다. 헤라클레이토스의 대립과 불화에 기원한 생성과 운동 개념은 18세기에 접어들면서 역사적 변증법을 주장한 헤겔(Georg Wilhelm Friedrich Hegel, 1770~1831)에 의해 재조명되었으며 그로서 헤라클레이토스의 이론은 근대 철학의 새로운 장이 열리는 기폭제가 되었다.

02. 엘레아학파(Eleatics)

1) 파르메니데스의 존재자설(The One Theory)

(1) 생애

파르메니데스(Parmenides, 기원전 540/515~450)는 고대 그리스 식민도시인 엘레아(Elea)에서 부유하고 저명한 집안의 자손으로 태어난 것으로 알려져 있다. 파르메니데스의 출생에 관한 기록은 전혀 남아있지 않아 헤라클레이토스(기원전 540/535~480/475)와 동시대를 살았던 것으로 추정된다. 역사가들의 추론에 의하면 기원전 500년이 되기 바로 직전이 파르메니데스의 전성기임을 감안하면 그의 출생연도는 기원전 540년경이 된다거나, 파르메니데스가 65세가 되던 해 플라톤의 초빙으로 판아테나이아 대제전에 참석하기 위해 그의 제자인 제논과 함께 아테네를 방문한 시기가 소크라테스(기원전 470~399)의 나이 20세가 되던 기원전 450년이라는 기록에 의하면 파르메니데스의 출생 시기는 기원전 515년이 된다고 추정할 뿐이다.

파르메니데스는 이오니아 콜로폰의 크세노파네스(Xenophanes, 기원전 560년 경~478년 경)의 제자로 알려져 있으나 정확한 사실은 알려진 바가 없으며, 엘레아학파(Elea School)의 창시자도 크세노파네스라는 설이 있으나 크세노파네스의 학문적 영향을 받은 파르메니데스가 창설한 것이 정설로 받아들여지고 있다. 엘레아학파는 고대 그리스의 식민지이며 남이탈리아 소도시인 엘레아에서 시작된 소크라테스 이전 철학(pre-Socratic philosophy) 학파를 말한다.

엘레아학파의 대표적인 후계자로는 엘레아의 제논(Zenon of Elea, 기원전 490~430)과 사모스 섬(Samos)의 멜리소스(Melissos, 기원전 5세기 경) 등이 있다. 특히 파르메니데스가 가장 총애하던 제자인 엘레아의 제논은 파르메니데스보다 25살 연하의 인물로 파르메니데스의 에로메네스(eromenos)였다고 전해진다. 고대 그리스 시대의 지식인들 사이에서는 고령의 남자가 십대의 미소년을 애인으로 두는 남색(pederasty), 즉 일종의 동성연애가 유행하였는데, 남색에서 주도권을 가진 장년의 남자를 에라스테스(crastcs), 젊은 동성 애인을 에로메네스(eromenos)라고 한다. 그리스 철학자들이 즐겼던 남색은 현대적 의미의 동성연애와는 상당히 다르다고 할 수 있는데, 이들의 일차적인 관심은 학식이 풍부한 에라스테스와 이를 배우려는 에로메네스 사이의 학문적 관계라고 할 수 있다. 플라톤 역시 늘 조용하며 고매한 성품을 지닌 파르메니데스를 무척 존경한 것으로 알려져 있으며, 그를 향한 숭배정신을 기리기 위해 '파르메니데스'라는 대화편을 직접 저술하기도 하였다.

(2) 존재자설과 만물부동설(To On & Universal Immovable Theory)

파르메니데스는 우주의 근원적 원질은 오직 하나의 부동한 존재인 일자(To On)만이 존재한다는 주장을 통해 존재자설(the one theory)과 정적 우주론(static cosmology)을 확립하였다. 파르메니데스의 정의에 의하면, 일자란 유일하고 불생불멸하며 완전무결한 존재자(The One, The Being)로 부동한 실체이기 때문에 운동이나 생성은 불가능하다는 것이었다. 파르메니데스는 그의 정적 우주론을 기반으로 만물부동설(universal immovable theory)을 정립함으로서 헤라클레이토스의 만물유동설(universal flux theory)과 정면으로 대립하였다. 만물의 근원이 불이라고 주장한 헤라클레이토스는 우주 세계란 갈등과 불화의 변증법적 산물로 영원한 생성과 소멸, 운동과 변화과정을 겪는다고 주장하였다. 이에 반해, 파르메니데스는 우주란 생성이나 소멸, 변화와 운동을 하지 않는 유한한 구형인 일자에 의해서만 창조되었기 때문에 존재자를 분리시키거나 존재자가 움직이는 공간이나 운동도 있을 수 없다고 주장하였다.

파르메니데스는 '자연에 관하여(On Nature)'라는 서사시를 통해 자신의 존재자설과 만물부동설을 피력하였다. '자연에 관하여'는 전문이 남아있지 않아 전체적인 윤곽을 파악하기는 어렵지만, 크게 진리의 길(the way of truth)과 억견의 길(the way of opinion)로 분류되며, 구체적으로는 서문(Proem, Preface), 실재(Alétheia, Reality), 속견(Doxa, Opinion)의 세부분으로 이루어져 있다.

'자연에 관하여'의 서문에서는 한 청년이 철학적 호기심과 영혼의 계몽을 위해 정신적 여행을 떠나는 것으로 시작되어 밤과 낮의 분기점에서 정의의 여신인 디케(Dike)를 만나는 것으로 끝이 난다. 이 시의 중심부라고 할 수 있는 실재 부분에서는 파르메니데스 이론의 가장 핵심인 일자에 대해 생성, 소멸, 운동, 변화가 없는 참된 존재라는 형이상학적 논거가 여신의 입을 통해 전개된다. 마지막 속견 부분에서는 우주 창조설을 운동과 변화 과정을 통해 역설적으로 주장함으로서 속견으로서의 실재를 부정하는 결론을 제시하고 있다.

형이상학적 존재론의 두 시조로 알려진 파르메니데스와 헤라클레이토스는 서로의 우주론에 대해 첨예한 대립을 해온 것으로 알려져 있지만 두 사람의 이론에는 공통점이 많은 것도 사실이다. 우선, 두 사람 모두 인간 세계는 신화적 존재에 의한 피조물이 아니라 자연법칙의 결과라고 보는 자연관이나, 로고스를 우주 형성의 이치와 원리로 인정했다는 점을 들 수 있다. 그러나 헤라클레이토스가 참된 존재란 오로지 운동과 변화를 통해서만 존속하며, 로고스 또한 만물의 운동을 통해서만 밝힐 수 있다고 주장한 것과는 달리, 파르메니데스는 존재의 생성, 소멸, 운동, 변화의 개념을 모두 부정하고 불생, 불멸, 불변, 부동의 정적 존재만을 인정하였다는 점이 가장 커다란 차이라고 할 수 있다.

파르메니데스의 형이상학적 존재자론과 만물부동설은 헤라클레이토스의 철학보다 더 난해하여 이해하기가 어려웠으며, 그 결과 많은 비판을 받게 되었다. 이에 대항하여 파르메니데스의 애제자였던 제논은 '제논의 역설적 변증법(Zeno's paradoxes)'이라는 독특한 논리전개방식을 통해 스승의 입장을 적극적으로 옹호하고 나섰다. 제논에 의하면, 물체가 움직이거나 변한다면 더 이상 참된 존재라고 볼 수 없으므로, 참 존재란 정지하고 있는 일자만이 유일하다고 주장하였다. 또한 비존재자란 문자 그대로 '없음'을 의미하므로, 비존재자가 '있다'는 주장은 비존재자가 존재자라는 것을 인정하는 것이 되며, 현상세계의 생성, 소멸, 변화 또한 존재자가 비존재자나 다른 존재로부터 생겨나거나, 다른 존재로 변하는 것을 의미하므로 이는 모두 존재하지 않는 비존재자를 사유나 언표의 대상으로 삼아 마치 존재하는 것처럼 다루는 어불성설적 속견이라고 주장하였다. 그러나 형이상학적 존재를 설명하기 위해 존재와 억견이라는 개념을 도입함으로서 제논 스스로 존재자에 대한 이원론을 인정하는 결과가 되었으며, 이원론으로 구분하는 순간 존재자는 이미 다른 실체가 되어버린 결과가 되어 제논의 역설적 논증은 후세의 철학자들에 의해 상당한 비판의 대상이 되었다. 그러나 제논의 역설적 변증법은 그 후 논증과 설득이라는 학문적 방법의 발전에 커다란 기여를 하게 되었다.

03. 피타고라스 학파(Pythagoreanism)

1) 피타고라스의 수비학(Numerology)

(1) 생애

스스로를 지혜를 사랑하는 철학자라고 자처하던 피타고라스(Pythagoras, 기원전 570~495)는 현재 우리가 사용하고 있는 피타고라스의 정리(Pythagorean theorem), 곧 "직각 삼각형의 빗변의 제곱은 두 직각변의 제곱의 합과 동일하다."는 수학적 법칙을 발견한 고대 그리스의 천재적 수학자이며 과학자이자 크로토네 학교라고 불리는 종교 집단의 창시자로 알려져 있다. 특히 피타고라스가 살던 시대는 제곱(duplication of square)이라는 개념이 성립되지 않았던 시기였기 때문에 피타고라스의 정리는 가히 혁명적인 발견이라고 아니 할 수 없다.

피타고라스는 소크라테스 전기 철학자 중 가장 위대한 한사람으로 꼽히지만, 단 한편의 저서도 남기지 않았을 뿐 아니라 종교적 신비주의자였던 관계로 그의 생애에 대해서는 추종자들이 남긴 전설적 기록 이외에는 알려진 바가 거의 없다. 참고로 피타고라스가 창설한 크로토네 학교 출신인 추종자들만큼 그를 신앙시한 집단은 전무후무하다고 전해지는데, 그들은 '스승님이 그렇게 말씀하셨기 때문에(The Master said so)'라는 좌우명을 절대적으로 지켰으며, 그들의 모든 활동은 피타고라스에 대한 숭배정신으로 추진되었다고 전해진다. 피타고라스의 추종자들은 피타고라스를 신격화하는 숱한 신화적 일화를 남겼는데, 피타고라스의 넓적다리가 황금으로 되어 있다거나 피타고라스의 아버지가 아폴론 신이라는 등의 초인적 일화가 그 일례라고 할 수 있다. 그러나 추종자들이 주장하는 것과는 달리 피타고라스의 아버지는 사모스 섬(Samos)에서 해상 무역업에 종사하던 상인이었던 것으로 알려져 있다. 사모스 섬은 현 터키에 속한 작은 섬으로 1992년, 이 섬에서 태어났다고 알려진 희랍의 여신 헤라와 피타고라스 신전이 유네스코 세계 유산에 등록되었다. 피타고라스는 탈레스의 제자가 되었으며, 탈레스의 주선으로 떠난 이집트 유학을 시작으로 23년 간 이집트의 기하학이나 천문학은 물론 신비로운 종교사상을 접하게 되었다. 그 무렵 이집트를 침공한 페르시아 제국의 병사들에게 잡혀 바빌로니아로 끌려간 다음에는 그 곳에서 12년간 머물며 바빌로니아의 점성술을 배우게 되었다. 바빌로니아는 현 이라크의 도시로 4대 문명의 발상지인 유프라테스 강변에 위치한 남부 메소포타미아의 수도를 말한다.

피타고라스는 60세가 되어 고향인 사모스 섬으로 돌아왔으나, 자신의 고향이 독재정권 하에 있는 것을 한탄하여 기원전 532년 이탈리아 남부 도시인 크로톤(Kroton: Croton)으로 건너갔으며 그 곳에서 과학 학교(scientific school)이며 종교적 색채가 강한 크로토네 학교를 설립하였다. 피타고라스학파의 본거지였던 크로토네 학교는 그의 추종자들이 집단생활을 하면서 철학은 물론 이 집트와 바빌로니아의 종교적 의식과 수행방법을 전수받던 곳이었다. 피타고라스 학교를 졸업한 제자들은 크로톤 정치에도 적극적으로 참여하여 기원전 6세기 말엽에 이르러 그의 학파는 강력한 정치세력으로 등장하게 되었다. 그러나 피타고라스의 지나친 보수적 정치성향과 제자들의 과도한 사상 전파 시도는 크로톤 시민들의 반감을 사게 되었으며, 그 결과 시민들은 학교에 불을 지르고 38명에 달하는 제자들을 살해하였다. 폭동을 피해 메타폰툼(Metapontion)이라는 북쪽 도시로 도주한 피타고라스도 그곳에서 살해되어 75세의 나이로 생을 마감했다고 전해진다.

(2) 수비학(Numerology)

피타고라스는 숫자(arithmoi, number)란 모든 존재의 근본 원형이며 우주란 수적 비례에 의해 질서 있고 조화롭게 조직된 전체라고 정의하면서 역사상 최초로 수비학(numerology)을 정립하였다. 참고로 '숫자'를 의미하는 'number'는 고대 희랍어인 'arithmoi'에서 유래되었으며, 수비학이란 인간과 사물, 숫자와의 관계 속에 숨겨진 의미와 연관성을 탐구하는 일종의 순열조합론(combinatorics)을 말한다.

수학과 자연과학에 의거하여 우주를 지배하는 정돈된 전체로서의 법칙을 입증하려고 시도한 피타고라스의 이론은 만물의 원질이 공기(air)라고 주장한 아낙시메네스의 우주론을 비판하면서 시작되었다. 아낙시메네스는 우주란 그 자체로 존재하는 무한한 공기(unlimited air)이며 그 가운데에서 사물의 잡다함이 생겨난다고 주장하였지만, 피타고라스는 한계가 불분명한 공기보다는 경계와 질서가 뚜렷한 숫자가 우주의 질서와 조화를 가져오는 근원이라고 보았다. 그 당시 피타고라스가 주장한 숫자란 추상적인 원질 개념이 아니라 질료와 양을 가진 물리적 개체였으며, 그의 세계관은 우주 만물이 '무엇으로' 이루어졌는가에 대한 밀레토스학파의 원질론적 접근이 아니라, 우주가 '어떻게' 형성되었고 '어떠한' 질서에 의해 유지되는가에 대한 형상학적, 형태론적 접근법이라고 할 수 있다.

피타고라스에 의하면 천지 만물은 질량을 가진 점들의 속성(properties of dots)에 의해 성립된 것으로, 수란 계산이 가능하기 때문에 양적 비례나 연장, 크기, 모형, 거리 등을 명확히 규정지을 수 있다고 보았다. 보다 구체적으로, 숫자는 한정적(limited) 숫자인 홀수와 무한정적(unlimited) 숫자인 짝수로 나뉘며, 우주 만물도 홀수와 짝수의 두 가지 상호대립적인 요소가 결합하여 조화를 이룬 것이라고 하였다. 헤라클레이토스는 그의 변증법을 통해 모든 만물의 통일된 조화란 모순과 대립의 결과라고 주장였지만, 피타고라스는 대립보다는 조화나 질서를 더 중요시하였다.

(3) 영혼 윤회설(Reincarnation of Human Soul)

피타고라스는 그 유명한 '피타고라스의 정리'를 발견함으로서 사람들에게는 수학적 천재로 알려져 있지만, 앞에서 언급한 바와 같이, 수학적 천재로서의 명성에 못지않은 종교적 신비주의자로서 서양 사상에서는 좀처럼 보기 드문 불교적 윤리관을 역설한 철학자이기도 하다. 자신의 종파를 창시하고 철저한 종교적 계율과 집단생활을 강요한 피타고라스는 젊은 시절 경험했던 동방의 윤회설(rebirth theory), 혹은 전이설(theory of transmigration)을 바탕으로 이상적인 삶의 방향을 제시하였다. 피타고라스가 주장하는 이상적인 삶이란 철저한 종교적 계율에 의해 영혼을 정화(katharsis: catharsis)시키는 삶을 말하며, 영혼의 정화는 자신의 이름을 딴 '피타고라스적 생활방식'을 지킴으로서 가능하다고 하였다. 철저한 금욕주의와 채식주의를 강조한 그의 생활방식에 대해 피타고라스는 인간의 영혼은 원래 불멸의 신적 존재였으나 탐욕으로 인해 육체라는 감옥에 일시적으로 갇히게 되었으므로, 영혼은 육신의 죽음과 동시에 육체로부터 분리되어 다른 사람이나 동물, 혹은 곤충으로 전생한다고 믿었다. 따라서 모든 생물체는 인간과 동족관계에 있으므로 육식을 하는 것은 사람이 사람을 먹는 것과 같으며 곤충을 죽이는 것도 사람을 죽이는 것과 동일하다고 하였다.

피타고라스는 올림픽 경기를 보러오는 상인, 선수, 관객의 세 부류를 통해 가장 이상적인 인간상을 고찰하였는데, 올림픽 경기장에 몰려든 사람들 중에는 경기에는 일말의 관심도 없이 관객들에게 물건을 팔아 돈을 벌려는 상인들이 있는데, 이들은 자신의 개인적인 이익만을 쫓는 사람(lovers of gain)들로서 가장 최하위 단계에 속하는 인간상이라고 하였다. 그 다음 단계에 속하는 사람들은 시합을 승리로 이끌기 위해 경쟁에만 전념하는 선수들로 이들은 명예를 사랑하는 사람들(lovers of honor)이라고 하였다. 가장 최상의 단계에 있는 인간으로는 경기를 관람하기 위한 목적으로 온 관객으로, 이들은 지혜를 사랑하는 사람(lovers of wisdom)들로서 철학자에 비유할 수 있다고 하였다. 그러면서 피타고라스는 세상을 관조할 줄 아는 철학자들만이 가장 이상적인 삶을 사는 사람들이며, 모든 욕심과 탐욕을 버림으로서 윤회의 괴로움에서 해방될 수 있다고 하였다. 생존 당시 자기 스스로를 지혜를 사랑하는 철학자라고 자처하며 속된 이익만을 추구하거나 명예만을 추구하는 삶에서 벗어나 지혜로운 삶을 추구해야한다는 피타고라스의 윤리사상은 그 후 플라톤, 아리스토텔레스 등을 거치면서 서양 철학 전반에 걸쳐 지대한 영향을 미치게 되었다.

🕒 후기 자연주의 철학(Late Natural Philosophy)

고대 자연주의 철학은 크게 일원론적 유물론과 다원론적 유물론으로 구분된다. 주로 우주의 생성 원질을 한 가지로 설명하려는 전기 일원론에 반하여, 후기 자연주의는 일원론을 취합한 다원론적 입장을 말하며, 이에는 4원설(물·불·흙·공기)을 주장한 엠페도클레스(Empedocles, 기원전 492~432), 종자설을 주장한 아낙사고라스(Anaxagoras, 기원전 500~428), 원자론을 주장한 데모크리토스(Demokritos, 기원전 460년경~380년경)가 포함된다. 고대 자연주의 서양철학은 데모크리토스를 마지막으로 막을 내리고 소크라테스, 플라톤, 아리스토텔레스로 이어지는 인간중심 철학으로 전개되었다.

01. 엠페도클레스의 4뿌리 우주론(Four-Root Theory of Universe)

1) 생애

엠페도클레스(Empedocles, 기원전 492~432)는 다원론적 우주론을 최초로 창시한 철학자로서 의술치료자, 살아있는 신(living god), 미신적 신학자(mystical theologian), 기계론적 물리학자(materialist physicist), 시인 등으로 불리던 인물이다. 그는 이탈리아의 두 개의 섬 중 제일 크며 유럽에서는 7번째로 큰 섬인 시칠리아 섬(Sicilia)의 귀족 가문에서 태어났다. 부유한 집안의 자제답게 엠페도클레스는 당대의 유명한 철학자들로부터 가르침을 받았다. 특히 그의 스승인 아낙시만드로스의 화려한 복장을 따라 올림포스 신들이 쓰는 월계관이나 금 장식이 달린 사치스런 의복을 즐겨 입었으며, 종교적으로는 피타고라스의 추종자로 윤회설과 채식주의를 철저히 지켰다고 전해진다. 엠페도클레스는 자신이 육식을 하는 바람에 불사의 신(immortal god)으로부터 '셀 수 없이 많은 기간을 세 번(three times countless years)'이나 추방당한 신적 인물이라고 자처하면서 현세에서의 철저한 채식주의로 후세에는 불사의 신으로 다시 환생할 것임을 굳게 믿었다고 한다.

엠페도클레스는 스스로를 신적 치유력을 지닌 '방랑하는 치료자'라고 자처하면서 거의 만병통치에 준하는 치유법을 전파하였는데, 현대 의학적 관점에서 보면 주문을 외우면서 예식적 정화(ritual purification) 방법을 행한 그의 의료행각은 돌팔이 의사(charlatan) 수준을 크게 벗어나지 않지만, 당시 발생한 역병(plagues)을 박멸하기 위해 상수도 시설의 정비로 깨끗한 물의 공급이 중요하다고 설파한 것은 상당히 과학적인 접근법이라고 할 수 있다. 그의 말대로 유행성 전염병이 근절되자 사람들은 그를 신처럼 떠받들었다고 전해진다.

엠페도클레스는 파르메니데스의 서사시인 '자연에 대하여(On Nature)'에 깊은 감명을 받아

이를 뛰어넘는 생동감 있는 문체로 '자연에 대하여(On Nature)'와 '정화(Purifications)'라는 두 편의 서사시를 저술하였는데, 아리스토텔레스는 그의 문체에 심취하여 엠페도클레스를 수사학의 아버지(father of rhetoric)라고 칭하기도 하였다.

엠페도클레스의 사망 설에 대해서도 여러 가지 이론들이 분분하지만, 가장 유력한 설로는 60세가 되어 죽음이 임박했음을 직감한 엠페도클레스가 자신의 죽음을 신격화(apotheosized)하기 위해 그 당시 활화산이었던 에트나(Etna) 화산의 분화구(crater)에 스스로 몸을 던졌다는 설이라고 할 수 있다. 에트나 산은 유럽에서 가장 높은 활화산으로 시칠리아 섬 동부 메시나(Messina)와 카타니아(Catania) 인근 지역에 위치하고 있다.

2) 우주의 4원소설(Four-Root Theory of Universe)

엠페도클레스는 자연주의 전기 철학자들이 세계 만물의 원질을 하나로 규정하던 일원론과 만물부동설을 주장한 파르메니데스의 관점에서 벗어나 우주의 삼라만상은 탈레스가 주장한 물(water), 아낙시메네스가 주장한 공기(air), 헤라클레이토스의 불(fire), 크세노파네스가 주장한 흙(soil)의 4가지 뿌리(rhizomata)로 이루어졌다고 주장하여 다원론적 우주론과 분자물리학(particle physics)을 최초로 창시하였다. 참고로 뿌리줄기, 혹은 근경(rhizomata)이란 '뿌리 덩어리('mass of roots')라는 의미의 'rhízōma'에서 유래하였다.

엠페도클레스의 4뿌리설, 곧 4원소설은 생나무가 타는 것을 관찰하면서 시작되었다. 그는 생나무를 태우면 한 쪽에서는 불(fire)과 연기(air)가 피어오르고, 다른 한쪽에서는 불로 인한 수액(water)이 흘러나오며, 나무가 전소 되면 재(earth)가 남는다는 것을 발견하였다. 또한 불, 흙, 물보다는 감각적으로 포착하기 어려운 공기의 존재는 물속에 공기가 들어있는 그릇을 넣은 후 그릇 속의 공기가 전부 빠져나가기 전까지는 물속으로 잠기지 않는다는 사실을 발견함으로서 증명하였다.

엠페도클레스는 모든 사물은 물론 인간의 신체와 정신도 이 4가지 요소들이 일정한 비율로 조화를 이루며 형성된다고 주장하였는데, 예를 들어, 인체의 골격은 흙과 물과 불이 2 : 2 : 4의 비율로 결합된 것이며, 근육과 혈액은 4가지 뿌리가 균등하게 결합된 것이라고 주장하였다.

3) 운동력으로서의 사랑과 투쟁(Love and Strife)

엠페도클레스는 헤라클레이토스가 주장한 불 원질론, 우주만물의 대립과 투쟁 원칙, 로고스에 의한 조화와 균형의 법칙을 기초로 우주의 영원한 순환과정(cosmic cycle)을 규정하였다. 즉, 우주란 신이 내려준 사랑(love)과 투쟁(strife)이라는 두 가지 의인화된 우주적 힘(personified cosmic forces)에 의해 최상의 코스모스적 질서를 유지하기위한 영원한 전쟁터(eternal battle for supremacy)

라고 묘사하였다.

엠페도클레스는 물, 불, 흙, 공기의 4가지 우주만물의 원소들이 사랑과 투쟁이라는 두 요소에 의해 결합(mix)되고 분리(separate)되어 주기적이고 규칙적으로 순환하는데, 우주는 이러한 두 요소가 변증법적으로 전개되는 4단계를 거치면서 영원히 순환한다고 하였다. 제1시기는 사랑만(only love)이 우주를 지배하여 만물의 조화와 평화를 유지하는 가장 아름다운 황금시기를 말하며, 제2시기는 사랑과 투쟁의 혼합 시기로 사랑만이 지배하던 세계에 투쟁이 스며들기 시작하는 단계라고 하였다. 특히 2단계에서는 4가지 뿌리들이 서로 분리되어 통일성이 깨지기 시작하면서 다양성이 증가되는 특성이 있다고 하였다. 제3시기는 투쟁이 사랑을 완전히 밀어내고 투쟁만이 지배하는 시기로 불화와 대립, 갈등이 심화되는 시기를 말하며, 마지막 제4시기는 다시 사랑이 투쟁을 밀어내고 통일과 조화를 이루는 시기라고 하였다. 결론적으로 엠페도클레스의 4원소설의 핵심은 생성이나 소멸의 개념보다는 사랑과 투쟁이라는 비교적 추상적인 힘에 의한 4가지 원소의 결합(mix)과 분리(separate)의 변증법적 순환이라고 할 수 있다.

02. 아낙사고라스의 종자론(Spermism)

1) 생애

아낙사고라스(Anaxagoras, 기원전 500~428)는 고대 이오니아 도시 국가의 하나로 현 터키에 속한 클라조메나이(Clazomenae)에서 출생하였다. 아낙사고라스는 페르시아 전쟁(Persian War, 기원전 499~440)이 발발하자 용병으로 출전하였으며, 이 전쟁의 후유증으로 전 재산을 잃게 되자 여생을 학문 추구에만 전념했다고 전해진다. 페르시아 전쟁은 아테네의 지원을 받은 그리스 식민도시들과 페르시아 제국 간의 전쟁을 말한다. 페르시아는 현 이란에 세워졌던 나라로 기원전 5세기경에는 소아시아(Asia Minor)를 통치하던 강대국이었다. 페르시아 전쟁은 살라미스 해전을 마지막으로 아테네의 승리로 끝나게 되었으며 그 당시 그리스 동쪽에서 가장 큰 도시였던 밀레토스는 기원전 334년 알렉산드로스 대왕의 동방원정으로 마케도니아의 점령지가 되면서 멸망하였다. 이로써 밀레토스 학파의 중심지는 페르시아 전쟁의 승리로 황금시대(Golden Age)를 맞이하게 된 아테네로 옮겨지게 되었다.

아낙사고라스는 기원전 465년 경 아테네로 이주하면서 이오니아의 발전된 철학적 지식을 아테네로 옮겨온 최초의 철학자로 알려져 있다. 그는 페르시아 전쟁을 승리로 이끈 후 황금시대를 연 페리클레스 장군(Pericles, 기원전 495~429)의 스승이 되었으나 기원전 450년 경 페리클레스의 반대파에 의해 신에 대한 불경죄(impiety)라는 죄목으로 사형선고를 받게 되었다. 그 당시 천체를 신성시했던 아테네에서 태양이란 단지 하늘에서 떨어져 빠른 회전운동을 하는 불타는 돌덩어리(red-hot stone)이며 달 또한 태양으로부터 오는 빛의 반사로 반짝이는 돌덩어리일 뿐이라는 아낙사고라스의 주장은 가히 반사회적이며 불경한 사상이라고 아니 할 수 없었다. 이러한 주장으로 소크라테스처럼 사형선고를 받게 된 아낙사고라스는 독배를 마시고 죽은 소크라테스와는 달리, 페리클레스 대왕의 도움으로 이오니아 지방의 람프사쿠스(Lampsacus)로 도주하였으며 그 곳에서 기원전 428년에 사망하였다.

2) 종자론(Spermism)과 누우스(Nous)

아낙사고라스의 종자론(spermism)은 엠페도클레스가 주장한 사랑과 투쟁이라는 지극히 감성적이며 미신적인 개념이나 4가지의 원소로는 복잡한 우주만물의 질서를 설명하기에 불충분하다는 비판에서 시작되어, 헤라클레이토스의 불 일원론을 다원적 종자론으로 확대시킨 이론이라고 할 수 있다. 우선, 헤라클레이토스는 불이란 시공간을 초월하여 우주 만물을 이루는 유일한 원질이므로 불이 아닌 사물도 본질적으로는 불과 동일(Fire is one and the same as everything that is not fire)하다는 주장을 펼쳤다. 이에 대해 아낙사고라스는 모든 사물이 불이라는 원질을 포함하고 있는 것은 사실이나, 불 속에는 씨앗이 포함되어있으며, 불은 불이 아닌 다른 모든 것으로부터 분리된다(Fire is distinct from everything that is not fire)는 새로운 주장을 펼쳤다.

아낙사고라스가 주장한 씨앗(spermata)이란 남성의 '정자'를 의미하는 'sperm'의 어원인 'sperma'에서 유래된 단어로, 'spermata'의 '-ta'는 '덩어리(mass)를 의미하는 '-ma'의 복수형이다. 흥미롭게도 아낙사고라스는 남자아이는 성인 남성의 오른쪽 고환(testicle)에 있는 종자(sperm)로부터 생겨나며, 여아는 왼쪽 고환의 종자로부터 생겨난다고 하였으며, 여성의 자궁도 좌우로 분리되어 있어서 남아는 오른쪽 자궁에서, 여아는 왼쪽 자궁에서 태어난다고 믿었다.

아낙사고라스는 종자란 동식물은 물론 인간을 구성하는 가장 작은 기능적 단위로 각각의 사물에는 모든 종류의 종자들이 들어있으나 그 중 가장 많은 숫자를 가진 우세한 종자에 의해 사물의 질적 속성이 달라진다고 보았다. 예를 들어, 흙이란 흙 속에 들어있는 수많은 종자 중에서 흙 성분의 종자가 다른 종자들보다 우세하기 때문에 흙이라는 사물이 되는 것이며, 흰 눈은 흰 눈을 구성하는 종자가 가장 우세할 뿐 흰 눈 종자보다는 우세하지 않지만 검은 색이나 기타의 다른 색의 종자들도 포함되어있다고 설명하였다. 같은 이유로 아낙사고라스는 불은 우세한 불의 종자로 인해 불이 되었지만 물이기도 하고, 물도 우세한 물의 종자로 인해 물이 되었지만 불적인 속성도 함께 가지고 있다고 주장하였다.

아낙사고라스는 자연법칙의 질서를 유지하는 힘으로 누우스(Nous)라는 개념을 들고 나왔는데, 누우스란 엠페도클레스가 주장한 사랑과 투쟁이라는 지극히 감성적이며 미신적인 개념을 보다 합리적이고 독자적인 외적 힘으로 설명하기 위한 개념이라고 할 수 있다. 누우스란 원래 희랍어의 '지적 능력'을 의미하는 'intellēctus', 혹은 '직관(intuition)', '이성', '정신'을 의미하는 'noēsis'에서 유래된 용어로, 아낙사고라스는 자신의 우주론에서 누우스를 '순수하고 독자적이며 자치적인 정신(pure, independent, self-ruled mind)', 또는 '정신의 힘(power of mind)', '신(God)', '신성한 정신과 영혼(divine mind and spirit)'이라고 설명하였다. 즉, 누우스란 만물의 근원이며 자연 질서의 원리로, 독자적이며 합리적으로 종자들을 움직여 혼돈상태의 세계에 질서를 부여함으로서 합목적적인 세계인 코스모스를 이룩한다고 주장하였다.

3) 우주론(Cosmology)

아낙사고라스는 뉴턴이 주장한 원심력(centrifugal force)과 유사한 힘에 의해 물질들이 중심축으로부터 바깥 방향으로 소용돌이(spinning vortex) 운동을 함으로서 태양계가 진화되었다고 주장하여 태양계 진화모델(model for solar system evolution)의 시조가 되었다.

아낙사고라스의 태양계 진화모델을 좀 더 구체적으로 살펴보면, 우주란 태초에 다양한 종자들이 얽힌 혼돈 상태였으나 수많은 종자들의 압축(condensation)과 소멸(dissipation) 과정에 누우스가 작용함으로서 선회운동(rotating movement in circle)이 일어나게 되고, 이로 인해 질서 있고 조화로운 우주가 형성되었다고 보았다. 우주가 형성된 후 다시 종자들의 선회운동에 의해 만물이 분리되는데, 처음에는 따뜻하고 가벼우며 건조한 불과 공기의 혼합체가 소용돌이 운동을 통해 우주 외곽으로 퍼져 나가 커다란 공기와 에테르(aether)가 되었고, 차갑고 무거우며 습한 물과 흙의 혼합체는 소용돌이 운동의 속도가 느려 중심에 머물다가 지구가 되었다고 하였다.

서로 다른 구성을 가진 에테르, 물, 돌덩어리가 서로 분리되어 중심 부위를 둘러싸게 되는 과정에서 차갑고 무거운 물질(heavy matter)은 지구의 중심 부위에 축적이 되어 물(water)에서 흙 (earth)이 분리되었으며, 흙에서 돌(stone)이 분리되었다고 하였다. 지구의 급속한 소용돌이 회전 운동으로 말미암아 불길에 싸여(ablaze) 방출(ejection)된 돌덩어리들은 에테르권 내로 들어가 태양과 별이 되었는데, 이는 하늘에서 떨어지는 운석(meteorites)으로 증명할 수 있다고 주장하였다. 참고로 아낙사고라스는 현대 천문학적 지식으로는 도저히 설명이 불가능한 법칙으로 기원전 467년에 떨어진 운석을 예측함으로서 태양과 달의 일식(solar and lunar eclipses) 과정을 최초로 설명한 철학자가 되었다. 또한 그는 돌덩어리가 공중에서 빠른 속도로 회전하기 때문에 태양이 붉게 작열하는 것처럼 보이는 것이며, 그와 반대로 달은 불에 타지 않은 어두운 돌덩어리로, 달이 빛나는 것은 태양의 빛을 반사하기 때문이라고 하였다. 태양과 달의 형상 또한 일식

(eclipse)을 통해 증명할 수 있다고 하였다. 모든 동식물은 에테르 속에 있던 수많은 종자들이 땅 속으로 떨어져 묻혀 있다가 태양의 강한 빛을 받아 발생된 것이라고 설명하였다.

아낙사고라스는 천체의 원운동을 인간의 정신에도 적용시켜, 인간의 정신이란 육체와는 달리 비물질적인 실재로 최초의 혼돈상태에서 우주적 정신인 누우스에 의해 공기로부터 정신의 종자들이 결합됨으로서 이루어진 것이라고 주장하였다. 물질적인 육체와 비물질적인 영혼을 분리시킴으로서 신체－정신 이원론(duality of mind and body)의 시조가 된 아낙사고라스의 주장은 플라톤에게 그대로 계승되어 형이상학적 이원론을 창시하는데 크나큰 영향을 주었다. 즉, 인간의 정신은 누우스라는 신적인 힘이 들어있는 비물질적 실체로 육체를 지배한다는 아낙사고라스의 이원론과 누우스 개념을 받아들인 플라톤은 헤라클레이토스의 로고스 개념도 그의 이론에 접합시켜 감각계와 예지계를 완전히 분리시킨 이원론적 이데아론을 창시하였다. 또한 플라톤은 아낙사고라스의 누우스를 예지계의 상위 신적 요소로, 헤라클레이토스의 로고스를 현상계의 이성으로 표현하였다. 반면에, 플라톤의 제자인 아리스토텔레스는 인간의 육체와 정신은 마치 전기 스위치의 켜짐(on)과 꺼짐(off)과 같은 것이라서 서로 분리시킬 수 없으며, 따라서 아낙사고라스의 기계론적 이원론으로는 인간에 대한 참된 이해가 불가능하다는 일원론적 실체론을 펼쳤다.

모든 사물은 무한정 분할(infinitely divisible)이 가능하다는 아낙사고라스의 주장은 무한정으로 분할된 물질과 분할되기 전의 원래의 물질이 어떻게 동일성(uniform)을 유지하며, 무한정 분할과정을 유발시키는 원동력이 무엇인지에 대한 설명이 불충분하다는 이유로 비판의 대상이 되었다. 특히 제논은 아낙사고라스의 이론을 역설(paradox)이라고 비판하였으며, 더 이상 분할될 수 없는 원자론(atomism)을 들고 나온 데모크리토스조차 아낙사고라스의 무한정 분할의 회귀(infinite regress)에 대한 불충분한 설명에 반기를 들었다.

03. 데모크리토스의 원자론(Atomism)

1) 생애

데모크리토스(Democritus, 기원전 460~370)의 생애에 대해서도 전해져 내려오는 기록이 거의 없으나, 소크라테스(기원전 470~399)가 열 살 때 발칸반도의 북동 해안 도시인 아브데라(Abdera)의 유복한 가정에서 출생했다고 전해진다. 재물에 관심이 없었던 데모크리토스는 '지혜로운 사람에게는 온 지구가 그의 집'이라는 그의 명언대로 여행을 즐겼으며 물려받은 전 재산도 여행비로 탕진했다고 전해진다. 그는 또한 '웃는 철학자(laughing philosopher)'로 유명한데, 이는 늘 큰 소리로 웃는 것을 즐겨했던 그의 쾌활한 성격을 반영하는 것이라고 보여 진다.

데모크리토스는 서양 역사상 최초로 원자론을 창시한 것을 시작으로 은하계란 인간의 지각으로는 닿을 수 없는 별들의 빛(light of stars)이며 우주도 생물체가 살고 있는 많은 위성들로 이루어진 복합체라고 주장하여 현대 과학에 지대한 공헌을 하게 되었으며, 실제로 그가 주장한 은하계와 위성은 현대 물리학자들의 정확한 계산으로 증명되고 있다.

2) 원자론(Atomism)

데모크리토스는 철학적 원자론(philosophical atomism)과 기계적 유물론을 주장한 최초의 자연철학자이다. 그에 의하면, 우주란 엠페도클레스가 주장한 사랑과 투쟁, 혹은 아낙사고라스가 주장한 누우스와 같은 외적 힘에 의해 움직이는 것이 아니라, 극히 미세한 물질인 원자(atom)들의 기계적이고 자발적인 운동에 의해 움직이는 것이라고 주장하였다. 그러면서 원자와 원자 사이에는 빈 공간(void)이 자리 잡고 있기 때문에 우주란 원자와 진공상태의 빈 공간으로 이루어져 있다고 부언하였다. 원자(atom)란 고대 희랍어의 '더 이상 자를 수 없는(uncuttables)'이란 뜻을 가진 'atomos'에서 온 말이다.

원자론적 우주론을 최초로 언급한 것은 데모크리토스의 스승인 레우키포스(Leucippus)로 알려져 있다. 그는 파르메니데스가 주장한 불생불멸의 존재자(To On)를 참 존재로 인정하나, 존재자란 하나가 아니라 무수히 많으며, 무수히 많은 존재자들이 더 이상 분해될 수 없는 양적 형태로 끊임없이 자기운동을 한다고 주장하였다. 데모크리토스는 레우키포스의 원자 구성설을 받아들여 기계론적 유물론을 체계화시켰는데, 기계론적 유물론이란 우주 만물의 근본적인 실재란 물질이며, 인간의 정신도 고도로 조직된 물질로 이루어졌다고 주장하는 이론을 말한다.

데모크리토스의 원자론은 앞에서 언급한 철학자들처럼 직접적인 관찰이나 증명을 통해서 이루어진 것이 아니라, 나무토막이나 사과와 같은 사물을 작은 단위로 계속 쪼개다보면 결론적으로 더 이상 쪼갤 수 없는 물질에 도달할 것이라는 합리적인 직관(intuition)에 의한 것이었다. 이처럼 원자란 인간의 눈으로는 관찰될 수 없는 극히 미세한 물질이지만, 원자의 자발적인 운동을 통해서 인식될 수 있다고 설명하였다. 예를 들어, 방안에 있는 사람은 부엌에서 굽고 있는 '빵'이라는 사물을 직접 볼 수는 없지만, 방안까지 스며드는 '냄새'로 빵을 굽고 있다는 사실을 인식할 수 있다는 것이다. 이때 '냄새'란 빵의 원자가 부엌에서 방안에 있던 사람의 코까지 이동하여 인간의 후각에 전달된 것이라고 설명하였다. 인간의 시각도 이와 마찬가지로 '책'이나 '나무'라는 외계 물체에서 발산된 원자들이 눈동자까지 이동한 상(eidola: image)을 받아들이는 눈의 원자반응이라고 하였다.

데모크리토스는 원자란 아낙사고라스의 종자처럼 질적 차별성을 가지고 있는 것이 아니라, 양적 차이와 형태만 다르다고 주장하면서 원자의 형태론적 구성론을 완성하였다. 데모크리토스의 원자 형태론은 영어의 알파벳 글자의 조합에 비유해볼 수 있는데, 예를 들어 'N', 'D', 'A'라는 글자를 'A', 'N', 'D'의 순서로 조합하면 '그리고'라는 뜻의 접속사인 'and'가 되지만, 'D', 'A', 'N'으로 조합하면 남자 이름인 "Daniel"의 별칭인 'Dan'이 되듯이, 원자들의 조합은 동일한 글자가 뜻과 발음이 다른 단어를 형성하는 것과 유사하다고 하였다.

데모크리토스에 의하면, 인간의 영혼과 육체도 원자로 구성되어있는데, 영혼은 불 원자(fire-atom)로, 육체는 토양 원자(earth-atom)로 되어있다고 설명하였다. 이 때 토양 원자로 구성된 육신은 영혼의 불 원자로부터 끊임없이 에너지를 필요로 하는데, 인간이 사망한다는 것은 영혼이 원자들을 통합하기 위한 열(heat)을 더 이상 생산해내지 못하게 됨으로서 신체를 구성하는 토양 원자가 에너지를 잃고 흩어져 분해되는 것이라고 설명하였다. 또한 영혼을 구성하는 불 원자는 육체를 구성하는 토양 원자보다 고도로 조직된 상위개념의 물질로 외계 사물을 그대로 받아들이는 인간의 육체적 감각은 이성적 사고보다 부정확하고 불확실하므로 영혼의 이성적 사고과정을 거쳐야만 참된 인식을 구축할 수 있다고 주장하였다. 이러한 이유로 데모크리토스는 태양을 순수한 영혼으로만 보기위해 맨눈으로 태양을 쳐다보다가 실명이 되었다고 전해지기도 한다.

그 당시의 모든 철학자들이 철학과 과학에 신과 종교를 결합하려고 시도했던 것과는 정반대로 데모크리토스는 신을 단호히 배제하였으며, 인간의 영혼도 육체와 마찬가지로 원자라는 물질로 구성되었다고 주장하여 유물론을 철저한 과학으로 완성시켰다. 이러한 이유로 헤라클레이토스의 로고스와 아낙사고라스의 누우스 개념을 이어받아 이데아를 신이 창조한 세계라고 주장한 플라톤은 데모크리토스의 모든 저작은 불태워 버려야한다고 주장할 만큼 그의 이론을 배격하였으며, 아리스토텔레스 역시 자신의 질료형상론과 대비되는 데모크리토스의 원자론을 비판하기 위해 자신의 이론에 자주 등장시켰다. 그 결과 아리스토텔레스는 데모크리토스의 이론을 후세에 전하는 아이러니컬한 계기를 만들어 주게 되었다.

결론적으로, 고대 그리스의 자연 철학은 그리스 사회를 지배하던 신화적 미신에서 벗어나 자연세계나 인간세계를 과학적으로 탐구하기 시작한 최초의 과학적 철학 사상이었다고 할 수 있다. 탈레스나 피타고라스와 같이 철학과 순수과학, 종교를 구분하지 않고 탐구를 시도한 대부분의 자연 철학자들은 우주의 질료에 관한 과학적 우주론을 철학적으로 접근하였으며, 이 중 신적 요소를 완전히 배제한 데모크리토스는 지금으로부터 2,500년 전에 세계를 구성하는 질료의 가장 단순한 단위를 원자라고 주장함으로서 현대 원자론은 물론 진정한 기계적 유물론의 시조가 되었다. 탈레스를 위시한 자연주의 철학자들이 완성한 고대 유물론은 관념론(idealism)과 더불어 서양철학의 2대 조류를 형성하게 되었으며, 17, 18세기의 기계적 유물론을 거쳐 마르크스의 유물론적 변증법에 이르게 되었다.

제3장

고대 그리스-로마 철학

제3절 고대 그리스 인간중심 철학

서양사는 고대 희랍의 신화로부터 시작되어 자연주의 철학으로 이어졌다. 크게 일원론적 유물론과 다원론적 유물론으로 구분되는 자연주의철학은 탈레스와 그의 제자들, 헤라클레이토스, 파르메니데스, 피타고라스의 일원론적 유물론 시대를 거쳐 엠페도클레스, 아낙사고라스, 데모크리토스의 다원론적 유물론 시대로 이어졌다. 원자론을 주장한 데모크리토스를 끝으로 자연주의 철학은 막을 내리고 아테네를 중심으로 하는 소크라테스, 플라톤, 아리스토텔레스의 인간중심 철학으로 전개되었다.

01. 소크라테스의 인간중심철학(Humanistic Philosophy)

1) 생애

서양역사상 최초로 인간 중심의 도덕 철학과 윤리적 사고방식의 전통을 확립한 소크라테스(Socrates, 기원전 470~399)는 예수, 석가, 공자와 함께 세계 4대 성인으로 불리는 고대 그리스 철학자이다. 소크라테스는 아테네에서 가난한 석수공이던 아버지와 산파(midwife)였던 어머니 사이에서 태어났다. 소크라테스의 진리 터득을 위한 산파술(maieutic method)은 산파(조산사)였던 모친의 직업에서 영감을 얻은 것으로 알려져 있다.

작은 키에 추남에 가까운 용모를 가졌지만 건강한 신체를 타고난 소크라테스는 일평생 아테네 광장을 돌아다니며 젊은이들에게 참된 진리를 설파하는 광장의 철학자였다. 특정한 직업도 없이 물질적 풍요로움이나 재물에 욕심이 없었던 소크라테스로 인해 평생 가난에 시달렸던 그의 아내 크산티페는 소크라테스의 경제적 무능력에 불만을 품은 악처로 유명하며 이들 사이에는 많은 일화가 전해진다. 아테네 광장에서 여느 날처럼 철학적 담론에 열중하고 있던 소크라테스 등 뒤에서 고함을 지르며 물벼락을 안기는 부인에게 '천둥(고함) 뒤의 소나기(물벼락)'라고 웃어넘기는 소크라테스를 보고 제자 한 사람이 결혼에 대한 의구심을 나타내자, '그래도 결혼은 해야 한다. 훌륭한 아내를 얻으면 행복해 질 것이요, 나쁜 아내를 얻으면 철학자가 될 것이기 때문'이라는 명언을 남기기도 하였다.

소크라테스의 강론은 아무런 대가 없이 젊은이들에게 주어졌는데, 이는 그 당시 입신출세를 원하던 젊은이들에게 엄청난 수업료를 받으며 수사법과 변론술을 가르치던 소피스트(sophist)들에 대한 경멸감의 표현이기도 했다. 페르시아 전쟁을 승리로 이끈 주역인 아테네 소시민들이 새로운 시민계급으로 등장하면서 정치인으로의 자격이 주어지자, 소피스트들은 이들에게 돈을 받고 입신출세에 필요한 토론방법과 논증교육을 제공하였다. 소피스트(sophist)란 원래 '지혜'를 의미하는 'sophia'와 '사람'을 의미하는 어미인 '-ist'가 조합된 말로, '모든 것을 아는 사람,' 즉 '현자'를 뜻한다. 그러나 소피스트란 페르시아 전쟁의 패전으로 아테네의 노예국이 된 이오니아에서 그리스 본토로 이주해온 외국인 교사들로서, 이들을 소크라테스나 플라톤처럼 아테네 출신의 현자들과 구분하기 위해 붙여진 이름이다. 소피스트들은 그때그때 학생들의 수요에 따라 돈을 받고 수업을 진행한 떠돌이 직업교사였으나 서양철학의 방향을 자연주의에서 인간주의 철학으로 발전시키는데 상당한 역할을 한 전환기적 계몽 사상가들이기도 하다. 그러나 시간이 지나면서 점차 순수한 학문 전수보다는 허영심에 가득 찬 궤변이나 인기와 명성, 재물의 축적에만 사로잡히게 되면서 소크라테스와 같은 철학자들의 강한 비판의 대상이 되었다.

소크라테스는 가치관의 혼란과 윤리적, 도덕적 타락을 초래한 소피스트와 구별하기 위해 자신을 철학적 현자(philosophist)라고 자처하였고, 돈과 명예와 권력만을 쫓는 소피스트들과 소피스트의 영향을 받아 정치적 입신출세나 권력추구만을 일삼는 아테네 젊은이들을 향해 "네 자신을 알라(Know thyself.: gnōthi seauton.)"는 교훈을 설파하였다. 원래 이 명언은 델포이의 아폴론 신전을 찾은 사람들이 새겨놓은 격언을 소크라테스가 인용했다는 설이 전해진다.

평생 고독한 철학자로 정치적 중립을 고수해온 소크라테스는 기원전 399년 그를 미워하던 정치인들에 의해 아테네 시민법정에서 사형선고를 받고 70세의 나이에 생을 마감하게 되었다. 소크라테스의 죄목은 아테네 신들에 대한 불경죄(impiety)와 순진한 아테네 청년들을 선동하여 정신적으로 타락시켰다는 민중선동죄(demagogy)였다. 신에 대한 불경죄는 소크라테스의 친구이자 제자인 카이레폰이 아폴로 신에게 아테네에서 가장 현명한 사람이 누구인지를 물었고, 신탁을 전하던 피티아 여제관이 소크라테스라고 하자, 이를 전해들은 소크라테스가 여제관의 신탁을 증명하기 위해 현자들을 찾아다닌 것이 빌미가 되었다. 그러나 이는 표면적 이유이며, 실제로는 당시의 혼란했던 정치권의 희생자로 몰려 죽음을 당했다는 것이 정설이다. 기원전 5세기경 천개가 넘는 그리스 도시국가(polis)들 중에서 아테네와 스파르타는 폴리스의 양대 산맥으로 팽팽한 경쟁구도를 형성하고 있었으나, 아테네가 페르시아 전쟁을 승리로 이끌면서 델로스 동맹을 통해 지배자로 군림하자 이에 반감을 품은 스파르타는 지지국들과 결탁하여 펠로폰네소스 동맹을 맺게 되었고, 이 둘 동맹 간에 펠로폰네소스 전쟁(Peloponnesian War, 기원전 431~404)이 발발하였다. 그 당시 아테네는 민주정치를, 스파르타는 과두정치(oligarchy)를 표방하던 도시국가였는데, 펠로폰네소스 전쟁이 스파르타의 승리로 끝나자 아테네에서는 30인의 스파르타 귀족을 중심으로 한 과두정치가 실시되었다. 과두정치(oligarchy)란 고대 희랍어의 '소수'를 뜻하는 'oligo-'와 '지배'를 뜻하는 '-arkhos'에서 비롯된 용어로, 특정한 통치형태를 뜻하는 것이 아니라 권력을 행사하는 사람이나 집단의 수를 의미하는 개념이다. 그러나 얼마 되지 않아 테베와 페르시아의 도움으로 강대국의 위치를 탈환한 아테네가 민주정을 회복하면서 과두 정치인들을 제자로 두었던 소크라테스를 아테네 법정에 세우게 된 것이었다. 기록에 의하면, 소크라테스에게 사형집행을 원치 않았던 민주파들은 그가 다른 나라로 망명하기를 원했던 것으로 알려져 있다. 그러나 소크라테스는 '악법도 법'이라는 유명한 말과 함께 이를 거절하였으며, 잘못된 정치를 비판하지 못하는 것은 신의 뜻을 거역하는 일이며, 망명을 한다는 것은 누명을 인정하는 것이 된다고 하면서 독배를 마시고 생을 마감하였다.

2) 영혼불멸설(Theory of Immortality of Human Soul)

소크라테스는 광장의 철학자로서 길거리에서 진리를 논파하느라 아무런 저서도 남기지 않았다. 소크라테스의 모든 철학적 사상은 그의 8년 제자인 플라톤(Plato, Platon, 기원전 428~347)이 저술한 '대화편'에 기록되어있다. '대화편'에 의하면, 소크라테스는 만인을 무지의 세계에서 애지의 세계로 이끌어 영혼불멸의 보편적, 객관적 진리를 깨우치게 하는 것을 그의 철학적 목표로 삼았다고 전해진다. 보다 구체적으로 소크라테스의 철학적 사상은 영혼불멸설(immortality of soul)로 대표되며 지덕복합일설(unity of knowledge, virtue, and fortune)과 지행합일설(unity of knowledge and deed)을 기반으로 하는 주지주의(intellectualism), 진리 추구를 위한 수행 방법인 문답법(Socratic questioning method)과 산파술(maieutic method)이라고 할 수 있다.

소크라테스의 영혼불멸설은 인간 세상을 지배하는 영혼불멸의 보편적 진리가 존재한다는 절대주의(absolutism)적 인간관으로, 이는 정의나 가치를 현세적 관점에서 권력추구나 부의 축적의 수단으로 해석하려는 소피스트들의 상대주의(relativism)와 반대되며, 진리추구에 대한 개인적, 주관적 해석을 강조하는 주관주의(subjectivism)와 대응하는 객관주의(objectivism)적 진리관이라고 할 수 있다.

소크라테스의 이상주의적 영혼불멸설에 의하면, 인간의 영혼(soul, spirit)은 참된 삶을 위해 신이 인간에게 내려준 본성으로 영원불변의 절대적 가치를 지녔으며, 절대 진리를 향한 영혼의 완성은 죽음을 넘어 영원히 불멸한다고 보았다. 소크라테스의 영혼불멸설은 그의 재판과정을 기록한 플라톤의 '소크라테스의 변명(Socrates' Apology)'에 잘 나타나 있다. 불경죄와 청소년 선동죄로 사형을 선고받은 후 행한 마지막 변론에서 소크라테스는 죽음이란 몽매한 대중들이 생각하는 것처럼 두려운 공포나 형벌이 아니라, 인간의 영혼을 사후세계로 인도하는 즐거운 잠이자 여행이며 현세의 모든 고통으로부터 해방되는 가장 최고의 축복이라고 하였다. 이러한 관점에서 영혼의 활동을 방해하는 육체로부터 완전히 분리시켜 불멸의 세계로 인도하는 죽음은 소크라테스의 영혼불멸설을 상징적으로 나타내주는 핵심 개념이라고 할 수 있다. 주위의 제자들이 망명을 요청하자 망명이란 죽음을 회피하는 것이며, 죽음을 회피한다는 것은 고통과 죄악의 덩어리인 육체만을 사랑하는 무지한 사람임을 인정하는 것이므로 받아들일 수 없다고 반박하였다.

3) 지덕복합일설(Unity of Knowledge, Virtue, & Happiness) & 지행합일설(Unity of Knowledge and Practice)

소크라테스는 지덕복합일설(unity of knowledge, virtue, and happiness)과 지행합일설(unity of knowledge and practice)을 주장함으로서 지식을 중시하는 주지주의를 강조하였다. 지덕복합일설을 주지주의의 이론적 측면이라고 한다면, 지행합일설은 실천적 측면이라고 할 수 있다. 따라서 지혜를 아는 애지자만이 선을 실천하여 영혼의 완성과 진정한 행복에 도달할 수 있다고 주장한 소크라테스의 철학에 있어 참된 진리의 인식은 실천의 문제로 귀결된다. 즉, 영혼의 완성을 위해서는 우선적으로 선악을 구분할 수 있는 지혜를 가져야 하며, 이러한 삶의 지혜를 바탕으로 참되고 바르게 사는 선을 실천할 수 있다고 보았다. 지덕복합일설이란 인간의 이성으로 지식을 쌓고 덕을 쌓으면 행복을 얻을 수 있다는 이론으로, '유일한 선은 앎이요, 유일한 악은 무지'라는 그의 명언으로 대변된다. 소크라테스는 이 세상에는 절대적인 진리와 객관적인 도덕이 존재하며, 인간의 본질은 이러한 진리와 선을 행하는 것이라고 강조하였다. 소크라테스는 소피스트들처럼 현실 생활에 이익을 주는 처세술이나 변론술을 통한 천박한 행복주의가 아니라, 인간 본성과 정의로운 행위를 위한 순수한 이상을 추구해야 하며, 이를 위해서는 우선적으로 자기 자신의 무지를 깨달아야 한다고 강조하였다.

무지의 지(knowledge of ignorance), 즉 '내가 알고 있는 단 한 가지 사실은 내가 아무 것도 알지 못한다는 것(The only thing I know is that I know nothing)'이란 명제는 소크라테스의 역설(paradox)로 알려져 있는데, 소크라테스의 역설적 주지주의란 자신의 무지에 대한 지식이 곧 앎의 시작이라는 것을 의미한다. 이와 같이 인간의 인식은 무지의 세계에서 애지의 세계로 나아가는 것이라고 간파한 소크라테스는 누구를 만나더라도 결코 아는 척을 하지 않았으며, 그 당시 모든 것을 다 아는 듯 설파하고 다니던 소피스트들을 향해서는 인간이 안다고 생각하는 '지'란 절대지(absolute knowledge)의 존재인 신에 비하면 거의 무(zero)에 가깝다고 비난하였다.

그러면서 그는 지행합일설을 통해 행복은 바르게 사는 것이고, 바르게 산다는 것은 선을 실천하는 것이므로 인간은 보편적 진리, 곧 덕의 본질적 의미에 대한 인식(앎)에서 멈추지 말고 참된 진리를 실천해야한다고 역설하였다. 고의적으로 악행을 저지르려는 사람은 이 세상에 존재하지 않는다고 믿었던 소크라테스는 단지 사람들이 악행과 선행에 대한 참다운 인식이 없기 때문에 일시적인 행복을 주는 육체적 쾌락에 빠지거나 범죄나 악행을 저지르는 것이라고 보았다. 따라서 철학자에게는 무지한 대중들에게 인간본성을 파괴하고 불행을 가져다주는 악행에서 벗어나 참된 진리와 행복이 무엇인지를 가르쳐줄 의무와 책임이 있으며, 이러한 책임감에서 평생 광장철학을 이어나갔던 소크라테스는 때와 장소, 지위고하를 막론하고 남녀노소, 심지어는 매춘부들과도 대화를 통해 스스로 무지를 깨닫고 선한 생활을 하도록 이끌었다.

4) 문답법(Socratic Method of Questioning)

소크라테스는 지식이란 누군가가 만들어주거나 주입시켜주는 것이 아니라 자기 스스로 끊임없는 이성적 사유(reasonable thinking)와 훈련을 통해 획득하는 것이라고 주장하면서 이성적 인식에 도달하기위한 훈련방법으로 문답법(Socratic method of questioning)을 개발하였다. 문답법이란 권위나 독단을 배격하고 비판적 사고(critical thinking), 즉 이성을 통한 사유로 보편적이며 절대적인 참 진리에 도달하기 위한 특유의 대화법을 말한다.

소크라테스는 그의 문답법을 소극적 문답법인 반어법(irony)과 적극적 문답법인 산파술(midwifery)로 구분하였다. 반어법을 의미하는 'irony'는 고대 희랍의 아리스토파네스의 희극에 등장하는 강아지인 '에이론'(Eiron)에서 기원한 용어로, 매우 영리한 에이론은 뛰어난 재치로 허풍쟁이인 '알라존'(Alazon)을 매번 논파시켰다고 전해진다. 소크라테스의 반어법은 무지의 지라는 기본 명제를 시작으로 진리에 대한 핵심 질문을 연속적으로 제시하면서 진행되었다. 질문에 대한 제자의 답변을 적극적으로 경청하면서 제자의 답변에 내포되어있는 모순을 지적한 소크라테스는 이를 명료히 하기위해 고차원적인 질문을 제시하였다. 이런 과정을 지속하다보면 자신의 주장이나 관념에 모순이 있음을 스스로 깨달은 제자들은 어느 순간 자신이 무지하다는 것을 자각하게 되었다. 소크라테스는 이러한 독특한 대화법을 사용하여 아테네 정치가들을 무수히 논파했다고 전해진다.

자신의 어머니 직업에서 영감을 얻어 개발한 산파술은 스승과 제자와의 역학적 관계를 산파와 산모 관계로 비유한 것이라고 할 수 있다. 산파란 산모가 건강한 아이를 출산할 수 있도록 임신에서부터 분만까지의 전 과정을 산모 곁에서 도와주는 전문인을 말한다. 산모는 아이를 분만하기까지 기나 긴 진통을 겪어내야 하며, 이러한 장시간의 출산의 고통을 겪은 후에야 새로운 생명이 태어나는 것이다. 따라서 아무리 훌륭한 산파라고 하더라도 산모의 진통을 대신 해줄 수 없으며, 더더욱 산모 대신 아이를 낳아줄 수 없다. 이와 마찬가지로, 산파술에는 절대 진리를 추구하기 위한 과정이 아무리 길고 고통스럽더라도 스승이 이를 대신 해줄 수 없으며, 출산의 고통을 겪은 사람만이 신생아라는 새로운 생명을 얻는 것처럼 스스로의 고통스런 인식과정을 겪은 사람만이 참된 진리를 얻을 수 있다는 의미가 함축되어 있다. 목마른 말을 물가로 끌고 갈 수는 있어도 억지로 물을 마시게 할 수 없는 것처럼, 스승이란 일종의 조력자나 촉진자로서 제자에게 지식 추구를 위한 자극과 도움을 줄 수는 있어도, 독단적으로 지식을 주입시키거나 강요할 수 없는 것이다.

02. 플라톤의 형이상학적 이원론(Metaphysical Dualism)

1) 생애

플라톤(Plato, Platon, 기원전 427~347)은 고대 아테네 왕의 혈족인 명문 귀족 집안에서 출생하였다. 플라톤이라는 이름의 기원에 대해서는 여러 가지 설이 분분하다. 3세기경 희랍 철학자들의 전기인 '유명한 철학자들의 생애와 사상(Lives and Opinions of Eminent Philosophers)'을 쓴 라에르티오스(Diogenes Laërtius, 180~240)에 의하면, 그 당시 아테네 사회에서는 아들이 태어나면 조부의 이름을 물려주는 것이 관행이었는데, 플라톤의 가계를 적은 족보 어느 곳에도 플라톤이라는 이름은 발견되지 않으며, 플라톤이라는 이름은 아테네 사회에서는 매우 흔한 이름이었기 때문에 플라톤의 본명이 따로 있을 것이라고 주장하였다. 그에 의하면 플라톤의 본명은 그의 조부인 아리스토클레스(Aristocles)와 동일할 것이라고 보았지만, 이 또한 정확한 사실은 아니다. 참고로 'aristo-'는 '귀족의, 최상의'의 뜻을 가진 접두사로 아리스토텔레스나 플라톤의 아버지인 아리스톤(Ariston of Collytus), 플라톤의 레슬링 코치인 아리스톤(Ariston of Argos)처럼 귀족계층(aristocracy)이나 귀족(aristocrat)의 이름에 자주 사용되던 접두사였다. 라에르티오스의 전기에 의하면, 플라톤이라는 이름은 그의 레슬링 코치였던 고대 그리스 남동부의 도시인 아르고스 출신의 아리스톤(Ariston of Argos)이 붙여준 것이라고 추정하였다. 플라톤(platon)이란 용어의 어원은 '넓다(broad)'는 뜻을 가진 'platytēs'로, '폭'이나 '너비'를 의미하는 'breadth'의 희랍 어원도 'platytēs'이다. 플라톤이라는 이름은 신장 2미터가 넘는 거구에 넓은 이마와 어깨를 가지고 있던 그의 건장한 용모(robust figure)나 넓은 이마의 폭(very wide across forehead)을 강조하기 위해 붙여졌다는 설과, 플라톤의 '폭넓은' 웅변술(breadth of eloquence)을 강조한 이름이라고도 전해진다.

아테네에서 가장 부유한 귀족집안의 자손으로 성장한 플라톤은 어려서부터 귀족교육을 받았으며, 20세가 되던 기원전 407년부터 소크라테스가 사망할 때까지 8년 간 그의 수제자로 활동하였다. 정치가 집안의 자제답게 정치에 대한 야망을 가졌던 플라톤은 펠로폰네소스 전쟁(기원전 431~405) 후 부패하기 시작한 아테네 정치상황에서 그의 스승인 소크라테스가 무고하게 사형당하는 것을 보고는 민주정에 대한 환멸과 증오심을 키우게 되었다고 전해진다. 강대국 페르시아와의 전쟁을 승리로 이끈 아테네는 그리스 본토에 있던 모든 도시국가들과 델로스 동맹을 맺고 지중해 연안의 지배국으로 떠올랐으나, 스파르타나 테베와 같은 다른 도시국가들은 이에 반감을 품고 펠로폰네소스 전쟁을 일으켰으며, 페르시아 전쟁을 승리로 이끌었던 페리클레스가 펠로폰네소스 전쟁 중 역병으로 병사하자 아테네는 급속히 쇠퇴하기 시작하였다. 플라톤의 민주정치에 대한 혐오감과 정치적 저항심은 그의 가장 위대한 저작으로 알려진 '국가론(The Republic)'을 저술하게 된 근본 이유가 되었다. '국가론'에서 플라톤은 정치에 관심이 없으면 저열한 자들에 의해 지배를 당하게 되므로 가장 이상적인 국가란 철학자들이 왕이 되어 철학과 정치가 하나로 통합된 철인정치(rule of philosophers)라고 주장하였다. 이를 위해서 플라톤은 그가 세운 아카데미아 학당에서 철인 왕을 배출하기위한 구체적이고 체계적인 교육내용을 제시하였다.

소크라테스가 처형된 뒤, 플라톤은 소크라테스의 사형으로 인해 위협을 느꼈던 다른 제자들과 함께 이집트 등을 떠돌며 피타고라스, 키레네학파 등의 철학자들을 찾아다녔다. 메가라학파의 창시자이자 열렬한 소크라테스 옹호자였던 에우클레이데스는 플라톤 일행에게 메가라에서의 망명 처를 제공해 주기도 하였다.

오랜 방황을 끝내고 40세가 되던 기원전 387년에 아테네로 돌아온 플라톤은 현대적 의미의 대학(university)의 시조로 불리는 아카데미아(Academia) 학당을 세웠다. 아카데미아는 원래 고대 그리스의 영웅인 아카데메스(Akademes)를 기리기 위한 성스러운 영역으로, 리케이온(Lykeion), 키노사르게스(Kynosarges) 등과 함께 고대 아테네의 3대 체육장(gymnasium)이 있던 소재지였다. 청년 교육에 몰두하던 소크라테스가 생전에 아카데미아나 리케이온 경기장의 청년들을 자주 둘러보았기 때문에, 플라톤이 스승을 기리는 마음으로 이곳에 학원을 지었다는 설이 전해지며, 아리스토텔레스 역시 기원전 335년 리케이온 지역에다 학원을 창설하고 이를 리케이온 학당(School of Lykeion)이라고 명명하였다.

아카데미아는 서기 529년 유스티니아누스 황제에 의해 폐쇄될 때까지 약 1,000년 간 학문의 요람이자 자유로운 토론의 장으로 유명했으며, 플라톤의 이데아론(theory of Idea)이 완성된 곳이기도 하다. 특히 아카데미아 학당 입구에는 "기하학을 모르는 자, 이 문을 들어서지 말라!"고 쓰여 있는데, 철학과 수학이 분리되지 않았던 그 당시에 아카데미아 학당은 수학을 전제로 한 철학 사상의 본거지로서 수학은 순수 수학을 위한 것이라기보다 철학의 기초학문으로서 감각적 표상으로부터 정신을 정화시키기 위한 목적으로 사용되었다.

플라톤은 여러 제자를 두었는데, 그 중 대표적인 인물이 아리스토텔레스였다. 플라톤이 8년간 소크라테스의 제자가 되었던 것에 비해 아리스토텔레스는 18세의 약관에 아카데미아 학당에 들어와 플라톤이 사망할 때까지 20년간을 플라톤의 수제자로 활동하였다. 플라톤은 아리스토텔레스를 '아카데미아의 정신'이라고 불렀으나, 플라톤이 사망하자 학당의 책임자 자리를 두고 플라톤의 조카와 불협화음을 일으키면서 아카데미아를 떠나게 되었으며, 결국에는 리케이온 학당을 세우면서 스승인 플라톤의 사상을 정면으로 비판하기 시작하였다.

플라톤의 대화편 가운데 정치철학이 주요 테마인 대화편은 국가론, 정치가론, 법률편 등 세 편으로 구성되어있다. 이 중 국가론(Politeia: The Republic)은 플라톤의 철학을 대표하는 것으로, 정치철학뿐만이 아니라 예술비평, 영혼론 등 수많은 테마가 얽힌 방대한 저작이라고 알려져 있다. 국가론 제7권에는 인간 인식의 오류를 동굴에 비유한 것으로 유명한 '동굴의 비유(allegory of cave)'가 실려 있다.

플라톤은 향년 81세의 나이에 사망하였으며 그의 시신은 아카데미아에 묻혔다.

2) 형이상학적 이원론(Metaphysical Dualism)

2,500년이 넘는 서양 철학 역사 상 진정한 서양철학의 시조로 불리는 플라톤은 철학 사상 최초로 인간 세계란 현상계와 이데아계로 구분되어 있으며, 감각적으로 변화하는 현상계와는 달리 영원불변의 초월적 이데아계만이 참으로 실재한다는 이데아론(theory of idea or theory of Forms)을 주장함으로서, 인간 존재론에 대한 형이상학(metaphysics), 관념론(idealism), 이상주의(idealism)라는 새로운 지적 전환점을 마련하였다.

플라톤의 이데아론은 만물의 근원이 일자(To On)라고 주장한 엘레아학파의 파르메니데스와 불(fire)이라고 주장한 헤라클레이토스, 윤회설을 주장한 피타고라스(Pythagoras)의 사상을 이어받은 것으로 알려져 있으나, 무엇보다도 그의 핵심적인 철학사상은 스승인 소크라테스의 영혼불멸설을 체계화시킨 것이라고 할 수 있다. 소크라테스의 영원불변한 진리 추구 사상을 이어받은 플라톤은 이데아계(idea world)와 현상계(apparent world)를 구분한 이원론적 형이상학(dualistic metaphysics)을 확립하였다. 현상계(material world)란 시간과 공간에 따라 달라지는 감각적 사물로 가득 찬 개별적, 현실적, 일시적 세상으로, 인간의 경험을 통해 감각기관에 의해 지각되는 모든 대상은 끊임없이 변하고 생성하고 소멸하므로 이러한 변화무쌍한 사물들도 이루어진 불완전한 현상계에서는 본질적 실재가 존재할 수 없다고 강조하였다. 그에 반해 예지(foreknowledge)의 세계인 이데아계(idea world)는 인간의 눈으로는 볼 수 없는 초감각적이고 초월적인 불변의 세계로 현상계를 초월하는 영원불변하고 완전무결한 참다운 실재가 존재한다고 강조하였다. 이데아(idea)란 원래 "본다(to see)."는 뜻의 희랍어인 'idein'에서 기원한 명사로, 아이디어(idea)나 생각, 관념(idea, thought)을 뜻한다. 그러나 플라톤이 주장하는 이데아란 '보여지는 원형, 형태, 본모습, 특성, 특질, 표준, 규범'을 의미하는 '형상(form)'을 의미한다. 따라서 이데아를 의미하는 형상이란 감각으로 지각되는 불완전하고 현실적인 것이 아니라, 보편타당하고 완전무결하며 초감각적이고 영원불멸한 실재를 말한다. 이데아란 또한 생성과 소멸을 초월한 것으로 현상계에 존재하는 구체적인 사물과 떨어져 존재하는 사물의 본질, 시공간을 초월하는 절대적 보편자라고 할 수 있다. 따라서 항구적으로 존재하는 이데아계는 인간의 지각이나 관념으로 이루어진 현상계를 지배한다고 설명하였다. 다른 말로 표현하면, 플라톤의 이데아는 인간이 살고 있는 현상계와는 완전히 동떨어진 천상의 무시간적 모형으로 버클리가 주장한 인간의 주관적 감각이나 칸트의 선험적 범주처럼 인간의 정신 속에 존재하는 심리적 관념과는 다르다고 할 수 있다. 플라톤은 이데아계를 인간의 감각 세계, 즉 현상계가 보여주는 불완전한 실재성을 초월하는 신적 예지계라고 규정하였다.

플라톤은 이데아와 같은 형이상학적 철학개념을 수학적으로 증명하기를 선호하였다. 아카데미아 학당의 문 앞에 "기하학을 모르는 자, 이 문을 들어서지 말라!"는 현판을 걸어놓을 정도로 아카데미아 학당에서는 매우 체계적으로 철학을 위한 기하학적 증명과정이 이루어졌다. 기하학적 증명 과정은 우선, 형식주의적 연역체계(deductive formalism)를 사용하여 정의가 내려지지 않은 무정의 개념(undefined notion)들이 아무런 증명 없이 승인되는 일련의 진술과 함께 제시되었는데, 이렇듯 증명이 되기 전 승인되는 일련의 진술을 공리(axiom), 혹은 공준(postulate)이라고 불렀다. 그런 다음, 공리와 공준을 전제로 정의(definition)가 내려졌으며, 선택된 정의에 의해 연산을 수행할 수 있는 규칙(rule)들이 설정되었다. 그 후, 공준, 정의, 규칙을 사용하여 특정한 철학적 진술이 필연적으로 성립한다는 것을 증명해냈는데, 이를 정리(theorem)라고 불렀다. 이와 같은 논리적인 과정을 통해 하나의 정리로부터 다른 정리를 연역해내면서 정리들을 질서 있게 배치하였다. 플라톤은 선의 이데아를 증명하기 위해 삼각형의 경우를 예로 들었다. 그는 우선, 인간은 단지 눈앞에 그려져 있는 삼각형을 보았을 뿐 삼각형의 실체를 본적은 없다고 전제하였다. 그러나 아무런 증명 없이도 '삼각형'이라는 공리나 공준을 받아들이게 되면, 삼각형이란 '한 직선 위에 있지 않은 세 점을 세 선과 세 각으로 연결한 평면도형'이라는 정의가 내려질 수 있고, 그에 따라 이등변삼각형, 직각삼각형 등의 여러 가지 규칙들이 설정될 수 있다고 보았다. 삼각형의 정리와 마찬가지로, 선(good)이라는 실체를 실제로 본 사람은 아무도 없으나 소크라테스처럼 덕을 행한 사람들의 구체적인 실례들을 통해 선에 대한 공리, 공준, 정의, 정리가 내려질 수 있으며, 이를 바탕으로 선의 궁극적 실체를 인식할 수 있다고 주장하였다. 플라톤은 선의 궁극적 실체란 선의 이데아를 말하며, 선의 이데아란 선을 행한 개별적인 사람들이 죽어도 소멸하지 않고 영원히 남아있게 된다고 강조하였다. 플라톤의 이론에 의하면, 이러한 이유로 소크라테스가 죽은 지 2,400년이 지난 지금도 사람들은 좋음과 선에 대한 논의를 지속할 수 있는 것이라고 볼 수 있다.

플라톤은 이 세상을 구성하고 있는 모든 사물은 이데아를 공유하고 있다고 주장하였다. 플라톤은 이데아를 설명하기 위해 나무를 예시로 들면서 사람들은 나무를 보면 그것이 나무라는 것, 즉 나무의 이데아를 선험적으로 알게 된다고 하였다. 즉, 소나무나 전나무, 많은 가지를 뻗으며 울창한 나무, 병이 들거나 죽은 고목나무는 모두 나무라는 하나의 관념으로 인식되는데, 이처럼 다양한 나무를 하나의 개념으로 받아들이게 하는 것이 바로 나무의 이데아라고 하였다.

플라톤은 자신의 이데아론을 완성하기 위해 그동안 비판해왔던 아테네의 신화적 신들에 대한 태도를 바꾸게 되었다. 즉, 플라톤의 초기 사상에서는 신화적 설화로 표현되는 아테네 신들을 모두 부정하였으나, 말년에 접어들면서 자신의 이데아론을 완성시키기 위해서는 우주의 창조자가 필요하다는 자각을 하게 되었으며, 이를 위해 데미우르고스(Demiourgos)라는 신을 우주의 창조자로 내세우게 되었다. 플라톤에 의하면, 데미우르고스가 이데아를 모방하여 개별적인 사물을 창조해냈기 때문에, 현상계에 있는 모든 사물들은 이데아를 부분적으로 공유한 모사품(copy)이거나 그림자라고 설명하였다. 즉, 인간이 감각기관에 의해 파악하는 현상계는 이데아의 상(image)을 공유하고 있는 모사품이기 때문에 모든 개별적 사물이 지닌 실재성은 이데아에 의해 규정되며 이데아는 사물을 구성하는 원형(arche, archetype)으로서 사물을 지배한다고 보았다.

플라톤은 이데아계와 현상계를 연결하는 매개체로 인간의 영혼(soul)을 들기 위해 인간을 육체와 영혼으로 이분화 하였다. 그는 또한 상기설(doctrine of reminiscence)을 내세움으로서 현상계에 존재하는 인간은 영혼을 통해 이데아를 회상할 수 있다고 주장하였다. 즉, 영혼은 원래 이데아계에 살던 신적인 존재였으나 욕심과 정욕으로 가득 찬 죄를 지음으로서 이데아로부터 떨어져 나가 육체 속으로 결합된 것이라고 설명하였다. 그러나 창조주로부터 선험적으로 신성을 부여받은 영혼은 이성적 사유와 성찰(reflection)을 통해 희미하게나마 현상계에 드리워진 이데아의 그림자를 회상해냄으로서 이데아계의 참다운 개념들을 상기해낼 수 있다고 주장하였다. 이와 같이 신이 인간으로 하여금 태어날 때부터 이데아를 상기할 수 있는 선험적 영혼을 부여했다는 그의 주장은 생득적 형상론이라고 볼 수 있는데, 생득적 형상론이란 선천적, 생득적으로 가지고 태어난 이데아에 대한 보편적 관념들은 개별적 사실에 선행한다는 주장을 말한다.

영혼의 생득적 형상론이나 이데아에 대한 상기설은 플라톤이 스승인 소크라테스의 억울한 죽음을 비관하며 방황하던 시기에 접하게 되었던 피타고라스의 종교철학에 의해 영향을 받은 것으로 보인다. 플라톤은 피타고라스의 윤회설(doctrine of reincarnation)과 영혼의 정화설(theory of katharsis)을 바탕으로 인간의 윤회과정을 3단계로 설명하였다. 첫 단계는 인간의 영혼은 영원불멸의 윤회과정을 거치면서 육체와 육체 사이를 떠도는데, 이때 전생에서 무모한 욕심과 정욕으로 가득찬 삶을 살게되면 영혼이 오염이 되어 감정과 욕구에 휘둘리는 동물로 태어나게 된다고 하였다. 두 번째 단계에서는 이상적인 삶은 아니지만 절제의 생활을 영위했던 사람은 곤충이나 다른 사람의 몸으로 환생한다고 하였다. 마지막으로 현세에서 영혼을 정화하며 이성적인 철학자의 삶을 살았던 사람은 신이 사는 이데아계로 돌아가 신과 합류하게 된다고 하였다. 따라서 인간이 현상계에서 벗어나 진정한 이데아계로 돌아가기 위해서는 영혼을 정화해야 하며, 영혼의 정화를 위해서는 인간에게 선험적으로 주어진 순수한 이성적 사유(reasonable thinking)와 성찰을 통해 참다운 이데아계를 인식하는 것이 중요하다고 하였다. 플라톤의 신체－정신의 이원론과 영혼의 생득설은 영혼의 3분설과 4주덕의 이론체계로 발전하게 되었다.

3) 영혼의 3분설과 4주덕(Three Elements of Soul & Four Virtues)

플라톤은 그의 저서인 '국가론'에서 이상적인 국가를 세 종류의 계급(tripartite class structure)으로 구분하고, 인간의 영혼(soul)도 이상적인 국가처럼 세 가지 구성요소들로 이루어져있다고 주장하였다. 플라톤은 국가를 대문자, 인간을 소문자로 표시하면서 대문자인 국가를 우선적으로 연구한 후 소문자인 인간 영혼에 비유하는 것이 보다 논리적이라고 하였지만 여기서는 인간의 영혼을 먼저 다루기로 한다.

플라톤은 인간 영혼을 구성하는 3가지 요소로 이성(reason), 정신(spirit), 정욕(desire, appetite)을 들었으며, 각각의 요소를 육체의 각 부분에 대입하였다. 더불어 영혼의 3요소를 적절히 유지하기 위해 요구되는 덕을 지혜의 덕(virtue of wisdom), 용기의 덕(virtue of courage), 절제의 덕

(virtue of moderation), 정의의 덕(virtue of justice)의 4가지로 들었다. 마지막 4번째 정의의 덕은 3가지 영혼의 요소와 이에 부합하는 3가지 덕을 통합한 것이다. 원래 덕(arete: virtue)이라는 뜻의 'arete'란 고대 희랍어의 '좋음'을 의미하는 '아가토스(agatus)'에서 온 말로, '최적의 능력, 최상의 행위, 최선의 상태에 있는 탁월성, 혹은 도덕적 미덕'을 의미한다. 플라톤은 그의 이론에서 옳고 그름에 대한 추상적인 차원의 덕이 아니라 실천하는 측면의 덕을 강조하였다.

인간 영혼을 구성하는 3가지 요소 중 이성은 인간의 머리(head)에 해당하며, 이데아를 향해 순수 사유를 하기 위한 영혼의 본질적 속성이라고 하였다. 플라톤은 이성을 적절히 유지하기 위해서는 지혜의 덕이 요구된다고 강조하였다. 소크라테스는 플라톤의 정신을 기개(will)라고 하였는데, 플라톤이 주장하는 정신이나 소크라테스의 기개는 모두 복부 상위 3분의 1 부분(top third of the torso)인 심장(heart)에 해당되는 곳으로, 심장이란 이성의 명령에 의해 명예나 권력과 같은 육체적 욕구를 억압하는 곳으로, 무분별한 기개적 욕구를 억압하기 위해서는 용기의 덕이 요구된다고 보았다. 정욕은 배꼽 밑 복부(middle third of torso, down to navel)에 해당하는 곳으로, 배꼽 부분은 주로 영양과 생식 등 육체적 욕구를 느끼는 곳이므로 이때에는 절제의 덕이 필요하다고 보았다. 마지막으로 플라톤은 지혜(이성), 용기(정신), 절제(정욕)의 덕을 총괄하는 총체적 덕으로 정의의 덕을 들었다. 즉, 지혜, 용기, 절제의 덕을 필요로 하는 인간 영혼의 세 부분인 이성, 정신, 정욕이 각기 자신의 분수를 지켜 각자의 덕을 충실하게 실현하여 조화와 균형을 이루기 위해서는 정의의 덕이 필요하다고 하였다. 다른 말로 하면, 영혼의 최상위에 위치한 이성적 지혜로 권력욕이나 물질욕을 절제하며 불의에 항거하는 용기를 지지고 있다면 이러한 사람은 정의로워질 수 있으며, 이 때 이성을 통한 지혜로운 통제가 무엇보다도 중요하다고 강조하였다.

4) 국가의 3층설과 4주덕(Tripartite Class Structure & Four Virtues)

플라톤은 그의 저서인 '국가론'에서 이상적인 국가는 생산자(productive worker), 수호자(protective warrior or guardian), 통치자(governing ruler or philosopher king) 계급의 세 가지 계층이 조화롭게 구성된 사회라고 정의하였다.

가장 하위 집단인 생산자 계급이란 영혼의 정욕 부분에 해당하는 사람들로 이에는 노동자, 목수, 배관공(plumber), 석공(mason), 상인, 농부 등 물질적 욕망이 강한 평민 계급이 속한다고 하였다. 두 번째 단계인 수호자 계급이란 영혼의 기개나 정신 부분에 해당되는 사람들로, 강인한 체력과 용기, 모험심은 있으나 통치자가 되기에는 지적 능력이 부족한 전사계급이라고 하였다. 당시 아테네 도시국가를 지키는 군인들은 평범한 시민들로 구성된 시민군이었으나, 플라톤은 이를 반대하여 군인은 전문적인 군대훈련을 받은 직업적 정예부대로 이루어져야 한다고 주장하였다. 마지막 단계인 통치자란 영혼의 이성 부분에 해당하는 사람들로 플라톤이 강조한 철인 왕(philosopher king)을 의미한다. 통치자란 지식을 겸비하고 자기 통제력이 뛰어나며, 국가를 위한 합리적인 의사결정을 내릴 수 있는 극소수의 지혜로운 사람들을 일컫는다고 하였다. 이상적 국가란 철학과 정치가 하나가 된 국가로, 통치자는 생산계급과 수호계급을 모두 다스릴 수 있는 철학자여야 한다는 플라톤의 철인정치(rule of philosophers)는 바로 여기서 나왔다. 플라톤은 철인 왕이란 최상의 선의 이데아와 진리를 인식할 수 있는 지혜와 안목은 물론, 선의 이데아에 따라 실천 할 수 있는 용기(courage)를 가지고 있어야 한다고 보았다. 플라톤은 철인을 장기간에 걸쳐 전문적인 교육을 받은 의사나 선장에 비유하였다. 의사가 병에 걸린 환자를 치료하기 위해서는 장기간의 철저한 교육을 통해 획득한 질병과 치료방법에 대한 지식은 물론 각각의 환자 상태에 따라 이를 적절하고 지혜롭게 적용할 수 있는 능력을 겸비하고 있어야 하는 것처럼, 철인 왕이 되기 위해서는 일반인들을 위한 교육과는 차별되는 철저한 교육과 훈련이 필요하다고 주장하였다. 이를 위해 플라톤이 운영하던 아카데미아 학당에서는 국가를 이루는 세 계급에 대한 체계적인 교육과정을 설계하였다. 즉, 1단계 생산계급을 위한 교육은 모든 시민들을 대상으로 하며 출생에서 19세까지의 가정교육과 집단교육이 주어진 후 공정한 시험을 치루게 되며 이 시험에서 떨어진 사람들은 생산자계급으로, 시험에 붙은 사람들은 수호자 계급을 위한 2단계 교육과정으로 진급하게 된다고 하였다. 2단계 교육과정은 20세에서 29세까지의 귀족들을 대상으로 소수정예교육이 주어지며, 이들도 역시 공정한 선발과정에 따라 수호자 계급으로 남거나 상위 단계로 진급하게 된다고 하였다. 플라톤은 특히 많은 부분을 할애하여 철인 왕을 위한 교육과정을 소개하였는데, 2단계 교육 후 선별과정을 통과한 가장 뛰어난 극소수의 사람들은 30세부터 50세까지의 20년이라는 긴 시간 동안 3단계 교육과정을 거치게 되는데, 이들은 5년간에 걸친 철학과 변론법 등 통치를 위한 이론교육과 15년간의 실무경험을 하게 된다고 하였다. 실무경험 기간 동안 학습자들은 그들의 동료나 대중들로부터 통치능력의 우수성을 엄격하게 평가 받으며 이중에서 3단계 교육과정을 가장 성공적으로 이수한 사람은 50세가 되어 최고 통치자로서 피선될 자격을 얻게 된다고 하였다.

플라톤이 이토록 철저하게 철인정치를 밀고 나간 이유는 스승인 소크라테스를 사형에 처한 아테네의 통치자와 그들을 지배하던 인간관을 비판하기 위함이었다. 원래 민주주의의 기본원칙은 모든 사람들은 신으로부터 통치를 위한 능력이나 재능을 동등하게 부여받았기 때문에 누구든지 정치에 관여할 수 있다는 것이었다. 이에 대해 플라톤은 한 나라의 정치를 이끌어 나갈 능력이나 기본 소양을 갖추고 있지 않은 몽매한 민중들이 추첨만 통과하면 정치인이 될 수 있다는 중우정치(mobocracy, ochlocracy)나, 단지 귀족의 혈통이라는 이유로 정권이 세습되는 귀족정치 모두 지양되어야 한다고 역설하였다. 그러면서 일반 시민들에게 교육의 기회를 평등하게 부여하고, 이들 중에서 철저한 검증과정을 통과한 철인들이 정치에 참여해야만 진정한 이상 국가를 이룰 수 있다는 능력주의(meritocracy)를 주장하였다.

플라톤은 개인적 측면의 4주덕에서 한 걸음 더 나아가 국가적 측면의 4주덕을 강조하였는데, 그에 의하면, 국가의 정의를 실현하기 위해서는 개인의 영적인 덕만으로는 불가능하며, 개인의 영혼을 초월한 사회 전체의 덕에 의해서만 가능하다고 하였다. 즉, 개인이 아무리 준법정신이 투철하고 정의롭다고 하더라도 국가의 법이 정의롭지 못하다면 이상적인 국가를 이룰 수 없으므로 정의롭고 행복한 국가란 필연적으로 개인의 행복과 불가분의 상호 의존적 관계로 연결된다고 보았다.

플라톤은 정의로운 국가를 만들기 위한 단계를 생산자들의 도시, 군인들의 국가, 철학자가 통치하는 이상적인 국가의 세 계층으로 설명하였다. 첫 번째 단계인 건강한 생산자의 도시란 적정 인원이 각자 개인에게 필요한 적성에 맞춰 생활하는 곳으로, 이때는 정부가 없이도 각자 본분에 맞는 일을 독자적으로 할 수 있으므로 자기 스스로를 단련하고 자제하여 개인의 사익추구를 위한 욕구를 다스릴 수 있는 절제의 덕이 필요하다고 보았다.

두 번째 단계인 정화된 군인들의 국가란 사람들이 사익을 추구하면서 벌어지는 사회적 혼란을 조절하기 위해 국가의 필요성이 대두되는 단계로 말하는데, 국가가 출현하게 되면 필연적으로 영토 확장의 요구가 따라오기 때문에 군인계급이 출현하게 된다고 하였다. 군인들에게는 무엇보다도 용기의 덕이 중시되므로 이들에게 전투능력을 향상시킬 체육교육과 군인들의 강한 성정을 부드럽게 만들어 줄 음악이나 시에 대한 교육이 제공되어야 한다고 강조하였다.

세 번째 단계는 철인이 통치하는 이상적인 국가로, 이를 위해서는 모든 학문의 최고라고 할 수 있는 철학교육이 필수적으로 제공되어져야 하며 이렇게 함으로서 철인 정치를 위한 지혜의 덕이 쌓이게 된다고 하였다. 3단계의 필수적으로 요구되는 절제, 용기, 지혜의 덕이 조화롭게 이루어지면 정의의 덕이 완성된다고 보았다. 플라톤은 모든 사물들의 개별적이고 구체적인 이데아들은 가장 최상위에 있는 추상적 이데아인 선의 이데아로 연결된 계층 구조를 이루고 있는데, 정의의 이데아란 궁극적으로 선(good)의 이데아를 말하며, 선의 이데아란 절대자의 선의에서 비롯된 좋음의 이데아, 가장 보편적인 최고의 이데아로서 인간이나 국가가 궁극적으로 지향해야하는 이상적인 삶의 목표이며 인식의 궁극적 근거가 된다고 강조하였다.

플라톤의 이원론적 형이상학에 대해 가장 커다란 비판의 핵심은 감각기관에 의해 관찰되는 사물로부터 이데아가 어느 정도 분리되어 있는가에 대한 문제와 플라톤이 주장한 절제, 정의, 국가, 사랑, 존재, 실존, 신 등에 대한 이데아가 대화편의 주제에 따라 다르게 규명되어 있다는 점이었다. 플라톤의 이론을 가장 정면에서 반박한 사람이 그의 제자인 아리스토텔레스였다. 일원론적 실체론을 주장한 아리스토텔레스는 앞서서 언급한 바와 같이 인간의 육체와 정신은 마치 전기 스위치의 켜짐(on)과 꺼짐(off)과 같은 것이라서 서로 분리시킬 수 없으며, 따라서 인간이 실제로 살고 있는 현상계로부터 완전히 분리된 천상의 이데아계가 존재한다는 이론은 인간세계와는 하등 상관이 없는 허구적 상념에 불과하다고 지적하였다.

결론적으로 2,500년이 넘는 서양철학의 역사상 서양철학의 진정한 시조로 일컬어지는 플라톤은 이원론적 이데아론을 창시하면서 서양 철학사상 최초로 형이상학을 창시하였다. 흔히 사변철학(speculative philosophy)이라고 불리는 형이상학은 플라톤의 이데아론을 통해 서양 철학사의 대표적 사상의 하나인 관념론으로 세부화 되었으며, 중세 초기 기독교의 교부철학을 완성시키는데 지대한 공헌을 하게 되었다. 플라톤의 관념론은 그 후 18세기 버클리가 주장한 경험적 관념론과 합리론을 거쳐 19세기 독일의 관념론으로 이어졌다. 플라톤의 관념론을 유대교적 유일신 사상과 융합하여 신의 입장에서 연구한 것이 중세철학이라고 본다면, 인간의 입장에서 연구한 것이 버클리와 칸트, 헤겔로 이어지는 근대철학이라고 할 수 있다. 이러한 이유로 영국계 미국인이며 신학적 형이상학자인 화이트헤드(Alfred North Whitehead, 1861~1947)는 '지난 2,000년 동안의 서양철학은 플라톤에 대한 일련의 각주에 불과'하다고 강조하기도 하였다.

03. 아리스토텔레스의 일원론적 실체론(Monistic Realism)

1) 생애

철학은 물론 형이상학, 논리학, 정치철학, 윤리학, 자연과학 등 다양한 분야의 기초를 마련한 철학사의 거인이자 형식논리학과 과학적 방법론의 시조로 불리는 아리스토텔레스(Aristotle, 기원전 384~322)는 기원전 384년 마케도니아(Macedonia)에 있는 칼키디키(Chalcidice) 반도의 스타게이로스(Stageira)라는 지역에서 마케도니아 아민타스 왕(King Amyntas)의 주치의였던 니코마코스(Nicomachus)의 아들로 태어났다. 마케도니아는 고대 희랍의 '높은 것', '고지에서 사는 사람들'을 뜻하는 'macednos'에서 유래한 지명으로 그리스 북부, 발칸 반도의 중남부 지역에 위치한 나라이다. 마케도니아는 아리스토텔레스의 제자이기도 한 알렉산드로스 대왕(Alexander the Great, 기원전 356~323)의 동방 원정으로 그리스를 비롯한 이집트, 인더스 강까지 영토를 확장하면서 짧은 기간 내 헬라스의 초강대국으로 부상하였으며, 그리스 문화와 동방문화를 혼합하여 헬레니즘(Hellenism) 문화시대를 창시한 나라였다. 그러나 이러한 정치적 역학관계로 인해 마케도니아 출신의 아리스토텔레스는 아테네에 거주하는 동안 많은 제약을 받게 되었다.

아리스토텔레스(Aristotle)란 이름은 '최고의' 뜻을 가진 'arito-,'와 '목적'을 의미하는 -'telos'가 조합된 것으로, '가장 위대한 목적(the best purpose)'이라는 뜻을 지닌다.

플라톤은 소크라테스의 8년 제자이며 아리스토텔레스는 플라톤의 20년 제자로, 서양 역사상 가장 위대한 세 명의 철학자는 사제지간이다. 아리스토텔레스는 18세가 되던 해에 플라톤이 운영하던 아카데미아 학당에 들어가 플라톤이 사망한 기원전 347년(혹은 346년)까지 20년간을 플라톤의 최고의 수제자로 활동하였다. 아리스토텔레스는 플라톤의 아카데미아 학당에서 항상 변론법 교육을 위한 토론의 질문자 역할을 담당했으며, 플라톤도 아리스토텔레스를 '아카데미아의 정신'이라고 인정하였다. 그러나 플라톤이 사망하자 플라톤의 조카인 스페우시포스(Speusippus)와 아카데미아의 후계자 계승 분쟁에 휘말리게 되었으며, 결국 '플라톤은 소중한 벗이니 진리는 더 소중한 벗'이라는 유명한 말을 남기며 아카데미아 학당을 떠나게 되었다. 그러나 그 이면에는 마케도니아 필립 왕 시절부터 그리스 영토가 침범 당하자 마케도니아에 대한 정치적 반감이 극에 달했던 아테네에서는 아리스토텔레스에게 시민권을 주지 않았으며, 그 결과 아카데미아의 후계자 자격도 가질 수 없었다는 설도 전해진다. 우여곡절 끝에 아카데미아 학당을 떠나게 된 아리스토텔레스는 그때부터 스승인 플라톤과의 학문적 결별도 단행하였으며 그 후 플라톤의 이데아론이나 국가론에 대해 누구보다도 신랄한 비판을 가하기 시작하였다. 예를 들어, 플라톤이 그의 '국가론'에서 아테네의 민주정치를 중우정치라고 지적하면서 철인정치를 가장 이상적인 국가형태로 강조한 것에 대해, 아리스토텔레스는 그의 저서인 '정치학(Politica)'에서 덕치주의적 정치를 주장하였으며, 다수의 정치적 빈민들이 다스리는 민주주의는 중우정치로 변질되고, 한 사람의 왕이 다스리는 왕정(monarchy)은 독재정치(dictatorship)로 변하게 되며, 소수의 사람들이 지배하는 과두정치(oligarchy)는 소수의 정치인들에게 나라의 부가 축적되는 금권정치(plutocracy)로 변질되므로, 이 세 가지 체계를 적절히 융합한 귀족정치(aristocracy)가 가장 이상적인 정치라고 주장함으로서 플라톤의 철인정치와는 이견을 보였다.

아테네를 떠나 마케도니아로 돌아온 아리스토텔레스는 기원전 343년 마케도니아의 필리포스 2세(Phillip II)의 초청으로 마케도니아 궁정학교의 장이 되었으며 그 이듬해인 기원전 342년부터 약 4년간 필립왕의 아들인 알렉산드로스 대왕(기원전 356~323)의 스승이 되었다. 아리스토텔레스는 알렉산더 대왕에게 그리스인들은 친구나 친척처럼 다루어야 하지만, 페르시아인들은 야만인이며 자기민족주의자(unabashedly ethnocentric)이므로 짐승처럼 다뤄야 한다고 가르쳤다. 기원전 336년 20세의 젊은 나이로 왕이 된 알렉산더 대왕은 그리스 테베가 반란을 일으키자 테베를 토벌하고 전 시민을 노예로 만들었으며, 기원전 334년에는 페르시아 원정을 위해 소아시아로 진격하였다. 이로 인해 그리스에서는 마케도니아에 대한 국민적 반감이 극에 달하기 시작하였다.

알렉산더 대왕이 동방원정을 떠나자 다시 아테네로 돌아온 아리스토텔레스는 기원전 335년에 소요학당(Peripatetic School)이라고 불리는 리케이온 학당(Lyceum School)을 세우고 이곳에서 12년간 자신의 철학을 완성시켰다. 리케이온(Lykeion)이란 소크라테스가 젊은이들을 보기위해 자주 둘러보았던 아테네의 3대 체육관의 하나로 플라톤도 그 중 하나인 아카데미아(Academia)에 학당을 세웠다. 소요학파의 '소요(逍遙)'란 '슬슬 거닐며 돌아다님'이라는 뜻으로, 이는 아리스토텔레스가 그의 제자들과 함께 산책(peripatein)을 하면서 강의를 하고 토론을 하던 산책길(Peripatos)에서 유래되었다. 소요학파라는 이름이 붙여진 이유로는 제자들이 공부를 위해 집합하던 리케이온의 돌기둥(colonnade)과 옥외 산책길(covered walkways)을 의미하는 'peripatoi'에서 왔다는 설과, 걸어 다니면서 강의하는 것을 좋아하던 아리스토텔레스의 강의 습관에서 유래되었다는 설이 전해진다. 4년간의 조직적이고 체계적인 교육과정이나 입학 선발제도를 가진 플라톤의 아카데미아 학당과는 달리, 아테네 시민권이 없었던 아리스토텔레스에게는 아테네 토지 소유가 불가능했으며 그로 인해 공식적인 학교설립이 불가능하였다. 이러한 이유로 리케이온을 집합장소(gathering place)로만 사용했던 제약에도 불구하고 지금까지 전해 내려오는 아리스토텔레스의 위대한 업적과 저작이 리케이온 학당에서 이루어졌다는 사실에 비추어 볼 때, 아리스토텔레스야말로 이방인으로서의 수많은 현실적 역경과 제약을 초월한 위대한 철학자라고 할 수 있다.

알렉산더 대왕이 33세라는 젊은 나이로 인도 원정길에서 사망한 뒤 내란에 휩싸이게 된 마케도니아는 급속히 분열되기 시작하였으며, 아테네에서도 반 마케도니아 정서가 부활되어 아리스토텔레스는 아테네 정치인들의 미움의 대상이 되었다. 결국 아테네 신을 모독했다는 불경죄로 추방을 당하게 된 아리스토텔레스는 기원전 322년 "아테네 사람들이 소크라테스와 자신에게 두 번이나 짓게 할 수는 없다(I will not allow the Athenians to sin twice against philosophy)."는 유명한 말을 남기고 그의 모친의 고향인 에게 해 서부의 최대의 섬인 유보이아 섬(Euboea)의 칼키스(Chalcis)로 돌아가 그해 말 그곳에서 사망하였다.

2) 일원론적 실체론(Ousia Theory of Monism)

아리스토텔레스는 일원론적 실체론(monistic realism)을 들고 나오면서 인간 세상을 이데아계와 현상계로 이분한 플라톤의 이원론적 이데아론을 정면으로 반박하였다. 아리스토텔레스에 의하면, 인간 세상에 실제로 존재하는 것은 현상계(phenomenal world) 뿐이며 현상계에 존재하는 모든 사물만이 참다운 실체라고 하였다. 더불어 인식론도 주지주의(intellectualism)에 반대되는 주의주의(voluntarism)를 내세우면서 의지(will)와 중용(moderation)을 강조하였으며, 주의주의를 그의 절대주의적 윤리학(ethical absolutism)의 핵심 사상으로 삼았다. 아리스토텔레스에 의하면, 인간은 지식을 아는 것만으로는 부족하며 자신이 아는 바대로 실천하기위한 선한 의지(good will)를 가지고 있어야 하는데, 선을 실천하기 위해서는 절대적이고 보편적인 윤리기준에 따라 중용(moderation)을 지켜야 한다고 주장하였다. 그러나 엄밀한 의미에서 보면, 아리스토텔레스가 강조한 선한 의지나 최고의 선이라는 개념은 플라톤의 이론과 그 맥락을 같이 하는 것으로 볼 수 있다. 이와 같이, 아리스토텔레스는 플라톤의 초기의 이데아론을 강하게 비판하였을 뿐 플라톤의 후기이론은 거의 그대로 수용한 것으로 보여 진다.

3) 질료형상론(Hylemorphism)

아리스토텔레스는 현상계의 모든 만물의 생성과 운동, 진화과정을 설명하기 위해 질료형상론을 창시하였다. 그의 이론에 의하면, 모든 사물이나 생명체는 질료(hyle: matter)와 형상(eidos: form)으로 구성되어있다고 하였다. 질료란 원질, 즉 근본적인 물질로 형상이 될 가능성을 잠재적으로 가지고 있는 가능태(dynamis, potentiality)를 말하며, 형상, 곧 실체란 질료를 사용하여 만들어진 현실태(energeia: actuality)를 말한다고 하였다. 따라서 인간도 육체라는 질료와 영혼이라는 형상으로 구성되어있다고 보았다. 아리스토텔레스는 '형상(form)'을 '에이도스(eidos)'로 설명하고 있는데, '에이도스(eidos)'의 어원인 '에이도(eido)'는 이데아의 어원인 '이데인(idein)'와 동일하게 '보다(to see)'라는 뜻을 갖는다. 그러나 아리스토텔레스의 에이도스는 플라톤이 '형상'의 의미로 사용한 '이데아(idea)'와는 상당히 다른 의미라고 할 수 있다. 플라톤은 이데아를 인간의 감각으로는 볼 수 없는 초감각적, 초월적 피안의 세계로 규정함으로서 인간이 살고 있는 현상계는 존재론적 대상이 될 수 없다고 하였다. 이와는 대조적으로 아리스토텔레스의 에이도스(형상)는 현실계에서 인간의 감각으로 지각할 수 있는 구체적이고 개별적인 현상의 무조건적 기초(unconditional basis of phenomena)로 모든 사물의 본질(essence)을 의미한다고 볼 수 있다.

아리스토텔레스는 그의 질료형상론을 위계설로 설명하면서 형상이란 사물의 원료인 질료와는 질서정연한 계층을 이룬다고 주장하였다. 그의 이론에 의하며, 흙은 벽돌이라는 '형상'을 만들기 위한 '질료'이나, 바로 위 상위단계로 올라가면 벽돌은 집이라는 형상의 '질료'가 되는 것처럼, 특정 단계의 형상은 상위 단계로 올라가면 질료가 되며, 하위 단계로 내려가면 형상이 된다고 하였다. 이와 같이, 현상계의 질료－형상 관계는 상위 계층을 향해 고정됨이 없이 부단히 생성되고 움직이는 일종의 진화과정이라고 하였다.

질료와 형상의 진화과정은 수직적 위계뿐만이 아니라 수평적 조합으로도 진행된다고 하였다. 예를 들어, 어떠한 목적으로 물건을 만드는 가에 따라 나무라는 질료는 책상이나 의자, 악기, 나무 그릇, 통나무집 등 셀 수 없이 많은 형상이 된다고 하였다. 이 때 수직적 위계나 수평적 조합을 위해서는 목적인(final cause), 동력인(efficient cause), 질료인(material cause), 형상인(formal cause)이라는 4가지 원인이 작동하며, 이 네 가지 원인은 다시 질료인과 형상인으로 귀결된다고 하였다. 목적인이란 사물을 만드는 목적의 원인으로, 건물을 예로 들자면, 환자를 위한 건물을 목적으로 한다면 병원이 건설되며, 사람들의 거주지를 목적으로 한다면 주택이 건설되는 것 등을 들 수 있다. 동력인이란 사물을 만드는데 필요한 인력이나 장비, 혹은 기술 등을 말하는데, 건물을 짓기 위한 건축 기술이나 노동력이 해당된다고 보았다. 질료인이란 형상의 재료가 되는 원인으로 가능태를 가진 질료를 말한다고 하였다. 건물을 예로 들자면, 나무나 돌, 흙, 강철, 시멘트 등 건축 자재가 이에 해당된다고 볼 수 있다. 마지막으로 형상인이란 질료로 만들어진 완성된 물체로, 건물 자체나 건물의 설계도가 이에 속한다고 하였다. 아리스토텔레스는 건물을 만드는 목적에 따라 건축 기술이나 노동력이 달라지므로, 동력인은 목적인에 포함되며, 건축 목적에 따라 건물의 청사진이나 건물 자체가 결정되므로 목적인은 다시 형상인에 포함되어, 최종적으로는 형상인과 질료인이 남는다고 하였다. 이것이 바로 우주 만물의 생성은 질료인과 형상인에 의해 생성된다는 위계적 세계관과 목적론적 우주론이라고 할 수 있다.

질료형상론을 기반으로 하는 아리스토텔레스의 위계적 세계관은 순수질료(pure matter)와 순수형상(pure form)을 정의하면서 완성되었다. 앞서 언급한 바와 같이, 현상계에 존재하는 모든 질료와 형상은 상위단계에서는 질료로, 하위단계에서는 형상이 된다고 하였다. 이러한 계층을 하위단계로 끝없이 추적해 내려가다 보면 더 이상 내려갈 수 없는 최하위 계층에 도달하는데, 이때에는 형상의 기능은 없으며 질료만 남게 되는데, 이것이 바로 순수질료, 혹은 제일질료(primary matter)라고 하였다. 반대로 상위계층으로 계속 올라 가다보면 질료의 기능은 없어지고 형상만 남아있는 최상위 단계에 도달하는데, 이것이 바로 순수형상, 혹은 제일형상(primary form)이라고 하였다. 아리스토텔레스는 순수형상을 우주의 궁극적인 목적을 구현한 완성태, 즉 신적 존재인 누우스(Nous)라고 지칭하였다. 누우스라는 개념을 자연법칙의 질서를 제공하는 만물의 근원인 '신'이나 신성한 정신이라고 최초로 주장한 인물은 종자설의 시조인 아낙사고라스이다. 아리스토텔레스는 이를 절충하여 누우스를 제일형상, 순수형상으로 규정하면서 스스로는 움직이지 않으면서 천지 만물을 움직이는 부동의 원동자, 곧 신이라고 하였다. 질료와 형상은 최고의 선을 지향하는 신이라는 완성태를 추구하기 위한 목적으로 이루어졌다는 그의 이론은 합목적론적 우주론(teleological cosmology)이라고 할 수 있다. 참고로 'teleology'란 고대 희랍어의 '마지막(end)', 혹은 '목적(goal)'의 뜻을 가진 'telos'와 '학습의 분지'를 의미하는 'logia'의 합성어로 '최종 목적을 위한 기능적 설명이나 이성(reason or explanation for end, purpose, or goal in function)'을 의미한다. 아리스토텔레스의 합목적론적 우주론에 의하면 순수질료로부터 무생물, 식물, 동물, 인간이 차례로 만들어지며, 인간들이 모여 국가를 형성하고 다양한 국가들이 모여 지구가 되면, 지구를 질료로 하여 우주가 완성된다. 이렇듯 위계질서를 따라 최상위 단계로 올라가다보면 어떠한 질료도 지니지 않은 채 형상만 존재하는 최고형상에 도달하게 되는데, 이것이 바로 질료—형상과의 불가분의 모든 관계를 초월한 신이며, 신이란 인간이 궁극적으로 성취해야하는 최종적 목적이라는 것이다. 아리스토텔레스는 신이라는 순수형상은 종교에서 언급하는 것처럼 무로부터 우주만물을 만들어낸 창조적, 형이상학적 신이 아니라, 단지 인간이 궁극적으로 달성해야하는 궁극적 목적, 즉 최고의 선이나 선한 의지를 대변하는 개념이라고 주장하였다. 그럼에도 불구하고 순수질료나 순수형상이라는 개념 자체가 현상계에서는 발견할 수 없는 추상적 개념이므로 결국 이러한 개념들은 플라톤의 최고선인 이데아와 유사한 개념으로 귀결된다. 그러나 아리스토텔레스는 플라톤의 초기 이데아론에서 나타난 이분법적 영혼관을 부정한 것이지 영혼 자체를 부정한 것은 아니라고 항변하였다. 즉, 극단적인 이분법으로 영혼과 육체를 구분하면서 육체를 영혼을 가두어 놓는 감옥으로 본 플라톤에 반대하여 "훌륭한 신체에 고결한 영혼이 깃든다(A sound mind in a sound body)."는 유명한 명언과 함께 인간의 형상인 영혼이란 사유에 의해서만 구별될 뿐이지 육체인 질료와는 분리될 수 없으며 영혼의 활동이란 신체적 활동과 상호보완적인 불가분의 관계라고 주장하였다.

결론적으로 이데아라는 초월적 세계를 내세우며 현실계를 부차적이며 불완전한 세계라고 여겼던 플라톤의 이상주의에 반기를 든 아리스토텔레스는 현실계의 모습을 보다 강력하고 긍정적으로 묘사하기 위해 질료와 형상이라는 설명방식을 도입하였다. 아리스토텔레스의 상향적 질료형상 위계설은 중세 스콜라 철학에 도입되어 신으로부터 인간이 만들어졌다는 하향적 형상질료이론으로 전환되었으며, 아리스토텔레스의 순수 형상은 기독교 신을 위한 제1원인으로, 그 외 모든 하층 단계에 속하는 형상들을 제2원인으로 이분화되었다.

4) 논리학(Logics)

아리스토텔레스는 그의 저서를 통해 논리학, 특히 삼단논법(syllogism)이라는 연역적 방법(deductive method)을 역사상 최초로 체계화시킴으로서 형식논리학의 시조가 되었다. 아리스토텔레스는 그의 논리학 저서들의 총괄적 명칭을 '학문의 기관(Organon: Organ)'이라고 정했다. 이는 인간의 신체를 이루는 가장 기본적인 조직이 기관(organ)인 것처럼 논리학은 학문을 이루는 가장 근본적인 기관이라는 점을 강조하기 위해서였다.

아리스토텔레스의 논리학과 관계되는 수많은 저작들 중 '범주론'은 사물을 지칭하는 명사에 관한 연구로, 모든 사물에 대하여 사람들이 사유하고 진술하는 기본적인 명사를 10가지 보편적 범주(category)로 설정하였다. 이에는 물체(substance), 양(quantity), 질(quality), 관계(relation), 장소(place), 시간(time), 상황(situation), 상태(condition), 활동(action), 열정(passion)이 속한다. 아리스토텔레스는 특정 사물(object)에 대한 지식을 습득하고자 할 때, 그 사물의 실체적 성질을 파악하기 위한 질문의 순서에 따라 10가지 범주를 배정하였다. 일반적으로 사람들이 사물을 대할 때 던지는 첫 질문은 그것이 '무엇(what a thing is)'인가에 대한 것이며, 그 다음 질문이 그 물체가 양적으로나 질적으로 얼마나 큰 것(How great it is.)인가에 대한 것이며, 그 다음으로는 사물에 대한 종류(what kind it is) 등으로 이어진다고 보았다. 예를 들면, 특정한 한 학생이 있다고 할 경우, 이 학생을 진술하는 범주로는 우선 '학생'이며, 키 1미터 70센티, 몸무게 70kg의 언어를 사용할 줄 안다는 '양적－질적 속성'을 갖는다. 교사나 동료들과의 '관계'를 교실이라는 '장소'에서 지난주라는 '시간'에 장난을 치는 '상황'을 만들어 버리는 바람에 교실 구석에 등을 지고 서있는 corner-time이라는 벌의 '상태'를 유발하였으나 이 학생의 주요 '활동'은 공부라고 할 수 있으며 지적 추구에 대한 '열정'을 가지고 있다고 할 수 있다.

아리스토텔레스는 10가지 범주 중에서 첫 번째 범주인 '물체'를 가장 중요하게 여겼으며, 물체를 다시 일차적 물체(first substance)와 이차적 물체(second substance)로 나누었다. 일차적 물체란 개별적 사물을 가리키며, 이차적 물체는 일차적 물체가 속한 속(species)을 의미한다고 하였다.

아리스토텔레스는 삼단논법을 통해 논리학에 대한 체계를 역사상 최초로 구축한 창시자로 알려져 있는데, 삼단논법, 즉 정언논증은 대전제가 주어지고, 주어진 전제로부터 개별적인 사실을 이끌어내는 연역법(deduction)을 말한다. 아리스토텔레스가 소개한 삼단논법은 연역적 타당성을 추론하기 위해 3개의 단순한 서술문으로 구성된 전통적인 정언적 유형(categorical syllogism)으로 되어있다. 3개의 진술문 중 첫 두 개의 정언진술(premise)은 일반명제에 대한 전제를 구성하고, 3번째의 정언진술은 결론(conclusion)을 구성한다. 또한 아리스토텔레스의 삼단논법에 사용되는 각각의 진술문은 오직 두 개의 명사, 즉 주어명사(subject term)와 술어명사(predicate term)로 이루어져 있다. 이때 술어는 주어에 대한 정의를 포함하고 있기 때문에 주어와 일치한다고 볼 수 있다. 이러한 진술문을 분석적 진술문(analytic statement)이라고 한다. 예를 들어, "소크라테스는 현명하다"라는 분석진술에서 '현명'이라는 술어명사는 주어명사인 '소크라테스'의 성격적 속성을 정의하고 있다. 분석적 진술문(analytic statement)은 종합적 진술(synthetic statement)의 반대개념인데, 종합적 진술이란 주로 경험적 상황이나 동태를 기술하는 문장들로 이루어지며 술부가 주어를 정의하지 않는다. 예를 들어, "환자가 휠체어에서 넘어졌다"와 같은 종합적 진술에서는 '휠체어'라는 술부가 '환자'라는 주어를 정의하지 않는다. 논리학이나 형식과학에서는 주로 분석진술의 논증에 치중하는데, 정언논증에 대한 예를 들면 다음과 같다.

모든 사람은 죽는다.
소크라테스는 사람이다.
따라서 소크라테스는 죽는다.

위의 3개의 진술문은 모두 하나의 주어 명사와 주어를 설명해주는 술부로 되어있으며, 첫 두 개의 진술문은 모든 사람과 소크라테스가 사람이라는 전제를 구성하며, 이러한 전제는 3번째의 소크라테스도 죽는다는 결론을 필연적으로 이끌어 낸다.

아리스토텔레스의 논리학은 현대 형식논리학이나 기호논리학에 대해 고전논리학으로 불리며, 근세로 접어들면서 17세기 영국의 경험론자인 베이컨(Francis Bacon, 1561~1626)이 귀납법(induction)을 소개함으로서 연역법과 귀납법은 과학적 학문추론방법의 대표적인 개념으로 발전하였다. 귀납법이란 개별적이고 특수하며 구체적인 사실들로부터 일반적이고 보편적인 명제나 추상적인 개념을 추론해내는 방법을 말한다. 예를 들어, "소크라테스는 죽었다." "플라톤도 죽었다." "철수도 죽었다." "영희도 죽었다."라는 많은 개별적인 사례들의 관찰과 증명을 통해 "모든 사람은 죽는다."는 일반적인 명제를 이끌어내는 것을 말한다.

결론적으로 소크라테스에서 시작되어 플라톤과 아리스토텔레스로 이어지는 형이상학에 대해 비판을 하는 사람들은 형이상학이란 자연과학이 발달하기 이전의 사변철학이며 신화적 설명으로서 과학적으로 증명할 수 없는 개념을 다루고 있다고 비판하였다. 그러나 과학으로서의 형이상학을 탐구하는 현대 형이상학자들은 철학과 과학이 분리되지 않았던 고대 사회에서부터 발전한 형이상학은 특수과학이 제시할 수 있는 일반적 결론보다 훨씬 더 포괄적이고 보편적인 세계관을 제공해 준다고 반박하였다. 이러한 이유로 포괄적 우주 체계의 궁극적 성격을 이해하는 데 필요한 범주를 명확히 설명한 형이상학은 유물론과 더불어 철학의 2대 사조로 불리는 것이라고 할 수 있다.

04. 소크라테스 후기 철학(Post-Socratic Philosophy)

소크라테스가 죽은 후, 그의 철학을 완벽하게 계승한 철학자는 플라톤이다. 그러나 소크라테스가 주장한 지덕복 합일설 중 어느 한쪽만을 강조하여 발전시킨 제자들이 있었는데, 이들을 통틀어 소크라테스학파(Socratic School)라고 부른다. 소크라테스의 지덕복 중 메가라학파(Megara)는 지식(knowledge), 견유학파(Kynikos, Cynikus)는 덕성(virtue), 키레네학파(Kyrene)는 행복(happiness)

을 강조하였다.

1) 메가라학파(Megarian School of Philosophy)

메가라학파는 고대 그리스의 서부 아티카(Attica) 지방의 자치도시였던 메가라(Megara) 출신의 철학자들로 구성된 소크라테스학파를 말한다. 메가라 지방은 살라미스 섬의 반대편에 있던 코린스(Corinth) 지협의 북쪽 지역으로, 아티카를 구성하는 4개의 구역 중 해상무역으로 가장 풍요로운 부를 누리던 항구도시였다.

메가라학파는 소크라테스의 제자인 에우클레이데스(Eukleides, 기원전 435~365)에 의해 창시되었다. 에우클레이데스는 유클리드(Euclid)의 희랍 명으로, 유클리드 기하학(Euclid Geometry)을 창시한 유명한 수학자이다. 유클리드의 기하학이란 기원전 300년경 에우클레이데스가 그의 저서 '원론'을 통해 집대성한 수학적 이론으로 유클리드는 더 이상의 설명이나 이해가 필요 없는 단순한 정의 23개와 정의를 바탕으로 명백한 사실이라고 가정한 10개의 공리, 그리고 이를 바탕으로 논리적 추론을 통해서만 증명되는 명제를 약 500개나 기록하였다. 현재 우리가 알고 있는 "선은 폭이 없으며 선의 끝은 점이다."라는 정의나 "임의의 두 점 사이에는 한 직선을 그을 수 있다.", "모든 직각은 서로 같다."는 공리들은 모두 그가 완성한 기하학의 일부이다. 기하학을 진리탐구의 가장 구체적이며 추상적인 형태의 추론이라고 믿었던 플라톤은 아카데미아 입구에 "기하학을 모르는 자는 아카데미아에 들어오지 말라."는 문구를 내세웠으며, 5개의 정다각형(4, 6, 8, 10, 12면체)을 물질의 기초인 물, 불, 흙, 공기, 에테르에 비유하기도 했다.

그 당시 메가라 시민은 아테네를 들어올 수 없다는 규정이 있었다. 그러나 소크라테스의 열렬한 추종자였던 에우클레이데스는 그의 연설을 듣기위해 여자로 분장하고 야간을 틈타 아테네에 몰래 들어왔다고 한다. 에우클레이데스는 소크라테스가 독배를 마시던 현장에도 있었던 인물로, 소크라테스 사후에는 플라톤과 소크라테스 제자들에게 메가라에서의 망명 처를 제공해 주었다.

에우클레이데스는 '덕은 지(知)'라고 주장하면서 지식을 최고의 선으로 간주한 소크라테스의 주지주의를 계승하였다. 지식이 만물의 원천이라고 주장한 메가라학파는 그 후 이키티아스(Ichthyas), 티라시마쿠스(Thrasymachus of Corinth) 등에 의해 한 세기를 넘는 기간 동안 계승, 발전되었다. 스토아학파(Stoic school)를 창시한 제논의 스승인 스틸폰(Stilpon)은 티라시마쿠스의 제자이다.

2) 키레네학파(Cyrenaic School)

키레네학파(Cyrenaic School)는 키레네(Cyrene)에서 태어난 아리스티포스(Aristippos, 기원전 435~355)가 창설한 학파이다. 키레네란 현재 아프리카 리비아의 도시로, 기원전 631년경 에게해의 테라 섬에서 이주한 그리스인들이 세운 고대 그리스 식민도시이다.

아리스티포스는 "덕이 행복이다."라는 소크라테스의 주장으로부터 쾌락이야말로 인간이 추구해야 할 가장 최고의 선이며 행복이라는 명제를 이끌어냄으로서 키레네학파의 핵심 주제로 삼았다. 그러나 정신적 쾌락보다는 육체적 쾌락을 중시하던 키레네학파의 정신은 점차 극단적인 쾌락주의와 염세주의(pessimism)로 변질되었다. 인간들은 초기에는 아주 적은 쾌락으로도 만족하나, 시간이 지날수록 좀 더 강한 자극을 원하게 되고, 결국 극단적인 육체적 쾌락이란 허무와 고통, 환멸과 후유증만을 가져다준다는 것을 경험한 것이었다.

결론적으로 행복을 추구하기 위한 육체적 쾌락을 강조한 키레네학파의 사상은 후에 에피쿠로스(Epicouros, 기원전 341~270)에게 전수되어 에피쿠로스학파를 창시하는데 일조하였다. 그러나 에피쿠로스학파는 일시적, 육체적 쾌락을 중시한 키레네학파와는 달리 평정심(ataraxia)을 강조한 정신적 쾌락을 중시하였다.

3) 견유학파(Kynikos, Cynics)

키니코스 학파(Kynikos School)라고도 불리는 견유학파는 소크라테스의 지덕복 합일설 중에서 덕을 강조한 소크라테스학파를 말한다. 견유학파는 안티스테네스(Antisthenes)에 의해 창시되어 디오게네스(Diogenes of Apollonia, 미상~기원전 320년경)로 이어졌다.

키니코스(Kynikos)라는 말은 고대 희랍어의 '개(dog)'라는 뜻의 'kyon'에서 유래된 용어로 'cynic'이란 용어의 어원 역시 'kyon'에서 유래된 'kynikos'에서 파생되었다. 인간의 치아 중 송곳니를 'canine'이라고 부르는데, 'canine'이란 '개의 이빨(dog teeth)', '첨단(cuspid)'이란 뜻으로, 다른 치아에 비해 길고 뾰족(pointed)한 송곳니가 마치 개의 이빨과 유사하다고 해서 붙여진 이름이다.

키니코스학파를 견유학파라고 부르는 이유에 대해 이론이 분분한데, 혹자는 안티스테네스가 '흰 개가 있는 장소(place of white dog)'를 의미하는 아테네 키노사르게스(Cynosarges) 경기장에서 설교를 시작하면서 붙여진 이름이라는 설과, 안티스테네스의 후계자인 디오게네스가 개집에서 개와 함께 살았던 사실에서 기인했다는 설이 있다. 그 당시에도 '개'라는 단어는 상당히 경멸적인 의미로 사용되었는데, 이들이 스스로를 견유학파라고 지칭했던 이유는 이들의 반 인습적,

반 전통적인 삶이 세간의 경멸적 대상이 되더라도 이를 부끄러워하지 않겠다는 역설적 표현의 반영이라고 할 수 있다.

안티스테네스는 인간에게 가장 중요한 것이 덕(virtue)이며, 덕이란 모든 욕심을 버리는 무욕의 생활에 의해서만 얻어질 수 있다고 보았다. 덕이 있는 사람은 그 자체로 행복하다는 안티스테네스의 사상을 실천에 옮긴 사람이 바로 그의 제자인 디오게네스였다. 디오게네스를 위시한 견유학파의 특성은 무관심(indifference), 무치(shamelessness), 무욕(non-greedy), 그리고 자족(self-sufficiency)으로 대변된다. 무관심이란 세간의 이목에는 전혀 관심을 두지 않는다는 것을 말하며, 무치란 수치심이나 창피스러움, 부끄러움을 모른다는 뜻이다. 무욕이란 개처럼 욕심이나 욕망이 없이 주어진 현실에 만족하며, 자족은 인간이란 원래 무소유의 삶을 살도록 창조되었으므로 주어진 상태에서 모든 것을 해결하며 원시 상태의 단순함과 순수함을 유지한다는 것을 말한다. 이와 더불어 견유학파에서는 인간에게 훌륭한 경호원(good guard) 노릇을 하는 개의 특성을 강조하여, 개야말로 견유학파의 철학적 교리를 가장 적절하게 경호해주는 동물이라고 여겼다. 또한 적과 동지를 정확히 판별할 수 있는 안목을 가진 개처럼 견유학파들도 자신들의 철학을 인정해주는 동지는 수용하고 적들은 개처럼 짖어서 내쫓겠다는 태도를 유지하였다.

디오게네스에게는 아무 것도 소유하지 않은 채 현재의 생활에 만족하며, 남의 눈치를 보는 일도 없이 주는 대로 먹고 아무데서나 잠을 자며 심지어는 공공장소에서 자위행위(masturbation)나 애정행각(make love in public)을 벌이는 개와 같은 생활을 가장 이상적인 삶으로 여겼다. 특히 진정한 무치란 겸손의 하부개념이 아니라 겸손을 초월하는 상위개념이라고 주장한 디오게네스는 인간의 성욕을 무치의 관점에서 피력하였다. 즉, 배가 고프면 음식을 찾아 배를 채우는 것이 정당한 것처럼 행복이란 본능적 욕망을 간단하고 편리하게 충족함으로서 얻을 수 있는 것으로 보았다. 성욕 또한 인간에게 주어진 타고난 본능이므로 이러한 욕망을 충족시키는 것은 정당한 행위이므로 이를 부끄러워하거나 비난해서는 안 된다고 하였다. 그러면서 그는 인간이 육체적 애정행각에 대해 부끄러움을 느끼는 것은 본능을 억압하려는 인습이나 문명 때문이며 이는 자연의 법칙을 거슬리는 것이라고 하였다. 이러한 신념으로 그는 아무런 거리낌 없이 공공장소에서 자위행위를 벌이기도 하였다. 또한 인간에게는 태생적으로 육체적 본능과 더불어 보편적 이성이 주어졌기 때문에 누구나 보편적 이성에 따라 자신의 행위를 스스로 절제할 수 있는 보편적 입법을 제정할 수 있다고 주장함으로서 국가 수준의 법률은 인간의 이성을 말살시키려는 인습과 같다고 비판하였다.

세계를 정복한 마케도니아의 알렉산드로스 대왕이 당시의 위대한 현자였던 디오게네스를 방문하여, "디오게네스, 당신이 가장 바라는 것이 무엇인가?"라고 묻자, "당신이 지금 나를 비추고 있는 햇빛을 가리고 있으니 이를 치워달라는 것이다."라고 응수한 일화는 매우 유명하다. 알렉산드로스 대왕은 디오게네스를 왕궁으로 초빙하기를 요청했으나 이를 거절하는 디오게네스를 보고, "내가 알렉산드로스가 아니었다면 기꺼이 디오게네스가 되었을 것이다."라는 말을 남기고 돌아갔다고 한다.

덕행을 실천하기 위해 금욕생활을 주장한 견유학파의 이론은 후에 로마의 스토아학파(stoicism)로 계승되었다. 스토아학파는 기원전 3세기경에 제논에 의해 창시되어 로마제정(Roman Empire, 기원전 27~서기 476) 말기까지 헬레니즘 철학을 대표하는 사상으로 발전하였다. 스토아학파의 창시자인 제논은 자연주의 엘레아학파의 엘레아의 제논(Zeno of Elea, 기원전 490?~430?)과 구별하기 위해 키프로스의 제논(Zenon of Kyprios, 기원전 335?~263?)이라고 부른다. 스토아(stoa)란 원래 '기둥'이라는 뜻으로 이는 제논이 아테네 광장의 공회당 기둥 사이를 거닐며 강론을 했기 때문에 붙여진 이름이다. 스토아학파는 제논 이후 크뤼시포스(Chrysippos, 기원전 280~207), 로마황제인 네로의 스승이었던 세네카(Seneca, 기원전 4~기원후 65), 노예 출신의 철학자 에픽테토스(Epiktetos, 55~135), 로마황제 마르쿠스 아우렐리우스(Marcus Aurelius, 121~180) 등에 의해 계승되었다. 스토아학파는 플라톤이나 아리스토텔레스가 주장한 것처럼 거대한 형이상학적 철학체계나 이상주의, 혹은 도시국가 중심의 정치적 삶에서 벗어나 현실 사회에서의 개인적이고 주관적인 행복 추구를 철학의 목적으로 삼았다. 이를 위해서 육체적으로는 금욕과 절제, 합자연적 삶을 중시했으며, 정신적으로는 부동심의 경지를 위한 이성적 활동을 중시하였다.

제4장

중세철학

(Philosophy of Middle Age)

제4절 교부철학과 스콜라철학(Patristic & Scholastic Philosophy)

㉮ 중세 초기 교부철학

01. 중세의 역사와 문화(History and Culture of Middle Age)

중세란 서기 476년에서 1453까지의 약 1,000년간의 시기로, 고대 그리스 로마시대와 문예부흥(Renaissance) 사이의 학문적, 문화적 암흑시대를 말한다. 서기 476년이란 로마제국이 동서로마로 분열(395년)된 후 서로마 제국(Western Roman Empire)이 멸망한 시기이며, 1453년은 동로마 제국(Eastern Roman Empire)이 멸망한 시기이다.

5세기 말부터 시작된 중세의 역사는 크게 세 부분으로 요약될 수 있다. 우선 서유럽 지역에서는 서로마제국이 교황청이 위치하고 있다는 상징적인 도시인 로마를 수도로 자리하고 있었다. 그러나 점차 게르만 민족들이 스칸디나비아 반도로부터 유럽 본토로 대이동을 시작하자 서로마 제국의 아우구스툴루스 황제(Romulus Augustulus, 461~511)는 국가적 위기를 막기 위해 게르만 용병대장인 오도아케르(Odoacer, 434~493)를 임명하였다. 그러나 자신이 직접 임명한 게르만 대장의 반란으로 아우구스툴루스 황제는 서로마 제국의 마지막 황제가 되고 말았다. 서로마 제국의 멸망 후 게르만 국가들의 군웅할거 시대를 맞이한 서유럽에는 이탈리아 반도의 롬바르드왕국(568~774)과 동고트왕국(493~555), 스페인을 정복한 서고트왕국(415~711), 프랑크왕국(486~843),

앵글로색슨왕국(449~555), 반달왕국(429~534), 노르만 왕조(1066) 등 수많은 게르만 국가들이 세워지게 되었다. 이중 프랑크 왕국은 기독교로 개종하여 로마 인과의 융화를 시도했던 게르만 국가로 지금의 프랑스, 독일, 이탈리아로 분할되었다.

중세 유럽의 두 번째 역사적 특징으로는 동유럽의 최강자인 비잔틴 제국의 등장이라고 할 수 있다. 기독교의 상징적 도시인 로마를 남겨두고 현 터키 이스탄불인 콘스탄티노플(Constantinople)로 수도를 옮긴 동로마 제국은 제국명도 비잔틴 제국(Byzantine Empire)으로 변경하였다. 비잔틴 제국은 로마의 전통을 계승하여 유럽의 기독교 문화를 지중해 동쪽까지 확장시킨 나라로 수도인 콘스탄티노플은 보스포로스 해협을 중심으로 유럽과 아시아를 잇는 유럽 최대의 상업도시이자 무역항으로 발전하였다.

중세 유럽의 세 번째 시대적 특성으로는 7세기부터 소아시아 지역의 이슬람 문명권에서 창궐한 사라센 국가들(Saracens)의 등장이라고 할 수 있다. 이들 중 이슬람 제국의 최강대국으로 등극한 셀주크투르크족(Seljuk Turks, 1037~1194)은 1096년부터 예수의 출생지인 예루살렘으로 오는 기독교인들의 성지 순례를 박해하면서 십자군 전쟁(The Crusade, 1096~1291)을 일으켰다. 가슴과 어깨에 십자가 표시를 한 기사라는 뜻의 로마 가톨릭 십자군은 이슬람교도를 상대로 모두 7차에 걸쳐 200년에 달하는 긴 전쟁을 시작하였다. 그러나 유일하게 승리한 제1차 십자군 전쟁(1096~1099년)을 제외하고는 6차에 걸친 십자군 원정이 로마 교황청의 실패로 돌아감으로서 성지탈환 계획은 많은 후유증만 남긴 채 끝이 났다. 이로 말미암아 중세 유럽사회는 뿌리 채 흔들리게 되었다. 동로마제국의 수도인 콘스탄티노폴리스도 제4차 십자군 원정 때 셀주크투르크족의 후예인 오스만투르크족(Ottoman Turks, Turkish Empire, 1300~1481)에 의해 함락되었다. 십자군 전쟁은 외형적으로는 기독교 순례자들의 안전을 보장하고 성지를 탈환하고자 시작되었지만, 그 이면에는 1054년 이래 기독교가 동서교회로 분열되자, 동방의 로마 정교회와 서방의 가톨릭을 통합하여 절대적 교황권을 획득하고자 했던 교황 우르바노 2세(Urbanus II, 1035~1099, 1088~1099 재위)의 종교적, 정치적 야망이 숨어있었다.

십자군 전쟁은 많은 후유증을 남기게 되었는데, 그 중 가장 치명적인 결과는 교황청의 실추라고 볼 수 있다. 성지 탈환은 대의명분이었을 뿐, 동서로 분열된 로마 교회를 통합하여 기독교의 절대적 위치를 획득하고자 했던 교황청의 시도는 수많은 사람들을 희생시키면서 실패로 끝이 났으며, 이로 인해 로마 교황청의 실권과 권위가 실추되어 기독교 문화의 약화를 가져오는 결과를 초래하였다. 또한 십자군 전쟁은 중세의 독특한 경제구조였던 봉건제도(feudalism)를 몰락시켰는데, 이는 봉건제도를 실질적으로 이끌었던 수많은 기사계급들이 십자군 전쟁에 나가 희생되었기 때문이었다. 7세기에서 8세기경의 유럽 사회에서는 스칸디나비아 반도의 바이킹 족들이 유럽대륙으로 내려와 약탈과 침범을 자행하던 혼란한 시기였다. 대외적 침략과 그에 따른 정치적 혼란에 대해 국왕이 적절한 대처를 하지 못하자 농민들은 그들을 이끄는 영주를 중심으로 장원(manor)이라는 지역에 요새를 짓고 모여 살게 되었다. 이러한 의미에서 봉건제도란 자급자족의 농업생산구조와 침략자들을 물리치기위한 지역방위체제라고 할 수 있다. 봉건제도는 엄격한 계급사회체제로 운영되었다. 위로는 봉토를 하사했지만 권력이 약한 국왕을 모시고 장원의 최고지도자인 영주(lord)를 중심으로 제후, 기사, 평민, 농노(노예) 계층으로 이루어졌다. 기사계급은 영주를 보호하고 봉토의 경작을 관리하며 공동체 생활을 통제하는 실질적인 중간관리자들로서 영주를 향한 철저한 상명하복의 기사도 정신으로 무장하였다. 기독교 교회는 기사도 정신의 윤리적, 도덕적 지표를 마련해주는데 일익을 담당하고 있었다.

1453년 오스만투르크족에 의해 동로마가 멸망함으로서 기원전 753년에 건국되어 2,500년의 역사를 이어오던 당대 유럽 최고의 강대국인 로마제국이 멸망하고 이탈리아 북부 도시를 중심으로 르네상스 운동이 시작되었다. 르네상스 시대는 십자군 전쟁 후 새로운 시민계급으로 급부상한 이탈리아 상인계급들에 의해 촉발되었다. 십자군 전쟁의 가장 커다란 몰락이 교황권의 실추라고 한다면 십자군 전쟁으로 가장 커다란 이득을 본 집단은 이탈리아 신흥자본가들이라고 할 수 있다. 이들은 십자군 전쟁에 필요한 군사무기를 생산, 판매하고 선박 등을 이용해 십자군의 수송을 담당하면서 막대한 부를 축적하였다. 그 후 동방 무역의 주축이 되었던 북이탈리아 여러 도시들은 지중해 해상 무역권을 형성하게 되었고, 이로 말미암아 농업 중심이었던 중세 봉건 사회는 상공업을 중심으로 하는 근대 사회로 발전하게 되었다. 상업도시로 성장하면서 고대 그리스 로마문화가 유입되고, 막대한 부를 축적한 신흥 상공업자들이 문화 창출에 많은 돈을 투자하면서 문예부흥운동이 싹트기 시작하였다.

결론적으로 중세는 기독교 문화의 등장, 봉건제도와 장원제도의 경제자립구조, 사라센 제국의 발현, 그리고 십자군 운동의 촉발로 인한 동로마 제국의 멸망으로 요약할 수 있다. 6세기에서 10세기까지의 정치적 혼란기에 등장한 기독교는 게르만 민족의 대이동을 통한 북방의 기성 문화를 신앙지상주의에 힘입은 신권정치(theocracy)로 제압하는데 있어 막강한 위력을 발휘하였으며, 봉건주의 사회의 특징이라고 할 수 있는 통일된 정신문화의 기틀이 되었다. 반면에 모든 학문을 기독교 교회의 엄격한 감독과 주도권 하에 종속시킴으로서 종교 이외의 철학, 과학, 정치, 교육, 의학 등의 학문은 발전이 퇴보하는 학문의 암흑기를 가져오게 하였다.

02. 아우구스티누스의 교부철학

1) 생애

아우구스티누스(Saint Aurelius Augustinus, 354~430)는 서기 354년 현 북아프리카의 알제리에 해당하며 로마 제국의 식민지였던 작은 도시 타게스테(Tageste)에서 태어났다. 현대 영어의 어거스틴(Augustine)으로 불리는 '아우구스티누스(Augustinus)'란 '좋은 징조의', '덕망이 있는'의 뜻을 가진 라틴어인 'Augustum'에서 유래하였다.

아우구스티누스의 아버지는 이교도였으나 어머니는 독실한 기독교인으로 전해지며 아우구스티누스는 고향의 인근 도시인 마다우로스(Madaura)에서 초등교육을 받은 후 16세기 되던 370년 수사학 공부를 위해 카르타고(Carthago)로 유학을 가게 되었다. 카르타고는 현 아프리카 북부 알제리와 리비아 사이에 있는 튀니지(Tunisia)의 고대 도시이다. 그 곳에서 아우구스티누스는 17세가 되던 371년부터 14년간 젊은 여성과의 동거로 혼외 아들을 낳거나, 페르시아에서 기원한 마니교(Manichaeism)에 빠지는 등 방탕한 생활을 한 것으로 전해진다. 아우구스티누스의 행동에 격분한 어머니는 그가 기독교로 개종하기를 원했으나 결국 이를 보지 못하고 사망하였다.

초기에는 마니교를 매우 이성적이고 체계적인 교리라고 생각하였으나 점차 마니교의 교리에 회의를 느낀 아우구스티누스는 플라톤의 철학에 심취하게 되었으며, '신국론' 등 플라톤의 신학적 교리를 옹호하는 저서를 출간하였다. 그 후 잠시 신플라톤주의의 회의론에 심취했던 아우구스티누스는 그 어떠한 진리도 인식의 끝에서는 존재하지 않는다는 회의론의 주장 역시 자가 당착적인 이론이라고 생각하여 모든 종교 활동을 접은 채 여러 도시에서 교사생활을 하였다. 수사학과 철학을 강의하던 중 밀라노의 주교인 성 암브로시우스(St. Ambrosius, 339~397)를 만나게 된 아우구스티누스는 그의 영향으로 32세가 되던 해인 386년에 기독교 세례를 받았으며, 잠시 고향으로 돌아가 수도생활에 전념하였다. 그 후 아우구스티누스는 391년 현 알제리의 도시인 안나바(Annaba)의 고대 이름이었던 히포 레기우스(Hippo Regius)에서 사제 서품을 받고, 396년에 히포 교구의 주교(bishop)가 되었다. 그 후 히포와 북아프리카에 있는 교회를 위해 일하던 중 427년 반달족이 북아프리카를 침공해오자 피난민들이 아우구스티누스 주교가 살고 있던 히포로 몰려들었다. 이웃에게 자비를 베푸는 일이 곧 신의 뜻이라고 믿고 있던 그는 피난민들을 위해 헌신적으로 봉사하였으며, 반달족이 히포를 점령하기 1년 전인 430년 여름에 피난민들을 돌보다 걸린 열병으로 76세의 일기로 생을 마감하였다.

03. 교부철학(Patristic Philosophy)

1) 개요

아우구스티누스의 교부철학을 설명하기 전에 먼저 기독교의 기본 용어나 교부철학의 시대적 배경을 소개하고자 한다. 가톨릭(catholic)이란 '보편적으로 타당하고 공정한 진리', 또는 '보편적 구원'이라는 뜻을 가진 고대 희랍어인 'katholikos'에서 유래된 용어로 신교(protestant)에 대응하여 구교나 로마천주교(Roman Catholic), 영국 국교회(Anglo-Catholic)를 의미한다.

기독교는 이스라엘 베들레헴에서 태어난 예수(Yeshua, Jesus Christ, 기원전 2년경~26/36)가 창시한 종교로, 유대교를 모태로 태어났지만 예수를 인정하지 않는 유대교에서 벗어나 예수를 유일신으로 여기는 종교로 발전하였다. 그리스 도시국가의 자유민들이 창시한 헬레니즘(Hellenism)을 인간의 의지와 합리적 생활을 중시한 인간주의 사상이라고 한다면, 기독교인들이 창시한 헤브라이즘(Hebraism)은 팔레스타인 사막의 유목민들이 척박한 자연환경과 타민족의 탄압을 통해 인간의 무력함을 유일신에 의한 구원으로 타개해보려는 신 중심 사상이라고 할 수 있다.

기독교는 기원후 59년에서 60년 경 사도 바울(Apostle Paul, 5~64/68)에 의해 최초로 그리스와 로마에 전파되었다. 그러나 전파 초기에서부터 300년에 이르는 2, 3세기경까지 네로 황제(Nero, 37~68)를 비롯한 수많은 로마 황제들에 의해 대대적인 박해를 받았다. 그 후 기독교가 유럽 전역으로 퍼지며 헬레니즘을 위압하는 종교로 자리 잡게 된 데에는 콘스탄티누스 황제(Flavius Valerius Aurelius Constantinus, 272~337)의 전폭적인 지지가 결정적인 역할을 하였다. 콘스탄티누스 황제는 313년 밀라노 칙령을 공포함으로서 모든 사람들에게 신앙의 자유와 기독교 교회의 법적 권리를 허용해주었으며, 그동안 몰수되었던 교회의 재산을 돌려줌으로서 기독교인들에 대한 박해를 종결시켰다. 이 당시는 반달족과 같은 게르만 민족이 유럽 대륙을 침범하던 매우 혼란한 시기였는데, 게르만 민족을 개화시키기 위한 방법으로 기독교가 채택되면서 기독교의 세력은 급속히 확장되었다. 곧이어 325년에 콘스탄티누스 황제에 의해 현 터키의 이즈니크(Iznik)인 니케아(Nicaea)에서 제1차 니케아 종교회의(The First Council of Nicaea)가 개최되었으며, 392년에 테오도시우스 황제(Theodosius I, 347~395)에 의해 기독교가 로마제국의 국교로 채택되면서 기독교는 명실상부 중세 유럽을 지배하는 종교로 자리 잡게 되었다. 콘스탄티누스 황제는 기독교를 인정함으로서 종교와 왕권을 통합한 제정일치 체제를 구축한 왕으로 유명한데, 기독교에 대한 그의 지지는 그의 정치적 야망과 밀접한 연관을 가지고 있다. 콘스탄티누스 1세는 그의 정적인 리키니우스 황제(Valerius Licinianus, 미상~325, 308~324 재위)를 제거함으로서 사두정치(tetrarchy)를 끝내고 로마를 통일한 왕이다. 리키니우스 황제와의 밀비우스 다리 전투(312

년)가 있던 전날 밤, 꿈에 나타난 하느님의 계시대로 예수를 의미하는 희랍어인 '크리스토스'의 첫 두 글자인 카이(X)와 로(P)를 겹쳐놓은 라바룸(labarum)을 병사들의 방패에 그려 넣은 후 전쟁에 승리하자 그 후 독실한 기독교인이 되었다. 그러나 이 보다도 더 중요한 정치적 배경으로는 콘스탄티누스 1세가 로마 제국을 통일하고 절대적인 왕권체제를 수립하기위해서는 당시 로마의 전통사상인 다신교보다는 하층민들에게 급속도로 퍼진 기독교인들의 전폭적인 지지와 순종이 필요했던 것으로 추정된다. 그 결과, 324년 로마제국을 통일한 콘스탄티누스 황제는 그 이듬해인 325년에 제1차 니케아 종교회의를 직접 개최하여 종교와 황권을 통합한 제정일치 체제를 구축하게 되었다. 392년 테오도시우스 황제에 의해 기독교가 로마제국의 국교로 채택되자 기독교인들은 300년 동안의 박해에서 벗어나 시민권을 되찾았으며, 몰수당했던 교회의 재산을 되찾아 수많은 교회를 세우게 되었다.

392년 기독교를 국교로 채택한 테오도시우스 황제는 395년 로마 제국을 둘로 나누어 두 아들에게 분배해줌으로서 로마제국은 동로마와 서로마로 분열되었고, 서로마가 476년 게르만 족에 의해 멸망하자 기독교를 믿던 로마인들이 예루살렘으로 대거 피난을 오게 되었다. 예루살렘은 테오도시우스 1세로부터 동로마를 분할 받은 아르카디우스(Arcadius, 377~408)가 비잔틴제국의 관할 하에 다스리던 도시였다. 그 결과, 동로마제국의 수도인 콘스탄티노플도 자연스럽게 기독교의 중심지가 되어 1453년 오스만 제국에 의해 완전히 함락될 때까지 세계에서 가장 번창한 기독교 도시로 발전하게 되었다.

2) 교부철학

교부철학의 교부(patristic, 敎父)란 말 그대로 '교회의 아버지'라는 뜻으로 희랍어의 '아버지'를 뜻하는 'pater'에서 유래되었다. 교부란 모범적인 신앙생활과 풍부한 철학적 지식을 갖춘 교회의 지도자들을 말한다. 콘스탄티누스 황제와 테오도시우스 황제에 의해 기독교가 로마제국의 국교로 승인되면서 막강한 종교적 세력을 갖게 된 교부들은 서기 2세기에서 7, 8세기에 걸친 기독교 초기 전성시대에 기독교의 정통적 교리를 확립하기 위해 신학적 저술을 담당하였다. 따라서 교부철학이란 기독교가 로마에 전파되던 초기의 종교적 박해에서 벗어나 기독교 진리를 옹호하기 위한 교부들의 철학적 활동을 말한다.

교부철학(patristic philosophy)의 시대적 발전과정은 사도 바울이 1~2세기에 걸쳐 로마를 비롯한 유럽지역에 기독교를 최초로 전파한 시기를 포함시켜 3기로 구분하는 사람도 있으나, 일반적으로는 서기 325년 콘스탄티누스 1세에 의해 개최된 니케아 종교회의를 기점으로 전기 교부철학과 후기 교부철학으로 구분된다.

전기 교부철학은 기독교의 정통적 교리를 확립하기위해 요구되는 예수의 정체성, 즉 예수가 신적인 존재인가, 인간인가에 대한 뜨거운 종교논쟁이 주를 이뤘다고 본다면, 후기 교부철학은 다양한 이론들을 절충하고 통합하여 기독교 교리를 완성한 시기라고 할 수 있다. 전기 교부철학 시대는 정통파(apologetics)와 이교파(gnostics) 간의 논쟁으로부터 시작되어 알렉산드리아 교파(Alexandrian Denomination)에 의해 통합되었다. 정통파, 혹은 호교파로 불리는 교파에서는 신의 말씀, 즉 로고스(logos)가 예수라는 화신을 통해 나타났다고 주장한 사도 바울의 일신론(monotheism)을 받아들여 신앙은 모든 지식에 선행하므로 기독교를 철학적 이론으로 설명하려는 학설은 이단이라고 배척하였다. 이에 반하여, 이교파에서는 인간의 이성이나 지식은 신앙에 앞서며, 예수도 한낱 인간에 지나지 않으므로 성스러운 신을 육신화 시켜 십자가에 못 박혀 죽었다는 주장은 모순이라고 주장하였다. 알렉산드리아 교파를 대표하는 오리게네스(Origen, 185~254)는 두 교파의 주장을 절충하여 신은 영원불멸하고 절대순수의 정신적 존재이며, 만물은 신의 계시인 로고스에 의해 창조되었으므로 가장 완전한 것은 그리스도를 통한 계시라는 통합론을 내놓았다. 오리게네스는 철학이란 기독교로 들어가기 위한 수단이며 기독교를 이해하기 위한 도구라고 강조하여 철학을 종교의 하위 학문으로 폄하한 인물이기도 하다.

325년 열린 니케아 종교회의에서 오리게네스의 이론을 채택함으로서 전기 교부철학이 막을 내리고 후기 교부철학 시대가 도래 하였다. 후기 교부철학 시대에서는 오리게네스의 이론을 바탕으로 예수에 대한 정체성을 확립하기 위한 이론적 체계가 확립되었다. 이 때 등장한 아우구스티누스(Saint Aurelius Augustinus, 354~430)는 인간의 자유의지보다는 신의 계시를 통한 구원을 강조하면서 기독교 교리 체계를 완성하였다. 아우구스티누스는 그동안 종교논쟁의 뜨거운 핵심이었던 교리상의 3가지 문제, 즉 신, 예수, 인간 중 인간의 본질을 플라톤과 신플라톤학파의 이데아론을 차용하여 원죄설(theory of original sin)로 해결함으로서 기독교 이론을 체계적으로 집대성하였다. 아우구스티누스의 이론을 바탕으로 381년에 열린 제1차 콘스탄티노플 종교회의에서는 기독교의 핵심 사상인 삼위일체설(Trinity)을 확립하였다. 삼위일체설이란 성부(Father), 성자(Son), 성령(Spirit)은 삼위(Three Persons), 즉 세 인격으로 존재하며 따라서 예수 그리스도는 우주만물의 창조자인 하느님과 동격인 신(God)이라는 기독교 교리를 말한다.

3) 아우구스티누스의 교부철학 이론

아우구스티누스는 전후기 교부철학 시대를 통해 기독교 철학을 이론적으로 완성시킨 대표적인 교부철학자이다. 그는 플라톤과 신플라톤학파의 이데아론을 도입하여 원죄설, 초월적 세계관, 신학적 은총론, 예정설, 의지결정론, 교회지상주의, 신권정치, 삼주덕 등 기독교 교리를 이론적으로 완성하였다.

아우구스티누스는 플라톤의 이데아계(idea world, the Forms)와 현상계(phenomenal world)를 구분한 2원론과 3세기 이후 플로티노스(Plotinos, 205~270)에 의해 이데아계를 좀 더 세분화, 계층화한 신플라톤학파(Neo-platonism)의 철학적 이론에 의거하여 기독교에 대한 초월적 세계관을 완성시켰다. 그는 이데아계를 신의 나라, 현상계를 지상의 나라로 구분하고 인간을 신의 나라에 존재하는 신의 모사품(copy), 혹은 피조물(creation)로 설명하였다. 또한 아우구스티누스는 인간의 본질을 원죄설로 설명함으로서 신, 그리스도, 인간의 종교적 관계를 일단락 지었다. 즉, 신은 모든 우주 만물에 원초적 은총(original blessing)을 내려 주었으나 인간의 조상인 아담이 신의 은총을 거역하여 사탄의 유혹에 빠짐으로서 신의 나라에서 지상국으로 쫓겨나게 되었으며, 그로 인해 그의 자손인 모든 인간들은 태어날 때부터 원죄(original sin)를 가지고 출생하게 되었다고 설명하였다. 따라서 지상국에 살고 있는 인간이 신의 나라, 즉 천국으로 들어오기 위해서는 오직 신앙을 통해 신의 은총과 구원을 받아야 한다는 신학적 은총론을 확립하였다.

아우구스티누스가 주장한 초월적 세계관에 의하면, 신은 모든 만물을 창조한 전지전능한 존재로 인간 세계에 내재하면서 동시에 지상세계를 초월하는 영원불변한 존재라고 하였다. 반면에 인간들이 사는 지상국은 인간의 이기심으로 운영되는 악의 나라로, 신은 인간에게 신을 인식할 수 있는 예지력과 신의 나라의 시민이 될 수 있는 자격을 주었기 때문에 순례자로서 신의 말씀에 합당한 신앙생활을 한다면 언젠가 지상국에 도래할 신의 나라의 시민이 될 수 있다고 하였다.

예정설(doctrine of predestination)이란 신의 나라로 구원을 받을 수 있는 사람들은 전적으로 하나님의 선택에 의해 미리 예정되어 있다는 종교관을 말한다. 예정설이란 따라서 신의 나라가 도래한다고 하더라도 인간의 자력만으로는 그리스도의 구원을 받을 수 없으며, 세례를 받은 사람만이 구원을 받을 수 있도록 미리 결정되어있다는 이론을 말한다. 이러한 맥락에서 예정설은 의지결정론과 일맥상통하는 주장이라고 할 수 있다.

신학적은총론과 의지결정론은 교회지상주의(church supremacy)와 신권정치로 이어졌다. 기독교 교회(church)란 인간들에게 세례를 줌으로서 천국으로 인도하는 유일한 기관이며 천국을 실현시키기 위해 지상의 나라와 신의 나라를 연결시켜주는 신성한 곳이라고 규정하였다. 교회를 통해서만이 신의 구원을 받을 수 있다는 교회지상주의를 통해 기독교 교회는 막강한 세력을 갖게 되었으며, 종교란 국가의 모든 정치세력을 초월한다는 신권정치(theocracy)로 이어졌다. 즉, 지상국의 생활은 일시적이고 순례적일 뿐 인생의 궁극적인 목적이 될 수 없으므로 국가는 이기심에 가득 찬 인간들에 의한 운영을 지양하고, 신의 의지와 명령에 따라 국민을 영원한 천국으로 인도할 수 있는 종교인들이 운영해야한다고 주장하였다. 이러한 이유로 종교는 정치보다 우월하며, 신의 뜻에 의해 이루어지는 국가만이 가장 정의로운 국가라고 주장하였다. 한 나라의 통치자를 신의 대리인으로 간주하는 신권정치, 교회 국가주의는 중세 사회를 특징지어주는 기독교적 정치관으로 발전하였으며, 왕위 계승은 물론 모든 학문 활동, 교육활동도 교회 부설학교를 중심으로 이루어지게 되었다.

아우구스티누스는 또한 플라톤이 주장한 지혜, 용기, 절제, 정의의 사주덕을 차용하여 믿음, 소망, 사랑이라는 기독교의 삼주덕을 확립하였다. 그에 의하면, 믿음은 도덕의 근본으로서 믿음이 없는 일체의 행동은 죄악이라고 규정하였다. 믿음은 사랑에서 성장하고 사랑은 믿음에 의해 굳건해 지며 믿음과 사랑의 결합으로 소망이 생긴다고 주장하였다. 이러한 삼주덕 중 아우구스티누스가 가장 중요하게 생각하는 것은 사랑으로 신에 대한 사랑, 이웃에 대한 사랑 등은 모든 선과 행복의 근원을 이룬다고 강조하였다. 그는 또한 플라톤의 사주덕 중 지혜는 옳고 그름을 명백히 가리기 위한 덕이라고 하였으며, 용기는 모든 어려움을 무릅쓰고 악으로부터 승리하는 덕, 절제는 육체적 욕망을 억제하고 악에 빠지지 않게 하는 덕, 정의는 인간이 바른 길로 가야할 의무를 가르치는 덕이라고 설명하였다.

아우구스티누스의 교부철학은 중세 초기부터 은총론을 둘러싼 신학논쟁을 마무리하는 모범적 사상이 되었으며 그 후 아우구스티누스의 종교관을 기반으로 형성된 아우구스티누스주의(Augustinism)는 신학과 철학, 신학과 일반 학문을 통합하려고 시도했던 중세 스콜라 철학에 의해 계승되었다.

❹ 중세 후기 스콜라 철학(Late Scholasticism)

01. 토마스 아퀴나스의 스콜라 철학

1) 생애

스콜라 철학과 로마 가톨릭의 철학적 전통인 토마스학파(Thomism)를 창시한 토마스 아퀴나스(Thomas Aquinas, 1224/25~1274)는 이탈리아의 나폴리 근교에 있는 로카세카(Roccaseca)에서 소규모의 장원을 가지고 있던 아퀴노(Aquino) 지방 영주의 아들로 태어났다.

귀족의 아들로 태어난 아퀴나스는 장차 몬테카시노 수도원의 수도원장이 되기를 바라던 부모의 소원대로 6, 7세 무렵 몬테카시노 수도원에서 수도사 수업을 받게 되었다. 몬테카시노 수도원이란 그 당시 기독교의 대표적인 수도회였던 베네딕트 수도회(Ordo Sancti Benedicti, OSB)의 본원이 있던 곳이었다. OSB라고 불리는 베네딕트 수도회는 529년 성 베네딕트(Saint Benedictus, 480~547)에 의해 몬테카시노에 설립된 수도회를 말한다. 베네딕트 수도원은 기도와 노동을 계율로 삼고 순명, 침묵, 겸손의 덕을 실천하기 위한 단일공동체적인 수도원으로 시작하여 중세 기독교를 대표하는 종파로 발전하였다.

그러나 교황과 황제 간의 끊임없는 마찰로 정세가 혼란해지자 몬테카시노 수도원에서의 수도사 과정을 지속할 수 없었던 아퀴나스는 황제가 세운 나폴리 대학교에 입학하였다. 나폴리 대학교에서 아리스토텔레스의 철학과 7교양학문인 문법, 논리학, 수사학, 대수학, 기하학, 음악, 천문학 등을 공부하던 아퀴나스는 베네딕트 수도원의 안일한 종교생활에서 벗어나 도미니쿠스 수도회(Order of Dominicus)의 탁발수도승이 되기로 결심하였다. 창시자의 이름을 딴 도미니쿠스 수도원은 그 당시 등장한 프란체스코 교단(Franciscan Order)과 더불어 베네딕트 수도원에 대항하는 소수파 수도원이었다. 미래에 귀족적인 베네딕트 수도사 생활을 마다하고 탁발 수도사의 삶을 선택한 아들의 결정에 몹시 당황한 아퀴나스의 부모는 파리 대학교로 유학을 가던 아퀴나스를 납치하여 로카세카 성이라는 곳에 2년간이나 감금하였다. 그러나 아퀴나스는 부모의 끈질긴 탈퇴 회유에도 불구하고 소신을 굽히지 않았다.

아퀴나스는 1248년 독일 쾰른(Cologne)에 있는 도미니쿠스 수도원에서 마그누스(Albertus Magnus, 1206~1280)로부터 4년간 지도를 받으며 아리스토텔레스의 철학을 연구하였다. 아퀴나스는 우람한 체격을 가지고 있었는데, 독일 수도원의 동료들은 그의 우람한 몸집과 이탈리아 출신으로 어눌한 독일어 실력을 빗대 '시칠리아의 벙어리 황소'라는 별명을 지어주었다. 그러나 아퀴나스의 침묵 뒤에 숨겨진 무한한 재능과 역량을 꿰뚫어 본 스승 마그누스는 '지금은 그를 벙어리 황소라고 부르지만, 조만간 온 세상 사람들은 저 젊은 수도사의 우렁찬 목소리를 듣게 될 것'이라고 예언하였다.

1256년 아퀴나스는 그의 스승인 마그누스의 추천으로 파리 대학교의 신학교수로 취임하게 되었다. 그러나 아퀴나스의 신학대학 교수 취임과정은 결코 평탄하게 진행되지 않았다. 그 당시 파리 대학교에서는 신설 종파인 프란체스코회나 도미니쿠스회 출신의 탁발수도사들이 파리 대학교 교수로 취임하는 것을 반대하는 교수들이 많았다. 이러한 불만과 대립은 재직교수들과 두 수도회 출신 교수들 간의 유혈폭력사태로까지 번졌다. 실제로 아퀴나스의 취임 강연회에서는 재직교수들에 의한 폭력사태를 방지하기 위해 프랑스 왕정군대가 파견되기도 하였다. 당시 도미니쿠스 교파였던 대학 총장은 27세라는 아퀴나스의 나이가 대학교수로는 너무 젊다고 우려했었는데, 그 이유도 파리 대학의 이러한 분위기를 염려했기 때문이었다. 하지만 파리 대학교의 교수가 된 후 그의 강의 능력을 인정받은 아퀴나스는 당대 최고의 학자로 각광받기 시작하였다. 아퀴나스가 파리 대학에 재직하고 있던 시기에 프랑스의 루이 9세(Louis IX, 1214~1270, 재위 1226~1270)는 아퀴나스를 궁정 만찬에 초대한 적이 있었다. 루이 9세는 우람한 몸집의 유명한 신학자인 아퀴나스의 대단한 식성을 매우 흥미로운 눈으로 지켜보았다고 한다.

1259년 말에서 1260년 초 후임자에게 교수직을 물려준 후 파리를 떠난 아퀴나스는 나폴리와 오르비에토 교구에 체류하면서 활발한 성직활동과 저술활동을 전개하였다. 오르비에토 수도원에 있을 당시에도 흥미로운 일화가 전해진다. 이 수도원으로 심부름을 왔던 한 젊은 수도사에게 수도원장은 아퀴나스와 함께 어떤 장소를 다녀오라는 지시를 내렸다. 젊은 수도사는 비지땀을 흘리면서 자신의 걸음걸이를 따라오지도 못하는 과체중의 수도사에게 시내 한복판에서 비난을 퍼부었다. 그러자 시민들이 젊은 수도사에게 "당신은 왜 저분을 이리도 혹독하게 대하는 것입니까? 저분이 그 유명한 아퀴나스 수도사라는 사실을 알고는 있습니까?"라고 반문했다고 한다. 이 말을 들은 젊은 수도사는 아퀴나스에게 사죄를 했으며, 시민들이 아퀴나스에게 한마디 불평도 없이 비난을 당하는 이유를 묻자, '수도사의 본분은 순종과 겸양이며 저 젊은 수도사와 나는 그 본분을 따랐을 뿐'이라고 답했다고 한다.

아퀴나스는 두 번이나 파리 대학의 교수로 임명된 인물로 알려져 있다. 두 번째 파리대학교수로 활동하던 시기의 아퀴나스는 만성적인 수면 부족에 시달리면서 강의와 저술활동, 선교활동에 임했으며, 그 결과, 그의 기념비적인 '신학대전(Summa Theologica)' 1, 2부, 성서에 대한 방대한 주석 및 강해, '악에 관한 정규 토론집', 모어베크(Guillaume Moerbeke)의 아리스토텔레스 번역본을 기초로 한 '영혼론'과 아리스토텔레스의 주요 저작들에 대한 주석 등 기적적이라고 불릴 정도의 대작들을 완성해내었다. 그러나 아퀴나스의 과중한 체중과 만성적인 수면부족은 일찍이 그의 건강을 해치는 결정적인 원인으로 작용하였다. 1274년 리용 종교회의에 참석하기위해 가던 여행에서 말과 식욕을 완전히 잃어버린 아퀴나스는 결국 여행을 포기하고 포사누오바의 시토회 수도원에 머물게 되었으며 1274년 봄 많은 수도사들과 평신도들이 지켜보는 가운데 영면에 들어갔다.

02. 스콜라 철학

1) 개요

스콜라 철학은 9세기경에서부터 15세기에 걸쳐 교회 부속학교 중 총대주교(Patriarch)가 거처하고 있던 본산학교(cathedral school)나 수도원 학교(monastery school)의 교사들인 스콜라스티쿠스(scholasticus)들에 의해 전개된 학문 활동을 말한다. 따라서 스콜라 철학은 새로운 철학적 이데올로기나 사상이 아니라 기독교 교리체계를 보다 정교하게 다듬은 이론을 말한다. 스콜라 철학의 학문적 요구는 십자군 전쟁(The Crusade, 1097~1291)에 의한 기독교 권위의 실추와 그 맥락을 같이 한다. 200년이라는 장구한 시간 동안 무고한 시민들과 귀족들을 희생시키며 십자군 전쟁이 실패로 끝나자 교황청의 권위는 실추되었으며, 일반 대중들은 기독교에 대한 의구심을 갖게 되었다. 특히 십자군 원정으로 동서 문물의 교류가 활발해지자 시민들 사이에서는 기독교를 무조건 받아들일 수 없다는 사회분위기가 조성되었다. 이러한 상황에 접하자 기독교 교단에서는 대중들의 불신을 타파하고 실추된 권위를 회복하기 위한 자정활동이 필요하게 되었다. 따라서 스콜라철학이란 전쟁의 참패와 이로 인한 교황청의 권위 실추, 시민들의 기독교 신앙에 대한 불신과 거부를 타파하기 위해 기독교 교리를 보다 논리적인 증명을 통해 확고한 학문적 체계로 구축하기 위한 운동이라고 할 수 있다. 이러한 시대적 요구에 부응하여, 스콜라스티쿠스들은 아리스토텔레스의 상향적 질료형상론을 차용하여 신으로부터 인간에 이르는 하향적 질료형상론을 창시하게 되었다. 스콜라 철학의 이론적 체계는 에리우게나(Johannes Scotus Eriugena, 810~877)와 켄터베리 대주교(archbishop)인 안셀무스(Anselmus, 1033~1109)를 시초로 토마스 아퀴나스(Thomas Aquinas, 1224/25~1274)에 의해 완성되었다.

스콜라 철학의 발전은 3단계를 거치면서 전개되었다. 초기 스콜라 철학의 형성기는 9세기경에서 12세기에 이르는 기간으로, 주로 기독교에 대한 보편논쟁(controversy of universal)이 활발했던 시기를 말하며, 중기는 13세기에 이르러 스콜라 철학의 전성기를 이룩한 시기를 말한다. 이 시기에 등장한 토마스 아퀴나스는 많은 저술활동을 통해 기독교를 학문적으로 체계화시켰는데, 특히 아리스토텔레스의 논리학과 질료형상론을 수용하여 온건실재론(moderate realism)을 완성시켰다. 스콜라 철학의 말기는 14세기에서 15세기에 이르는 쇠퇴기로, 이때는 프란체스코 교단의 오컴의 윌리엄(William of Ockham)과 에크하르트(Johannes Eckhart, 1260~1327) 등이 토미즘(Thomism)에 반기를 들고 나오면서 전성기를 구가하던 스콜라 철학이 쇠퇴하기 시작하였다.

(1) 초기 스콜라 철학

초기 스콜라 철학의 핵심적인 활동은 기독교의 학문적 체계를 세우기 위해 신앙과 이성을 통합하는 일이었다. 그러나 이성을 초월하는 관념으로 받아들여졌던 신앙을 이성적으로 설명하려는 시도는 교리의 해석과 합리화에 따른 치열한 논쟁을 불러일으켰다. 그 결과 스콜라 철학의 초기 형성기 동안에는 실재론(realism)과 유명론(nominalism) 사이의 보편논쟁이 일어났다. 실재론을 대표하는 에리우게나와 안셀무스는 교부철학자인 아우구스티누스의 교설을 그대로 전수받아 플라톤적 실재론을 설파했으나, 이와는 반대로 유명론을 들고 나온 로스켈리누스(Roscellinus, 1050~1124)는 플라톤적인 이데아론은 실재하지 않는 관념론적 허상에 불과하다며 맹비난하였다.

(가) 실재론(Realism) 실재론은 보편자(universalia)의 실재를 주장하는 존재론적 접근법으로 신을 모든 개별자를 창조한 보편적 본질이며 유일하게 실재하는 존재로 보는 학설을 말한다.

스콜라철학의 선구자이며 신학과 철학이론을 통합하여 체계화시킨 에리우게나는 그의 실재론을 통해 플라톤이 주장한 이데아 중 가장 최고의 이데아가 바로 보편자인 신이며, 보편자인 신은 모든 만물 위에 실제로 존재한다고 주장하였다. 또한 그는 모든 만물이 신에 의해서 창조되고 존재하기 때문에 신은 모든 사물의 최고의 본질이라고 하였다. 에리우게나의 이론을 이어받은 안셀무스는 원죄를 가지고 태어난 인간들이 신의 은총과 구원을 통해 속죄를 하기 위해서는 기독교 교회가 절대적인 권위를 가지고 있어야 한다고 주장하였다. 또한 그는 기독교 교회란 현상계와 이데아계를 연결하는 신성한 기관이므로 개별자인 신도들은 신의 말씀을 전하는 교회에서 신앙을 돈독히 해야만 신의 은총을 받아 구원을 받을 수 있다고 주장하였다. 인류 전체에 적용되는 원죄설, 인간의 속죄, 예수로부터의 구원을 앞세운 기독교 교회의 당위성과 보편자가 실재한다는 것을 증명하기 위해 안셀무스는 보편자와 개별자 간의 관계를 플라톤의 이데아계와 현상계로 설명하였다. 안셀무스는 "나는 기독교를 믿기 위해서 기독교를 알려는 것이 아니라, 기독교를 믿기 때문에 기독교를 알려는 것이다."라는 말로 신앙은 지식에 선행한다고 주장하였다. 즉, "신앙이 없는 사람들이 신앙을 지식으로 이해하기위해 아무리 부단한 노력을 경주한다고 하더라도 근본적인 믿음이 없으면 절대로 기독교를 이해할 수 없다."고 주장하였다. 이와 같이 신앙은 모든 지식에 선행하므로 초월적인 신과 하나가 될 때에만 진정한 지식을 얻을 수 있다고 보았다.

안셀무스는 사물을 통한 경험론적 증명과 순수 이성을 통한 존재론적 논증의 두 가지 방식을 사용하여 절대 신이 실재한다는 것을 증명하였다. 신의 존재에 대한 경험론적 증명론은 제일원인론이라고도 불리는데, 제일원인론의 증명은 인간과 사물을 포함한 현상계란 끊임없는 생성과 소멸 과정을 거친다는 것을 전제로 하였다. 따라서 현상계의 특정 단계에 속하는 천지만물은 그 보다 상위의 더 선한 존재에 의해 생성되고 소멸된다고 보았다. 이렇듯 모든 계층의 생성과 소멸 원인을 무한히 유추해 가다보면 더 이상의 원인을 가지고 있지 않는 완전한 존재에 이르게 되는데, 이것이 바로 제일원인인 신이라는 것이었다. 따라서 다른 어떤 것에도 의존하지 않는 최초의 절대적 존재인 제일원인은 모든 계층의 생성과 소멸 과정을 결정하고 지배한다고 주장하였다.

두 번째 논증인 순수한 이성적 사유를 통한 존재론적 증명에서 안셀무스는 신이란 경험적 사물의 존재에 의존하지 않고서도 존재를 논증할 수 있다고 주장하였다. 안셀무스는 파르메니데스의 제자인 제논이 주장한 '존재는 불생불멸하는 일자(To On)'임을 논증한 방식, 즉, 불합리에로의 환원이라고 불리는 귀류법(reduction to absurdity)을 적용하여 신의 존재를 증명하였다. 귀류법에 의한 존재론적 논증은 본체론적 논증이라고도 불리는데, 안셀무스는 우선, 더 이상 유추할 수 없이 절대적이고 완전한 인격자가 실재한다는 것을 전제하였다. 그 다음, 만일 완전한 신이 실재하지 않는다고 주장하는 사람이 있다면, 이는 이미 그 사람의 지성에 '가장 완전한 인격자'에 대한 관념이 내재되어있기 때문이라고 보았다. 왜냐하면, 신의 실재를 증명하지 않고서는 신의 부재를 위한 명제가 유추될 수 없기 때문이라고 하였다. 따라서 절대 신이 실재하지 않는다는 주장은 결국 자가당착적인 자기모순에 빠질 수밖에 없으므로 신을 부정하는 사람들도 신의 실재를 인정할 수밖에 없게 된다고 하였다. 안셀무스는 신의 존재에 대한 논증에 한 걸음 더 나아가 관념적으로 신의 존재를 인정하지 않는 사람들도 관념 밖에 존재하는 완전한 인격자의 실재는 인정하지 않을 수 없으므로 가장 완전한 인격자란 인간의 이성 '안'의 관념으로만 실재한다는 주장보다는 이성 '밖'에 실재한다는 것이 더 합리적인 증명이 될 수 있다고 주장하였다. 그 후 안셀무스는 자신의 주장을 수정하여 가장 완전한 인격자인 신은 인간의 관념 속뿐만 아니라 관념 밖에도 존재한다고 결론지었다.

(나) 유명론(Nominalism)　　　　유명론, 혹은 명목론이란 글자 그대로 인간의 경험으로 지각할 수 없는 추상적인 개념이나 관념은 참 진리가 아니라 명목상의 이름에 불과하다는 주장을 말한다. 유명론자들은 보편자란 인간의 인식과정으로는 파악할 수 없는 개념으로, 단지 개별자를 경험하고 난 후 인간의 관념 속에서 추상적으로 만들어낸 허구라고 보았다. 따라서 실재론자들이 주장하는 보편자란 하나의 단순한 명목 상 이름이나 명사, 기호, 명칭, 개념, 혹은 '보편자'라는 말을 할 때 성대를 통해 입으로 터져 나오는 바람소리에 불과한 허구에 지나지 않는다고도 주장하였다.

스콜라 철학의 보편논쟁에서 안셀무스의 이론에 반대하여 유명론을 내세운 대표자로는 로스켈리누스(Roscellinus, 1050~1124)를 들 수 있다. 프랑스 출신의 스콜라 철학자이며 유명론을 최초의 주장한 로스켈리누스는 개체가 보편성에 선행하여 존재한다는 철학적 견해를 앞세우며, 플라톤의 실념론이나 형이상학에서 주장하는 일체의 추상적 대상이란 인간의 이성이 창출해낸 개념으로 받아들이려는 사변철학에 불과하다고 반박하였다. 보편개념으로서의 신이란 한낱 명목상의 명칭일 뿐 참으로 존재하는 것은 구체적인 사물뿐이라고 주장하면서 그는 "보편은 이름

뿐이며 보편자는 실제적인 사물 다음에 존재한다."고 강조하였다. 즉, 추상적인 기호에 지나지 않는 보편자는 실재하지 않으며 진실로 실재하는 것은 개별자들로서 현실이란 오직 개별적인 사물에 의해서만 구성되어 있다고 하였다.

(다) 절충적 온건 실재론(Eclecticism of Moderate Realism)　　스콜라 철학의 보편논쟁이 실념론과 유명론이라는 양극으로 팽팽하게 치닫자 뒤이어 등장한 아베라르두스(Abelardus, 1079~1142)는 이 두 이론을 취합한 절충적 온건 실재론(eclecticism of moderate realism)으로 보편논쟁을 일단락 지었다. 아베라르두스는 보편이 사물에 선행한다는 실재론자들의 주장과 사물이 보편에 선행한다는 유명론자들의 입장을 절충하여 보편은 개개의 사물의 본질로 사물 '속'에 내재하는 것이라고 결론지었다. 그의 절충론은 후에 회의론(skepticism)으로 발전하게 되었는데, 회의론이란 기독교에 대한 진정한 신앙을 얻기 위해서는 철저한 의심과 회의가 전제되어야 한다는 이론을 말한다.

(2) 중기 스콜라 철학 시대(Mid-Stage of Scholastic Philosophy)

중기 스콜라 철학 시대는 13세기에 이르러 스콜라 철학의 전성기를 이루던 시기를 말한다. 스콜라 철학의 전성기를 대표하는 인물로는 토마스 아퀴나스와 그의 스승인 마그누스(Albertus Magnus, 1206~1280)를 들 수 있다. 이들은 모두 도미니쿠스 수도회에 속하는 학자들로서, 아우구스티누스의 플라톤적 실념론을 주장한 프란체스코 교단과는 달리, 아리스토텔레스의 철학과 신학을 융합시켜 기독교 철학의 학문적 체계를 성립하였다.

중세 초기 기독교 수도원의 중추적인 베네딕트 수도회가 시간이 흐르면서 초기 정신이 변질되자 기독교의 순수성을 되찾기 위한 새로운 교파들이 등장하게 되었는데, 이때 등장한 두 개의 대표적인 교파가 바로 프란체스코 수도회와 도미니크 수도원이었다.

1209년 성 프란체스코(Saint Francesco, 1181~1226)에 의해 '작은 형제들의 수도회'로 창설된 프란체스코 수도회는 당시의 대부분의 수도원들이 산속 깊숙이 자리 잡고 수도사들만의 수행을 강조한 것과는 달리 도시 한가운데 수도원을 설립하였다. 이들은 수도사들의 절대청빈, 금욕, 극도의 가난을 삶의 방식으로 삼은 것은 물론 일반 대중들에게 복음을 전파하고 설교하는 것을 중시한 주의주의적 교파(voluntarism)였다. 반면에 도미니쿠스 수도회는 도미니쿠스(Dominicus, 1170~1221)에 의해 창설되어 1216년 교황으로부터 정식 인가를 받은 기독교 교파로 프란체스코 수도회의 실천적 종교 활동과는 달리 주지주의 성향의 학문 탐구를 강조하였다. 그 결과 도미니쿠스 수도회에서는 마그누스, 아퀴나스 등 많은 신학적 이론가들을 배출하게 되었으며, 이들을 중심으로 정통 기독교 신앙에 대한 학문적 체계가 완성되었다. 그 후 도미니쿠스 교단과 프란체스코 교단은 중세교회와 수도원을 대표하는 교파로 성장하여 유럽 전역에 막대한 영향력을 미치게 되었다.

(3) 말기 스콜라 철학

스콜라 철학의 말기는 14세기에서 15세기에 이르는 시기로 시대적으로는 7차에 걸친 십자군 전쟁(1096/1097~1291)의 연패로 전쟁에 출전했던 기사들이 대거 전멸함으로서 기사계급들이 실질적으로 관리하던 봉건제도가 무너지고, 교황청의 권위가 급격히 실추하던 시기를 말한다.

13세기부터 도미니쿠스 교단의 아퀴나스에 의해 기독교가 학문적으로 체계를 확립하면서 절정에 달했던 스콜라 철학은 프란체스코 교단에 속하던 스코투스(Duns Scotus, 1266~1308)와 오컴의 윌리엄(William of Ockham, 1280~1349) 등이 아퀴나스 학파인 토미즘(Thomism)에 반기를 들고 극단적인 유명론(radical nominalism)을 주장하면서 쇠퇴하기 시작하였다.

극단적인 유명론은 절대자로서의 보편자가 실재한다고 주장하는 극단적인 실재론에 반대하는 이론으로, 보편개념이란 단지 인간의 주관적 인식과 추론에 의한 단순한 사고의 산물이라고 보는 관점을 말한다. 오컴의 윌리엄은 지식이란 개별적인 사물에 대한 직접적인 경험과 지각에 기초를 두고 있기 때문에 보편자와 같이 개별적인 경험으로 들어올 수 없는 장황한 설명은 면도날로 도려내야 한다고 비판하였다. 이것이 바로 '오컴의 면도날(Ockham's Razor)'이다. 참고로 많은 사람들이 오컴을 철학자의 '이름'으로 알고 있지만 오컴은 영국 잉글랜드 남동부의 서리주(Surrey)에 있는 '지역 명'이다. 따라서 그의 정확한 이름은 영국 '오컴 출신의 윌리엄'이다. 중세 시대에는 귀족들만 성을 가질 수 있었기 때문에 귀족이 아닌 사람들은 이름만 가지고 있었으며, 윌리엄이라는 이름은 영국 사회에서는 상당히 흔한 이름이었기 때문에 동명이인 중 특정인을 지칭하기 위해서는 이름에 출신 지역을 붙이는 관례가 이어져 내려왔다. 오컴의 윌리엄은 후기 스콜라 철학의 몰락 시기에 등장한 프란체스코 교파의 수도자이며 신학자로서, 후대에 오컴주의라는 현대적 유명론(Nominalism)의 시조가 되었다.

오컴의 윌리엄은 스콜라 철학의 말기에 또 다시 등장한 보편논쟁에서 온건실재론을 주장한 아퀴나스가 아리스토텔레스의 이론을 차용하여 모든 결과에는 원인이 있고 원인을 거슬러가다 보면 모든 원인중의 원인이 되는 제일원인이 필연적으로 존재할 수밖에 없다는 장황한 설명에 대해, 신학과 철학적 덕목은 단순성에 있으므로 신의 존재를 증명하기 위해 형상과 질료라는 복잡한 개념까지 장황하게 들먹이거나 필요 이상의 개념을 설정해서는 안 된다고 강조하였다. 스콜라 철학자들이 기독교 신앙을 고수하기 위해 사소하고 자질구레한 종교문제까지 지나치게 번잡하고 세밀하게 파고들려는 번쇄철학, 즉 종교적 개념의 세밀화, 논리전개 형식의 정교화, 논중 절차의 복잡함, 체계를 위한 체계화 등으로 변질시킨 것에 반해 '오컴의 면도날'은 단순성과 경제성의 원리(principle of economy and simplicity), 혹은 검약의 원리라고 할 수 있다. 시종일관 쓸모없는 언어의 논쟁으로 복잡하고 무의미한 형식만을 중시하던 중세 스콜라 철학은 근대로 넘어오면서 인간 생활을 지배하는 모든 사물은 언어의 논쟁이 아니라, 실생활에서의 직접적인 관찰과 경험을 바탕으로 이해되어져야 한다는 과학적 사고방식으로 변화했으며 오컴의 윌리엄 이 주장한 경험론적 유명론은 그 후 자연과학이나 사회과학에 널리 받아들여져 근대 경험론적 자연철학을 형성하는데 지대한 영향을 미치게 되었다.

오컴의 윌리엄은 또한 신학은 신앙의 문제를 다루고 철학은 이성의 문제를 다루는 학문이 어야 하므로 신학과 철학은 철저히 분리되어야 한다고 주장하였다. 그는 계시를 통해서 신의 존 재를 파악할 수 있다는 신학적 가정은 이미 신앙을 가지고 있는 사람들에게는 설득력을 가질 수 있을지 모르나, 신앙이나 계시와 같이 비판적으로 검토되지 않는 가정들을 이성적으로 증명 하려는 시도 자체가 잘못된 것이라고 보았다. 왜냐하면 모든 철학적 지식의 근원은 오직 개별적 존재로부터 발단된 경험에서 오는 것이므로, 경험할 수 없는 신의 존재는 증명될 수 없기 때문 이라고 하였다. 따라서 신은 신앙의 대상이지 이성의 대상이 될 수 없으므로 신학은 철학이나 과학으로부터 분리되어져야 한다고 주장하였다.

오컴의 윌리엄의 유명론과 교권에 대한 명확한 규정은 그의 열렬한 지지자였던 루터(Martin Luther, 1483~1546)에게 지대한 영향을 주었다. 1517년 루터는 그 당시 교황청이 성 베드로 성 당의 건축비 명목으로 성직자의 죄를 사해주는 면죄부를 판매하는 등의 중대한 종교적 범죄를 저지르자, 이를 비난하기 위한 95개조 반박문을 비텐베르크 대학 교회 문 앞에 전시하면서 종 교개혁을 일으키게 되었다.

2) 토마스 아퀴나스의 스콜라 철학

토마스 아퀴나스는 프란체스코 수도회와 함께 등장한 도미니쿠스 수도회의 수도사였다. 프 란체스코 수도회가 실천적 종교활동을 강조한 실천주의 경향을 띠고 있었다면, 도미니쿠스 수 도회는 기독교를 학문적으로 탐구하기 위한 주지주의 성향이 강했다. 그 결과 마그누스, 아퀴나 스 등과 같은 많은 대 사상가들을 배출하게 되었으며, 이들을 중심으로 정통 기독교 신앙을 고 수하기 위한 학문적 체계가 완성되었다.

토마스 아퀴나스는 신앙을 이성이나 지식으로 증명하기위해 아리스토텔레스의 순수질료에 서 순수형상까지의 상승적 질료형상론(hierarchical matter-form theory)을 순수형상인 신으로부터 모든 사물들에게 단계적으로 이르는 하향적 존재계층설로 전환하였다. 아퀴나스의 하향적 형상

질료론은 창세기 신화를 학문적으로 정립하기 위한 핵심적 이론으로서, 모든 개별적 사물의 형상은 순수형상인 신의 지혜에 의해 창조된 피조물이기 때문에 모든 사물에는 절대 신의 의지가 깃들여 있으며, 신성이 깃들여진 개별자는 신의 계시대로 신앙을 가짐으로서 구원을 받게 된다고 주장하였다.

아퀴나스는 또한 실추된 기독교의 위상을 재정립하기 위한 전제 조건으로 신학을 철학의 우위에 두었으며, 지식과 신앙의 영역을 명확히 구별하기 위해 지식의 종류를 자연적 지식과 신적 지식의 두 가지로 분류하였다. 자연적 지식이란 자연의 빛인 이성을 통해 알 수 있는 지식을 말하며, 신적 지식이란 신앙의 빛인 신의 말씀을 통해서만 알 수 있는 지식이라고 하였다. 또한 인간의 이성적 추리에 의한 자연적 지식은 신적 지식에 비해 불완전하므로 이성이란 신앙을 위한 예비단계에 불과하며 철학은 신학을 위해 봉사하는 도구에 불과하다고 주장하였다. 아퀴나스는 완전한 신적 지식에 도달하기 위해서는 신앙을 통해 신의 계시에 의한 신의 은총을 받아야만 가능하다고 주장하였다. 이때 신의 은총은 아무에게나 주어지는 것이 아니라 신의 말씀을 따라 많은 덕을 쌓은 신앙인에게만 주어진다고 하였다. 이러한 관점에서 아퀴나스는 인간이 쌓아야 할 덕을 자연적 덕과 종교적 덕으로 구분하였다. 그는 자연적 덕이란 플라톤의 4주덕과 아리스토텔레스의 이성을 바탕으로 수양과 실천에 의해 얻어지므로 '획득된 덕'이라고 정의하였다. 반면에 종교적 덕은 아우구스티누스가 주장한 믿음, 소망, 사랑의 3덕의 완성으로 신의 은총에 의한 '주입된 덕'이라고 하였다. 더불어 자연적 덕은 바른 이성과 유덕한 실천에 의해 이루어지므로 자연적 행복을 가져다주지만, 종교적 덕은 신의 은총으로 이루어진 것이므로 초자연적 완전한 행복이 따라온다고 주장하여 인간의 모든 이성적 자율성을 배제한 신앙지상주의(fideism)를 확립하였다.

아퀴나스는 안셀무스가 신의 존재를 제일원인론적 경험론과 귀류법에 의해 증명한 것을 좀 더 확고히 하기 위해 합목적론적 논증(teleological argument)을 통해 신의 존재를 증명하려고 시도하였다. 그는 합목적론적인 증명과정을 통해 신의 특성을 운동의 원인, 궁극적 작용의 원인, 존재의 원인, 완전성의 원인으로 설명하였으며 궁긍적으로 신의 존재란 모든 개별적인 존재의 목적이라고 설명하였다. 운동의 원인으로서의 신이란 개별자의 밖에서 개별자의 운동을 일으키는 원인을 말한다고 하였다. 즉, 자연의 모든 운동에는 원인이 존재하는데, 운동의 원인은 운동하는 실체의 안에 있으면 운동을 유발시킬 수 없으므로 외부에 따로 존재한다고 강조하였다. 궁극적 작용의 원인으로서의 신이란 모든 개별자의 존재를 부여하는 궁극적 형성인으로서의 신을 말한다고 하였다. 존재의 원인으로서의 신이란 모든 사물의 우연한 생성은 필연적인 존재에 의해 이루어지는데, 존재하지 않을 수도 있는 개별자에게 생성을 부여하는 필연적 존재가 바로 신이라는 주장이었다. 완전성의 원인으로서의 신이란 미완성적인 개별자들에게 참되고 선하며 아름다운 진, 선, 미의 완전성을 부여하는 존재를 말한다고 하였다. 마지막으로 존재의 목적으로서의 신이란 이 세상에 존재하는 모든 개별자들이 최고의 목적을 향해 질서 있게 움직이도록 이끄는 최고의 인식능력이자 절대자가 바로 신이라는 것을 말한다고 하였다.

아퀴나스는 또한 신의 존재를 부정적 방식으로도 증명하려고 시도하였는데, 안셀무스의 주장대로, 보편자가 절대 신이 '아니다'라는 것을 인정함으로서 신에 대한 본질을 알게 되며, 신은 우연한 존재가 아니라는 주장을 통해 모든 우연한 것들로부터 신을 구별할 수 있다고 주장하였다. 마찬가지로, 신이 아닌 다른 존재들로부터 신을 구별할 수 있으며, 그로 인해 신에게만 속하는 신의 본질을 파악할 수 있다고 주장하였다.

제5장

근세철학

(Modern Philosophy)

제5절 영국의 경험론(British Empiricism)

01. 근대 사회와 문화

역사적으로 근세는 1453년 동로마 제국(Eastern Roman Empire)의 멸망 후 르네상스(Renaissance) 시대를 거쳐 산업혁명(industrial revolution, 1760~1820)이 시작된 1760년대까지의 약 200여 년간을 말한다. 1097년부터 1291년까지 200여 년간 지속된 십자군 전쟁(The Crusades)은 가히 혁명적이라고 할 정도로 서양문명사를 바꾸어놓았다. 그 중에서 가장 특징적이라고 할 수 있는 것이 르네상스 시대의 도래라고 할 수 있다. 독일에서 일어난 종교개혁운동이 유럽전역으로 확대되고 있는 동안 이탈리아의 주요 도시에서는 14세기부터 16세기 사이에 걸쳐 문예부흥 운동이 일어나기 시작하였다.

문예부흥을 의미하는 르네상스(renaissance)란 이탈리아어의 'renascita'에서 온 것으로, 프랑스어로는 '부활(revival)', 또는 '재탄생(rebirth)'을 의미한다. 재탄생이란 고대 그리스, 로마의 고전 문화, 즉 인간중심적 사상과 문학, 그리고 예술로의 복귀를 의미한다. 따라서 문예부흥 시대란 중세의 신앙지상주의 사회에서 벗어나 인간의 자유와 주체성을 부활시키고자 하는 인문주의(humanism)와 이를 바탕으로 한 계몽주의(enlightenment) 사상운동의 계기를 마련해 주었다. 계몽주의란 중세 신 중심의 억압적, 비인간적 종교관에서 탈피하여 인간성의 회복과 이성(reason)의 자각을 중시한 사상적 운동이라고 할 수 있다.

문예부흥은 십자군 원정의 결과로 막대한 부를 축적하고 새로운 시민계급으로 등장한 이탈리아의 상인들을 중심으로 일어났다. 십자군 전쟁을 위한 군수품 수송의 중심지였던 이탈리아의 베네치아, 피렌체, 베니스, 제노아 같은 도시는 새로운 상업도시로 부상하였으며, 이러한 자유도시에서는 교역과 상공업으로 부를 축적한 시민계급들이 중세 영주나 교황으로부터 자치권을 사들여 시민도시국가를 형성하였다. 시민도시국가 내에는 시민들의 자치적 경제공동체인 길드(guild)가 조직됨으로서 농업경제를 중심으로 하던 장원제도는 상공업 중심의 도시로 탈바꿈하게 되었다. 또한 이탈리아 베네치아나 피렌체 같은 상업도시와 해상도시에서는 활발한 교역활동을 통해 고대 그리스 로마의 고전 문화들을 유입하여 르네상스의 바탕을 이루기 시작하였다.

지중해 주변의 무역항을 통해 여행이 자유로워지고 인구가 급증하면서 많은 도시들이 불결하고 비위생적인 환경 상태가 되었으며, 그로 인해 이전의 농업사회에서는 볼 수 없었던 여러 가지 사회문제들이 등장하였다. 그 중에서 가장 중요한 역사적 사건으로는 14세기 중엽에 아시아와 유럽, 이집트 등지에서 발생한 페스트(pest)를 들 수 있다. 흑사병(black death)이라고 불리는 페스트는 당시 자유로운 왕래로 인해 유럽전역으로 빠르게 퍼져나갔으며, 그 결과 이탈리아, 에스파냐(1347), 프랑스(1348), 영국(1349), 러시아(1350)를 포함한 유럽 인구의 삼분의 일에 해당하는 2억 여 명이 사망하게 되었다. 이렇게 시작된 흑사병은 14세기 중반부터 18세기 중반까지 지속적으로 창궐하여 많은 사람들을 희생시켰다. 1665년부터 2년간 발생한 런던 대흑사병으로 영국에서만 약 7백만 명이 죽었으며, 1738년 아일랜드의 상원의원으로 추대된 영국의 경험론자인 버클리는 같은 해에 대흑사병이 다시 창궐하자 그의 상원의원 접견실을 진료소로 내주기도 하였다.

흑사병이란 사망 직전에 피부가 검게 변한다고 해서 붙여진 이름으로, 쥐에 기생하는 벼룩에 의해 사람에게 전파되는 급성 전염병을 말한다. 쥐벼룩은 주로 사람의 다리를 물기 때문에 허벅지나 서혜부 림프절(inguinal lymph nodes)의 극심한 통증을 수반하며, 섭씨 38° 이상의 고열과 호흡곤란, 각혈, 전신 패혈증으로 사망하게 된다. 페스트는 항생제로 치료가 가능하지만, 치료가 되지 않을 경우에는 발병한 지 24시간 내 사망하는 질병으로, 현재까지 발견된 전염병 중 가장 빠른 시간 내 사망에 이르게 하는 질병으로 알려져 있다. 치료약이 발명되지 않았던 근세 유럽의 경우, 페스트 환자의 임종을 보기 위해 밤중에 방문했던 신부나 친구들이 다음날 아침 환자와 함께 시체로 발견되기도 하였다.

근세를 대표하는 정치적 변화로는 절대주의(absolutism) 왕권의 확립이라고 할 수 있다. 중세의 경제구조였던 지방분권적인 장원제도와 봉건제도가 붕괴되고 아울러 십자군 전쟁의 결과로 교황청에 적대감을 갖게 된 국왕들은 영국과 프랑스, 독일을 중심으로 교황의 권위와 봉건제후의 세력에서 벗어나 강력한 중앙집권적 왕권체제를 확립하였다. 그 결과, 국왕의 권력은 교황이 아니라 신이 내려 준 것이라는 왕권신수설(The theory of the divine right of kings)을 전면에 내세운 절대주의 통일국가들이 나타나기 시작하였으며 18세기로 접어들면서 절대주의와 민족주의를 내세운 유럽 강대국들은 전 세계를 상대로 영토 확장을 위한 식민지 전쟁에 뛰어들게 되었다. 이 시기에 영국과 프랑스 왕조는 서유럽에서 가장 넓은 영토를 차지하고 있던 프랑스 왕위를 두고 장장 124년에 걸친 백년전쟁(Hundred Years' War, 1337~1453)을 일으켰다. 백년전쟁은 잔 다르크(Jeanne d'Arc, 1412~1431)가 남장을 하고 프랑스 군대를 지휘하여 승리로 이끈 전쟁으로도 유명하다. 1066년 이후 영국 국왕은 프랑스 국왕의 명목상 제후였으며 백년전쟁의 시작은 유럽에 남아있던 영국 영토를 빼앗으려는 프랑스 국왕의 시도로 발발하였다. 백년전쟁이 프랑스의 승리로 끝나면서 영국 왕가는 유럽대륙에 있던 마지막 영토인 피레네 산맥 북쪽 가스코뉴(Gascogne) 지역마저 빼앗김으로서 유럽 대륙에서 완전히 축출되었다.

백년전쟁 후 영국에서는 대륙의 영토를 상실했다는 사실에 불만을 품은 귀족들 간의 전쟁이 또 다시 이어졌다. 붉은 장미를 상징으로 하는 랭커스터 왕가와 흰 장미를 상징으로 하는 요크 왕가 사이의 왕위 쟁탈전이라고 해서 장미전쟁(the Wars of the Roses, 1455~1485/1487)이라고 불리는 내전은 30년 동안 계속되었으며, 1485년 랭커스터가의 유일한 왕위 계승자인 헨리 튜더가 헨리 7세로 즉위하면서 끝이 났다. 장미전쟁의 결과, 왕권에 저항하던 봉건귀족계급인 제후들과 기사들이 완전히 몰락하면서 헨리 7세가 이끄는 튜더 왕조의 영국 절대주의가 시작되었다. 이와 더불어 프랑스에서는 루이 14세(Louis XIV, 1638~1715)가 등극하여 유럽에서 가장 강력한 중앙집권적 절대주의 국가를 확립하였다. 이 시기에는 종교개혁을 통해 신교국가로 전환한 국가들과 구교인 가톨릭 연맹들이 대립하여 영국, 덴마크, 스웨덴, 스페인, 프랑스가 개입한 종교전쟁이 일어났으나 이러한 혼란기에도 왕권신수설을 신봉한 루이 14세는 스스로를 태양왕(the Sun King)이라고 자칭하였으며 '짐이 곧 국가다(I am the state)'라는 유명한 말을 남기기도 하였다.

중앙집권적 절대주의를 촉진시킨 가장 핵심적인 경제 사회적 요인은 산업혁명이라고 할 수 있다. 산업혁명의 결과 발전하게 된 산업주의 정책과 식민지 건설은 상인계급의 보호와 군수물자의 증강을 위한 강력한 중앙정부를 필요로 하게 되었으며, 대내적으로는 경제발전과 치안유지, 대외적으로는 영토의 보존과 보다 많은 식민지 건설을 위한 정치체제가 필요하게 된 것이었다.

결론적으로 중세에서 근세로 넘어오던 시기의 정치, 사회, 경제적 배경을 요약하자면, 십자군 원정의 실패로 인한 기독교와 교황청의 권위 실추, 봉건제도의 몰락, 상공업 중심의 신도시 출현, 도시 자유 시민계급의 급부상, 문예부흥과 계몽주의 사상의 도래, 산업혁명, 국왕 중심의 절대주의 국가시대로 요약할 수 있다.

02. 영국 경험주의의 개요

중세 스콜라 철학이 후기로 접어들어 지나치게 형식적이고 장황한 번쇄철학으로 변질되면서 이에 대한 신랄한 비판이 대두되었다. 이러한 학문적 분위기는 200년 동안이나 계속되었던 십자군 운동(1096~1270)의 결과로 일어난 문예부흥(Renaissance)과 과학혁명으로 이어지면서 인간의 자유의지를 억압해온 신학적 편협성에서 탈피하여 고대 그리스 로마의 인간주의 시대를 재조명하고 자연현상을 과학적으로 설명하기 위한 인간해방운동으로 전개되었다. 17세기 후반에 이르러 모든 행성들은 지구를 중심으로 돌고 있다는 프톨레마이오스(Claudius Ptolemy, 83~168)의 천동설(geocentricism)을 뒤집고 1543년 코페르니쿠스(Nicolaus Copernicus, 1473~1543)의 지동설(heliocentric theory)이 등장했으며, 1687년에 이르러 뉴턴(Sir Isaac Newton, 1642~1727)의 만유인력설(theory of universal gravitation)이 발표되면서 과학혁명은 절정에 다다르게 되었다.

자연과학의 혁명적 발전은 인간문제까지도 관찰과 실험, 검증을 통한 과학적, 수학적 계산으로 설명하려는 기계론적 세계관을 자극하였으며, 이러한 시대적 배경은 근세 철학사상에도 지대한 영향력을 미치게 되었다. 예를 들어 프랑스의 합리주의자인 데카르트(René Descartes, 1596~1650)는 수학에 정통한 철학자였으며, 영국의 경험주의자인 로크(John Locke, 1632~1704) 역시 실험과학에 정통한 철학자이자 의학자였다.

영국은 약 34km 밖에 되지 않은 좁은 영국해협(English Channel)을 사이에 둔 유럽 본토보다는 넓은 대서양(Atlantic Ocean)을 마주하고 있는 미국과 더 많은 영향을 주고받았다. 이는 유럽대륙의 영토를 모두 잃은 영국이 신대륙인 미국을 식민지화하면서 형성된 역사적 배경과 그 맥락을 같이하는 것이라고 할 수 있다. 미국은 1492년 이탈리아 출신의 탐험가인 콜럼버스(Christopher Columbus, 1450/1451~1506)에 의해 발견된 후 유럽 강대국들 간의 식민지 쟁탈전을 거쳐 1607년 정식으로 영국의 식민지가 되었다. 그 결과 영미철학은 유럽 대륙을 대표하는 프랑스나 독일의 철학사상과는 매우 대조적인 양상으로 발전하였다.

근세에 등장한 대표적인 철학사상을 들자면 영국의 경험론(empiricism), 유럽 대륙의 합리론(rationalism), 그리고 독일의 관념론(idealism)을 들 수 있다. 인간의 인식능력인 감각(sensation)과 이성(reason) 중에서 대륙의 합리론은 이성을 참다운 진리의 원천으로 보았으나, 영국의 경험론(empiricism)에서는 이성보다는 감각을 중시하여 감각을 통한 경험에 초점을 두었다. 독일의 관념론은 경험론과 합리론을 절충한 칸트(Immanuel Kant, 1724~1804)를 시점으로 헤겔(Georg Wilhelm Friedrich Hegel, 1770~1831)이 변증법을 주장하면서 독일의 빛나는 이상주의(idealism)로 완성되었으며 대륙의 합리론, 영국의 경험론, 독일의 관념론을 끝으로 세계 역사는 현대로 접어들게 되었다.

경험론(empiricism)에서 경험을 의미하는 'empiricism'이라는 단어는 고대 희랍의 'empeiria', 라틴어의 'experientia'에서 온 말로, '경험과 그와 관련된 실험(experience and related experiment)'이라는 뜻을 갖는다. 따라서 'empiricism'이란 단어는 우리가 흔히 사용하는 '경험(experience)'의 과학적 사용이라고 할 수 있다. '경험'의 협의적 정의로는 인간의 5감각을 통해 받아들이는 색, 소리, 냄새 등에 대한 감각지각(sensory perception)을 말하며, 광의적 정의로는 사건이나 현상에 대한 직접적인 관찰을 의미한다. 경험이란 단어는 일상적 용어에서는 다양한 의미로 쓰이나, 아리스토텔레스가 경험을 감각지각과 그에 대한 기억의 산물(product of memory)이라고 정의 한 이래, 모든 철학자들은 일차적으로 경험을 감각적 지각이라고 받아들였다.

합리론에서는 이성적 사유(thought)와 생득적 관념(innate idea)을 통한 보편타당한 진리의 탐구를 목적으로 삼는 반면, 경험론에서는 감각적 경험과 귀납법을 적용한 과학적 관찰을 중시하여 인간의 감각기관을 통한 직접적 경험의 산물을 참다운 진리로 보았다. 따라서 경험주의자들은 프랑스와 독일의 대륙 철학자들을 전통적 방식인 일차 질서 탐구에 치중하여 실존, 존재, 지식의 문제에 접근하려는 이상주의자(idealism)로 보았다. 이러한 관점에서 볼 때, 경험주의란 모든 초월적인 존재나 보편적 진리에 대한 인식이나 인간이 태어날 때부터 신, 도덕관념, 논리적 원리 등을 가지고 태어난다는 생득관념을 부정하며, 감각적 경험에 의한 인식의 습득을 강조하는 과학적 인식론(scientific epistemology)이라고 할 수 있다.

이론을 체계적으로 확립시키기 위한 학문적 방법론에 있어서 합리론은 연역적 추론(deduction)이나 직관(intuition)을 중시하나, 경험론에서는 귀납적 방법(induction)에 의한 실증적 방법을 중시한다. 귀납법이란 관찰과 실험을 사용하여 개별적인 사실이나 현상에 대한 반복적인 검증을 통해 자연계에 대한 공통성을 발견함으로서 보편타당한 일반법칙을 창출하기 위한 과학적 방법론을 말한다. 반면에 연역법, 혹은 삼단논법(syllogism)이란 보편적인 진리를 대전제로 하고 그곳으로부터 개별적인 진리를 유출해내는 방법을 말하는데, 유출해내고자 하는 개별적인 결론이 이미 대전제 속에 들어있기 때문에 새로운 지식을 발견하는 방법이라고는 볼 수 없다. 반면에 귀납법을 중시하는 경험론에서의 지식(knowledge)이란 감각적 경험(sensory experience)을 기초로 하여 확률적이며 반복적인 수정(revision)과 반증(falsification)을 조건으로 한다. 이를 위해서는 입증된 측정도구(validated measurement tools)와 과학적 방법을 적용한 실험(experiment), 그리고 경험적 연구(empirical research)를 필요로 한다.

지식의 원천이 인간의 감각적 경험에서 온다는 이론에서 출발한 경험주의는 베이컨(Francis Bacon, 1561~1626)에 의해 창시되어 로크(John Locke, 1632~1704), 버클리(George Berkeley, 1685~

1753), 흄(David Hume, 1711~1776)으로 이어졌다.

03. 베이컨의 실험적 경험주의(Bacon's Experimental Empiricism)

1) 생애

베이컨(Francis Bacon, 1561~1626)은 영국의 명문 가정에서 허약한 체질의 아이로 태어났다. 베이컨은 명문대인 케임브리지 대학교 트리니티 대학(Trinity College of Cambridge University)에서 수학하였는데, 그 당시 트리니티 대학에서는 아리스토텔레스주의를 융합한 스콜라철학이 강세를 보이고 있었다. 베이컨은 스콜라 철학을 비현실적이며 실용성이 전혀 없는 무용지물이라고 비판하면서, 과학적 방법을 개혁하는 것만이 모든 학문을 개선하는 길이라고 주장하였다. 즉, 학문이란 추상적이고 비현실적인 지적생활이나 신적 세계의 추구가 아니라, 인간의 현실적인 삶을 풍요롭게 하기 위한 수단이 되어야 하며 이를 위해서는 과학적 지식의 추구가 중요하다고 주장하였다. "아는 것이 힘이다(Knowledge is power.)"라는 유명한 말을 남긴 베이컨은 자연의 인과법칙을 파악하기 위한 지식이 곧 힘이며, 과학적 관찰과 실험에 대한 실질적인 지식을 가지고 있어야만 인간을 지배하는 자연을 정복할 수 있다고 믿었다.

베이컨은 법학을 전공하기 위해 1576년 런던 그레이스 법학원에 입학하여 1582년 법정 변호사 자격을 얻은 후 하원 의원, 차장 검사, 검찰 총장 등을 거쳐 1617년에는 대법관이 되었다. 베이컨은 1603년 그의 사촌인 로버트 세실 경의 도움으로 기사 작위를 받았으며, 1618년에는 남작으로, 1621년에는 세인트 올번스(St. Albans) 자작이 되었다. 참고로 영국의 상류계급은 기사(knight), 남작(baron), 자작(viscount), 백작(earl), 후작(marquis), 공작(duke), 대공(grand duke)의 순으로 작위가 수여된다. 세인트 올번스 시는 런던 중심부에서 북쪽으로 약 22km 떨어진 도시이다. 베이컨의 공직생활은 그가 대법관으로 재직할 당시인 1621년 뇌물수수 사건에 휘말리면서 끝이 나게 되었다. 베이컨의 정적 중 한사람이 유리한 판결을 받기위해 베이컨을 돈으로 매수했으나 불리한 판결을 받자 뇌물수수 사건을 폭로한 것이었다. 이 사건으로 모든 공직에서 물러난 베이컨은 학문연구에만 몰두하였다. 그 결과 '학문의 진보(1605)', '대개혁(Instauratio Magna)' 등의 방대한 저서를 남기게 되었다.

베이컨의 왕성한 철학활동은 1621년 공직에서 물러난 뒤 1626년에 사망할 때까지의 5년이라는 짧은 시기에 이루어졌다. 총 6부작으로 기획했던 '대개혁'은 생존 시 1, 2부만 완성되었다. '대개혁' 1부는 학문의 구분, 2부는 자연을 해석하기 위한 방법론적 방향으로 구성되어있다.

베이컨의 죽음에 대한 흥미로운 일화가 전해져 오는데, 평소에 열(heat)이나 냉각과정이 음식물 부패와 보존에 미치는 영향에 대해 관심이 많았던 베이컨은 1626년 겨울 런던 북쪽지역을 지나던 중 그 곳에 쌓인 눈(snow)이 닭의 부패과정을 지연시킬 수 있는지를 연구하기 위해 닭의 내장을 전부 파 낸 후 그 속을 눈으로 채우는 실험을 했으며, 이 실험을 하면서 호흡기 질환에 걸린 그는 결국 폐렴(pneumonia)으로 사망하게 되었다고 한다.

2) 과학 일반론(General Theory of Science)

베이컨은 영국 경험론의 시조로 대륙의 합리론을 창시한 데카르트(René Descartes, 1596~1650)와 함께 근세 철학의 아버지로 불린다. 베이컨은 또한 과학자들이 참된 진리를 추구하는데 방해가 되는 우상론(theory of idol)과 귀납법(induction)을 주장한 인물로 유명하다.

베이컨은 그의 대표작인 '대개혁'을 통해 철학적 사상과 학문에 대한 기본적인 이론체계를 설명하였다. 우선, '대개혁' 1부에서는 과학적 학문의 분류를 위한 두 가지 기준이 소개되었는데, 첫 번째 기준으로는 신에 의해서 드러난 진리를 추구하는 학문과 인간의 능력에 의해 발견되는 진리를 추구하는 학문의 구분이며, 두 번째 기준으로는 인간의 합리적인 능력과 정신활동을 기억, 상상력, 추리의 세 가지로 구분하여, 그에 따라 학문을 역사, 시, 철학으로 분류한 것이었다. 그는 역사란 인간의 기억에 의한 산물이며, 시는 상상력의 산물, 철학은 추리 능력의 산물이라고 강조하였다.

베이컨은 또한 자연에 관한 지식을 다루는 학문을 자연사(history of nature)와 자연철학(natural philosophy)으로 구분하고, 자연철학을 다시 사변적(speculative) 학문과 조작적(operative) 학문의 두 가지로 분류하였다. 베이컨은 '사변적'이란 개념을 일반적 의미의 '관념적 사고방식'이 아니라, 관찰을 통해 사물이나 현상의 원인에 대해 탐구하는 과학적 사고과정으로 정의하였으며, 물리학과 형이상학(metaphysics)이 이에 포함된다고 하였다. 물리학은 구체적인 대상인 사물이나 열(heat)처럼 자연에 퍼져 있는 현상을 관찰함으로서 보편타당하고 불변하는 자연법칙이나 원인을 연구하는 학문을 말하며, 형이상학이란 플라톤의 이데아나 아리스토텔레스가 말하는 절대형상, 혹은 스콜라 철학에서 주장하는 초월적이고 관념적인 전통적 형이상학을 의미하는 것이 아니라, 인간을 둘러싸고 있는 자연의 형상(form)에 관한 학문이라고 하였다. 자연의 형상이란 자연의 배후에 있는 일반적 원리로 일정(constant)하고 보편적인(universal) 자연의 법칙을 뜻한다고 하였다. 따라서 물리학이 구체적이고 개별적인 사건이나 현상의 원리를 탐구하는 학문이라고 한다면, 형이상학은 일반적이고 보편적인 자연의 법칙을 탐구하는 학문이라고 하였다. 그에 반해 조작적 학문이란 사변적 학문을 통해서 얻게 된 자연법칙의 지식을 토대로 새로운 결과나 지식을 산출해내기 위한 학문으로서 이에는 역학(epidemiology) 등이 포함된다고 하였다.

3) 우상론(Theory of Four Idols)

베이컨의 '대개혁' 2부에서는 그의 철학을 대표하는 우상론(theory of idol)과 과학의 새로운 방법론으로서 귀납적 논리학(inductive logic)이 소개되어 있다. 베이컨의 우상론은 전통적인 이론을 아무런 성찰 없이 받아들이는 사람들의 일반적인 태도나 선입견에 대한 비판으로부터 시작되었다. 즉, 그릇된 이론이라도 많은 사람들이 깊은 성찰 없이 믿고 있다면, 잘못된 대중적 의견의 일치로 판단의 오류(fallacy)나 편견(bias)이 생기게 된다는 것이었다.

베이컨은 당시의 학문이 지나친 권위나 신비주의, 현학에 얽매여 편견과 오류, 사고의 함정에 빠져 있다고 보았으며 이러한 편견과 오류, 사고의 함정을 '마음의 우상(idola of the mind)'이라고 규정하였다. 그러면서 인간의 정신적 오류나 편견을 일으키는 우상(idol)을 자연적 우상(natural idol)과 사회적 우상(social idol)의 두 가지로 구분하고, 다시 자연적 우상을 종족의 우상(idol of the tribe)과 동굴의 우상(idol of the cave)으로, 사회적 우상을 시장의 우상(idol of marketplace)과 극장의 우상(idol of the theater)으로 구분하였다. 자연적 우상이란 모든 사람들이 공통적으로 갖고 있는 우상을 말하며, 사회적 우상은 사람들이 사회활동을 하면서 갖게 되는 우상이라고 정의하였다.

자연적 우상 중 종족의 우상이란 인류 전체가 태생적으로 가지고 있는 추상성(abstraction)에 대한 오류라고 하였다. 추상성의 오류는 인류 공통적 경향에서 기인하는 기만적 신념(deceptive belief)이나 자연적인 지적 결함처럼, 특정 사실이나 현상에 대한 과장(exaggeration), 단순화(simplification), 곡해(distortion), 불균형(disproportion)으로 인한 오류를 말한다고 하였다. 베이컨은 사실의 과장이나 곡해보다는 단순함을 좋아하는 인간의 본성 때문에 종족의 우상이 발생하며, 이러한 종족의 우상을 제거해야 할 첫 번째 우상이라고 하였다. 베이컨은 천동설을 종족의 우상의 대표적인 예로 들었다. 이집트의 천문학자인 프톨레마이오스가 서기 140년경에 주장했던 천동설이 1543년 코페르니쿠스와 케플러(Johannes Kepler, 1571~1630)의 지동설에 의해 거짓으로 판명 날 때까지 거의 1,400년이라는 기간이 흘렀으며, 이 기간 동안 사람들은 아무런 의구심도 없이 천동설을 믿어왔다고 지적하였다. 베이컨은 또한 인간의 마음이란 로크가 주장한 백지상태(tabula rasa)나 세계에 대한 이미지를 있는 그대로 반영할 수 있는 이상적인 평면이 아니라, 왜곡된 거울과 같다고 하였다. 따라서 왜곡된 거울에 비친 상을 그대로 받아들일 경우에는 세계에 대한 잘못된 편견을 가질 수밖에 없다고 하였다.

종족의 우상이 인류 공통의 타고난 우상이라고 한다면, 동굴의 우상은 개인이 지니고 있는 고유한 지적 특성으로 인한 오류라고 하였다. 동굴의 우상은 플라톤의 저서 '국가론' 7권에 나오는 동굴의 비유(allegory of cave)와 유사한 개념으로, 베이컨에 의하면, 사람들은 동굴이라고 불리는 자신만의 고유한 마음을 가지고 있는데, 개인적 성향(temperament), 자신이 받은 잘못된 교육(education), 반복적 습관(habit), 개인이 처한 환경(environment), 혹은 5감각에 의한 굴절된 지각 등에 의해 왜곡될 경우, 사람들은 검증되지 않은 주관적 신념이나 선입견으로 가득 찬 어두운 동굴 속에 갇히게 되고, 모든 사물들을 자신만의 왜곡된 색깔로 해석함으로서 객관적인 진리탐구의 오류를 갖게 된다고 하였다. 동굴의 우상에 대한 예로는 우물 안 개구리(a man of narrow views and limited scope)라는 속담이나 모든 현상을 화학물질로 분해하려는 화학자, 모든 환경을 청결과 위생 관점에서 바라보려는 의료인 등을 들 수 있다고 하였다. 인간의 굴절된 지각으로 인한 예로는 하늘 한 가운데 떠있는 해가 수평선 위로 지는 해보다 더 멀어 보인다거나, 스피노자가 '지구에서 200보 떨어져 있는 태양'이라고 표현한 것 등을 들 수 있다고 하였다. 베이컨은 동굴의 우상이란 인간의 특유한 개인적 성향으로 인해 발생하는 오류이므로 사물에 대한 주관적 경향을 배제하고 객관성을 파악하려는 노력이 필요하다고 강조하였다.

시장의 우상이란 언어(language)나 말(word)의 잘못된 의의(false significance)로부터 발생하는 오류를 말한다고 하였다. 베이컨은 사회적 동물인 인간이 서로 모여 소통하는 사회적 공간을 시장에 비유하였으며, 시장에서 사람들 간의 의사소통의 매개체가 되는 언어가 실재를 충실히 반영하거나 무의미한 단어의 조합으로 만들어진 개념이 실제로 존재한다고 생각하는 사람들의 오류를 시장의 우상이라고 표현하였다. 베이컨은 시장의 우상을 통해 현대 언어학의 의미론(semantics)이 가지게 될 문제점을 예견하기도 하였는데, 사람들은 타인과의 의사소통을 위해 자신의 생각을 정확한 언어로 바꾸어 표현한다고 생각하지만, 언어란 그 언어를 사용하는 사람이나 받아들이는 사람에 따라 의미가 달라진다는 점에 주목해야한다고 지적하였다. 뿐만 아니라 사람들은 특정한 단어로 특정한 사물들을 정확히 분류해 낼 수 있다고 믿지만, 이와는 반대로 많은 단어들이 무의미하고 애매모호하며 혼동된 뜻을 가지고 있으며, 따라서 시장의 우상이란 현실에서는 실재하지 않는 것을 표현하고 있다는 사실에 대한 무지에서 오는 것이라고 지적하였다. 베이컨은 제일질료(primary matter)나 부동의 동자(unmoved mover), 숙명(destiny), 운명의 여신(goddess of fate) 등과 같이 실존하지도 않는 형이상학적 용어나 무의미한 주제로 논쟁을 벌이는 것은 인간을 기만하는 오류로 배격되어야 한다고 주장하였다. 베이컨은 또한 일상적으로 사용되는 언어조차도 언어로 분류된 사물들 간의 유사성이나 차이점에 대한 오류를 발생시키는데, 고래와 물고기처럼 기본적으로 다른 어류나 동물을 유사한 종류로 분류하거나, 얼음이나 물, 수증기처럼 기본적으로 동일한 물체를 전혀 다른 현상으로 표현하는 오류를 예로 들었다. 베이컨의 시장의 오류, 즉 언어사용이나 언어의 왜곡된 의미의 사용으로 인한 오류는 그 후 18

세기 계몽주의를 거쳐 19세기 콩트의 실증주의, 20세기의 논리실증주의에 커다란 영향을 미치게 되었다.

　　마지막으로 극장의 우상이란 일반대중들의 판단을 흐리게 함으로서 전통적 입장이나 권위에 맹종하도록 부추기는 지식인들의 학문적 궤변(sophistry)에 의한 오류를 말한다고 하였다. 베이컨은 인간 세계를 무대와 무대장치들을 갖추고 있는 극장으로, 이론체계들을 작가가 연극으로 올리기 위해 상상으로 꾸며낸 창작극으로 보았다. 따라서 잘못된 대본으로 쓰여진 연극이 지적세계라는 무대에 오르면, 실재하지도 않는 철학적 궤변을 늘어놓는 철학자나 과장된 시를 읊는 시인, 잘못된 개념으로 무장한 신학자들은 달콤하고 편파적인 궤변으로 청중들을 유도하고, 청중들은 판단력을 상실한 채 이들의 궤변에 충성하게 된다고 하였다. 이와 같이 극장의 우상이란 지식인들이 그들의 지적 우월성이나 철학적 특권을 악용하여 몽매한 대중들을 학문적 궤변으로 세뇌시키려는 오류라고 할 수 있다. 베이컨은 특히 극장의 우상을 통해 사실과는 무관한 철학체계를 가르치는 정통 스콜라철학과 감각의 역할을 무시하는 합리주의자들의 철학체계를 비판하였다. 스콜라 철학에서 주장하는 대전제, 즉 인간의 최상위 계층에는 절대지존의 제일형상이 존재한다는 주장이나, 초월적 이데아계를 주장한 플라톤의 이데아론은 모두 은유적 표현을 무비판적으로 사용한 사이비 설명의 본보기이며, 신이라는 초월적 존재를 설정해놓고 그 위에 상징적 의미를 부여한 상징화의 가면에 불과하다고 비판하였다. 베이컨의 주장은 현대에 들어와 독일계 물리철학자인 라이헨바흐(Hans Reihenbach, 1891~1953)에 의해 강력한 지지를 받게 되었는데, 라이헨바흐는 단순한 평행론에 근거를 둔 사이비 설명에 전통 철학자들이 사로잡혀 있다고 비판하면서, 무분별하고 잘못된 은유(metaphor)와 비유(analogy)적 추론을 통해 만들어진 치명적인 과오가 언제나 철학자들의 고질적 문제라고 지적하였다. 신에 대한 극장의 우상은 그 후 많은 무신론자들에게 영향을 미쳐, 니체와 같은 철학자들은 신은 죽었다고 역설하였으며, 칼 마르크스는 우상파괴이론을 주장하였다. 베이컨은 올바른 진리 탐구를 위해서는 종족, 동굴, 시장, 극장의 우상을 배격해야 하며, 전통과의 단절을 통해 학문적 편견과 함정에서 벗어나는 것만이 참된 진리에 이르는 길이라고 강조하였다.

4) 귀납법(Induction)

　　베이컨은 그의 저서인 '대개혁'의 2부에서 우상론과 더불어 과학적 증명을 통해 자연의 원리를 발견하기 위한 방법으로 귀납법(induction)을 소개하였다. 그는 '대개혁' 2부의 부제를 '새로운 기관(New Organ)'이라고 붙였는데, 이는 아리스토텔레스가 그의 논리학 저서들의 총칭을 '학문의 기관(Organ)'이라고 붙인 것에 반하여 새로운 논리학적 시도라는 의미에서 취해진 것이었다.

베이컨의 귀납법은 아리스토텔레스가 소개한 삼단논법(syllogism), 즉 연역적 논리(deductive logic)를 비판하면서 제기되었다. 그에 의하면, 모든 현상을 대표하는 포괄적이고 보편적인 공리체계란 이 세상에 존재하는 자료들을 체계적인 방법으로 수집하여 정확한 관찰과 증명을 통해서 정리되어야만 가능하다고 하였다. 따라서 진리로 논증될 수 없거나 타당성을 증명할 수 없는 일반원리를 대명제로 내세워 이를 개별명제와 연관시킨 아리스토텔레스의 연역법은 대명제와 개별명제 간의 논증 순환의 쳇바퀴에 빠지게 되는 결과를 초래한다고 비판하였다. 다른 말로 하면, 비록 대명제와 개별명제 간의 논리적 증명이 성립되었다고 하더라도 대명제 자체의 타당성이 의심되면 이를 다시 증명해내야 하는 순환적 쳇바퀴로 이어진다는 것이었다.

새로운 지식을 창출하기 위한 가장 올바른 학문 방법으로 베이컨은 귀납법(inductive method)을 들었다. 귀납법이란 인간의 감각이 경험하는 바를 관찰하고 점진적으로 상향하여 가장 일반적인 정리(theorem)에 도달하기 위한 실증적 방법론으로써 구체적인 사물들의 관찰과 실험을 통해 반복적으로 나타나는 형태(recurring pattern)를 발견하여 이를 보편적이고 일반적인 근본 원리로 정리하는 것이라고 하였다. 따라서 베이컨이 제안한 귀납법은 과학적 실험과 관찰에서 얻은 사실로부터 일반적인 원리를 찾기 위한 귀납적 일반화의 추론이라고 할 수 있으며, 이때 베이컨은 반복성(recurrence)을 귀납법의 가장 중요한 핵심 개념으로 들었다.

베이컨은 '거미(spider) − 개미(ant) − 꿀벌(honeybee)'의 비유를 통해 연역적 사유를 근거로 하는 합리주의와 아무런 관련이 없는 사실들을 수집함으로서 결론을 이끌어내지도 못하는 경험철학 모두를 비판하였다. 우선 그는 연역적 사유 방식에만 머물러 독단적 추리와 관념적 교리만을 강조하는 대륙의 합리주의자들을 거미에 비유하였다. 합리주의자들은 거미가 자신의 항문 근처에 있는 한 쌍의 방적돌기로부터 섬유 실(fiber)을 뽑아내어 거미줄을 만드는 것처럼, 외부 경험과는 아무런 관련이 없는 내적 이성이나 내적 관념만을 중시한다고 비판하였다. 또한 유용한 결론을 제시하지 못한 채 관찰과 실험의 결과만을 수집하는 당시의 경험주의적 과학자들은 양식을 모아 두기만 하는 개미의 속성과 유사하다고 보았다. 그러나 진정한 경험주의 철학자들이란 꿀벌이 들에 핀 꽃으로부터 '꽃가루'라는 재료를 수집하여 자신의 몸속에서 소화시킨 후 '꿀'이라는 전혀 다른 생산물을 토해내는 것처럼, 외부 사물을 수용하여 내적 인식과정을 거쳐서 새로운 지식을 창출해낸다고 하였다.

결론적으로, 데카르트와 함께 근세 철학의 아버지로 불리는 베이컨은 철학자로서 배제해야 할 형이상학을 우상론의 가장 일차적인 대상으로 보았으며, 과학적 관찰과 증명을 위한 귀납적 추론방법을 주장함으로서 진정한 의미의 과학적 경험론의 세계를 열었다고 할 수 있다.

04. 로크의 경험주의

1) 생애

존 로크(John Locke, 1632~1704)는 영국 서머셋셔(Somersetshire)의 작은 마을인 링턴(Wrington)에서 법조인의 아들로 태어났다. 로크의 아버지는 청교도혁명(Puritan Revolution, 1642~1660) 당시 영국 군주제를 폐지하기 위해 창궐한 의회파 군대의 수장이었던 크롬웰(Oliver Cromwell, 1599~1658)의 휘하에서 기병대 대장으로 참전하였다.

중산층 가정에서 엄격한 청교도 교육을 받고 자란 로크는 15세가 되던 1647년 귀족학교로 알려진 웨스트민스터 기숙사학교(Westminster School)에 입학하게 되었는데, 중산층의 자제가 귀족학교에 입학할 수 있었던 것은 청교도 혁명의 성공으로 정치권력을 얻게 된 아버지의 영향 때문이라고 할 수 있다. 청교도혁명은 찰스 1세가 권리청원(Petition of Rights)을 승인하고도 11년간이나 의회를 소집하지 않은 채 전제정치를 단행하자 청교도 인들이 이에 반발하여 일으킨 시민혁명을 말한다. 크롬웰이 이끄는 의회파가 승리하자, 크롬웰은 찰스 1세를 처형하고 1649년 잉글랜드 연방을 세우면서 종신 호국경(Lord Protector)되었다.

로크는 웨스트민스터 학교에서 받았던 교육의 영향으로 훗날 뛰어난 철학자가 되기 위한 학문적 기초는 물론, 17세기 혼란했던 영국 정치계를 개선하기 위한 정치가로서의 기초를 닦았다. 그 결과, 로크는 홉스, 루소의 사회계약론과 함께 3대 정치철학으로 불리는 사회계약설을 창시하였다. 로크는 그의 사회계약론에서 국가란 개인이 맺는 계약을 통해 창출되어야 하며, 이때 가장 이상적인 국가는 국민들이 직접 다스리는 공화정이라고 주장하였다. 로크의 이러한 정치철학은 1689년 영국의 명예혁명을 통해 달성되었으며 미국 독립전쟁에도 지대한 영향력을 발휘하게 되었다.

웨스트민스터 학교를 우수한 성적으로 졸업한 로크는 1652년 옥스퍼드 대학의 크라이스트 처치(Christ Church of Oxford University)에 장학생으로 입학하여 데카르트 철학을 위시하여 다양한 학문을 섭렵하였다. 크라이스트 처치는 원래 헨리 8세에 의해 건립된 수도원이었으나 그 후 단과대학으로 통합되면서 영국의 역대 총리들을 위시하여 많은 저명인사들을 배출한 옥스퍼드 대학교의 대표적 단과대학으로 발전하였다. 그 당시 옥스퍼드 대학교에서는 스콜라 철학이 전통적인 학문으로서 맹위를 떨치고 있었는데, 이를 맹렬히 비난하던 로크는 실험적 자연과학을 전공하길 원했다. 그러나 보수적인 옥스퍼드 대학에서는 자연과학이 지나치게 혁신적이라는 이유로 강의가 열리지 않자 자연과학 중 유일하게 허락된 의학을 선택하게 되었다. 1656년부터 1664년까지의 의학 학위과정과 연구원 과정을 마친 로크는 1666년 새프츠베리 초대백작(1st

Earl of Shaftesbury)이며 정치가인 쿠퍼 경(Lord Anthony Ashley Cooper, 1621~1683)의 주치의가 되어 그의 간염(hepatitis) 치료를 위해 간 낭종(hepatic cyst) 제거 수술을 단행하였다. 이 수술이 성공적으로 끝나자 로크의 치료에 감동한 쿠퍼 경은 그를 정치계로 이끌었다. 그러나 당시 절대 주의 국왕이었던 찰스 2세를 몰아내기위한 쿠퍼 경의 혁명계획이 실패로 끝나자, 생명의 위협 을 느낀 로크는 1683년 네덜란드로 피신하였다. 로크는 정치생활을 하던 1675년에 천식발작 (asthma attack)이 일어나자 이를 위해 프랑스 몽펠리에르라는 곳에서 4년 간 휴양생활을 하였 다. 이 때 그의 대표작이라고 알려진 '인간 오성론(An Essay Concerning Human Understanding)'을 집필하기 시작하였으며, 명예혁명(glorious revolution)이 끝나고 영국으로 돌아온 로크는 1689년 이 책을 출간되었다. 1689년은 무혈혁명이라고 불리는 영국의 명예혁명이 완성된 시기로, 가톨 릭교회 중심의 정치에서 벗어나 영국헌법의 기초인 권리장전(Bill of Right)의 선포와 더불어 의 회중심의 입헌공화국이 시작된 해이다.

평생을 독신으로 살며 경험주의를 창시한 로크는 1700년 영국 동부의 에식스(Essex)에서 1704년에 사망하였다.

2) 백지설(Theory of Tabula Rasa)

경험론자로서 로크의 주요 관심사는 지식의 토대(foundation)와 지식의 범위(scope), 그리고 지식의 확실성(certainty)을 규정하는 것이었다. 이를 위해 로크는 1689년 출간한 그의 저서 '인 간 오성론'을 통해 지식의 기원은 백지설(theory of tabula rasa)로 설명하였으며, 지식의 범위에 대해서는 사물의 특성을 제1성질(primary quality)과 제2성질(secondary quality)로 구분하고, 인간 의 경험을 감각(sensation)과 반성(reflection), 단순관념(simple idea)과 복합관념(complex idea)으로 설명하였다. 마지막으로 지식의 확실성을 주장하기 위해서는 지식의 형태를 3가지로 분류하여 확실성의 정도에 따라 직관적 지식(intuitional knowledge), 논증적 지식(logical knowledge), 감각 적 지식(sensational knowledge)으로 계열화하였다.

로크의 백지설은 데카르트의 생득관념, 혹은 본유관념(pre-existing, innate idea)에 반대하여 경험적 관념(idea based on experience)을 소개하기 위한 이론이었다. 데카르트가 주장한 생득관 념이란 경험 이전에 인간에게 주어진 관념으로서, 인간이라면 누구나 천부적으로 타고난 생득 적 인식능력을 말한다. 이러한 생득적 인식능력은 무한한 실체인 신이 유한한 인간에게 부여한 절대적, 신적 능력이기 때문에 인간은 자신의 이성을 통해 생득적으로 주어진 신의 존재를 파악 할 수 있다고 주장하였다. 또한 합리주의자들은 인간의 마음에는 태어날 때부터 동일률(law of identity), 모순율(law of contradiction), 배중률(law of excluded middle)처럼 모든 인류가 보편적으로 동의하는 논리적 원리들은 물론, 실천적 행위의 도덕률, 혹은 윤리관념이 각인되어 있다고 주장하였다. 참고로 동일률, 모순율, 배중률은 아리스토텔레스의 고전논리학을 대표하는 항진명제(tautology)의 3대 원리를 말한다. 항진명제를 나타내는 'tautology'에서 'tauto-'란 '같은(same)'이라는 뜻을 가진 어근이며 '-logy'란 '학문'을 의미하는 어미를 말한다. 따라서 항진명제란 다른 증명이나 법칙을 필요로 하지 않고 항상 참인 명제를 말한다. 동일률이란 "만약 A가 존재한다면 그것은 A로 존재한다."는 원칙으로, 모순되는 두 가지 판단이 동시에 존재할 수 없다는 것을 의미하며, 모순율이란 "A는 A인 동시에 A가 아닐 수 없다."는 법칙으로 특정 사물을 긍정하면서 동시에 부정하는 것은 불가능하다는 법칙을 말한다. 배중률이란 "모든 사물은 존재하거나 존재하지 않거나, 참이거나 거짓이거나 둘 중 하나이다."라는 원리로 참 또는 거짓 외의 제3의 중간적인 판단은 없다는 것을 의미한다. 고전 논리학에서는 동일률, 모순율, 배중률 중 하나라도 위배되면 논리적 오류가 발생하므로 정확한 추론을 위해서는 반드시 이 세 법칙을 모두 만족시켜야한다고 주장하였다.

로크는 그의 백지설에서 인간은 태어날 때 백지상태로 태어나기 때문에 성장과정에서 획득한 경험을 통해서만 관념이 축적되는 것이라고 주장하였다. 따라서 신적 관념, 동일률이나 모순율 같은 논리적 원리, 도덕률 등은 모든 인류의 공통적 생득관념으로서 태어날 때부터 가지고 태어난다는 생득관념자들의 주장은 옳지 않다고 반박하였다. 예를 들어, 신의 관념이 생득적이라는 원칙은 무신론자들에게는 적용시킬 수 없다고 하였다. 문명인들 중에서 높은 비율을 차지하는 무신론자들이 태어나면서부터 신의 관념을 생득적으로 가지고 태어날리 없으며, 따라서 생득적 신성이란 어불성설이라고 하였다. 어린이나 백치들 또한 동일률이나 모순율, 배중률과 같이 어렵고 복잡한 논리적 원리를 가지고 있지 않으므로 태어나면서부터 논리적 원리를 가지고 나온다는 생득관념은 존재하지 않는다고 반박하였다. 로크는 신생아가 생득관념을 가지고 태어나지만 의식하지 못할 뿐이라는 합리론자들의 반론 역시 마음이 소유하고 있는 생득관념을 의식하지 못한다는 것 자체가 잘못된 논리이기 때문에 모순이라고 지적하였다. 그는 또한 도덕률과 같은 실천적 기준도 각 시대, 지역, 문화적 배경에 따라 천차만별이고 각기 다른 문화적 환경에서 자라는 어린이들은 그 사회가 요구하는 도덕률이나 실천적 규범원리만을 학습하기 때문에 이를 만인공통의 생득관념이라고 주장하는 것은 어불성설이라고 하였다. 또한 인간의 행위를 통제하고 도덕적 행위로 인도하는 양심(conscience)도 선험적으로 각인되는 것이 아니라 그 사회가 규정한 규범(norm)과 질서를 따르기 위해 후천적으로 형성된 의견이나 판단에 지나지 않는다고 주장하였다. 결론적으로 로크는 만약 모든 인류가 보편적으로 동의하는 원리가 있다면, 이는 선천적으로 인간의 마음에 각인되었기 때문이 아니라, 수많은 경험적 사실을 통해 그러한 원리들이 명백하다는 것이 증명되었기 때문에 일반적 관념으로 동의하는 것이라고 하였다. 이와 같이 로크는 데카르트가 주장한 생득관념의 모순을 지적하면서 인간은 태어날 때 백지 상태, 즉 빈 서판 같은 마음(At birth, the mind was a blank slate or tabula rasa.)을 가지고 태어나며, 외부 세상에 대한 감각적인 경험과 지각활동에 의해 마치 백지에 글을 써나가듯 점차적으로 관념이 축적되고 지적 능력이 형성된다고 보았다. 참고로 'tabula rasa'란 라틴어로 '비어있는 깨끗한 석판(blank slate)'이라는 뜻을 가지고 있다. 따라서 백지와 같은 마음을 가지고 태어난 인간이 이성과 지식의 재료로 갖게 되는 것은 감각적 경험이며, 인간의 모든 지식은 경험에 토대를 두고 있다고 주장하였다.

로크는 그의 백지설을 통해 모든 지식은 인간 경험의 연속적 축적과정을 통한 관념의 획득이라는 지식의 토대설을 확립하게 되었으며, 백지설을 근간으로 하는 그의 마음 이론(theory of mind)은 정체성(identity)과 자아 개념(the self)에 대한 현대적 신념의 기초를 제공하였다. 이러한 점에서 로크는 자아란 의식의 지속성을 통해 개발된다고 주장한 최초의 철학자라고 볼 수 있다. 로크의 백지설은 그 후 심리학과 교육학에도 지대한 영향을 미쳐 선천적 능력보다는 후천적 교육을 중시하는 교육만능설, 형식도야설, 환경결정론, 능력심리학 등으로 발전하였다.

3) 지식의 범위(Scope of Knowledge)

로크는 '인간오성론' 1권에서 그의 3가지 철학적 핵심과제 중 지식의 범위를 사물의 속성, 인간 경험의 소재, 관념의 차원으로 설명하였다.

로크는 지식의 범주를 설명하기 위해 먼저 객관적인 사물과 인간의 주관적 관념을 구분하였다. 이러한 사상은 17세기 말부터 새로운 자연과학적 패러다임으로 등장한 미립자론(corpuscular philosophy)과 표상론(representationalism)적 자연관에 의거한 분류 방식이라고 할 수 있다. 미립자론이란 자연세계는 더 이상 분리시킬 수 없는 미립자들로 구성되어 있으며, 미립자들의 추돌로 인한 운동으로 자연세계가 변화한다고 믿는 기계론적 자연관을 말한다. 표상론이란 인간의 마음은 정신 밖에 존재하는 물 자체를 그대로 인식하는 것이 아니라 물체에 대한 정신적 영상, 즉 표상(representation)으로 인식한다는 철학적 인식론을 말한다.

로크는 이러한 자연관에 의거하여 객관적 사물의 성질을 제1성질(primary quality)과 제2성질(secondary quality)로 구분하였다. 사물의 제1성질이란 사물 자체가 가지고 있는 객관적인 성질을 말하며, 제2성질이란 객관적인 사물에 대해 인간이 주관적으로 지각한 사물의 표상을 말한다고 하였다. 따라서 사물의 제1성질이란 물체를 다른 것으로는 분리시킬 수 없는 참으로 존재하는 물체만의 객관적 속성을 말하며, 제1성질로 인해 인간은 사물에 상응하는 관념들을 산출해낸다고 하였다. 사물의 제1성질에는 형태(shape), 운동성(motion), 배열(arrangement), 용적(volume), 연장성(extension) 등이 있으며, 제2성질이란 인간의 시각, 후각, 청각, 미각, 촉각의 5감각을 사용하여 물체의 색깔, 냄새, 소리, 맛, 촉감 등을 지각하는 주관적 성질을 말한다고 하였다. 물체의 제2성질은 물체의 제1성질에 의존하여 지각되나, 제1성질과 제2성질은 서로 동일하지 않으며 단지 인간의 마음속에 감각경험을 산출하는 힘을 가지고 있을 뿐이라고 하였다. 예를 들어, 동일한 상처를 보고도 한 사람은 "매우 고통스럽고 아프다"라고 지각하는 반면, 다른 사람은 "별로 아프지 않다"라고 지각하는 것처럼 사람의 주관적 지각은 다를 수 있다는 것이었다.

객관적인 사물을 정의한 로크는 다음 단계로 인간 경험의 소재를 감각(sensation)과 반성(reflection)으로 구분하고 감각을 외적 경험(external experience), 반성을 내적 경험(internal experience)이라고 규정하였다. 로크는 마음에 들어있는 관념들 가운데 감각이나 반성에 의하지 않은 것은 아무 것도 없으며, 관념(idea)은 신체의 감각기관을 통해 들어온 외적 경험들을 성찰(inspection)하고 반성하는 마음의 작용에 의해 습득되며, 참된 인식은 관념들의 축적으로 이루어진다고 보았다. 그 결과, 사람들이 경험하는 대상들의 다양성에 따라 외부로부터 들어오는 감각적 경험의 폭이 확장되며, 마음의 작용인 반성의 적극성과 능동성에 따라 관념의 폭이 넓어지는 것이라고 주장하였다. 로크는 "구름을 뚫고 높은 하늘까지 도달하는 모든 숭고한 생각도 감각과 반성을 기초로 하여 발생한다. 또한 깊은 사색으로 정신이 도달할 수 있는 범위란 감각과 반성에 의해 파악할 수 있는 관념의 범위까지이며, 관념 너머에는 아무 것도 존재하지 않는다."고 강조하면서 모든 형이상학적 개념을 부정하였다.

로크는 지식의 범주를 이루는 인간의 관념을 다시 추상성(abstraction)의 위계에 따라 단순관념(simple idea)과 복합관념(complex idea)의 두 가지로 구분하였다. 단순관념이란 인간의 감각기관을 통해 받아들여진 일차적 관념들로 지식의 가장 기본적인 재료가 되며, 복합관념이란 두 가지 이상의 단순관념들의 결합으로 형성된 추상적 관념이라고 하였다. 예를 들어, 단순관념은 '빨갛다', '달다', '둥글다'와 같이 사물로부터 감각기관을 통해 수동적으로 습득되는 단순한 관념을 의미하나, 복합관념은 수, 원인과 결과, 다양성, 정체성, 추상성 등과 같이 단순관념들을 능동적으로 비교, 결합하여 공통성에 의해 형성된 관념을 말한다고 하였다. 단순관념이 수동적으로 습득된다는 뜻은 사람들이 원하거나 원치 않거나 객관적 사물은 인간의 감각을 자극하고 이렇게 형성된 단순관념은 인간의 마음에 의해 거부되거나 변경되지 못한다는 것을 의미한다고 하였다. 이에 반해 복합관념이란 마음의 능동적인 작용을 통해 이미 기억 속에 존재하고 있는 단순관념들이나 복합관념들을 서로 결합, 비교, 대조함으로써 만들어지고 상위계층의 새로운 관념이라고 하였다.

로크는 새로운 복합관념들을 구성하기 위한 기준으로 추상작용(abstraction)을 들었는데, 추상작용이란 개별적인 대상들로부터 들어온 개별적인 관념들을 취해서 시간, 장소, 운동 등을 초월한 보편적 관념을 형성하기 위한 마음의 작용이라고 하였다. 예를 들어, 인간은 특정 장소와 시간에 존재하는 수많은 말(horses)이나 소(cows)에 대한 개별적 관념들을 분류하고 취합하여 '동물(animal)'이라는 관념을 형성하게 되며, 이때 동물이라는 관념은 시공간을 초월한 보편적 관념이 된다는 것이었다. 따라서 복합관념이란 개별적인 사물 자체에는 속하지 않는 일반적 명칭이므로 사물의 본질이라고는 볼 수 없으며, 단지 사물의 전체적인 윤곽을 이해하기위해 이들을 분류한 인간의 특수한 이해방식이라고 강조하였다.

로크는 복합관념의 특성으로 양태(mode), 관계(relation), 실체(substance)를 들었다. 양태란 실체의 상태를 나타내는 관념으로, 이에는 거리, 양, 형상 등의 공간적 양태를 비롯하여 시간의 양태, 수의 양태, 힘의 양태, 운동의 양태 등이 포함되며, 관계란 한 사물과 다른 사물을 비교, 대조함으로서 생기는 관념을 말한다고 하였다. 마지막으로 실체란 그 자체로 존재가 인정되는 관념으로, 이에는 물체, 정신, 신의 관념이 포함된다고 하였다. 로크는 데카르트의 생득적 관념을 부정하기 위해서 신의 존재를 복합관념의 차원에서 다루었다. 복합관념이란 단순관념과는 달리 사물자체나 사물의 본질이 아니라 사물을 분류하고 보편화시키는 추상적인 과정의 결과물이라고 하였다. 이때 추상작용의 목적도 물체의 형이상학적 본질을 파악하기 위해서가 아니라, 관념들을 대표하는 일반명사를 만들려는 의도에서 분류한 것이므로, 신이란 실체를 가지고 있지 않은 일반명사로서 신의 실체는 단지 단순관념을 통해 파악될 수 있다고 설명하였다. 이러한 구차한 설명으로 신의 존재를 인정하지 않을 수 없었던 그의 경험론은 합리론적 테두리에서 벗어나지 못했다는 비판을 피할 수 없었으며, 그 후 버클리를 포함한 많은 철학자들로부터 비판의 대상이 되었다.

4) 확실성의 인식론

지식의 확실성, 혹은 확실성의 인식론이란 로크의 3번째 철학 과제인 지식을 어떻게 알 수 있는가, 즉 얼마만큼의 확실성을 가진 지식을 지식이라고 할 수 있는가에 대한 이론적 분류체계라고 할 수 있다. 이를 위해 로크는 지식의 종류를 직관적 지식(intuitional knowledge), 논증적 지식(logical knowledge), 감각적 지식(sensational knowledge)의 세 가지로 분류하였다. 직관적 지식이란 다른 어떠한 매개체도 없이 관념들의 일치나 불일치를 직접적으로 지각할 수 있는 지식을 말한다고 하였다. 직관(intuition)이란 '고려하다(consider)'는 뜻을 가진 라틴어의 동사인 'intueri'와 '생각하다(contemplate)'는 뜻을 가진 중세 후기 영어에서 유래된 용어로, 외부 실체에 대한 논리적 추론, 경험적 관찰, 확증적 증명이나 명백한 증거 없이 사물을 접하는 순간 본능적으로 추론에 도달하는 내적 통찰력, 혹은 직접적 지각을 의미한다. 그러나 결정적인 순간에 내부로부터 터져 나오는 확신이나 통찰력도 아무런 기초 없이 이루어지는 것이 아니라, 오랜 기간 축적되고 저장되었던 경험들이 정신적 부화과정을 거쳐 어느 순간 발휘되는 것이므로 직관이 과학적으로 증명 될 경우에는 막강한 위력을 발휘하게 된다. 로크는 직관적 지식이란 인간의 정신이 도달할 수 있는 가장 명백하고 확실한 지식이라고 규정하였다. 논증적 지식이란 관념들 사이의 일치 또는 불일치를 직접적으로 지각하는 지식이 아니라, 어떤 매개적 관념들을 필요로 하는 지식을 말한다고 하였다. 즉, 논증적 지식이란 직관적 지식에 의거하여 여러 관념들을 비교하고 추론함으로서 관계를 파악하는 지식이므로, 직관적 지식보다는 명료함과 확실성이 결여된다고 하였다. 대표적인 논증적 지식으로는 신의 존재에 관한 지식이 포함된다고 강조한 로크는 신의 존재도 인간 존재에 관한 직관적 지식을 매개로 증명할 수 있다고 주장하였다. 마지막으로 감각적 지식이란 감각에 의해 얻어지는 개별적 사물에 대한 지식을 말하는데, 경험으로부터 얻는 인식은 우연적이고 개별적이므로 이성이 요구하는 필연성이나 보편성을 얻을 수 없다고 보았다. 따라서 사물에 대한 개연성만을 가지고 있는 감각적 지식은 3가지 종류의 지식 중 가장 낮은 확실성을 가지고 있다고 하였다. 그렇다고 해서 감각적 지식의 유용성을 평가절하해서는 안된다고 경고한 로크는 감각적 지식의 일반적 개연성만으로도 인간이 살아가는 데는 아무런 지장이 없으며, 실천적 삶의 목적을 달성하기 위한 안내자로서의 역할은 충분하다고 강조하였다.

05. 버클리의 주관적 관념론(Subjective Idealism)

1) 생애

버클리(George Berkeley, 1685~1753)는 아일랜드 동남부 내륙에 위치한 킬케니 시(Kilkenny)에서 태어났다. 그는 아일랜드 출신인 에리우게나(Johannes Scottus Eriugena, 810~877)를 제외하면 아일랜드를 대표하는 유일의 철학자라고 할 수 있다. 에리우게나는 범신론을 주장한 신플라톤주의 철학자이나 철학은 신학의 하위학문이 아니며, 이성이 신앙보다 우위에 있다고 주장하여 기독교 교회로부터 신에 대한 불경죄로 추방된 인물이었다.

1704년 아일랜드의 수도 더블린에 있는 트리니티 칼리지(Trinity College in Dublin)에 입학한 버클리는 로크의 경험론과 대륙의 회의주의에 의해 깊은 영향을 받게 되었다. 1710년에서 1721년에 이르는 기간 동안 문학사 학위와 신학박사 학위를 취득한 버클리는 1724년 데리(Derry)의 사제장으로 임명될 때까지 트리니티 대학과의 학문적 인연을 이어나갔다. 참고로 데리란 가장 오래된 역사를 지닌 아일랜드의 도시로 공식명칭은 런던데리(Londonderry)이다. 런던데리는 1613년 런던의 리베리 회사(Livery Company)에 의해 세워진 아일랜드 최초의 계획도시로 알려져 있다.

버클리의 대표작이라고 할 수 있는 저서들은 그가 영국 국교회 교파인 아일랜드 교회의 성직자로 봉직하던 시기에 출간되었으며, 그 중 1710년에 출간한 '인간 지식에 관한 논고(Treatise Concerning the Principles of Human Knowledge)'와 1713년에 출간한 '하일러스와 필로너스의 세 대화(Three Dialogues between Hylas and Philonous)'는 로크의 객관적 사물의 존재를 부정하고, 만물은 인간의 주관적 관념에 의해서만 존재한다는 그의 주관적 관념론을 피력한 대표적 저술로 알려져 있다.

1728년에 대법원장의 딸과 결혼한 버클리는 미국 버뮤다(Bermuda)에 바울대학을 세워 미국 인디언들을 교육하기 위한 '버뮤다 계획'을 세우고 부인과 함께 아메리카로 건너갔다. 참고로 버뮤다는 많은 섬으로 이루어진 다도해로 미국 노스캐롤라이나 만으로부터 동쪽으로 약 1,000km 정도 떨어져 있는 곳이다. 버클리의 '버뮤다 계획'은 국왕을 위시해서 많은 교회와 일반대중으로부터 전폭적인 지지를 받게 되었다. 따라서 영국 국왕은 대학 설립을 허가했으며, 영국의회는 2만 파운드에 달하는 임시지원금을 인준하기에 이르렀다. 그러나 이에 반대하는 정치인들로 인해 보조금 지급이 중단되자 버클리 부부는 1731년 런던으로 돌아오게 되었다.

런던으로 돌아온 버클리는 1734년에 '분석가: 신을 믿지 않는 수학자에게 보내는 글(The Analyst: A Discourse Addressed to An Infidel Mathematician)'을 출간하였으며 같은 해에 아일랜드 클로인(Cloyne, 아일랜드어 Cluain)의 감독주교를 거쳐 1737년에 아일랜드의 상원의원으로 추대되었다. 클로인에 있던 그의 상원의원 접견실은 정치적, 학문적 사교의 중심지가 되었으며, 1737년에 유럽전역에 대흑사병이 창궐하여 아일랜드까지 전염병이 돌자 진료소로 사용되기도 하였다.

말년에 접어들면서 버클리는 미국의 여러 대학을 방문하면서 후원활동을 벌였다. 그 중 후에 예일대학교가 된 뉴헤븐 대학을 전폭적으로 후원하였으며, 하버드 대학의 총장인 사무엘 존슨(Samuel Johnson, 1709~1784)을 방문하여 훗날 컬럼비아 대학(Columbia College)이 된 킹스 칼리지(King's College)의 설립과 경영에 많은 조언을 해 주었다. 킹스 칼리지는 1754년 영국의 조지2세 국왕의 칙허장(Royal Charter)에 의해 설립되었으며, 1896년에 컬럼비아 대학교(Columbia University)로 발전한 미국 8대 명문대학인 아이비 리그(Ivy League)의 하나이다.

말년에 들어 건강이 악화된 버클리는 옥스퍼드 대학교의 교수로 있던 아들을 보기 위해 들렀던 옥스퍼드에서 67세가 되던 1753년에 뇌일혈로 사망하였다.

2) 주관적 관념론(Subjective Idealism)

버클리의 주관적 관념론(subjective idealism)은 "존재한다는 것은 지각된다는 것이다."라는 문장으로 요약된다. 사물의 객관적 존재를 부정하고, 능동적인 작용으로서의 정신(mind)과 정신 속에서 존재하는 관념(idea)만을 인정한 버클리의 비유물론과 주관적 관념론은 로크의 이론 중 두 가지의 모순점을 반박하면서 확립되었다. 첫째는 로크가 구분한 물체의 제1성질과 제2성질의 경계가 모호하기 때문에 제1성질에 대한 객관성을 증명할 수 없다는 것이었으며, 두 번째 모순점은 첫 번째 모순점과 맥락을 같이 하는 것으로, 로크가 복합관념으로서 물체의 존재를 인정한 것이 잘못되었다는 것이었다.

우선 로크는 물체의 제1성질이란 사물의 크기나 모양처럼 사물 자체의 객관적이고도 고유한 성질을 말하며, 제2성질이란 색깔이나 냄새처럼 인간의 지각에 의해 주관적으로 획득되는 사물의 성질이라고 규정하였다. 이에 대해 버클리는 인간의 인식은 모두 주관적이며 따라서 모든 감각적 경험을 통해 얻게 된 지식은 주관적일 수밖에 없다고 주장하였다. 버클리는 특히 1709년에 집필한 '시각에 관한 새 이론'에서 사람들은 시각(vision)을 통해 색깔(color)뿐만이 아니라 물체의 크기(size)나 모양(shape)도 함께 지각한다고 생각하지만, 이와는 달리 물체의 크기나 모양은 색깔에 퍼져있는 넓이에 맞추어 눈동자를 돌리거나 손으로 직접 만져본 결과, 혹은 물체가 있는 곳까지 걸어가면서 얻은 감각운동(sensory motor movement)의 결과라고 주장하였다. 예를 들어, '빨간 사과'에 대해 어떤 사람은 '새빨갛다'고 느끼는 한편, 다른 사람은 '연한 빨강색'이라고 느끼는 것처럼, 모든 감각적 경험을 통해 얻게 된 주관적 지식은 관찰자의 신체적, 정신적 상태, 혹은 관찰자의 위치에 따라 다르게 지각되는 것이라고 주장하였다. 관찰자의 위치에 대한 가장 비근한 예로 버클리는 왼손은 차가운 물속에, 오른손은 따뜻한 물속에 담갔을 경우를 들었다. 즉, 차가운 물에 담근 왼손은 물을 차갑다고 느끼고 오른손은 따뜻하다고 느끼는 것처럼 물체는 손의 위치에 따라서도 다르게 지각되며, 따라서 로크가 주장한 사물의 제1원칙인 온도는 인간의 지각일 뿐 사물의 성질이 아니라고 반박하였다. 이와 마찬가지로 사물의 크기 또한 사물과 관찰자 간의 거리에 의해 지각되는 주관적인 것이므로 객관적인 사물의 성질이라고 볼 수 없다고 반박하였다.

로크는 물질이 실제로 가지는 성질을 제1성질로, 인간이 지각하는 것을 제2성질이라고 구분하였지만, 버클리는 인간의 감각기관이 갖는 한계로 인해, 주관적인 지각으로 파악된 물체의 제2성질로부터 제1성질을 완전히 분리해 낼 수 없으며, 따라서 물질의 제1성질은 존재하지 않는다고 주장하였다. 설령 제2성질로부터 제1성질을 분리시킬 수 있다고 하더라도 로크가 주장한 물질의 제1성질은 물질의 실제적 본질이 아니라고 주장하였다. 왜냐하면, 물질의 제1성질 역시 그 당시의 미립자론에 의하면, 인간의 눈으로는 볼 수 없는 아주 미세한 미립자로 구성되었기 때문에 인간이 감각기관을 통해 지각할 수 있는 것은 미립자들 간의 운동이나 충돌로 일어나는 현상, 혹은 효과에 불과하다는 것이었다. 버클리에 의하면, 자연세계를 인간의 힘으로는 결코 지각될 수 없는 미립자로 구성되었다고 주장하는 미립자론은 인간의 유한한 능력으로는 뛰어넘을 수 없는 실체적 세계를 인정하는 것으로, 결국 로크의 이론은 이 세계를 물체의 세계와 인간의 지각 세계로 이분화 시키고 말았다고 비난하였다.

로크의 경험론에 대한 버클리의 두 번째 반박은 복합관념으로서 물체의 존재를 인정했다는 점이었다. 이에 대해 버클리는 물체의 제1성질을 증명할 수 없기 때문에 물체가 존재한다는 명제나 물체에 대한 추상적인 일반관념도 인정할 수 없다고 반박하였다. 로크는 단순관념과 복합관념을 설명하면서 복합관념이란 단순관념이 여러 단계의 추상적 과정을 거쳐 결합된 것으로 이에는 신, 정신, 물체가 포함된다고 주장하였다. 버클리는 이 중 물체의 존재를 부정하였는데, 왜냐하면 일차적으로 인간이 주관적으로 형성한 관념과 객관적으로 실재한다는 물체가 일치하지 않으며, 인간이 지각하는 것은 오직 정신 속에만 존재하는 관념들이기 때문에 인간의 감각으로 지각되는 것 이상의 존재는 알 수 없는 가상에 지나지 않는다고 지적하였다.

버클리는 물체의 존재나 물체가 관념의 원인이 된다는 로크의 주장은 기계론적 인과론(mechanical causation)에 의거한 이론이라고 비판하였다. 기계론적 인과론이란 마치 당구대 위의 당구공 중 하나를 치면 그것이 굴러가 다른 공을 움직이듯이, 진공 속의 미립자가 운동을 하다가 다른 미립자와 충돌하면 충돌한 미립자가 운동하는 것을 인과성의 기본 형태로 생각하는 입장을 말한다. 하나의 원인이 발생하면 반드시 다른 현상이 결과적으로 발생한다는 것이 기계론적 인과론의 주요 이론이지만, 버클리는 인간 세계에서는 물리학과 같은 이러한 현상이 일어나지 않으며, 단지 두 개의 현상이 연달아서 일어나는 것을 반복적으로 경험한 사람들이 미래에도 결과적 현상이 일어날 것이라고 믿는 일종의 심리적 습관의 결과라고 하였다. 인간 세계는 기계적 인과론, 즉 하나의 원인에 의해 반드시 결과가 일어난다는 것을 증명할 수 없으며 이는 단지 '아마도' 그럴 것이라는 주관적, 확률적 신념일 뿐이라고 반박하였다. 이러한 버클리의 물체 간의 인과성 논쟁은 그 뒤에 나타난 흄에 의해 극단적인 회의론으로 이어지게 되었다.

버클리는 로크의 물체론을 '존재하는 것은 지각된 것 뿐'이라는 말로 일축해버림으로서 산이나 나무와 같은 사물은 인간의 감각이나 사유와 관계없이 객관적 사물로 독립적으로 존재한다는 로크의 객관적 인식론을 주관적 관념론으로 대치하였다. 버클리는 자신의 주관적 관념론과 비유물론을 밀고 나가기 위해 '존재'라는 개념을 수동성과 능동성에 따라 정신(spirit, soul)과

정신 속에 있는 관념(idea)의 두 가지로 구분하였다. 버클리는 정신이란 분할이나 변화가 불가능한(undivided, unchangeable) 능동적이고 생산적인 실체(active, productive being)이며, 반면에 관념이란 정신 속에서만 의타적으로 존재하는 수동적이고 타성적이며 분할과 변화가 가능한 존재라고 정의하였다. 또한 버클리는 실제로 존재하는 실체로서의 정신은 오성(understanding)과 의지(will)의 주체가 되는데, 관념을 지각할 때는 오성으로, 관념을 산출하거나 관념에 작용할 때는 의지라고 규정하였다. 그러나 오성, 의지, 정신이란 상호 배타적인 개념이 아니라, 정신 그 자체에 속하는 것으로 동일한 의미를 지닌다고 주장하였다. 버클리는 또한 진정한 인과론이란 어떤 힘이나 능동성을 가진 원인이 그보다 수동적인 다른 결과를 낳는 것을 의미하므로, 능동성을 가진 정신이 수동적인 관념의 원인으로 작용함으로써 이들 간의 진정한 인과관계가 성립된다고 주장하였다.

버클리의 주관적 관념론은 플라톤이 주장한 객관적 관념론과는 매우 대조적인 이론이라고 할 수 있다. 플라톤은 관념이란 정신을 떠난 실재성을 가진 존재로 개별적인 사물들과는 확연히 구분되며, 개별적인 사물은 관념의 그림자나 모사품에 지나지 않는다고 보았다. 그러나 버클리는 정신과 관념은 서로 분리되지 않는 존재로, 관념의 존속은 정신에 예속되어야만 가능하다고 강조하였다.

마지막으로 신학자인 버클리는 유신론적 형이상학을 주장함으로서 스피노자의 범신론 이후 등장한 이신론(deism)을 한 번 더 부정하는 계기를 마련하였다. 이신론이란 신을 세계의 창조자로는 인정하되 세상을 창조한 뒤에는 인간세계와 접촉을 하지 않는다는 종교관을 말한다. 따라서 이신론에서는 신의 계시나 기적, 혹은 신이 세계의 원리나 자연법칙을 변화시킨다는 사실을 인정하지 않는다. 이러한 분위기에서 버클리의 신학적 형이상학은 초월적이며 종교적인 신을 배척하던 근세 철학계를 중세로 회귀시키는 결과가 되었다. 신학자인 버클리로서는 신의 전지전능함은 이미 오래전부터 철학적으로 증명이 되어왔기 때문에 신은 인간의 정신 위에 존재하며 따라서 인간이 지각하거나 지각하지 않을 때에도 인간들과 교통할 수 있다고 보았다. 신을 부활시킨 버클리의 신학적 형이상학은 그 후 흄을 비롯한 근세 철학자들에 의해 강한 비판의 대상이 되었다.

결론적으로, 버클리의 철학 사상은 로크의 철학과는 평행선을 달린다고 볼 수 있으나 경험론적 측면에서 보면 로크와 많은 부분에서 철학적 맥락을 같이 한다고 볼 수 있다. 즉, 로크와 버클리 모두 합리론적 입장에서 벗어나, 인간의 감각과 지각작용을 통해 얻어진 경험만이 인간 지식의 원천이 된다는 경험주의적 원리를 주된 원칙으로 삼았으며, 로크에 의해 제기되었던 주제들, 즉 인간 지식의 가능성과 한계, 인간 오성의 구조와 원리, 관념의 본질을 해명하는 것을 철학의 목표로 삼았다. 그러나 미립자론과 표상론을 차용한 로크와 달리, 버클리는 물체의 부정을 강조한 비유물론과 관념과 정신적 실체만이 존재한다는 주관적 관념론을 주장함으로서 인간 지식의 원리(principles of human knowledge)에 대한 전혀 새로운 견해를 내놓았다. 버클리의 비유물론은 그 당시 과학혁명으로 인해 사물의 실체를 받아들이고 있던 배경에서는 외견상 매우 불합리하고 비상식적인 것으로 비쳐졌다. 그러나 버클리에게 있어서는 미립자론의 비현실적인 이론적 적용으로 인간 세계를 이분화 시키려는 견해가 철학에 만연하고 있음을 지적하기 위함이었다.

버클리는 또한 당시의 기계론적 세계관, 미립자론과 표상적 실재론은 인간들로 하여금 회의주의, 무신론, 반종교주의에 빠지게 만든다고 보았다. 버클리는 근세 과학적 세계관이 새롭게 등장하면서 세계는 신의 섭리가 없이도 기계적 법칙에 의해 운용되므로 자연법칙을 발견하고 이를 활용하면 자연을 정복할 수 있다는 물질만능 정신을 갖게 되었다고 비판하였다. 이러한 근대과학정신은 결국 신을 인간세계로부터 추방함으로서 반종교적 성향을 팽대시킬 것이며, 종교의 쇠퇴는 도덕의 타락으로 이어져 악이 지배하는 사회가 될 것이라고 우려하였다. 과학과 종교의 갈림길에서 신을 부활시킴으로서 종교를 옹호한 버클리의 유신론적 형이상학은 후에 등장한 흄에 의해 강력한 비판의 대상이 되었다.

06. 흄의 극단적 회의론(Radical Skepticism)

1) 생애

스코틀랜드의 가장 위대한 철학자로 불리는 흄(David Hume, 원래는 David Home, 1711~1776)은 1711년 에든버러(Edinburgh)에서 태어났다. 에든버러는 1708년 잉글랜드에 병합되기 전까지 스코틀랜드 왕국의 수도였으며, 흄과 교우관계를 맺었던 '국부론(The Wealth of Nations)'의 저자 아담 스미스(Adam Smith, 1723~1790)가 활동하던 곳으로 스코틀랜드 계몽주의의 본거지이기도 하다.

어려서부터 천재소년으로 알려진 흄은 12세가 되기 전 그의 형을 따라 에든버러 대학에 입학하였으나 15세에 학위를 받지 않은 채 그만 두었다. 흄은 스코틀랜드 고등민사법원장의 딸이었던 어머니의 소원대로 법률가가 되기 위해 법학을 공부했지만 곧 싫증을 느끼고 철학자가 되기로 결심하였다. 흄은 그의 나이 23세인 1734년에 데카르트가 다녔던 프랑스 라 플레슈로 유학을 갔으며 그 곳에 있는 동안 그의 대표작이라고 할 수 있는 '인간 본성론(A Treatise of Human Nature)' 3권을 집필하였다. 이 중 '인간 본성론'의 1, 2부는 흄이 런던으로 돌아온 후 31

세가 되던 1740년에 출간하였다. 그의 저서는 흄의 말대로 '인쇄되어 나오자마자 그대로 사장'되었으나 상업적 실패와는 달리 흄의 철학적 사상을 가장 포괄적으로 담은 이 책은 철학의 거인인 칸트를 '도그마(독단적 신조)의 잠'에서 깨우는 위대함을 보였다.

1745년 흄은 에딘버러 대학의 윤리학과 심리학 교수로 임명되길 원했지만, 무신론자라는 이유로 취소되었다. 그 후 개인교사 등 여러 직업을 전전하던 흄은 1748년 '인간 본성론'의 개정판이라고 할 수 있는 '지성론(An Enquiry Concerning the Human Understanding)'을 완성하였으며 1751년에는 '도덕원론(An Enquiry Concerning the Principles of Morals)'을 완성하였다. 1754년부터 집필을 시작하여 1762년에 완성한 '영국사(History of England)' 6권은 흄에게 철학가보다는 역사가로서의 명성을 안겨다 주었지만, 이 책의 집필은 생활고에서 벗어나기 위한 경제적 방편이었다고 전해진다.

열렬한 루소주의자였던 흄은 루소와의 오해가 빌미가 되어 치열한 논쟁을 벌이는 관계로 악화되었다. 1763년 파리 주재 영국대사직으로 임명된 흄이 1766년 영국으로 귀국하면서 당시 '에밀'이 프랑스에서 금서로 지정되면서 박해를 받던 루소를 영국으로 도피하도록 도와주었다. 흄은 루소에게 영국 내 거처를 마련해주는 한편, 영국 왕에게 간청을 드려 연금을 받을 수 있도록 물심양면으로 도왔으나, 그 당시 극도의 피해망상 증세를 보이던 루소는 흄의 환대가 자신을 착취하기 위한 계획적인 음모라고 비난하면서 비밀리에 프랑스로 돌아가 버렸다. 프랑스로 돌아간 후에도 흄에게 배신당했다는 소문을 퍼뜨리고 다니자, 이에 분개한 흄은 두 사람이 주고받았던 편지들을 공개하면서 진실공방을 벌이기 시작하였다. 흄과 루소 사이에 벌어진 논란의 진상은 1766년 흄이 둘 사이에 주고받았던 편지들을 모아 '흄과 루소 사이에 벌어진 확실하며 진실한 설명(A Concise and Genuine Account of the Dispute Between Mr. Hume and Mr. Rousseau)'이라는 책으로 발간하면서 알려졌다. 이 편지들을 간략히 요약하면 흄은 루소의 망명 의향을 전해 듣고 그를 돕기로 결심했으며, 루소는 흄의 도움을 영광으로 생각하며 영국보다 더 좋은 망명처는 없다는 회신 내용들이 들어있다.

평생 결혼을 하지 않고 독신으로 살았던 흄은 국무차관을 끝으로 모든 공직에서 물러난 후 고향인 에든버러에서 65세가 되던 1776년 생을 마감하였다.

2) 극단적 회의주의(Radical Skepticism)

영국의 경험론자 중 가장 마지막으로 등장한 흄(David Hume, 1711~76)은 그의 대표작인 '인간 본성론'에서 로크의 감각경험에 기초한 관념이론을 계승하면서, 버클리가 회의주의를 배척한다는 이유로 부활시킨 신의 개념을 제거하는데 주력하였다. 무신론자인 흄은 신이란 인상의 배후에 있는 상상의 산물에 지나지 않는다고 맹비난하였다. 또한 흄은 경험론에서 주장하는 귀납논증(inductive logic)과 인과관계(causation)에 대한 모순을 지적함으로써 극단적인 회의주의(radical skepticism)를 개진하였다.

귀납논증과 인과관계에 대한 논의에 앞서 흄은 인식의 원천을 인상(impression)과 관념(idea)으로 구분하면서 인간의 인식은 인상에 의해서만 형성되며, 관념이란 인상에 대한 퇴색된 심상에 지나지 않는다는 분자론적인 인상주의(molecular impressionism)를 주장하였다. 흄에 의하면, 인상이란 감각기관을 통해 인간의 마음속에 직접적으로 나타나는 일차적인 상으로, 모든 관념의 원초적 형태(original form of all our ideas)라고 하였다. 반면에, 관념이란 이러한 직각적인 인상이 사라지고 난 뒤 기억 속에 남아있던 퇴색된 약한 상(faint image)이 상상(imagination)에 의해 재현된 것이라고 하였다. 따라서 인상은 관념보다 강력하고 직접적이며 생동적인 인식을 구성한다고 설명하였다. 예를 들어, 뜨거운 냄비를 손으로 직접 만지고 나서 느끼는 '고통스런 감각(painful sensation)'은 뜨거운 냄비를 "만져볼까?"라는 '생각'보다 훨씬 더 강력하고 생동적인 것이라고 하였다.

관념이란 복사원칙(copy principle)에 의해 원래의 인상이 복사된 것(All ideas are ultimately all copied from original impression.)이라고 주장한 흄은 관념의 연합법칙(principles of association of idea)을 유사성의 법칙(law of similarity), 시공간적인 근접성의 법칙(law of proximity), 시간적인 인과성의 법칙(law of causality)의 3가지로 구분하였다. 연합법칙이란 관찰을 통한 추론과정에서 사물의 인과관계를 파악하려는 법칙으로 그 중 유사성의 법칙이란 그림이 특정한 실물은 연상시키듯이 유사한 관념끼리 결합시키기 위한 법칙을 말하며, 근접성의 법칙이란 시간적, 공간적으로 근접해 있는 사물끼리 결합시키려는 법칙을 말한다고 하였다. 인과성의 법칙이란 상처가 고통을 유발하는 원인이 되는 것처럼, 두 개의 사건을 원인과 결과의 관계로 결합시키기 위한 법칙을 말한다.

흄은 이러한 3가지의 연합법칙이 주로 사용되는 학문의 종류를 개념과학과 대상과학으로 분류하고, 대상과학을 다시 기술과학과 논증과학으로 분류하였다. 개념과학이란 수학처럼 유사성의 법칙에 의해 두 가지 이상의 관념 간의 관계를 보기 위한 학문으로 수학은 관념 상호간의 관계만을 취급하며 사실에 대해서는 아무 것도 알려주지 않는 개념적 학문이라고 정의하였다. 반면에, 기술과학은 주로 근접성의 법칙에 따라 사실에 대한 설명이나 서술에 관한 학문으로, 개념 간의 근접성만을 사실 그대로 기술하는 것이기 때문에 논증을 필요로 하지 않는다고 하였다. 예를 들어 "해가 서쪽에서 뜬다."는 서술문은 과학적 사실에 위배되는 내용이지만, "해가 동쪽에서 뜬다."는 문장처럼 논리적으로는 아무런 모순도 가지고 있지 않는 완벽한 서술문이라고 설명하였다. 이에 비해 논증과학은 인과의 법칙에 의해 경험적 사실을 논증하고 추리하는 학문으로써, 논증을 하는 과정에서 흄이 주장하는 귀납논증(inductive argument)의 문제가 야기된다고 강조하였다.

흄은 인간이란 습관적으로 귀납논증의 법칙을 따르려는 습성을 가지고 있다고 하였다. 즉, 특정한 사건에 이어서 다른 사건이 반복적으로 일어나게 되면, 인간은 습관적으로 이 두 사건으로부터 받은 인상과 이에 상응하는 관념들을 투사(projection)하여 인과관계를 만들려는 습성이 있다는 것이다. 그러면서 그는 귀납논증과 인과관계의 오류에 대한 가장 비근한 예로 영국의 수리논리학자이며 경험론적 실증주의자인 러셀(Bertrand Russell, 1872~1970)이 제시한 칠면조의 예를 인용하였다. 아침 6시면 종이 울리고 종이 울리면 정확히 먹이를 제공받던 칠면조는 이러한 상황이 반복되자 아침 6시에 울리는 종과 먹이라는 두 사건 간의 인과관계를 만들어 냈고, 어느 날 아침 6시에 종이 울리자 언제나처럼 먹이를 기대했던 칠면조는 털이 뽑히고 뜨거운 물에 던져졌다는 희화적인 농담을 통해 귀납논증이 얼마나 허약한 기초위에 세워진 것인가를 단적으로 증명하였다.

데카르트가 의심의 철학을 기점으로 현존하는 모든 관념들을 부정한 것에 필적할 정도로 회의주의를 철저히 밀고 나간 흄은 두 사건 사이의 인과성이나 물체의 존재를 믿게 되는 이유로 인간의 심리적 본성을 들었다. 즉, 두 물체 간에 아무런 인과관계가 없음에도 불구하고 이를 믿는 것은 반복적이며 연속적으로 일어나는 두 개의 사태에 대해 인간이 자신의 마음속에 만들어 놓은 습관적인 연합작용이며, 사람들은 이러한 관념연합의 법칙에 의거하여 인과성과 물체의 존재 자체를 자명한 것으로 여기려는 심리적인 상상력, 혹은 일종의 심리적 강박관념(psychological obsession)을 가지고 있다는 것이었다.

두 현상 사이의 인과관계에 대한 흄의 비판이 있기 전까지의 경험론에서는 사물과 사물 간의 인과관계는 필연적 연결고리(necessary connection)로 간주되었지만, 흄에 의해 강력한 비판을 받게 되었다. 흄은 로크의 주장처럼 인간의 지식은 주관적 오성을 통해 이루어지거나, 버클리의 주장처럼 지각 속에 형성된 관념의 연합(association of ideas)이 아니라, 일정한 기계적인 연합법칙을 습관적으로 결부시키려는 인간의 심리적 강박에서 기인하는 것이라고 주장하였다. 이러한 관념연합법칙을 통해 사람들은 하나의 특정한 사태가 일어나는 것을 지각하게 되면 다음 사건이 감각기관에 주어지기도 전에 다음 사태가 반드시 일어날 것이라고 기대하는 신념을 형성한다는 것이다.

결론적으로 흄은 귀납논증이란 관찰된 사실로부터 관찰되지 않은 사태의 추론을 의미하며, 따라서 귀납논증이란 인간이 가지고 있는 감각이나 기억을 넘어서는 행위라고 비판하였다. 흄은 귀납논증의 정당성을 비판하기 위해 감각의 기록을 의미하는 기억, 즉 경험의 뒷받침이 없는 지식의 정당성을 부정하였으나, 이는 그가 규정한 관념, 즉 인상이 소멸된 후 기억에 의해 생기는 퇴색된 인상의 존재를 인정함으로서 앞서 주장한 귀납논증에 대한 부당함과 논리적 모순을 불러일으키게 되었다. 더불어 흄이 주장한 바대로 인상이 소멸한 후에도 퇴색되기는 했지만 약한 심상이 존재한다는 것에 대한 근거를 제공하지 못함으로서 더 깊은 회의주의로 빠져 들게 되었다. 그러나 흄의 이러한 시도는 저명하다고 알려진 철학자들조차 추론방법에 대한 냉철한 비판의식보다는 자신의 믿음에 기초한 원칙들로부터 섣부른 결론을 이끌어 내거나 정합성이나 확실성이 결여된 전제를 무비판적으로 사용한다는 점을 비판하기 위함이었다.

흄의 회의주의는 과학을 중시하던 많은 학자들에 의해 비판의 대상이 되었다. 그러나 그의 귀납논증과 인과관계의 정당성에 대한 비판은 칸트로 하여금 도그마의 잠에서 깨어나게 만들었으며, 이를 기화로 코페르니쿠스적 전회를 가져오도록 자극하였다. 코페르니쿠스적 전회란 "지식의 원천은 오로지 경험에 의존하지만 경험이 곧바로 지식이 되는 것은 아니다."라는 인식론적 전회를 말한다. 흄의 회의주의는 또한 인간의 지식체계를 경험에 의한 검증가능성에 기초를 둔 20세기 논리실증주의가 발전하는데 초석이 되었다. 결론적으로 흄의 비판에도 불구하고 귀납추론은 오랜 역사 동안 보편타당한 자연법칙을 발견하고 과학을 발전시키는데 있어 가장 근본적이며 유일한 통로로서 논리적 토대를 제공해 온 것이 사실이다. 귀납논증의 정당성을 부정한 흄의 회의주의를 벗어나기 위해 수많은 과학자와 철학자들은 귀납논증이 연역논증만큼 가치를 지닌 논리적 체계라는 것을 증명하기 위한 노력을 게을리 하지 않고 있다.

제6절 대륙의 합리론(Rationalism of European Continent)

01. 개요

역사적으로 17세기부터 19세기까지를 지칭하는 근세는 산업혁명과 과학혁명이 절정에 달했던 200여 년간을 말한다. 과학혁명이란 17세기에 들어서면서 뉴턴의 만유인력을 비롯하여 수학, 화학, 생물학, 의학 등 자연과학 분야에서의 눈부신 발전과 그로 인한 과학시대의 도래를 의미한다. 중세 기독교의 지배 하에서 신을 옹호하기 위한 도구로 전락했던 자연과학이 종교로부터 완전히 분리된 독립적 학문이 되면서, 과학혁명은 인간의 사고방식이나 이성적 활동에도 영향을 미치기 시작하였다. 특히 순수 이성과 확실성을 기반으로 하는 수학은 자연과학적 지식체계를 확립하는 데 핵심적인 뼈대로 작용하였을 뿐만 아니라, 인간을 연구하는 철학적 탐구에도 확고부동한 표본을 제공하였다. 따라서 근세 철학자들은 수학적 탐구란 확실하고 명확한 지식을 탐구하기위한 가장 이상적 학문이라고 여겼다. 이러한 이유로 데카르트를 위시한 대부분의 합리주의자들은 철학자이면서 동시에 수학자였다.

철학사적 측면에서 볼 때 근세 역사가 시작되는 17세기는 중세 신 중심의 사상적 속박에서 인간의 이성이 해방을 맞이한 시기라고 할 수 있다. 마르틴 루터가 일으킨 종교개혁과 문예부흥 운동을 통해 중세 기독교 교회의 속박으로부터 해방된 사상가들은 인간중심의 철학 운동을 전개하기 시작하였다. 그 결과 17세기에서 18세기에 걸쳐 영국의 경험주의(empiricism)와 대륙의 합리주의(rationalism)라는 근세 철학이 탄생하게 되었다. 과학적 인식론(scientific epistemology)이라고 불리는 영국의 경험론은 모든 인식의 원천을 감각적 경험에서 오는 상대적 지식만을 내용으로 하나 대륙의 합리론에서는 인간만이 가지고 있는 고유한 정신능력인 이성을 중시하였다. 합리주의 이론가들은 이성이란 모든 인간들이 천부적으로 가지고 태어난 생득적, 선험적, 본유적 인식능력으로 이러한 선험적 인식능력은 신에 의해 주어진 것이므로 인간은 신성을 가지고 태어난다고 주장하였다. 이러한 근대 철학은 아직도 철학이 중세의 기독교 사상에서 완전히 분리되지 못한 전환기적 사상이라고 할 수 있다. 합리주의를 대표하는 철학자로는 프랑스의 철학자이며 근세 철학의 아버지로 불리는 데카르트(Rene Descartes, 1596~1650), 네덜란드 출신의 유대인인 스피노자(Benedict de Spinoza, 1632~1677), 독일 출신의 라이프니쯔(Gottfried Wilhelm Leibniz, 1646~1716) 등을 꼽을 수 있다. 이들은 모두 프랑스, 독일, 네덜란드 등 유럽 대륙 국가 출신들이기 때문에 이들의 철학사상을 대륙의 합리론이라고 부른다.

02. 데카르트의 합리론(Descartes' Rationalism)

1) 생애

프랑스의 철학자, 수학자, 물리학자, 생리학자이며 유럽 대륙의 합리론을 창시함으로서 영국의 베이컨(Francis Bacon, 1561~1626)과 함께 근세철학의 아버지(Father of Modern Philosophy)로 불리는 데카르트(René Descartes, 1596~1650)는 1596년 프랑스 중서부 지방에 있는 투렌의 라에이(La Haye)에서 브르타뉴 지방 고등법원 법관의 셋째 아들로 태어났다. 데카르트의 어머니는 그가 태어난 지 얼마 되지 않아 결핵(tuberculosis)으로 사망하였으며, 그의 어머니처럼 결핵 환자였던 데카르트는 어린 시절부터 창백한 얼굴의 마른 체격으로 친구도 없이 조모와 유모에 의해 길러졌다고 전해진다. 데카르트는 자신을 헌신적으로 돌보아 주었던 간호사격인 유모를 상당히 좋아해서 유모에게 많은 유산을 남겨 주었다고 한다.

허약한 체질을 가지고 태어난 데카르트는 남들보다 늦은 나이인 열 살(1606년)이 되어서야 예수회 교단이 설립한 라 플레슈 학교(Jesuit Collège Royal Henry-Le-Grand at La Flèche)에 입학하였고 졸업도 8년이 지난 후인 1614년에 하게 되었다. 라 플레슈 학교의 학생들은 모두 기숙사에서 생활을 하였는데, 어릴 적부터 몸이 허약하여 아침에 일찍 기상하는 것이 어려웠던 데카르트는 학교의 배려로 정오가 될 때까지 침대에 누워서 신부들의 수업을 받을 수 있었다. 이때부터 정오까지 침대에 누워서 사색을 즐기는 생활은 일생동안 데카르트의 생활습관이 되었고 그의 모든 철학적 사상이나 수학적 업적도 여기서 나왔다. 따라서 서양 격언에 "일찍 일어나는 새가 벌레를 잡아먹는다.(The early bird catches the worm.)"는 말이나 나폴레옹이 말한 '미래란 일찍 일어나는 사람들의 것'이라는 말처럼 성공하기 위해서는 남들보다 한 발 먼저 행동을 취하는 것이 중요하다는 격언은 데카르트에게는 적용되지 않는다고 할 수 있다.

라 플레슈 학교에서 데카르트는 그간의 천동설을 뒤엎고 갈릴레이(Galileo Galilei, 1564~1642)의 지동설(heliocentric theory) 즉 태양이 지구를 도는 것이 아니라 지구가 태양 주위를 돈다는 학설 등 새로운 지식들이 계속 쏟아져 나오는 것을 주의 깊게 관찰하게 되었다. 데카르트는 이러한 현상들을 보면서 작금의 참된 진리라고 믿었던 지식이 언제 누구로부터 거짓으로 판명 날지 모른다는 회의감이 들기 시작하였다. 그리고 이러한 의심은 그의 철학적 사고의 출발점이 되었다. 즉, 기존의 진리라고 믿어왔던 철학적 명제들이 진리가 아닐지도 모른다는 의심 하에 수학적 사유방법을 적용하여 이를 다시 증명하는 것만이 진리 추구의 가장 확실한 방법이라는 신념을 가지게 되었던 것이다.

라 플레슈 학교를 졸업한 데카르트는 푸아티에 대학(University of Poitiers)에 입학하여 법학과 의학을 전공하고 1616년 동 대학에서 법학사 학위를 취득하였다. 의학에 대한 공부는 후에 신체와 정신을 연결시켜주는 곳이 뇌 중앙에 위치한 송과선(pineal gland)이라는 이론의 배경이 되었다.

1617년에 로마 가톨릭교회를 따르던 국가들과 개신교 국가들 사이에 30년 종교전쟁(1617~1648)이 벌어지자 군대에 입대한 데카르트는 많은 곳을 여행할 수 있었다. 여행이 일반화되지 않았던 당시로서는 군대에 들어가는 것이 여행하기에 가장 좋은 방법이었다. 독일, 이탈리아, 프랑스, 네덜란드 등지를 여행하던 그는 당시 유럽 최초로 자본주의를 달성하고 과학발전의 선도적 국가였던 네덜란드 암스테르담에 이주하기로 결심하고 1628년부터 20 년간을 그 곳에 머물며 학문연구에만 전념하였다. 그 결과 데카르트의 위대한 업적이라고 할 수 있는 저서들이 탄생하였는데, 그 중에 가장 대표적인 철학 저서로는 1637년에 출간한 '방법서설과 철학의 원리(Discourse on the Method and Principles of Philosophy)'를 들 수 있다. 간략히 '방법론(Discourse of Method)'이라고 알려진 이 저서는 그의 유명한 명제인 "나는 생각한다. 고로 존재한다(Cogito ergo sum: I think, therefore, I am.)."라는 명제가 실린 저서로, 오랫동안 지속되었던 의심의 철학을 끝내고 합리론을 구축한 저서이다. 이외에도 1641년에 출간한 '제일철학에 대한 성찰(Meditations on First Philosophy)'과 1644년에 출간한 '철학의 원리(Principles of Philosophy)' 등을 통해 합리론을 완성하였다.

데카르트가 53세가 되던 1649년에 그를 죽음에 이르게 한 결정적인 사건이 발생하였다. 데카르트는 스웨덴의 크리스티나 여왕(Queen Christina)으로부터 기하학에 대한 개인교습을 해달라는 요청을 받게 되었다. 수차례에 걸쳐 사양을 하던 끝에 이를 수락한 데카르트는 스웨덴 스톡홀름으로 가게 되었다. 크리스티나 여왕의 개인교습은 여왕의 궁전에서 일주일에 3번, 아침 5시에 진행되었는데 이는 정오까지 침대에서 일어나기가 어려웠던 데카르트에게는 치명적이었다. 데카르트는 후에 스톡홀름의 1월 날씨가 매우 가혹(harsh)하였으며, 특히 새벽 5시에 여왕과 마주 앉은 궁전은 찬바람이 들어오는 몹시 추운 곳이었다고 술회하였다. 더욱이 데카르트와 크리스티나 여왕의 관계는 수업이 시작된 지 얼마 되지 않아 틀어지기 시작하였다. 크리스티나 여왕은 데카르트의 기계론적 철학관(mechanical philosophy)을 매우 싫어했으며, 데카르트 역시 고대 희랍에 대한 여왕의 관점을 매우 혐오한 것으로 알려졌다. 이러한 사실에 비추어 볼 때 스톡홀름의 1월 날씨가 몹시 가혹했다는 그의 술회는 크리스티나 여왕과의 냉혹했던 지적 기후(intellectual climate)를 빗대서 한 표현이라고 보인다. 데카르트는 그의 기계론적 철학론에서 철학을 나무(tree)에 자주 비유하였다. 철학을 나무 전체라고 할 때, 형이상학은 뿌리(root), 물리학은 나무의 몸통(trunk), 다른 나머지 과학은 몸통에서 나온 가지(branch)로 보았으며, 수많은 가지들은 다시 의학(medicine), 기계학(mechanics), 윤리학(ethics)이라는 3개의 원칙(three principles)으로 좁혀진다고 보았다. 또한 그는 모든 과학을 아우르며 가장 높고 완벽한 총체적 지식(entire knowledge of other sciences)으로 지혜(the last degree of wisdom)를 들었다.

수업시간과 진행방법에 대한 크리스티나 여왕의 강압적이고도 철저한 규칙과 차가운 북유럽 날씨는 53세라는 노령의 사상가에게는 견디기 힘든 일이었다. 결과적으로 건강이 극도로 악화된 데카르트는 스웨덴으로 간 이듬해인 1650년 겨울에 폐렴(pneumonia)으로 사망하였다. 데카르트의 삶은 사망 후에도 그의 유해가 세 번이나 옮겨지는 수난을 겪을 정도로 평탄치 못했다. 이국땅인 스웨덴 스톡홀름에서 숨을 거둔 지 16년이 지난 후 스웨덴 주재 프랑스 대사가 데카르트의 유골을 몰래 파내 프랑스 파리 생트 주네비에브 성당으로 옮겼으며, 이 성당이 프랑스혁명 당시 혁명정부에 몰수될 위기에 처하자 다시 프랑스 유물박물관으로 옮겨졌다. 그 뒤 프랑스혁명에 공헌한 위인들을 팡테옹 국립묘지에 모셔야 한다는 의견에 따라 그의 유해는 다시 옮겨지게 되었다. 프랑스에서 태어나 유럽 대륙의 합리주의를 창시한 근세 철학의 아버지이며 과학자, 수학자였던 데카르트는 자신의 조국이 아닌 낯선 이국에서 생을 마감한 후 고국에 묻히기까지 많은 고초를 당한 유럽 역사 상 최고의 철학자였다.

2) 방법론적 회의(Methodological Skepticism)

근대 합리론의 창시자이자 철학을 발전시키는데 있어 이성(reason)의 중요성을 최초로 간파한 데카르트는 인간의 이성만이 진리에 도달하기 위한 유일한 방법이라는 신념하에 근대적 합리정신의 초석을 마련하였다. 전통적인 기독교 교설이나 교회가 아직도 절대적 위력을 떨치고 있던 시대에 인간의 이성과 주체성을 강조한 데카르트의 철학은 인간중심의 근대적 자아이론을 확립시키는 초석이 되었다.

데카르트의 사상은 1637년에 출간한 그의 저서 '방법서설과 철학의 원칙'에 집약되어있다. 이 저서에서 데카르트는 어떤 의심도 없이 진실로 알 수 있는(one can know as true without any doubt) 철학적 원칙들을 확립하기 위해 의심의 철학(philosophy of doubt)이라는 특유한 방법을 사용하였다. 위대한 수학자였던 데카르트는 지식이란 수학처럼 명석하게 판명되어야 하며, 명석한 관념을 파악할 때까지 그 어떠한 것도 받아들여서는 안 된다고 주장하였다. 따라서 참된 진리에 도달하기 위한 의심철학의 첫 단계란 존재하는 모든 현상을 일차적으로 의심해보는 것이라고 강조하였다. 이러한 원칙에 도달하기 위해 데카르트가 사용한 방법을 방법론적 회의론(methodological skepticism)이라고 하는데, 이는 의심을 위한 의심처럼 소극적이고 수동적인 방법이 아니라 확실한 지식에 도달하기 위한 적극적, 능동적 의심방법을 의미한다. 데카르트가 사용한 방법론적 회의론은 과장적 의심(hyperbolical doubt)과 형이상학적 의심(metaphysical doubt)이라고도 불리는데 형이상학적 의심방법이란 특히 그가 신의 존재를 증명하기 위해 사용한 방법을 말한다. 과장적 의심이란 인간이 지금까지 참된 앎 즉 진리라고 믿고 있었던 모든 관념이나 명제들에 대해 과장적이라고 불릴 정도로 의심을 해보는 것을 말한다. 예를 들어, '1 + 1 = 2'라는 의심할 수 없는 수학적 진리까지도 의심해 보아야 순수 지식(genuine knowledge)을 얻기 위한 관념이 재확립된다고 강조하였다. 데카르트는 모든 사물을 과장적으로 의심 해보기 위해 우선적으로 감각을 통해 인간의 의식으로 들어오는 감각적 지식을 의심하였다. 인간의 감각은 불완전한 것이기 때문에 감각을 통해서 인식되는 특수한 감각적 사물의 존재 및 그것에 관한 지식은 얼마든지 의심해 볼 수 있다고 생각한 것이었다. 예를 들어, 눈앞에 있는 사과의 경우 사과 따위는 애초에 존재하고 있지 않은 거짓임에도 불구하고 인간이 사과가 눈앞에 존재하고 있다는 '꿈'을 꾸고 있을 지도 모른다고 의심하였다. "책상위에 사전(dictionary)이 있다."는 사실도 공개적 절차, 즉 사전이 책상위에 있다는 것을 눈이라는 시각적 지각과 손이라는 촉각을 통해 감각지각으로 받아들일 수 있다고 인정하더라도, 데카르트는 공개적 절차의 이전 단계를 의심해보아야 한다고 생각했다. 따라서 사전이란 악의에 찬 악마가 사전이 아닌 다른 물건을 마치 사전인 것처럼 보이도록 했을 지도 모른다고 의심해 보았다. 그러나 아무리 악마의 사악한 의도가 가능하다고 하더라도 데카르트에게는 악마가 일부러 사전이 아닌 것을 사전처럼 보이게 하거나 사전처럼 사용하게 할 이유를 전혀 발견할 수 없다고 보았다. 왜냐하면 그런 헛된 수고를 애써 하고 있다는 사실은 오히려 악마가 사전을 만들지 않았다는 것을 증명하는 자명한 판단에 이르기 때문이며, 이러한 부정은 부정할 수 없는 진실이 되기 때문이라고 생각하였다.

모든 감각적 명제를 의심하려는 데카르트의 의심의 철학은 한걸음 더 나아가 인간이 경험하는 객관적 실재성으로 확대되었다. 예를 들어, 이 세계라는 것도 강력한 악의를 품은 기만적인 신(deus mendax)이 데카르트의 정신 속에 들어와 일으킨 환상으로 그는 악마의 조종과 농간으로 속고 있는지도 모른다고 생각하였다. 이렇듯 모든 사물과 현상에 대해 의심하는 과정을 지속하다 보면 이 세상의 모든 것을 의심한다 해도 의심할 수 없는 단 하나의 사실을 발견하게 되는데, 그것이 바로 '의심하고 있는 나의 존재'라는 것이었다. 왜냐하면 '의심하는 나'의 존재를 의심한다고 해도, '의심하는 내가' 존재 '하고 있다'는 것은 의심할 수 없는 사실이기 때문이라는 것이었다. 그 결과 데카르트는 이러한 방법론적 회의를 통해 절대적으로 의심할 수 없는 '단일원칙(single principle)'에 도달하게 되었다. 그것은 바로 '생각이 존재(Thought exists)'한다는 것이며, 사고란 나로부터 분리될 수 없기 때문에 "따라서 나도 존재한다(Thought cannot be separated from me, therefore, I exist.)."는 사실이었다. 즉, 모든 일상의 경험과 학문적 명제에 대한 의심 속에서도 결코 의심할 수 없는 명제가 바로 그 유명한 철학적 명제인 "나는 생각한다. 고로 존재한다(Cogito ergo sum: I think, therefore I am.)."는 것이었다. 따라서 데카르트는 이 명제를 더 이상 의심할 수 없는 '명석하고 판명된 진리'로 받아들여 그의 철학적 단일원리로 규정하였다.

3) 철학의 원리(Principles of Philosophy)

데카르트의 철학적 출발점은 근본적으로 도저히 의심할 수 없는 하나의 명제에 도달하기 위함이었고, 모든 것을 의심해보는 방법론적 회의를 통해 "나는 존재한다. 고로 나는 존재한다."는 인식의 단일원리(single principle of Cogito)를 규명하기에 이르렀다. 즉, 데카르트는 생각하고 있다는 것은 실존한다는 것을 의미하며, 생각하고 있기 때문에 자신이 실존한다는 것을 인식한다는 것이었다.

데카르트는 자신의 철학적 단일원리를 인간의 직관(intuition)을 구성하는 두 가지 수학적 기준, 즉 선명성(clarity)과 판명성(distinctness)에 의해 증명하였다. 선명성 혹은 명료성이란 '주의집중 하는 정신 앞에 나타나는 명백한 인식'을 말한다. 판명성이란 자명성(self-evidence)이라고도 하는데 이는 '다른 모든 것으로부터 차별이 될 정도로 명석하며, 명석함 이외에는 아무것도 포함하고 있지 않은 인식'이라고 정의하였다. 데카르트에 의하면, 직관을 구성하는 선명성과 판명성은 인식을 위한 진리의 기준이며, 직관은 또한 연역(deduction)과 더불어 진리에 이르는 유일한 길로 보았다. 그 결과 데카르트의 철학적 단일원리인 "나는 생각한다. 고로 나는 존재한다."는 명제를 의심할 수 없는 이유는 이 판단이 갖는 선명성과 판명성 때문이라고 하였다. 따라서 더 이상 의심할 수 없는 '명석하고 판명된 진리'인 "생각하므로 존재한다."는 단일명제에 쓰인 '고로', 혹은 '그러므로'라는 접속사는 원인과 결과를 나타내는 논리적 추론결과를 의미하는 접속사가 아니라, '생각하는 내'가 곧 '실존'한다는 직관, 즉 내적 경험이 직접적 자각을 통해서 얻은 것을 의미하는 연결사라고 강조하였다.

데카르트는 철학적 단일원리를 규명한 다음, 선명성과 판명성의 기준에 따라 또 다른 진리를 연역해나가기 위한 과정을 시도하였다. 이러한 과정을 통해 그는 단일원리만큼이나 선명성과 판명성을 가지고 있는 명제를 찾아내게 되었는데, 그것이 바로 "완전 자는 실존한다(Perfect being exists.)."는 사실이었다. 데카르트는 완전 자, 즉 신의 존재는 오직 인간 정신 속의 순수사유에 의해서만 증명될 수 있으며, 신이 존재한다는 증명은 인간이 가지고 있는 신의 관념을 실마리로 하여 이루어진다고 강조하였다.

데카르트는 신의 인성론적 증명을 위해 인간의 관념체계를 신, 물질, 정신으로 분류한 다음 이들을 각각 외래관념(adventitious idea), 조작관념(fabricated idea), 본유관념(innate idea)으로 설명하였다. 외래관념이란 외계 사물이 인간의 감각적 경험을 통해 들어온 감각적, 객관적 물질관념으로 인간에 의해 변화(change)되거나 정신적 조작(manipulate)을 할 수 없다고 하였다. 예를 들어, 추운 방안에 있는 사람은 춥다는 생각 외에는 다른 어떠한 조작도 생각할 수 없는 것처럼, 외래관념에는 열(heat), 소리(sound), 냄새(smell) 등이 포함된다고 하였다. 이에 반해 조작관념이란 인간의 마음에 의해 공상적으로 창조(invention)되었거나 인간 스스로가 꾸며서 만들어낸 인위적 정신 관념이 포함된다고 하였다. 조작관념에는 인어(mermaid)처럼 실제로 존재하지 않는 것을 인간이 상상력으로 만들어낸 것이나 말코손바닥사슴이라고 불리는 엘크(elk)를 전혀 먹어보지 못한 남부 유럽 사람들이 엘크의 맛이 소고기(beef) 맛과 비슷할 것이라고 상상하는 경우 등을 그 예로 들 수 있다고 하였다. 무스, 낙타사슴으로도 불리며 현존하는 사슴 중 가장 커다란 몸집을 가지고 있다고 알려진 엘크는 몸길이 3m, 몸무게 800kg에 달하는 동물로 주로 캐나다 북미, 시베리아, 북부 유럽의 스웨덴, 노르웨이의 습지에서 산다. 마지막으로 본유관념이란 인간이 태생적으로 가지고 있는 생득적 관념 혹은 선험적 절대관념으로, 마음속에 명석하고도 자명하게 떠오르기 때문에 감각의 도움을 필요로 하지 않는다고 하였다. 생득관념의 대표적인 예가 바로 신(God)이며, 신이란 인간이 스스로 꾸며서 만든 조작관념이나 외부로부터 들어온 외래관념이 아니라, 인간의 마음속에 태생적으로 확립된 관념이라고 하였다. 따라서 인간은 신의 존재를 인정하지 않을 수 없다고 주장하였다.

객관적 근거가 없는 신을 강요하던 기독교 철학에 대항하여 인간 지식에 대한 상대적 신뢰가능성을 정립하기 위해 각고의 노력을 기울였던 데카르트가 신의 존재에 선명성과 자명성을 부여한 이유는 인간 자아를 보다 강력한 본질로 규정하고 인간 존재에 대한 완전성을 획득하기 위함이라고 볼 수 있다. 데카르트에 의하면 아무리 의심하려고 해도 의심할 수 없는 나 자신에 대한 확신을 갖기 위해서는 나를 존재케 한 절대존재가 존재해야 하는데, 그것이 바로 신이라는 것이었다. 그는 인간 존재의 인식을 위해 끊임없이 의심을 하다보면 인간 존재가 불완전하다는 것을 인식하게 되고 존재의 불완전함의 인식이란 '완전성'을 가진 존재가 인간의 정신 속에 없으면 불가능하다고 보았다. 완전한 존재란 아무 것도 없는 무(nothing)에서는 결코 창조될 수 없으며, 더더욱 유한하고 불완전한 인간이 무한하고 완전한 신의 관념을 만들 수 없기 때문에 신은 인간의 존재를 설명해주기 위한 원인으로써 실재한다는 것이었다. 즉, 완전한 존재인 신이 존재하지 않는다면 인간의 존재 또한 불완전성에서 벗어나지 못하므로 인간 존재란 신으로부터 신의 본질을 태생적으로 부여받은 신의 일부이며 동시에 신적 존재라는 것이었다. 데카르트는 이와 같이 신의 존재가 실존한다는 명제의 진리성이 자명하므로 이러한 명제로부터 신뢰할만한 신이 인간에게 신뢰할 수 있는 지적 능력을 부여했다는 명제가 성립된다고 주장하였다. 이와 더불어 객관적 세계, 즉 외계 사물의 존재는 신의 성실성을 매개로 증명된 것이므로 자명한 존재인 신이 인간에게 부여한 지식을 적절히 사용한다면 인간의 지식도 근본적으로 신뢰할 수 있다고 결론지었다.

외래관념, 조작관념, 본유관념을 통해 물체와 인간, 신의 존재를 증명하고 난 뒤 데카르트는 모든 철학적 인식을 위한 탐구방법을 제시하였다. 탐구의 대상에 따라 각기 다른 방법을 적용했던 이전의 철학자들과는 달리 데카르트는 참된 진리라고 신뢰할 수 있는 지식을 얻기 위해서는 탐구 대상이 다르더라도 동일한 방법을 적용해야 한다고 주장하였다. 이러한 주장 하에 데카르트는 철학적 명제를 찾기 위해 규정했던 선명성과 자명성을 기초로 참된 지식에 도달하기 위한 4가지 규칙을 분류하였다. 이에는 명증성, 분해, 종합, 열거의 규칙이 포함된다. 명증성의 규칙이란 명증적, 즉 선명성과 자명성을 가진 참된 진리라고 인식할 수 있는 것 이외에는 어떤 것도 참된 진리로 받아들여서는 안 된다는 규칙이라고 하였다. 즉, 속단과 편견을 피하고 의심의 여지가 없을 정도로 의심할 수 있는 데까지 의심해 본 후 선명하게 판명될 수 있도록 드러난 것이 아니면 받아들이지 말 것을 강조한 규칙이라고 하였다. 분석의 규칙이란 검토하려는 문제를 가능한 한 작은 단위로 나누어 구체적으로 분석해야 한다는 규칙을 말하며, 종합의 규칙이란 계단을 한 단계씩 올라가는 것처럼 가장 단순하고 이해하기 쉬운 대상에서 출발하여 점차적으로 복잡하고 어려운 대상을 분석하는 방향으로 인식의 과정이 이루어져야 한다는 규칙이라고 하였다. 순서를 정할 수 없는 대상에 대해서는 판단하는 사람 스스로가 순서를 설정하여 한 단계씩 나아갈 수 있도록 인식과정을 질서 정연하게 종합해야 한다고 강조하였다. 마지막으로 열거의 규칙이란 진리탐구를 위한 분석과 종합과정에서 생략되거나 다루지 않은 것이 있는지 충분한 재검토를 해야 하며, 만약 누락된 것이 있을 경우에는 그에 대한 정보를 재수집하여 가능한 한 어느 하나라도 빠뜨린 것이 없다는 확신이 들 때까지 검증과 열거과정을 지속해야 한다고 하였다. 데카르트는 명증성, 분해, 종합, 열거의 규칙 중 첫 번째 규칙인 명증성의 규칙이 가장 중요하다고 강조하고, 자신이 알고 있다고 믿는 모든 것들을 일단 의심해보고 더 이상 의심할 수 없는 사실에 도달하는 것이 모든 학문의 시작이어야 한다고 재차 강조하였다.

4) 심신이원론(Mind-Body Dualism)

데카르트는 신, 정신, 물체의 세 가지 실체(substance)를 규명하기 위한 방법론적 회의과정에서 실체란 존재하기 위해서 그 어떤 다른 것을 필요로 하지 않으며 그 자신의 주체성만으로 존재하는 것이라고 정의하였다. 데카르트는 실체에 대한 정의를 기반으로 이 세상에 존재하는 실체를 무한실체(infinite substance)와 유한실체(finite substance)로 구분하였다. 무한실체를 신(God)으로, 유한실체를 정신과 물질로 규정함으로서 데카르트는 정신과 육체를 이분화한 심신이원론(mind-body dualism)의 이론적 체계를 구축하였다. 무한실체인 신은 다른 어떠한 실체의 도움이 없이 그 자체만으로 존재하는 유일한 실체이며, 정신과 물질은 신이 창조한 불완전한 유한실체로서 속성(property)과 양태(mode)의 두 가지 속성을 갖는다고 설명하였다. 속성(property)이란 실체에 대한 1차적 성질을 의미하며, 양태(mode)란 실체에 대한 2차적 성질을 의미한다고 하였다. 데카르트는 그의 심신이원론에서 유한실체의 1차적 성질 중 정신의 속성은 사유(speculation)이며, 물질의 속성은 연장(extension)이라고 하였다. 따라서 생각하지 못하는 정신이나 연장이 없는 물질은 존재하지 않는다고 하였다. 데카르트는 또한 정신과 물질은 서로 그 속성이 다르기 때문에 공통점을 가지고 있지 않은 상호배타적 유한실체라고 강조하였다. 물체의 2차적 성질인 양태 중 정신의 양태에는 감정, 의지, 욕망, 표상, 판단 등이 속하고, 물질의 양태에는 형상, 위치, 운동이 포함된다고 하였다. 따라서 감정이나 욕망 등을 통해 정신이 사유하고 있음을 예측할 수 있으며, 물질의 형상, 위치, 운동에 의해 연장이 가능해진다고 설명하였다.

데카르트는 그의 심신이원론에서 정신과 물체를 속성과 양태가 다른 두 개의 실체로 구별하였으나 정신과 물체를 어떻게 연결(connection between mind and body)시킬 수 있는 가에 대한 문제가 드러나게 되었다. 이러한 비판에 대한 반박으로 데카르트는 송과선(pineal gland)이라는 상당히 궁색한 이유를 들고 나오게 되었다. 의학을 전공한 데카르트는 그의 저서인 '영혼의 열정과 인간 신체에 대한 서술(Passions of the Soul and The Description of the Human Body)'에서 인간의 신체는 물질적 속성(material property)을 가진 하나의 기계(machine)처럼 작동을 하지만,

비물질적 실체(non-material property)인 정신은 자연의 법칙을 따르는 것이 아니라 뇌에 중앙에 위치한 '영혼의 중심자리(seat of soul)', 즉 송과체(pineal gland)의 신경적 활동을 통해 신체와 상호작용을 한다고 설명하였다. 데카르트는 인간이 가지고 있는 특유의 동물적 정기가 심장의 증류작용에 의해 혈액으로부터 분리되고, 혈액으로부터 분리된 정기는 혈관을 타고 뇌 중앙에 있는 송과체에 도달한다고 설명하였다. 송과체에서는 신경이 나오는데 이러한 신경을 통해 근육을 자극함으로서 신체운동이 유발된다고 주장하였다. 데카르트가 송과체 이론을 주장하는 구체적인 이유로는 영혼을 단일체(unitary)로 본 그가 의학을 전공한 경험을 살려 송과체를 두뇌의 다른 많은 부분들과는 달리 영혼처럼 단일체라고 받아들였기 때문이라고 할 수 있다. 그러나 현대의학에 의하면 데카르트의 이러한 관찰은 틀렸다고 할 수 있다. 송과체는 중뇌의 제3뇌실에 있는 작은 신경조직체로 단일기관이 아니라 두 개의 반원(two hemispheres)으로 구성되어있다. 또한 송과체란 교감신경의 지배를 받으며 멜라토닌(melatonin)을 생성한다고도 알려져 있다. 두 번째 이유로는 송과체가 뇌실(cerebral ventricle) 근처에 위치하고 있음을 관찰한 결과를 바탕으로 뇌실에 흐르는 뇌척수액(cerebrospinal fluid)은 신체를 통제하기 위한 신경작용을 하는데, 이때 송과체가 뇌척수액의 신경과정에 영향을 준다고 설명하였다. 데카르트에 의하면, 인간의 감각기관을 통해 들어온 감각은 신경에 의해 송과체로 전달되고 이는 곧 교감신경(sympathetic nerve)을 자극하여 정서반응을 일으키고 정서반응으로 인해 신체운동이 유발된다고 설명하였다. 참고로 뇌척수액(cerebrospinal fluid)은 뇌에 가해지는 물리적 충격을 줄여주는 완충작용과 두개골 속 압력을 일정하게 유지시켜주기 위해 뇌와 척수를 둘러싸고 있는 액체를 말한다. 뇌척수액은 뇌실에서 만들어져 대뇌와 척수를 연결하는 뇌간의 통로를 통해 척수 쪽으로 하향, 주위 조직에 스며들면서 중추신경계 밖으로 나간다. 요추천자(lumbar puncture)를 통해 뇌척수액이 흐리고 불투명한 것으로 판명되면 뇌막염이 의심되고, 뇌척수액에 혈액이 섞여 나오면 뇌실이나 뇌의 출혈이 의심된다. 정신과 육체 간의 송과체에 의한 상호작용이라는 설명을 통해 정신은 신체를 통제하며, 합리적인 정신(rational mind)에 의해 조정을 받는 신체는 열정(passion)을 가진 행위를 하게 된다는 주장을 통해 데카르트는 종래의 정신과 육체의 일원론(unidirectional theory)을 심신이원론으로 대치하였다.

결론적으로 데카르트는 모든 중세적 전통과 권위에서 벗어나 확실한 지식을 탐구하기 위해서는 현존하는 모든 철학적 명제, 즉 외부세계나 수학의 진리, 심지어는 신에 대한 존재까지도 의심해봐야 한다는 의심의 철학을 출발점으로 삼았다. 그 결과 데카르트는 인간의 존재와 신의 존재에 대한 주관적 관념론을 확립하였으며, 이성적으로 인식할 수 있는 물질세계와 알 수 없는 영적인 세계를 명확히 구분함으로서 이원론적 합리론을 구축하게 되었다. 그는 또한 신으로부터 물려받은 생득관념인 인간의 순수이성을 지식의 기반으로 삼아 최상의 진리 탐구가 가능하다는 인식론도 강조하였다. 그러나 인간의 존재 의미를 확실시 하기위해 중세 기독교 신앙에서 주장하던 신의 존재를 인정하게 됨으로서 데카르트는 중세 스콜라 철학의 마지막 대변자이자 근대적 자아를 확립한 최초의 근대인이 되고 말았다. 신이 실존한다는 그의 형이상학적 명제나 생득관념이 신으로부터 부여받았다는 주장은 로크(John Locke, 1632~1704)와 같은 경험주의자들에 의해 신랄한 비판의 대상이 되었다. 또한 그가 주장한 선명성과 판명성이란 기준이 지나치게 모호하고 주관적이기 때문에 객관성을 보장할 수 없다는 비판도 피할 수 없게 되었다.

그러나 수학적 천재인 그가 수학과 논리학에서만 발견되는 선명성과 판명성을 적용하여 신과 인간 세계에 대한 진리를 발견하였다는 점과 방법적 회의론을 통해 진리를 확실하게 인식하기 위해서는 명증적 직관과 필연적 연역 이외에는 없다고 주장한 점은 철학적으로 높이 평가되고 있다. 즉, 모든 명제를 자명한 공리로부터 연역해 내는 방법을 철학에 도입함으로서 중세 신 중심의 형이상학에서 과학중심의 근세 철학으로 전환하는 계기를 마련해주었으며, 이런 점에서 데카르트를 근세 철학의 창시자이며 아버지로 부르는 것이라고 할 수 있다. 독일의 분석철학자 (analytic philosophist)인 화이트헤드(Alfred North Whitehead, 1861~1947)는 유럽 철학이 플라톤 (Platon, 기원전 428~348)에 대한 각주라면, 근세 유럽 철학은 데카르트에 대한 해석이라고 호평하였다.

데카르트에 의해 등장한 대륙의 합리론은 그 후 스피노자(Benedict de Spinoza, 1632~1677)의 일원론적 관념론과 라이프니쯔(Gottfried Wilhelm Leibniz, 1646－1716)의 단자론(Monade theory)으로 이어졌다.

03. 스피노자의 무신론적 범신론(Pantheism)

1) 생애

스피노자(Baruch Spinoza, Benedictus de Spinoza, 1632~1677)는 1632년 네덜란드 암스테르담에서 태어났다. 원래 스피노자의 선조는 스페인에서 포르투갈로 이민 온 유대인이었는데, 유대인의 탄압으로 스피노자의 친할머니가 로마 가톨릭 교회의 종교재판에서 마녀로 몰려 화형을 당하자 스피노자의 가족은 포르투갈에서 다시 네덜란드로 망명하였다. 부유한 수입상이었던 스피노자의 아버지는 결혼을 세 번하였는데 두 번째 부인이자 스피노자의 친모는 그가 6세 때 폐결핵(tuberculosis)으로 세상을 떠났다.

스피노자는 5세가 되던 해 유대인회의 탈무드 학교(Talmud Torah)에 들어가 유대 철학과 신학을 공부한 후 14세 되던 1646년에는 모라틸라의 율법학교에 입학하였다. 율법학교에 입학한 다음 해인 1647년 우리엘이라고 하는 청년이 내세신앙을 의심하는 논문을 발표하자 유대교회 당국은 이 청년을 파문시키기 위해 교회당 입구에 엎드리게 한 다음, 신자들로 하여금 그의 등을 밟고 들어가도록 하는 가혹한 처분을 내렸다. 인격적 모독을 당한 우리엘은 교회에 보내는 유서를 남긴 채 자살하였다. 이러한 교회의 처분에 심한 충격을 받은 스피노자는 유대교 랍비가 되고자 했던 생각을 버리게 되었다.

스피노자가 유대교로부터 이단으로 불리던 라틴어 학교에 입학한 연도에 대해서는 그가 20세가 되던 1652년이라는 설과 1654년에서 1655년경이라는 설 등 이론이 분분하다. 이로 말미암아 스피노자는 26세가 되던 1658년에 우리엘처럼 신을 모독했다는 불경죄로 유대교회로부터 영원히 추방을 당하게 되었다. 그 당시 스피노자가 받았던 파문 선고문에는 신의 분노로 저주를 받아 불에 타 죽게 될 것이라고 가혹한 내용이 쓰여져 있었다. 스피노자는 파문을 받은 후 자신의 유대교 이름을 라틴어로 개명하였다. 유태인의 전통에 따라 암스테르담 유태인회의 출생기록부에 등록된 스피노자의 원래 이름은 바뤼흐 스피노자(Baruch Spinoza)였지만, 이를 라틴어 이름인 베네딕투스 스피노자(Benedictus Spinoza)로 개명하였다.

스피노자는 30세가 되던 1662년 '지성 개선론(On the Improvement of the Understanding)'과 '데카르트 철학의 원리(The Principles of Cartesian Philosophy)'를 출판하였다. 1670년에 익명으로 출간한 '신학적 정치론(A Theologico-Political Treatise)'은 전혀 근거가 없는 위험한 견해와 추악한 내용으로 신을 모독하고 영혼을 타락시킨 책이라는 이유로 출판되자마자 금서 목록에 올랐다. 자신의 저서가 혹독한 비난을 받자 스피노자는 각지를 방황하며 떠돌다가 덴마크의 정치 중심지인 헤이그(Hague)에 정착하여 그 곳에서 1674년 필생의 저작인 '윤리학(The Ethics)'이라는 저서를 완성하였다. 원래 '윤리학'은 스피노자가 33세가 되던 1665년에 완성한 저서로 기하학의 논증법을 응용하여 윤리학을 체계화시키고자 한 저서였으나 그와 비슷한 내용을 발표한 사람이 법정에서 10년 징역형을 언도받고 복역 중 사망하자 생전에 출간하는 것을 포기하였다. 이 저서는 스피노자가 사망한 직후인 1677년에 세상의 빛을 보게 되었다.

유대 신을 모독한 대표적인 유대인, 저주받을 무신론자 등 혹독한 비난이 계속되자 떳떳한 직장을 구할 수 없었던 스피노자는 학생시절 배웠던 렌즈 연마 기술을 활용하여 안경렌즈를 연마하는 일로 생계를 유지해나갔다. 그의 생계수단이 된 렌즈는 그 당시 과학혁명의 초창기에는 현미경이나 망원경에 쓰이는 핵심부품이었다. 렌즈 관련 기술의 습득은 광학이나 천문학에 대한 그의 과학적 관심에서 시작되었으며 이러한 과학적 신념은 그의 철학에도 그대로 반영이 되었다. 스피노자는 당시의 전통적인 종교에서 주장하는 신의 기적을 부정하고 신은 결코 자연의 법칙을 어겨서는 안 된다는 범신론(pantheism)을 주장하였다. 스피노자는 당시 독일 최고의 학문기관인 하이델베르크 대학으로부터 교수초빙을 받은 적도 있었으나 자유로운 철학활동을 보장받지 못하는 곳에서는 재직할 수 없다는 이유로 거절하고는 렌즈 가공사로서의 고독한 생활을 이어 나갔다. 그러나 스피노자의 생계수단이었던 렌즈가공 작업은 결국 그의 수명을 단축시키는 원인이 되었다. 평생을 독신으로 살며 고독과 빈곤 속에서 처절한 투쟁을 하던 스피노자는 먼지투성이인 렌즈연마 작업장에서 흡입한 분진으로 인해 45세라는 짧은 나이에 폐결핵(tuberculosis)으로 사망하였다.

2) 무신론적 범신론(Pantheism)

유태계 혈통을 가진 네덜란드 출신으로 신과 자연을 동일시한 범신론을 주장한 스피노자는 "내일 지구의 종말이 올지라도 나는 한 그루의 사과나무를 심겠다(Even if the world should go to end tomorrow, I would plant an apple tree today.)."는 유명한 말을 남긴 철학자이다. 이 명언은 마르틴 루터가 했다는 설도 있지만, 스피노자의 철학적 사상, 즉 우주와 자연은 영원히 순환하는 실체이므로 시작과 종말이라는 순간적인 변화에 연연하지 않고 자신에게 주어진 일을 하겠다는 뜻으로 이해한다면 범신론을 주장한 그의 철학과 맥락을 같이하는 명언이라고 할 수 있을 것이다.

스피노자는 데카르트의 심신이원론(mind-body dualism)이 내포하고 있는 문제를 해결하기 위해 정신과 물체를 신의 범주 안에 포함시켰다. 데카르트는 인간 세계란 정신과 물질이라는 두 개의 실체로 이루어져 있다는 형이상학적 이원론을 주장하였다. 데카르트가 주장하는 정신의 본질은 자기 의식적 사유(speculation)를 말하며 물질의 본질은 3차원의 연장(extension)을 의미하였다. 또한 데카르트는 그의 철학적 이론을 방법론적 회의를 통해 판명된 코기토(cogito)라는 명증적 의식에서 출발하여 정신의 순수성을 확보하고, 동시에 선명성(clarity)과 판명성(distinctness)에 의한 인식체계의 규칙을 만들었다. 또한 외래관념, 조작관념, 생득관념을 구분한 관념체계에 따라 신과 물질, 그리고 정신세계의 존재를 구별하였으며 물질과 정신은 각각 독립된 실체라는 심신이원론(mind-body dualism)을 완성하였다.

스피노자는 데카르트의 철학사상 중 심신이원론에 관한 문제를 비판하기 위해 데카르트의 기계적 물질세계를 신 안으로 포함시켜 "신은 곧 자연이다(Deus sive Natura: Nature and God were the same.)."라는 범신론적 이론을 펼치게 되었다. 스피노자의 범신론을 무신론적 범신론(atheistic pantheism)이라고도 부르는데, 그 이유는 스피노자가 말하는 신이란 기독교 종교에서 지칭하는 인간을 초월한 보편적 존재가 아니라, 자연 전체를 의미하기 때문이다. 즉, 스피노자가 주장하는 신은 자연법칙과 질서를 위한 필연성 자체를 신성으로 보는 것으로, 이런 측면에서 스피노자의 범신론은 결정론(determinism)적 입장을 취했다고 볼 수 있다. 결정론이란 인간을 포함한 이 세상의 모든 현상들은 우연히 일어나는 것이 아니라 자연의 질서와 법칙에 의해 결정된다는 이론을 말한다.

　　스피노자는 데카르트의 심신이원론과는 달리, 사유의 속성을 지닌 정신이나 연장의 속성을 지닌 물체란 모두 만물의 최후의 원인인 신의 속성에 속한다고 주장하였다. 스피노자는 신이란 모든 사물의 최후단계에서 나타나는 유일한 실체이기 때문에 만물을 포괄하는 자연은 신과 동격이며 자연 속의 만물들은 신을 떠나 객관적으로 존재할 수 없다고 하였다. 따라서 "신은 자연이다."라는 명제가 성립되고 정신과 물체는 모두 신이라고 하는 최후의 원인 속에서 같은 실체가 다른 존재형식을 가지고 평행관계를 이루는 신의 변용(transformation of God)이라고 주장하였다. 이때 변용이란 정신이나 물질은 자체적인 본질을 가지고 있는 것이 아니라, 자연이라는 본질적인 실체가 표현되는 방식에 따라 다르게 실재하는 존재형식에 불과하다는 것을 의미한다고 하였다. 데카르트의 심신 이원론에서는 신체와 정신이 완전히 독립된 다른 실체로 신체의 활동은 정신으로부터 지배를 받는다고 주장하였지만, 스피노자는 많은 경험을 통해 신체가 활발한 운동을 하지 못하면 정신도 동시에 사색하는 힘이 부족하다는 것을 알 수 있다고 반박하였다. 예를 들어 수면 중에는 신체가 모든 활동을 정지하는 것처럼 정신의 활동도 깨어 있을 때처럼 활발한 사고를 하지 못한다는 것이다. 그러면서 스피노자는 무한한 자연의 속성 중에서 유일하게 발견할 수 있는 두 개의 속성은 사유와 연장뿐이라고 주장하여 데카르트의 이론을 수긍했지만, 이때 사유하는 실체와 연장의 실체를 개념적으로는 분리시킬 수 있으나, 실재로는 동일한 본질을 가진 하나의 실체라고 주장하였다. 하나의 실체가 상황에 따라 어떤 때는 사유하는 정신적 실체로, 어떤 때는 연장하는 물질적 실체로 나타날 뿐 정신과 신체는 두 개의 형식을 지닌 하나의 개별체라는 것이었다. 이와 같이 정신과 물체를 자연에 귀속하는 변용적인 실체로 규정함으로서 스피노자는 데카르트의 심신이원론을 일원적 실체론으로 대치하였다.

　　스피노자는 신과 자연과의 관계를 보다 명확하게 설명하기 위해 신은 만물을 생산하는 능산적 자연(nature naturing), 즉 나투란스(natura naturans)이며, 자연은 신에 의해 생산된 소산적 자연(nature natured), 즉 나투라타(natura naturata)라고 구분하였다. 나투란스(naturans)란 원래 중세 시대에 만들어진 고대 라틴어의 합성어인 'natura naturans'에서 온 말로 '자연이 해야 할 일을 하고 있는 자연(nature doing what nature does)'이라는 뜻을 갖는다. 이때 '−ans'는 현대영어의 현재진행형 어미인 '−ing'과 동일하며, 'naturata'의 '−ata'는 현대영어의 과거완료시제를 나타낸다. 스피노자는 'natura naturans'를 '스스로 활동을 일으키는 자연(the self-causing activity of nature)'이라는 뜻으로, 나투라타(natura naturata)는 '자연화가 된 자연(nature natured)', 혹은 '무한정한 인과 고리에 의한 수동적 산물로 여겨지는 자연(nature considered as a passive product of an infinite causal chain)'이라고 정의하였다. 스피노자는 그의 '윤리학(The Ethics)'에서 "능동적 자연(Natura naturans)에 의해 인간은 자연의 본질 그 자체를 이해하게 되며, 더불어 자연의 본질(nature in itself)은 무한정의 영원한 본질(essence), 즉 신의 속성에 대한 상상을 통해 이해된다. 또한 소산적인 자연을 통해 인간은 신이 창조한 모든 자연적 사물들과 그에 따르는 양태들을 이해하게 된다."고 설명하였다. 또한 스피노자는 자연의 법칙이나 세계의 본질은 영원불변의 실체이지만, 세계 안에 내재하는 개별적인 사물들은 끊임없이 변해가는 유한한 존재라고 하였다. 결론적으로 스피노자의 범신론은 신과 자연을 동일한 실체로 보는 이론으로 '실체＝신＝자연'이라는 등식으로 귀결된다고 할 수 있다.

유신론자들은 스피노자를 신을 모독한 저주받을 무신론자로 비난하였지만, 데카르트가 미해결로 남긴 문제를 해결하기 위해 전개된 스피노자의 일원론적 범신론은 라이프니츠의 단자론적 이론(Monade theory)으로 이어졌으며, 그 후 유기체적 형이상학을 전개한 화이트헤드의 범재신론(panentheism)과 실존주의(existentialism), 마르크스주의(Marxism), 현상학(phenomenology)에 커다란 영향을 미치게 되었다.

04. 라이프니츠의 단자론(Monadology)

1) 생애

라이프니츠(Gottfried Wilhelm Leibniz, 1646~1716)는 독일 라이프치히 시(Leipzig)에서 독일을 폐허로 만든 30년 전쟁이 끝날 무렵인 1646년 라이프치히 대학 교수의 아들로 태어났다. 그의 아버지는 많은 장서를 남긴 채 라이프니츠가 6세가 되던 1652년에 죽었다. 아버지가 남겨준 수많은 저서들을 읽으면서 12세 때까지 독학으로 라틴어를 통달한 라이프니츠는 후에 뉴턴(Sir Isaac Newton, 1642~1726/27)과 평생 동안 분쟁의 쟁점이 되었던 미적분학의 발견은 물론 물리학, 생물학, 의학, 논리학, 고전학, 정치학 등 다방면에 걸쳐 탁월한 업적을 달성하였다.

라이프니츠는 15세가 되던 1661년에 라이프치히 대학교 법학과에 입학하여 법률과 철학을 연구하였으며, 1663년에는 예나대학에서 수학을 공부하였다. 1666년에 라이프치히 대학교 법과대학을 졸업하고 학위를 신청했으나 나이가 어리다는 이유로 거절당하자 뉘른베르크의 알트도르프 대학(The University of Altdorf)에서 학위를 취득하였다. 라이프니츠는 알트도르프 대학에서 마련한 객원교수직을 사퇴하고 잠시 뉘른베르크의 연금술 사회의 비서직을 거쳐 마인츠의 정치가인 보이네부르크 남작의 법률고문으로 일하게 되었다. 그 후 항소법원의 배석판사를 거친 라이프니츠는 이를 계기로 정치계에 입문하게 되었으며, 1672년 이후부터는 외교사절로 파리에서 활동하면서 루이 14세가 독일을 침략했을 때에는 독일을 위한 외교활동에도 전념하였다.

1676년 라이프니츠는 하노버 공(Elector of Hanover)인 요한 프리드리히의 족보연구를 통해 그가 선제후가 될 수 있도록 도움을 준 공로로 기사 작위를 받았다. 그러나 라이프니츠가 미적분 이론 창시에 대해 뉴턴과 치열한 분쟁을 일으키자 영국 국왕인 조지 1세(George I, George Louis, 1660~1727)로 등극한 하노버 공은 그 때부터 라이프니츠와의 인연을 끊은 것으로 알려져 있다. 라이프니츠의 가장 유명한 업적 중의 하나로 알려진 미적분 이론(1684~1686)은 동시대를 살던 뉴턴과 함께 발명한 것으로 알려져 있는데, 이로 인해 두 사람 간에 치열한 분쟁이 일어났다. 분쟁의 초점은 미적분학이 라이프니츠가 단독으로 발견한 것인지, 아니면 뉴턴의 아이디어를 도용하여 다른 표기법으로 발표한 것인지에 대한 것이었으며, 두 사람 간의 기나 긴 논쟁은 1711년부터 시작되어 라이프니츠가 사망할 때까지 지속되었다. 라이프니츠의 미적분학의 발견은 후세의 이르러 미분기호, 적분기호의 창안 등 해석학 발달에 많은 공헌을 하였다. 그 외에도 라이프니츠는 기계적 계산기를 가장 많이 발명한 발명가로 알려져 있으며, 디지털 컴퓨터의 기반이 되는 이진법 수 체계를 정리한 수학자로도 유명하다.

라이프니츠는 의학에도 조예가 깊어 당대의 의사들에게 의학적 학설이란 구체적인 비교 관찰과 검증된 실험에 기반 해야 한다고 주장하였으며, 공중위생학을 위해서는 역학과 수의학을 총괄하는 행정기관의 설립과 공중위생학에 대한 훈련과정이 필요하다고 역설하였다. 심리학 분야에 있어서는 의식과 무의식 상태의 분류법을 제안하기도 하였다.

라이프니츠의 철학적 특징은 서로 대립을 보이던 많은 사상들을 취합하여 자신의 것으로 조화시켰다는 점을 들 수 있다. 특히 대학에서 철저한 철학교육을 받은 라이프니츠는 데카르트의 기계적 자연관이나 피에르 가상디의 원자론, 영국의 경험론 등의 근세사상을 중세 스콜라주의화한 아리스토텔레스의 이론에 적용하려는 시도를 하였으며, 이러한 라이프니츠의 철학은 20세기의 분석철학과 언어철학에 지대한 영향을 미쳤다.

라이프니츠는 그의 다채롭고 바쁜 활동 탓으로 저술활동보다는 편지나 메모 형식으로 연구결과를 남겼기 때문에 그의 저서의 대부분은 그가 죽은 후 발간되었다. 라이프니츠의 주요 저서로는 1686년에 출간된 '형이상학서설(Discourse of Metaphysics)', 1696년에 출간된 '예정조화설(The Doctrine of Pre-established Harmony)', 1710년에 출간된 변신론(Theodicy)', 1720년에 출간된 '단자론(Monadology)', 1765년에 출간된 '신 인간오성론(New Human Understanding)' 등이 있다.

라이프니츠의 말년은 매우 불우했던 것으로 알려져 있다. 마인츠 대주교 등 라이프니츠의 정신적 지주였던 사람들의 잇단 사망으로 프랑스에서의 생활기반을 잃게 된 그는 1676년 하노버로 건너 가 그 곳에서 70세의 생애를 마쳤다.

2) 단자론(Monadology)

라이프니츠는 데카르트, 스피노자와 함께 17세기 대륙의 합리론을 대표하는 트로이카 중의 한 사람이다. 철학자로서 라이프니츠의 가장 중요한 업적은 우주만물의 생성 원인을 수많은 단자(monad)로 설명한 실체론적 단자론(monadology)이라고 할 수 있다.

라이프니츠는 정신과 물질은 자연이나 신의 내재원인이며 이 세상에 실재하는 것은 신적 존재뿐이라는 스피노자의 범신론을 비판하면서, 인간을 포함한 천지만물의 원인은 인간의 의식이나 행동, 자연현상을 성립시키는 주체의 숫자만큼 많아야 한다고 주장하였다. 라이프니츠는 세계를 형성하고 있는 다수의 근원적인 실체가 바로 단자(monad)이며, 단자란 능동적인 힘을 본질로 하는 우주의 실재라고 주장하였다. 단자(monad)란 '하나(one)', 혹은 '혼자(alone)', '특이성(singularity)'이라는 뜻의 접두사인 'mono-'로부터 만들어진 희랍어인 'monos'에서 유래한 말로 '더 이상 쪼갤 수 없는 불가분적인 하나(indivisible and inseparable one)'를 의미한다.

라이프니츠는 단자의 구체적인 속성을 다음의 4가지로 설명하였다. 첫째, 단자는 자연의 진정한 원자이며 형이상학적 점(metaphysical point)이라고 하였다. 자연의 진정한 원자라는 뜻은 기계론적 원자론에서 주장하는 바와 같이 단자도 외적 자극으로부터 파괴, 소멸, 분할되지 않는 원자(atom)의 속성을 강조하기 위한 개념이라고 할 수 있다. 그러나 단자가 형이상학적 점이라는 뜻은 원자처럼 운동과 연장을 가진 양적 물체가 아니라 질적 개체라는 점을 강조하기 위한 정의라고 할 수 있다. 만약 단자가 원자처럼 운동과 연장을 가진 양적 존재라고 한다면, 운동을 위한 공간적 크기도 함께 가지고 있어야 하는데, 이때 공간을 가지고 있다는 것은 다시 분할될 수 있다는 가능성을 의미하므로 단자란 그 어떠한 양적 크기도 갖고 있지 않은 비물질적, 정신적, 질적 실재라는 것이었다.

둘째로 단자는 '엔텔레키(entelechie)'라고 하는 능동적이고 자발적인 활동력을 가지고 자기 스스로 활동하는 실재라고 하였다. 엔텔레키란 아리스토텔레스가 그의 형이상학에서 실재 개념으로 도입한 엔텔레케이아(entelecheia)에서 유래된 용어로, 자신 안에 생성과 변화의 '운동인'을 포함하는 제일실체를 의미한다. 라이프니츠의 엔텔레키는 아리스토텔레스의 4원인론 중 목적인(final cause)에 속하는 동력인(efficient cause)이라고 볼 수 있으며 따라서 단자는 자발적으로 운동하는 정신적인 실체라고 하였다.

셋째로 단자는 지각(perception)과 욕구(appetition)라는 정신적 작용을 가진 '우주의 산 거울'이라고 강조하였다. 이때 단자의 지각과 욕구는 표상(representation)이라고 하는 자기전개를 통해 자신을 표현하게 된다고 하였다. 지각이란 하나인 단자가 무한히 많은 것들을 표상해 낼 수 있는 정신적 활동을 의미하며, 욕구란 지각을 통해 들어온 표상을 보다 더 선명한 것으로 구현하고자 하는 경향 내지는 노력을 의미한다고 하였다. 따라서 하나의 표상에 머물러 있지 않고 다른 표상으로 옮겨가려는 능동적인 힘(power)을 가진 단자는 생명력과 활동력을 가지고 스스로 활동하는 실재로 생명력은 단자의 목적이 되며, 활동력이나 파생력은 생명력을 실현하기 위해 움직이는 힘이 된다고 보았다. 이러한 관점에서 단자란 과거, 현재, 미래의 모든 현상들을 표상할 수 있는 '우주의 산 거울'이라고 강조하였다.

마지막으로 단자는 독립적으로 자존하는 실체라고 하였다. 따라서 무수히 많은 개별적인 단자들은 이들을 지배하는 지배적 단자와 더불어 전체적인 하나로 조화와 통일성을 유지해나간다고 하였다. 결론적으로 라이프니츠의 단자란 외적 원인에 의해서가 아니라 스스로의 고유한 목적에 의해 능동적으로 움직이는 정신적 실체이며 독립적인 활동체라고 할 수 있다.

라이프니츠는 단자가 정신적 능력을 가지고 있다는 주장을 피력하기 위해 단자를 최하위 단계의 나단자(monade nues)에서부터 영혼, 정신을 거쳐 최상위의 신으로 향한다는 단자 위계설을 정립하였다. 나단자란 광물과 식물을 구성하는 단자로 불분명하고 혼미한 상태의 무의식적 표상을 지닌 단자라고 하였으며, 그 다음 단계에 위치하는 영혼 단자는 나단자보다는 좀 더 뚜렷한 정신적 능력과 감각적 의식을 지닌 동물적 단자라고 하였다. 그 다음 단계인 정신 단자는 명료한 자기의식과 표상을 가지고 있는 인간 정신적 단자라고 하였으며, 마지막 계층에 존재하는 신이라는 단자는 전지전능하고 무한한 의식과 힘을 지니고 있는 신의 단자라고 설명하였다.

라이프니츠는 이 세상을 형성하고 있는 무수한 단자들은 이러한 계층에 의해 분류되며, 낮은 단계의 단자일수록 무의식적이고 비활동적이지만 높은 단계로 올라갈수록 생생한 의식과 활동적인 단자들로 구성되어있다고 하였다. 따라서 바위와 같은 광물질은 잠자는 정신과 무의식적인 지각을 가지고 있으나 인간은 생생한 정신의 의식화로 보다 명료한 지각과 욕구를 갖게 된다고 하였다. 라이프니츠는 모든 단자들이 우주를 전체적으로 반영하는 실재라는 관점에서의 형이상학적 단자론을 기반으로 이성을 가진 정신 단자를 통해 진리와 인식의 원리를 규명하고 이를 토대로 신의 존재를 증명하였다.

3) 예정조화설(Theory of Pre-established Harmony)

라이프니츠의 예정조화설(theory of pre-established harmony)과 이다음에 소개되는 변신론(theodicy)은 그의 낙관주의(optimism)를 대표하는 사상이라고 할 수 있다. 낙천주의란 긍정적이고 호의적이며 바람직한 결과(positive, favorable, and desirable outcomes)를 산출할 수 있는 신념이나 희망을 삶의 궁극적인 목적으로 삼는 사상을 말한다. 라이프니츠의 낙관주의는 인간 세계에 혼재하는 악을 선으로 흡수함으로서 불완전한 세계를 완전한 세계로 만드는 것을 윤리적 목적으로 한다. 예정조화설이란 우주만물의 모든 조화로운 현상은 가장 최선의 세계를 만들고자 하는 신의 의지에 의해 사전에 결정된 것이라는 이론을 말한다. 라이프니츠는 우주 만물을 이루는 무수한 단자들의 다양성, 활동성, 역동성, 통일성, 조화로움은 신에 의해 예정된 최선의 법칙에 의해 결정되었다고 주장하였다. 라이프니츠가 주장하는 예정조화설의 핵심은 최선을 향한 통일성과 조화로움이라고 할 수 있다. 즉, 자의적이고 독립적으로 보이는 단자들의 모든 활동력과 역동성은 최선의 조화로움과 통일성이라는 궁극적인 목적을 위해 단자의 창조 단계에서부터 신이 사전에 안배해 놓은 법칙에 의한 것이라고 하였다. 라이프니츠는 또한 기계적으로 움직이는 사물과 마찬가지로 인간의 신체와 정신도 각기 고유한 본질에 의해 독립적이고 자의적으로 움직이는 것이 아니라 신의 예정된 법칙에 의해 움직이는 것이라고 하였다. 즉, 신체를 구성하는 단자들이 신체의 가장 작은 단위인 세포들의 조직적인 운동을 통해 활동을 전개해 나가는 것처럼, 인간의 정신도 신의 예정된 법칙에 의해 자유의지에 따른 유목적적인 정신활동을 하는 것이며 신체와 정신의 이러한 활동은 인간이라는 총체적 조화와 통일을 위한 것이라고 강조하였다.

라이프니츠는 인간 고유의 단자적 활동인 정신, 즉 이성의 표상력을 발휘하기 위한 자유의지도 절대의지를 가진 신이 예정된 법칙에 따라 인간에게 주어진 것이므로 자유의지를 적절하게 구현하기 위해서는 신의 의도를 정확히 파악하는 것이 무엇보다도 중요하다고 언급하였다. 신이 인간에게 부여한 자유 의지의 중요성을 피력하기 위해 라이프니츠는 부리단의 노새(Buridan's ass)를 예로 들면서 이를 반박하였다. 부리단의 노새란 중세 프랑스 스콜라 철학자인 부리단(Jean Buridan, 1295~1358)이 인간 의지의 문제를 지적하기위해 자신의 이름을 딴 노새를 예로 든 이야기로, 부리단의 노새란 우유부단함과 어리석음으로 두 가지 선택 사이에서 결정을 내리지 못하는 결정 장애자, 판단 장애자를 상징한다. 부리단의 노새 이야기는 굶주린 노새가 길을 가다가 먹음직스러운 건초더미 두개를 발견하는 것으로 시작된다. 얼핏 보기에 두 개의 탐스러운 건초더미는 굶주린 노새에게 행운을 가져다주는 먹이처럼 보였지만, 판단의지가 박약한 노새에게는 불행의 시초였다. 두개의 건초더미는 크기나 모양이 너무도 유사해서 노새에게는 어느 하나를 선택하는 것이 불가능하게 여겨졌다. 우측 더미로 가면 좌측 더미가 더 많아 보이고, 좌측 더미로 가면 우측 더미가 더 크고 먹음직스러워 보였다. 결국 아무 것도 결정하지 못한 노새는 다음날 아침 두 건초더미 사이에서 죽은 채로 발견되었다. 라이프니츠는 부리단의 노새와 같은 상황은 인간에게는 일어나지 않는 가상의 세계라고 지적하였다. 왜냐하면, 인간에게는 무수한 선택의 기로에서 가장 최선의 판단을 할 수 있는 의지적 결단력과 정확한 판단력을 이미 신으로부터 받았기 때문이라고 하였다. 따라서 자유 의지와 판단력을 제대로 발휘하지 못할 상황이란 현실 세계에는 없으며, 인간은 최악의 결정이라는 불행한 사태가 발생하지 않도록 자신에게 부여된 결단력과 최선의 선택을 할 수 있다는 굳은 신념으로 신중한 판단을 하는 것이 중요하다고 강조하였다. 아이러니컬하게도 "우물쭈물하다가 이렇게 될 줄 알았어(I knew if I stayed around long enough, something like this would happen.)."라고 쓰여 있는 미국 극작가인 조지 버나드쇼(George Bernard Shaw, 1856~1950)의 묘비명을 통해 인간의 판단력이나 자유의지의 발휘는 부리단의 노새만큼이나 어렵다는 것을 짐작할 수 있다.

4) 변신론(Theodicy)

"악화가 양화를 구축한다(Bad money drives out good money.)."는 말이 있다. 이 말은 원래 16세기 영국의 경제학자인 그레샴이 주장하여 그레샴의 법칙(Gresham's law)이라고도 불리는데, 소재가 서로 다른 화폐가 동일한 가치로 통용되면 소재 가치가 낮은 악화가 점차 양화를 몰아내어 유통시장을 지배한다는 법칙을 의미한다. 이러한 법칙을 라이프니츠가 주장한 변신론(theodicy)에 적용한다면, "악화와 양화는 공존한다(Good money and bad money coexist.)."라는 표현으로 대변될 수 있다. 모든 악의 존재는 이 세상의 창조주인 신이 책임을 져야 한다는 프랑스의 회의주의자이자 계몽주의자인 피에르 벨(Pierre Bayle, 1647~1706)과의 논쟁에서 라이프니츠는 악의 존재란 신의 의지에 반하는 것이 아니라 신의 섭리를 변호하는 것이라고 주장하였다. 라이프니츠는 그의 변신론을 통해, 모든 가능한 세계 중 가장 완벽하고 아름다운 세상이란 선(goodness)만이 존재하는 세상이 아니라, 악이나 부조화가 선이나 조화로움과 부분적으로 혼재하는 세상이라고 하였다. 악이 전혀 없이 완전성만을 가진 세상은 지나치게 평범하고 무미건조한 세계가 될 수밖에 없기 때문에 악과 부조화란 삶을 보다 풍요롭고 완벽하게 만들어주는 필수불가결한 요소로 신이 추구하고자 하는 선함을 변호해준다는 것이었다. 이처럼 악은 신의 선함을 위한 본성과 모순되지 않으며 오히려 선을 실행할 수 있는 필수요소라고 주장한 라이프니츠는 악을 선의 그림자, 혹은 음악에 있어서의 순간적 불협화음에 비유하였다. 불협화음이 존재해야만 음악적 아름다움을 최고의 경지로 끌어올릴 수 있는 것처럼, 신에게 자유의지를 부여받은 인간의 선택과정에서 부차적으로 따라오는 악의 요소란 주어진 상황을 악화시키는 것이 아니라 최고의 행복과 완전한 선을 구축하기위해 필요한 반대급부적인 조건이라고 설명하였다. 라이프니츠에 의하면, 인간은 스스로의 자유의지에 의해 선을 선택하거나 악을 선택하게 되는

데, 악을 선택하게 되면 그로 인해 고통을 받는 사람들이 많아지는 것은 자명한 일이나, 선한 행위를 하더라도 선행 때문에 피해를 보거나 고통을 받는 악이 반드시 뒤따라오게 된다고 하였다. 그러므로 악이란 선과 분리시킬 수 없는 필수조건이라고 강조하였다. 따라서 악을 발생시키는 자유의지가 없는 세상보다는 악의 요소를 가지고 있는 세상이 좀 더 풍요롭고 인간적이라고 강조하였다. 라이프니츠의 이러한 극단적인 낙관론은 피에르 벨은 물론 프랑스 계몽주의 작가인 볼테르(Voltaire, 1694~1778)에 의해 강한 비판의 대상이 되었다.

제7절 독일의 관념론(German Idealism)

01. 개요

근세에 등장한 대표적인 철학사상을 들자면 17세기 근대 철학의 아버지로 불리는 베이컨(Francis Bacon, 1561~1626)에 의해 창시된 영국의 경험주의와 데카르트(Rene Descartes, 1596~1650)에 의해 창시된 대륙의 합리주의를 들 수 있다. 영국의 경험론은 그 후 로크(John Locke, 1632~1704), 버클리(George Berkeley, 1685~1753), 흄(David Hume, 1711~1776)으로 이어지면서 18세기로 접어들었으며, 합리론은 스피노자(Benedict de Spinoza, 1632~1677)와 라이프니츠(Gottfried Wilhelm Leibniz,1646~1716) 등으로 이어졌다.

영국의 경험주의 철학자 중 모든 객관적 사물은 인간의 주관적 해석일 뿐이라면서 객관적 사물의 존재를 부인한 비유물론과 주관적 관념론을 들고 나온 버클리, 귀납추론과 인과관계 문제를 인간의 심리적 강박현상으로 치부하며 감각적 대상을 전면 부정한 흄의 회의주의는 그 뒤를 잇는 철학자들에게 두 가지 선택권을 요구할 정도로 사상적 영향력이 대단하였다. 그 중 하나는 버클리나 흄의 결론을 수정하여 절충적인 인식론을 전개하는 것이며, 또 다른 하나는 경험론을 보다 더 완벽한 체계로 전개시켜 과학적이고 논증적인 이론으로 완성시키는 것이었다. 전자는 칸트(Immanuel Kant, 1724~1804)로부터 시작되는 독일의 관념론이 해당되며 후자는 분석철학과 논리실증주의가 해당된다. 칸트는 흄의 극단적 회의주의에 의해 독단의 잠에서 깼다고 언급하면서 지식의 확실성도 보장하면서 동시에 합리론적 이성을 강조한 절충적 관념론을 통해 흄의 회의주의를 타파하려고 시도하였다. 이러한 독일의 관념론적 인식론은 19세기로 접어들면서 헤겔(Georg Wilhelm Friedrich Hegel, 1770~1831)의 변증법 등과 함께 독일의 빛나는 이상주의(idealism)를 구현하였다. 경험론을 보다 과학적이고 실증적으로 완성시키려는 시도는 19세기 영국의 벤담(Jeremy Bentham, 1748~1832)과 밀(James Mill, 1773~1836)에 의한 공리주의와 20세기 초 무어(George Edward Moore, 1873~1958), 화이트헤드(Alfred North Whitehead, 1861~1947), 러셀(Bertrand Russell, 1872~1970), 비트겐슈타인(Ludwig Josef Johann Wittgenstein, 1889~1951)으로 이어지는 케임브리지 학파의 언어분석철학, 슐리크(Moritz Schlick, 1882~1936), 카르납(Rudolf Carnap, 1891~1970), 에이어(Sir Alfred Jules Ayer, 1910~1989) 등으로 형성된 비엔나 학파의 논리실증주의(logical positivism)로 이어졌다.

02. 칸트의 초월적 관념론(Transcendentalism)

1) 생애

칸트(Immanuel Kant, 1724~1804)는 쾨니히스베르크(Königsberg)에서 마르틴 루터가 창시한 경건주의 개신교인 루터교 가정에서 가난한 수공업자의 아들로 태어났다. 쾨니히스베르크는 현 소련의 칼리닌그라드라는 도시로 제2차 세계대전이 끝난 다음 해인 1946년 소련에 귀속된 독일 동프로이센의 수도이자 맥주의 본고장으로 유명한 곳이다.

평생을 독신으로 살았던 칸트는 자신의 고향인 쾨니히스베르크에서 반경 10마일(160km) 밖으로 여행을 간 적이 없다. 이는 그의 선천적인 기형과 심폐조직의 건강문제 때문으로 추정된다. 11명의 형제자매 중 성인으로 살아남은 사람은 칸트를 포함해 4명뿐이었으나 칸트 자신도 태어날 때부터 기형적인 새 가슴과 오른쪽 어깨의 변형으로 심장과 호흡계 운동이 원활하지 않았다. 칸트 자신도 "나는 심장과 허파가 움직이기 어려울 정도로 좁고 편평한 가슴을 가지고 있어 이로 인해 삶에 대한 혐오증과 우울증에 빠질 때가 많았다."고 술회할 정도로 그의 기형적인 체격은 신체적, 심리적 문제를 많이 야기했던 것으로 추론된다. 그러나 이러한 신체적 취약점은 자신의 건강을 보다 더 철저히 관리하게 만드는 계기가 되었다.

칸트의 자기관리 방법은 시공간을 초월하여 많은 사람들의 귀감이 되고 있다. 성인이 되어서도 155㎝ 정도의 작은 키에 60kg도 되지 않은 몸무게를 가진 그가 당시 평균수명의 두 배에 가까운 80세까지 장수한 이유는 하루 일과표를 정해 놓고 이에 따라 일일 한 끼 식사와 규칙적인 산책 등 생활습관을 철저히 지키는 자기 관리 때문인 것으로 알려져 있다. 칸트는 매일 정각

5시에 기상하여 아침식사로 차 한 잔과 파이프 담배 한 가치를 피웠으며, 새벽 5시에서 점심시간인 오후 1시까지 8시간을 쉬지 않고 집필활동이나 강의준비를 하였다. 식사는 남들과 환담을 하며 먹어야 소화가 잘된다는 생각으로 대학교수로 생활이 윤택해지자 하루에 한 끼만 먹던 점심 식사에 늘 손님을 초대하였다. 오후 3시까지 이어진 점심식사는 저명한 학자들의 학문의 토론장이 되었는데, 칸트는 그가 토론을 하기 원하는 손님들을 3명에서 9명으로 제한하여 정확한 날짜에 그들을 초대하였다. 칸트는 점심식사 때 와인을 즐겨 마신 것으로 알려져 있는데, 칸트의 고향인 쾨니히스베르크가 독일 맥주의 본산지였음에도 불구하고 맥주를 매우 싫어한 것으로 알려져 있다. 맥주를 마시고 소화불량에 걸렸던 칸트는 두통을 비롯하여 모든 질병의 원인이 맥주를 과음해서 오는 것이라고 믿었다. 칸트는 괴테처럼 낮에는 두통을 호소하다가 밤이 되어 술을 마시는 일을 반복하다 보면 두통을 치유할 수 없다고 지적하였다. 칸트는 또한 땀은 물의 형태를 띤 대변이라고 믿어 땀을 흘리는 격한 운동이나 활동을 혐오했다고 알려져 있다. 이것도 아마 그의 기형적인 심폐 조직과 연관된 신념이라고 할 수 있다.

점심식사는 오후 3시에 마쳤으며, 점심식사 후에는 회색연미복으로 갈아입고 지팡이를 든 채 늘 혼자서 산책을 한 것으로 유명하다. 이는 동행이 있으면 걸으면서 대화를 나누어야 하고, 말을 하게 되면 구강으로 호흡을 해야 하는데, 구강호흡을 하게 되면 차가운 공기가 폐로 직접 내려가 감기에 걸리기 쉽다고 믿었기 때문이었다. 칸트의 오후 산책은 마을 사람들에게는 '걸어 다니는 시계'로 여겨질 정도로 일정한 시간에 규칙적으로 이루어졌다. 현재 '철학자의 산책로'라고 알려진 길을 걸으며 칸트는 '오늘은 민들레의 노란 꽃빛이 진해진 걸보니 날씨가 추워질 조짐'이라던가, "어제는 세 번 감겼던 포도 넝쿨이 오늘은 다섯 번이나 감긴 것 같다."는 미세한 자연의 변화를 관찰하여 달력에 적어놓기도 하였다. 칸트는 단 한번 산책을 거른 적이 있었는데, 이때 열렬한 루소주의자였던 칸트가 루소의 '에밀'을 읽느라 두문불출했던 것으로 전해진다. 칸트가 루소를 찬양하게 된 계기는 루소의 '인간 불평등 기원론'을 읽고 각성을 하게 되면서부터라고 알려져 있다. 칸트는 원래 삶의 진정한 목적은 지식의 추구이며 이를 등한시하는 사람들을 경멸해왔으나, 루소의 책을 읽고 나서 사람들에 대한 맹목적인 편견을 버리게 되었으며 인간성과 도덕 윤리를 존중하는 평등주의자가 되었다고 한다.

산책에서 돌아오면 오후 6시부터 책을 읽고 정각 밤 10시에 잠자리에 들었는데, 숙면을 위해서는 잠들기 직전의 정신적 휴식이 중요하다는 신념으로 모든 독서와 집필은 10시 15분 전에 끝마쳤다. 이렇게 정신집중을 해야 하는 시간과 휴식 시간을 정확히 구분하는 생활습관으로 일생동안 철저한 건강관리를 한 칸트는 태생적으로 허약한 체질이었음에도 불구하고 80세까지 장수를 누리게 된 것이다.

칸트는 가난으로 인해 30세라는 고령에 결혼 한 부친을 빗대어, 자신도 젊어서는 가난하기 때문에 결혼을 못했고, 늙어서는 나이가 들어 결혼을 하지 않았다고 술회했지만, 그러한 이유보다는 지나칠 정도로 세심한 그의 강박관념 때문인 것으로 알려져 있다. 결혼에 관해 전해지는 일화에 의하면, 한 여성으로부터 청혼을 받은 칸트는 생각할 시간을 달라고 하고선 도서관으로 달려가 결혼의 장단점을 알아내기 위한 독서에 몰입했다고 한다. 드디어 결혼의 장점이 단점보다 4개나 더 많다는 사실을 발견한 칸트가 청혼을 승낙하려고 했을 때는 이미 7년이 지난 뒤였다고 한다. 이러한 우유부단함과 세심함으로 말미암아 칸트는 교수가 된 뒤 생활이 안정되자 시도했던 두 번의 결혼 기회를 놓쳐버렸다.

칸트의 쾨니히스베르크 대학에서의 강의 경력은 1756년부터 1796년끼지 약 40년에 이른다. 이중 32세가 되던 1756년부터 46세인 1770년까지 14년간을 사강사(unpaid college instructor)로 연명하였다. 참고로 사강사란 오늘날의 대학 시간강사와 비슷하지만, 대학에서 월급을 받는 대신 수강생들로부터 강의료를 받는 강사직을 말한다. 따라서 수강생이 적은 경우에는 적절한 수입을 기대할 수 없게 된다. 칸트는 사강사 시절 지나치게 적은 수입에도 불구하고 노년의 질병을 대비하여 매달 일정액을 저축하면서 다른 목적으로는 절대 쓰지 않았다고 한다. 60세가 되어서야 비로소 낡은 집 하나를 장만할 수 있었던 칸트는 검소한 가구들과 더불어 루소의 초상화를 벽에 걸어두었다고 한다.

논리학과 수학을 담당하고 있던 칸트는 1756년 자신의 철학에 가장 중요한 영향을 주었던 스승인 크누첸(Martin Knutzen)이 사망하자, 공석이 된 원외교수직, 즉 정년을 보장받지 못하고 다른 대학에서도 강의할 수 있는 교수직에 두 번이나 응모했지만 모두 탈락하였다. 크누첸은 과학과 철학이 완전히 분리되지 않았던 당시의 학문적 분위기 속에서 칸트가 라이프니츠의 형이상학적 체계와 뉴턴의 물리학을 결합하여 초월적 관념론(transcendental idealism)의 체계를 구축하도록 도와준 교수였다.

칸트는 1770년 46세가 되어서야 쾨니히스베르크 대학교의 정식교수로 임명되어 철학은 물론 논리학, 형이상학, 물리학, 수학, 교육학, 자연신학, 도덕, 인간학, 자연학 등 거의 모든 학문을 아우르는 영역에 대한 강좌를 맡았다. 그의 강의는 학생들에게 상당히 인기가 있었는데, 이는 왕성한 지적 호기심으로 거의 모든 학문을 섭렵한 그의 박학다식함 때문이었다. 특히 쾨니히스베르크에서 10마일 이상을 벗어나 여행을 가 본적이 없던 칸트가 런던 다리를 이루고 있는 석재 하나하나의 위치를 정확히 꿰뚫자 학생들은 경탄을 금치 못했다고 한다.

칸트는 57세가 되던 1781년에 '순수이성비판(Critique of Pure Reason)'의 초판을 출간하였다. 순수이성비판은 칸트가 10년 동안이나 준비한 책이었지만, 내용이 지나치게 복잡하고 난해하여 출간이 되자마자 학계로부터 '해괴망측한 나머지 도저히 이해할 수 없는 글'이라는 혹평을 받게 되었다. 칸트는 2년 뒤인 1783년에 자신의 저서에 대한 학계의 오해를 불식시키기 위해 '순수 이성비판' 입문서에 해당하는 '형이상학 서설'을 내놓았다. 64세가 되던 1788년에는 '실천이성비 판(Critique of Practical Reason)', 1790년에는 '판단력비판(Critique of Judgment)'을 출간함으로써 그의 삼대 비판 철학서를 완성하였다. '순수이성비판'을 출간하고 난 직후 지인에게 보낸 흥미로운 일화가 전해진다. 자신의 책을 읽어보았느냐는 칸트의 편지에 지인은 "당신 책을 읽어 나가면서 이해가 안 될 때마다 손가락을 하나씩 꼽았으나, 열 손가락이 모자랄 정도였다."라고 회답할 정도로 '순수이성비판'을 제대로 이해하는 사람이 드물었다. 칸트는 흄의 회의주의를 타파하고 인간 인식의 타당성을 주장하기 위해 이 책에서 새로운 용어를 200개 이상이나 창조했다고 한다.

75세가 되던 1799년부터 몸이 점차 쇠약해지기 시작한 칸트는 산책길에서 넘어진 후 외출도 삼갔으며, 80세 생일을 몇 달 앞둔 1804년 "좋다!(Es ist gut!: It is good!)"는 말을 남긴 채 세상을 떠났다. 칸트의 장례식 날에는 쾨니히스베르크 시 전체가 휴무에 들어갔으며 수천 명의 시민들이 칸트의 운구행렬을 뒤따랐다. 칸트의 묘비에는 그의 저서인 '실천이성비판'의 결론에 나오는 '내 위에는 별이 빛나는 하늘과 가슴 속에는 도덕 법칙이!'라는 글귀가 새겨져 있다. 그 후 칸트의 고향인 쾨니히스베르크에는 칸트대학교가 설립되었으며 캠퍼스에는 칸트의 동상이 세워졌다. 칸트가 죽은 후 쾨니히스베르크는 새로운 철학의 성지가 되었으며, 독일어를 사용하는 거의 모든 대학에서는 칸트의 비판철학을 강의하고 있다.

2) 순수이성비판(Critique of Pure Reason)

칸트는 경험론과 합리론의 주장을 비판한 후 이를 절충하여 초월적 관념론(transcendental idealism), 혹은 선험적 관념론을 완성시켰다. 관념론(idealism)은 물질이나 자연이 세계의 근원이라고 주장하는 유물론이나 실재론과는 대조적으로, 우주의 근원이 정신, 즉 인간의 관념에 있다고 보는 이론을 말한다. 역사적으로 관념론은 크게 객관적 관념론(objective idealism), 주관적 관념론(subjective idealism), 절대적 관념론(absolute idealism)으로 구분된다. 객관적 관념론은 고대 그리스의 플라톤, 플로티누스, 중세 스콜라 철학에서 주장하던 철학사상으로 신이란 인간세계와는 동떨어진 천상에 존재하는 초월적 존재라고 주장하면서 모든 개인적 의식을 초월하는 객관적이며 영원불멸한 신적 세계의 존재를 인정하는 이론을 말한다. 이에 반해 18세기 영국의 경험론자인 버클리가 주장한 주관적 관념론에서는 객관적 관념론에서 주장하는 초월적 존재를 부정하여, 객관적 세계란 외계에 대립하는 인간의 의식 속에 형성된 표상이며 사유의 대상일 뿐이라고 주장한다. 이와는 달리, 절대적 관념론은 칸트, 헤겔, 쇼펜하우어 등과 미국의 초월주의 (transcendentalism)를 주장한 에머슨(Ralph Waldo Emerson, 1803~1882) 등이 주장한 이론으로, 외계의 대상에 대한 감각적 경험을 능동적 오성의 사유를 통해 분석, 종합함으로서 인식이 형성되며, 이때 인간은 사물의 인과관계를 추론할 수 있는 초월적 통각(transcendental apperception)을 선험적으로 가지고 있다고 주장하는 이론이다. 따라서 인간의 인식과 오성은 흄이 주장한 인과관계의 부재에 관한 문제도 해결할 수 있다고 본다.

칸트의 3대 비판서의 하나인 '순수이성비판'에서 '이성'이라는 용어 대신 '순수이성'이라고 명명한 이유는 어떠한 제약도 받지 않는 보편적 인식의 주체로서의 이성만을 강조하기 위함이었고, 2대 비판서인 '실천이성비판'에서의 실천 이성, 즉 실천적 행위를 위한 이성에 반하여 지식을 위한 이론이성을 강조하기 위함이었다. 칸트에 의하면, 사람들이 인식하는 대상은 인식 주체에 따라 다양한 색깔로 인식되는데 이는 사물을 인식하는 주체가 각기 다른 '색안경'을 끼고 있기 때문이라고 하였다. 따라서 칸트가 주장하는 순수이성이란 '색깔이 없는 안경,' 즉 개별적, 주관적 이성이 아니라 일반적, 보편적 인식의 주체가 되는 이론이성을 가리킨다고 할 수 있다.

'순수이성비판'에서 칸트는 근세 철학의 양대 산맥으로 불리던 영국의 경험론과 대륙의 합리론을 비판, 종합하여 칸트 자신의 초월적 관념론을 피력하였다. 칸트가 자신의 철학을 비판철학(analytic philosophy)이라고 주장한 이유도 종래의 경험론과 합리론의 주장들을 비판한 후 이들의 장단점을 절충한 이론을 완성시킨 데에서 기인한다.

칸트가 '순수이성비판'을 집필하게 된 직접적인 이유는 영국의 마지막 경험론자인 흄(David Hume, 1711~1776)의 극단적인 회의주의를 비판하기 위해서였다. 흄에 의해 도그마(dogma), 즉 독단의 잠에서 깨어난 칸트는 흄의 회의주의를 자신이 그 동안 믿고 있었던 철학과 과학의 전제, 즉 귀납적 일반화와 인과적 추리를 통한 보편타당한 일반화의 정립에 대한 철학적 도전으로 받아들였다. 흄이 주장한 인상론, 즉 감각적 관찰과 경험은 개별적 사물에 대한 인상일 뿐, 두 개의 사물 사이에는 그 어떠한 인과관계도 없으며, 인과관계란 사람들이 심리적으로 형성한 습관적 강박관념에 지나지 않는다는 주장을 반박하기 위해 대륙의 합리론과 영국의 경험론에 대한 전반적인 비판을 가하기 시작하였다.

대륙의 합리론은 인간의 이성은 태어날 때부터 생득관념으로 타고나는 것이며, 경험의 역할은 선험적으로 타고난 이성을 일깨우는 데 지나지 않는다고 주장하는 한편, 영국의 경험론에서는 모든 지식이란 감각기관을 통해 들어온 외계 현상이나 사물에 대한 경험을 통해서만 획득되는 것이라 보았다. 경험론이 극단으로 치닫게 되면 흄의 경우처럼 인간의 보편적 진리를 부정하는 회의주의로 흐르게 된다고 간파한 칸트는 합리론은 일체의 현상을 오성화 시킴으로서 내용이 없는 사상만 낳았으며, 영국의 경험론은 모든 개념을 감성화 시킴으로서 개념이 없는 직관만 낳았다고 비판하였다.

　칸트는 경험론으로부터 감각적 경험과 직관을 받아들여 합리론의 오성과 결합시킴으로서 '내용을 가진 사상'을 만들려고 시도하였다. 칸트에 의하면 직관이 없는 사유는 공허하며 개념이 없는 직관은 맹목적이므로 경험을 재료 삼아 능동적이고 자발적인 사유를 하게 된다면 완벽한 지식을 형성할 수 있다고 믿었다. 이러한 의미에서 칸트는 경험주의에서 강조하는 직관이란 수동적, 수용적이지만 합리론에서 주장하는 오성은 능동적, 자발적, 구성적이라고 보았다. 따라서 칸트는 합리론과 경험론의 장단점을 분석, 비판하고 이를 절충한 비판철학을 통해 감각적 경험을 가능케 하는 직관능력으로서의 수용성을 지닌 감성과 사유능력으로서의 자발성을 지닌 오성과의 협동에 의해서만 참다운 인식이 구성된다는 구성주의(constitutionalism)를 주장하게 되었다. 또한 흄의 극단적인 회의주의를 타파하기 위해 인식의 내용이나 재료는 경험으로부터 얻을 수밖에 없지만 사물 간의 인과관계를 파악할 수 있는 오성의 형식, 즉 범주(category)는 인간이 본래부터 가지고 태어난 초월적 능력이라고 주장하였다. 칸트에 의하면 인간은 경험을 내용으로 하여 경험과는 전혀 다른 선험적 인식 능력, 즉 오성의 형식을 통해 보편적 진리에 도달할 수 있으므로 흄이 부정한 인과관계나 추론 능력은 인간이 타고날 때부터 선험적으로 가지고 있는 오성의 형식에 포함된다고 주장하였다.

　칸트는 그의 초월적 관념론에서 인간이란 감성에 의해 산만하게 받아들여진 직관상(intuitional image)을 능동적인 오성의 사유를 통해 보편타당한 인식을 형성한다고 주장하였다. 따라서 감각적으로 받아들여진 직관상이 곧바로 인식을 형성하는 것은 아니라고 강조하였다. 칸트에 의해 주장된 인식의 형성과정을 살펴보면 우선, 외부 대상이 인간의 감성에 의해 받아들여지게 되는데, 이때 감성에 의해 대상을 받아들이는 감각적 과정을 직관(intuition)이라고 하였으며 직관된 경험내용을 직관상(intuitive image)이라고 규정하였다. 직관상이란 감성에 주어진 대상이 감성형식과 결합하여 이루어진 경험내용, 즉 감성이 가지는 지식을 말하는데 감성형식이란 인간이 선험적으로 타고난 순수직관으로서, 순수직관은 시간과 공간에 의해 영향을 받는다고 설명하였다. 예를 들어, 우리가 특정 사물을 관찰할 때 반드시 특정 시간에 특정 장소에 있는 사물을 관찰하는 것처럼 감성에 의해 수용된 직관상은 반드시 시간과 공간의 제약을 받으므로 시간과 공간은 인식을 가능하게 하는 감성의 형식이며 순수직관이라고 하였다. 이때 공간은 대상을 받아들이는 선천적인 직관으로서 외감형식이라고 하며, 시간은 주어진 대상을 마음속에 지속시키는 인식조건으로서 내감형식이라고 하였다. 이처럼 외부 대상에 대한 감각경험을 통해 얻은 자료는 맨 처음 공간과 시간이라는 형식적 틀 속에서 정리되는데, 사물을 직관하기 위한 조건인 시간과 공간은 인간과 독립하여 객관적으로 존재하는 것이 아니라 인간의 감성 속에 선천적으로 주어진 순수직관으로서 모든 경험에 공간성과 시간성을 부여하는 정신의 형식이라고 하였다. 칸트가 자신의 철학에서 공간과 시간을 사물에 관한 인간의 직관형식, 또는 감성형식이라고 강조한 것은 인간의 감성에 주어지는 것은 사물 자체가 아니라 정신의 형식들이 작용하여 만들어 낸 사물에 대한 현상(phenomena)이기 때문에 공간과 시간은 사물 자체의 형식이 될 수 없다는 것을 강조하기 위함이었다. 즉, 인간은 현상의 배후에 있는 사물 자체나 사물의 본질적 체계를 알 수 없으며, 따라서 공간과 시간에는 사물의 세계가 표상될 수 없기 때문에 외감형식인 공간과 내감형식인 시간에는 오직 현상을 감각과 지각으로 '받아들이는' 수용 작용만 있다고 강조하였다.

인식과정의 다음 단계는 감성을 통해 들어온 산만한 직관상을 질료(material)로 하여 오성의 사유, 곧 개념을 통한 판단으로 종합, 통일하여 하나의 보편타당한 인식, 즉 지성(intellect)을 형성하는 과정이라고 하였다. 즉, 감각을 통해 지각으로 들어온 경험적 자료들은 시간과 공간의 제약을 받는 개별적인 직관상에 불과하지만, 개별적 직관상들이 인간의 능동적인 오성에 의해 종합될 경우에는 시공을 초월한 보편타당한 지성으로 변하게 된다는 것이다. 이처럼 공간과 시간이라는 순수직관을 통해 받아들여진 사물들의 현상은 인간의 오성에 의해 개념화되는데, 이때 인식은 언제나 감성과 오성의 종합을 통해서만 획득된다고 하였다. 그는 또한 감성과는 달리 능동적, 자발적으로 활동하는 정신능력인 오성의 주된 작용은 판단과 추론이라고 하였다. 칸트는 오성의 작용인 판단의 종류를 분석판단(analytic judgment)과 종합판단(synthetic judgment)의 두 가지로 설명하였다. 분석판단이란 경험의 확장이 없이 사물의 설명만을 기초로 하는 설명적, 사실적 판단을 말하며, 종합판단이란 주어진 경험을 바탕으로 일반적 진리를 발견하기 위해 경험을 확장시키는 확장적 판단이라고 하였다. 칸트는 참다운 인식은 보편적이며 필연적이어야 하기 때문에 학문으로서의 판단은 수학적 판단처럼 종합판단이어야 한다고 강조하였다.

칸트는 또한 오성의 판단과 추론을 위한 범주(category)를 12가지로 분류하였다. 오성의 범주란 사물을 판단할 수 있도록 인간에게 선험적으로 주어진 본유형식으로 감각적 지각을 통해 들어온 직관상으로부터 보편타당한 인식을 구성하기 위한 분류체계(classification system)라고 규정하였다. 아리스토텔레스가 그의 논리학 저서에서 분류한 10가지 범주를 경험적인 범주라고 본다면, 칸트의 범주는 선험적인 범주라고 할 수 있다. 칸트는 12개의 사유형식인 순수오성의 범주는 4단계로 구성되어 있으며, 각각의 단계는 다시 3개의 하위 요소들로 구성되어있다고 설명하였다. 보다 구체적으로 상위 4단계에는 분량(quantity), 성질(quality), 관계(relation), 양상(modality)이 포함되며, 분량은 다시 통합성(unity), 다수성(plurality), 전체성(totality)으로 구분되며,

성질은 실재성(reality), 부정성(negation), 제한성(limitation)으로, 관계는 실체성과 우연성(substance and accident), 원인과 결과(cause and effect), 호혜성(reciprocity)으로 구분된다고 하였다. 마지막으로 양상은 사물의 가능성(possibility), 현실성(actuality), 필연성(necessity)을 중심으로 구분하였다. 이러한 12 범주에 따라 사람들은 하나의 사물을 볼 때 그 사물의 분량의 기준에 따라 한 개나 전체, 혹은 많거나 적다는 판단을 하게 되며, 특정한 성질을 가지고 있는지 다른 사물과는 어떠한 관계를 가지고 있는지 등을 판단하게 된다고 하였다. 칸트에 의하면, 인간 지성의 12 범주는 인간이 선험적으로 가지고 있는 12개의 본유형식으로 인간은 경험의 보편성(universality)과 필연적 연관성(necessary connectedness)을 바로 이 범주로부터 얻는다고 하였다.

칸트는 이와 같이 보편적이고 필연적인 판단으로 진술되는 지식을 개념적 지식(conceptual knowledge)이라고 정의하였다. 칸트는 외계(external world)와 인간의 지각(perception)으로 들어오는 현상(phenomena)을 두 개의 분리된 존재로 규정하였다. 지각이란 인간의 외부세계에 대한 현상을 감성으로 받아들여 직접적이고 개별적인 경험으로 인식하는 것을 말하며, 개념(concept)이란 정신 속으로 들어온 지각들을 분석하고 종합하여 형성된 일반인식을 의미한다고 하였다. 따라서 인간 정신은 오성의 능동적 작용을 통해 단순한 지각 수준의 개별적이고 직접적 직관을 초월하여 사물을 사변으로만 파악할 수 있는 개념적 지식으로 변형시킬 수 있으며, 그 결과 인간이 파악하는 세계란 인간과 독립적으로 존재하는 사물이 아니라, 인간의 방식으로 세상을 지각하는 현상들의 세계가 된다고 보았다. 이러한 이유로 자연법칙이나 인과관계란 현상의 세계가 가지고 있는 현상적 객관성을 기반으로 한 경험과 이성 간의 상호작용의 산물이며, 이러한 상호작용은 선험적 판단능력에 의거하기 때문에 흄이 불가능하다고 주장한 이성적 정당화가 자신의 초월적 선험론에서는 가능해 진다고 주장하였다. 즉, 감각경험을 통해 얻은 자료는 맨 먼저 공간과 시간 속에서 정리, 조정된 후 지성(intellect)이라고 불리는 정신능력이 이를 수용하여 12개의 본유형식인 범주에 의해 판단함으로서 인식의 최종단계인 보편성이 결정된다고 하였다. 예를 들어, "A 다음에 B가 온다."는 경험적 자료는 인과성의 범주에 의해 해석되어 "A는 B를 일으킨다."는 판단이 이루어질 수 있다는 것이었다. 따라서 흄이 부정한 실체 간의 관계, 즉 사물 간의 원인과 결과를 판단하는 것은 심리적 습관이나 강박적 심리과정이 아니라, 인류 공통의 타고난 판단능력에 의한 인식과정의 산물이라고 강조하였다.

칸트는 인간의 오성은 감성을 통한 후천적 직관상에 근거한 경험의 내용을 질료로 하여 선천적으로 주어진 사유형식인 범주에 따라 분석적, 종합적 판단을 하게 되고 그 결과 보편타당한 인식을 만들어 낸다고 하였다. 이때 오성이란 개인의 주관적 판단을 넘어선 초개인적 주관을 말하며 이러한 초주관적 개념을 초월적 통각(transcendental apperception)이라고 규정하였다. 참고로 '통각(apperception)'이란 데카르트가 최초로 창시한 용어로 라틴어의 '~를 향하여(toward)'라는 뜻을 가진 접두사 'ad-'와 '지각하다, 습득하다, 학습하다, 혹은 느끼다(perceive, gain, learn, or feel)'라는 뜻의 'percipere'로 이루어진 단어로 '감각이나 관념의 완벽한 인식의 달성(attainment of full awareness of a sensation or idea)', 혹은 '새로운 경험을 기존 경험과 동화시키거나 변형시켜 새로운 지식으로 받아들이는 과정(process of assimilating and transforming new experience to a new whole)'이라고 할 수 있다. 칸트가 주장한 초월적 통각이란 의식일반이라고도 하는데, 이는 인식대상의 구성과 지식, 곧 학문적 인식의 성립을 위한 근본 조건을 의미한다고 하였다. 따라서 사람들은 감성의 형식과 오성의 범주를 통해 도식(schemata)이라고 하는 지식체계를 구성하게 되는데, 도식이란 일정한 질서에 의거하여 인간의 능동적이고 생산적인 구상력에 의해 형성된 지식의 체계(system of knowledge)라고 하였다.

결론적으로 칸트의 인식론은 경험론이나 합리론처럼 대상을 있는 그대로 모사하는 대상중심의 수동적 관점에서 벗어나, 인간의 선험적이며 초월적 통각을 중심으로 물체에 대한 현상을 능동적으로 구성함으로서 철학의 중심을 객관적 사물에서 주체적 인간으로 전회 시켰으며, 칸트 자신도 그의 초월적 관념론을 코페르니쿠스적 전회(Copernican Revolution)라고 강조하였다. 인식론적 전회(epistemological turn)라고도 불리는 코페르니쿠스적 전회란 서기 140년경부터 믿어왔던 종래의 천동설을 1,400여년이 훨씬 지난 1543년 코페르니쿠스에 의해 지동설로 전회 시킨 것과 마찬가지로 인과성의 질서체계나 세계 질서의 근원은 인간의 선험적 정신세계 속에서 발견될 수 있으며 이러한 가능성을 천명한 자신의 이론은 흄의 회의주의나 경험론, 합리론을 뒤집는 코페르니쿠스적 전회라고 역설하였다. 그러나 인간이 경험하는 개별적 내용은 사람마다 다르지만 경험을 받아들이는 방식에는 인류 공통의 보편적인 형식이 있다는 그의 코페르니쿠스적 전회에 대한 주장은 많은 철학자들에 의해 논란의 대상이 되었으며, 특히 자신의 선험적 인식론을 주장하기 위해 칸트 자신이 창조한 수많은 용어들, 즉 직관형식, 감성형식, 오성의 범주, 초월적 통각 등의 개념적 타당성이나 객관성에 대한 논란도 피하기 어려운 문제로 등장하였다.

3) 실천이성비판(Critique of Practical Reason)

칸트의 3대 저서 중 제2비판서인 '실천이성비판'은 인간의 도덕적 행위와 실천에 관한 의지주의(voluntarism)를 강조한 비판서로 그의 윤리학의 핵심 주제를 다룬 저서이다.

칸트는 그의 '순수이성비판'에서 제외시켰던 절대자의 개념을 실천이성에 포함시켰다. '순수이성비판'의 핵심은 인간의 경험세계에서는 파악할 수 없는 형이상학적이며 초경험적인 영혼이나 신의 존재는 지식의 대상이거나 학문의 주제가 될 수 없다는 것이었다. 오성은 경험의 세계만을 사유하므로 초경험적인 이념의 세계는 감성적 직관의 대상이 될 수 없으며, 따라서 시간과 공간이라는 직관형식의 틀이나 선험적 오성의 사유형식인 12 범주로 설명할 수 없다고 하였다. 그러나 인간의 인식능력으로는 증명할 수 없는 절대자란 인간으로 하여금 도덕적 행위를 실천하기 위한 규칙을 제공하는 최고의 선의 기준이 될 수 있다고 역설하였다. 또한 인간의 이성으로는 신과 같은 형이상학적 대상의 실제적 존재를 증명할 수 없지만, 이러한 대상이 실존하지 않는다고도 증명할 수 없기 때문에, 칸트는 '형이상학이란 본질적으로는 현학적이며 변증적이지만 인간이 연구해보고 싶은 충동을 느끼는 학문'이라는 말로 신의 존재, 자유, 영혼불멸 등을 자신의 '실천이성비판'에 포함시켰다.

절대자의 존재를 부정한 순수이성에서 절대자의 존재를 인정하는 이율배반적 상황을 설명하기 위해 칸트는 인간이 가지고 있는 기본적인 능력을 인식능력(knowing faculty)과 의지능력(willing faculty)으로 구분하였다. 인식능력이란 학문을 성립시키는 기본 전제가 되는 이성을 가리키며, 의지능력이란 도덕의 기초가 되는 선의지(good will)를 의미한다고 하였다. 따라서 인식능력은 그의 순수이성에 해당되며, 의지능력은 실천이성에 해당된다고 주장함으로서 도덕철학으로서의 의지주의를 피력하였다. 이성(reason) 또한 합리적 원칙에 의해 의지(will)를 인도하는 인식의 도구이기 때문에 이성과 의지는 서로 떨어질 수 없는 불가분의 관계를 가지고 있다고 하였다. 또한 이성을 가진 인간은 정신의 범주들에 의해 체계적인 질서가 부여되는 현상들만 인식하지만, 의지적 존재와 도덕적 존재로서의 인간은 인식적 존재로서의 인간이 알 수 없는 심오한 것도 통찰(insight)할 수 있다고 강조하였다. 이런 의미에서 칸트의 실천이성은 직관주의라고 불리는데, 직관(intuition)이란 일반적으로 논리적 추리와 감각적 관찰이라는 지식의 2가지 요소를 전혀 사용하지 않은 채 즉각적이며 갑작스런 확신이 인식의 표면에 나타남으로 확실한 지식에 도달하는 것을 말한다. 따라서 직관이란 동양철학에서 말하는 활연관통(豁然貫通), 즉 "불현듯 환하게 통하여 도를 깨닫는다."는 뜻과 동일하며 예지력(vision), 직각(apercus), 결정적 순간에 깨닫는 통찰력을 의미한다. 칸트의 윤리학에서의 직관주의란 도덕의 기초 원리를 우리의 외부에서 주어지는 근거에 의지하는 논증이나 확증을 전혀 필요로 하지 않고 인간 스스로의 힘으로 올바른 것과 그릇된 것을 파악하는 직접적이고 즉각적인 지식을 말하는데, 이러한 직접적이고 즉각적인 지식은 인간 내적인 도덕적 자각으로 인해 가능해진다고 하였다.

절대자의 존재를 부정한 순수이성에서 절대자의 존재를 인정하는 이율배반적 상황을 직관주의의 맥락에서 설명하기 위해 칸트는 요청(postulate)이라는 새로운 용어를 소개하였다. 칸트에 의하면, 순수이성이란 영혼불멸, 자유, 신처럼 무제약적이고 무조건적인 대상에 접근을 거쳐야만 실천이성으로 넘어갈 수 있는데, 이 때 신에 대한 요청(postulate)이 발생한다고 하였다.

즉, 형이상학적 신이란 인간에게 선한 삶을 위해 요청(postulate)되는 존재이기 때문에 신이라는 개념은 인식의 영역, 지식의 대상, 순수이성비판의 영역은 될 수 없으나 신앙의 대상, 행위의 영역, 실천이성의 영역에는 속할 수 있다고 강조하였다. 따라서 신의 존재는 논증적 증명으로는 불가능하지만, 인간의 의지에 의해서는 실재하는 신으로 요청될 수 있으며 이성은 인간에게 영혼불멸의 가능성만 알려주지만, 인간의 의지는 도덕법칙을 통해 신을 납득시키며 영혼불멸의 현실성을 인정하도록 만든다고 하였다. 이러한 이유로 신이나 영혼이란 지식의 영역이 아니라 선한 삶을 위해 요청되는 의지의 영역이며 도덕적 삶을 위해 선을 요청하는 신의 존재로 인간은 행복한 삶을 희망할 수 있다고 주장하였다.

(1) 정언명령과 가언명령

인간의 선의지(good will)를 바탕으로 도덕적 판단과 윤리적 실천을 행함으로서 최고의 덕과 행복을 가져올 수 있다고 강조한 점에서 칸트의 실천이성비판의 핵심 사상은 윤리적 절대주의(ethical absolutism)라고 할 수 있다. 칸트는 윤리적 절대주의를 구성하는 인간의 의지를 경험적 의지(experiential will)와 선험적 의지(innate will)로 구분하고 이를 근거로 정언명령(categorical imperative)과 가언명령(hypothetical imperative)이라는 도덕법칙을 구축하였다. 경험적 의지란 감성적 욕망에 따라 행복과 쾌락을 추구하려는 개인적, 주관적 의지를 말하며, 선험적 의지란 개인적인 수준을 넘어선 순수 양심에 의한 의지로 최고의 도덕적 선을 실현하기 위한 순수 실천 의지를 말한다고 하였다. 따라서 개인의 경험적 의지가 따르는 행위는 보편타당한 도덕법칙이 될 수 없으며 순수실천이성의 명령에 따르는 행위만이 모든 인류에 보편타당하게 적용할 수 있는 도덕법칙이 된다고 하였다.

칸트는 선험적 의지에 의해 부과되는 인류 공통의 보편타당한 법칙을 정언명령이라고 하였으며, 경험적 의지에 의해 부과되는 개별적 도덕법칙을 가언명령이라고 구분하였다. 정언명령이란 도덕 법칙에 대한 내적 이해력인 양심(conscience)에 의해 요청된 지상명령(imperative)을 말하며, 가언명령은 개별적인 행위자를 이롭게 하는 결과와 관련된 도덕법칙을 말한다고 하였다. 칸트의 이론에 의하면 정언명령과 가언명령은 모두 '해야 한다'는 당위성을 나타내지만 정언명령은 '무조건' 해야 한다는 일반적, 보편적, 절대적, 필연적 도덕법칙이나 윤리적 명령을 말하며, 가언명령은 '만약(what if)'이라는 조건이 붙는 도덕법칙을 말한다고 볼 수 있다. 따라서 어떠한 상황에서도 "거짓말을 하면 안 된다."는 명령은 대표적인 정언명령이라고 할 수 있으며, "상관이 거짓말을 요구하는 상황에서 거짓말을 하지 않으면 직장에서 해고될 수도 있다."와 같은 조건 하에서는 "거짓말을 하면 안 된다."는 명령은 가언명령으로 작용할 수 있다고 볼 수 있다.

칸트는 정언명령이란 성서에 나오는 황금률(golden rule)에 해당하는 명령이라고 비유하였다. 성서의 황금률에 나오는 "남에게 대접받고 싶은 대로 남을 대접해야 하며, 자기 스스로와 모든 사람의 인간성을 수단이 아닌 목적으로 대우해야한다."는 말처럼 특정 행동을 계획할 때 그 행위가 자신만을 위한 예외를 만드는 행위인지, 아니면 보편적인 도덕성에 의한 실행인지에 대해 스스로 자문해 보아야한다고 강조하였다. 한 걸음 더 나아가 정언명령이란 개인의 의지에 대한 준칙인 동시에 도덕적 판단의 보편성(universalization)을 가진 입법 원리이므로, 가언명령도 정언명령의 범위 내에서 타당한 준칙에 의해 성립되어야 한다고 강조하였다. 따라서 상관이 거짓말을 요구할 경우, 만약 거짓말을 하지 않으면 직장에서 해고될 수도 있으나 다른 직장을 구할 수 있는 사람에게는 거짓말을 해야 한다는 가언명령을 따르지 않아도 된다는 것이다. 칸트는 또한 '만약에'라는 조건적 타당성을 갖는 가언명령은 보편적 타당성을 가지고 있지 않기 때문에 격률(maxim)은 될 수 있으나 도덕법칙(ethical rule)은 될 수 없다고 하였다. 따라서 인간은 보편적 입법 원리에 의해 행동하는 것이 실천이성의 근본원리라고 강조하였다. 즉, 감정과 이성을 동시에 가지고 있는 인간은 필연적 인과법칙에 따라 주어진 환경에 적응하면서 타율적으로 움직이는 존재가 아니라 실천이성, 즉 순수한 의지나 선험적 의지의 명령에 따라 자신의 행위를 선택하고 판단하여 행동하는 능동적 주체이므로 가언명령을 정언명령에 부합시키도록 노력함으로서 최고의 선을 향한 도덕관념을 형성해야 한다는 것이 윤리적 절대주의의 핵심 주제라고 할 것이다.

결론적으로 칸트는 인간의 이성과 도덕법칙과의 관계에서 인간은 자율적인 의지와 자유의 주체이며 신이란 인간에게 최고의 정언명령을 부과하는 존재로 보았다. 따라서 칸트가 내세운 신이란 현세와 내세를 연결해주는 형이상학적 피안의 존재가 아니라 인간에게 도덕적 질서를 제공해주는 실천적 절대자라고 할 수 있다.

4) 판단력비판(Critique of Judgment)

칸트는 원래 그의 제3 비판서의 제목을 취미판단비판으로 구상하고 사람들이 즐겨하는 취향이나 취미를 통해 인간의 비판능력을 피력하려고 시도했었다. 그러나 인간의 통제적 인식능력이라는 의미에서는 취미나 취향은 미학이나 합목적론과 근본적으로 다르지 않다는 결론에 도달하게 되어 '판단력비판'이라는 제목으로 변경하게 되었다.

'판단력비판'은 인식을 대변하는 순수이성과 행위를 대변하는 실천이성 사이를 매개해주며 순수이성과 실천이성이 추구해야 하는 궁극적 목적을 미학과 목적론을 통해 규명한 저서이다. 칸트는 순수이성이 지배하는 세계를 인간들이 현존하는 자연의 세계라고 한다면, 실천이성이 지배하는 세계는 인간의 의지가 활동하는 자유의 세계라고 하였다. 자연의 세계는 오성의 법칙이 지배하고, 자유의 세계는 도덕률이 지배하며 자연의 세계와 자유의 세계를 연결 짓는 판단력의 세계는 합목적성(teleology)이 다스린다고 강조하였다. 참고로 'teleology'란 아리스토텔레스가 그의 질료형상론을 창시할 때 최초로 소개했던 용어로 아리스토텔레스는 만물의 4원인, 즉 목적인, 동력인, 질료인, 형상인들이 우주만물의 궁극적인 최종목적(teleology)을 위해 질료인과 형상인으로 함축된다고 설명하였다. 'Teleology'란 고대 희랍어의 '마지막(end)', 혹은 '목적 (goal)'의 뜻을 가진 'telos'와 '학습의 분지'를 의미하는 'logia'의 합성어이다. 따라서 합목적성이란 '기능적인 측면에서의 목적, 목표, 혹은 최종 목적에 대한 설명이나 이유(reason or explanation for end, purpose, or goal in function)'를 의미하며, 칸트는 순수이성과 실천이성 사이의 반성적 판단력이 있어야 선험적 이성과 선험적 의지가 합목적적이 된다고 설명하였다. 따라서 인간은 자연과의 합목적성을 인식함으로서 궁극적으로는 자연으로부터 독립되어있다는 절대적인 자유 의식을 가질 수 있다고 주장하였다.

칸트는 인간의 반성적 판단력을 위해서는 미학적 판단력(aesthetic judgment)과 합목적론적 판단력(teleologicla judgement)이 필요하다고 주장하였다. 미학적 판단력이란 사람들이 자연 현상을 보고 아름답다고 할 때 그 '아름다움(beauty)'이 무엇을 의미하는지에 대한 판단력이라고 규정하였다. 즉, 미적 판단력이란 사람들 간의 의사소통의 기본이 되는 문자나 기호들과는 달리 자연의 아름다움이 나타내고 있는 은유적 의미를 해독해내는 미학적 차원의 인식능력을 의미한다고 하였다. 미학적 판단력이란 도덕성을 본질로 하는 선(goodness)과도 다른 인식능력으로 도덕적 가치에 개의치 않고 자연 현상에 대해 즐겁고 유쾌하다는 순수한 감각 양식의 형태를 파악할 수 있는 고차원적인 인식능력이라고 부언하였다.

칸트는 미학적 판단력을 위한 개념으로 아름다움(beauty)과 숭고미(sublime beauty)를 들었다. 아름다움이 정형적인 자연에서 느끼는 감정이라면, 숭고미란 무제한적이고 무정형의 거대함, 혹은 위압적인 자연에서 느끼는 감정으로 아름다움의 판단에는 상상력과 오성이 일치하지만, 숭고미에 대해서는 상상력과 이성 간에 모순이 뒤따를 수 있다고 하였다. 왜냐하면 숭고미란 감성의 모든 기준을 초월하는 순수이성 그 자체의 희열이기 때문이라고 하였다.

이에 반해 합목적론적 판단력이란 살아있는 생명체(life)로부터 느끼는 객관적 판단력으로 모든 사람들이 공통적으로 느낄 수 있는 아름다움에 대한 보편적 동의라고 하였다. 따라서 미적 판단력을 인간의 주관적 판단력이라고 한다면, 합목적론적 판단력은 객관적 판단능력이라고 하였다. 칸트는 생명체의 합목적성은 주관적인 미적 합목적성과는 달리 부분과 전체의 관계가 생명체 자신의 목적에 의존하는데서 오는 객관적 합목적성이라고 하였다. 따라서 이러한 객관적 합목적성의 지각 역시 쾌감을 낳지만 이는 미적 쾌감이라기보다 합목적성의 인식에서 생기는 논리적 만족감의 감정이라고 강조하였다. 예를 들어, 미적 판단력이란 맛있는 음식을 먹으면 일반적으로는 쾌감을 느끼지만, 식욕이 없을 때에는 불쾌감을 느끼는 것처럼 매우 주관적이라고 할 수 있으나, 10개월이라는 긴 시간동안 수많은 세포 분열의 결과 완전한 인간 형태를 갖춘 후 우렁찬 울음소리로 탄생을 고하는 신생아의 모습은 모든 사람들에게 경외심을 불러일으킨다고 할 수 있다. 이와 같이 합목적적 판단력이란 생명체로부터 자연의 합목적성을 느끼기 위한 판단력으로 생명체의 각 부분들이 전체를 위한 목적을 위해 존재하고 있으며 각 부분은 서로 조화를 이루고 있음을 파악할 수 있는 판단력이라고 하였다. 예를 들어, 나무 한 그루도 아무런 의미나 목적이 없이 서 있는 것이 아니라, 자연과의 합목적을 위해 모든 유기물들이 적재적소에 적합하게 통합되어 나무라는 개체로 존재하는 것이라고 하였다. 이런 의미에서 인간을 포함한 자연의 모든 생명체들은 항상 자연과의 합목적적 인식을 할 수 있다고 주장하였다. 즉, 합목적론적 판단력은 자연을 탐구하여 자연법칙을 발견하기 위함이고 이는 인간 존재의 최고의 목적인 도덕성과 자연과의 합목적적 인식을 위해 존재한다고 하였다.

현대 미학이 독자적인 학문 분야로 정립될 수 있도록 미학에 대한 고전적 표준을 제시한 칸트는 미와 숭고의 분석을 통해 인간 고유의 미적체험의 세계를 규정하고 미와 예술을 이해하는 인식능력의 중요성을 강조하였다. 이러한 미학적 차원의 인식능력과 합목적적 생물체에 대한 인식능력의 표준은 현대인들의 일상적인 삶의 심미화와 생명존중사상에도 지대한 영향을 미쳤다.

결론적으로 칸트의 비판철학은 대륙의 합리론과 영국의 경험론을 비판하여 오랫동안 지속된 근대철학의 논쟁과 대립을 종결시켰으며, 자연과학을 기반으로 하는 철학적 기초를 세움으로서 중세 형이상학을 근세 철학에서 완전히 분리시키는 결과를 가져왔다. 당시만 해도 중세 철학을 종결짓고 인간 이성을 최고의 가치로 간주하는 계몽주의 시대가 시작되는 시기였지만, 진정한 의미에서의 계몽주의는 이성의 완성을 확립한 칸트에 와서 이루어졌다고 할 수 있다. 칸트의 관념론은 독일 철학의 효시가 되어 피히테(Johann Gottlieb Fichte, 1762~1814), 셸링(Friedrich Wilhelm Joseph von Schelling, 1775~1854), 헤겔(Georg Wilhelm Friedrich Hegel, 1770~1831)과 함께 빛나는 독일의 이상주의를 완성시켰으며 그 후 신칸트학파를 거쳐 현대에 이르면서 서양 철학사에 지대한 영향을 끼쳤다. 현대에 들어와서도 '이성'이라는 단어가 존재하는 곳이면 언제나 칸트의 이름이 거론될 정도로 칸트의 인식론적 관념론과 도덕이론은 철학사상 가장 위대한 업적으로 기록되어있다.

03. 헤겔의 절대적 관념론

1) 생애

끊임없이 변화, 발전하는 자연세계나 인간정신은 절대정신을 향한 정－반－합의 변증법적 전개로 설명할 수 있다고 주장한 헤겔(Georg Wilhelm Friedrich Hegel, 1770~1831)은 독일 남서부에 위치한 슈투트가르트(Stuttgart)에서 태어났다. 헤겔의 어머니는 그의 나이 13세가 되던 해에 사망하였다.

헤겔은 18세인 1788년에 목사가 되겠다는 서약을 한 뒤 튀빙겐 신학대학(Tübingen College of Theology)에 장학생으로 입학하였다. 그러나 정통파 교리와 신학강의에 흥미를 잃게 된 헤겔은 점차 철학공부로 관심을 돌리기 시작하였다. 특히 교회 정통파들이 신앙적 교리와 종교적 도덕체계만을 강요하는 것을 비판한 칸트의 논문에 자극을 받은 헤겔은 튀빙겐 대학의 신학과를 졸업한 후 칸트나 피히테처럼 가정교사와 사강사를 전전하며 철학자로서의 길을 걷기 시작하였다. 튀빙겐 대학시절 헤겔에게 중요한 영향을 끼친 사람으로는 자연주의 철학자인 셸링(Friedrich Wilhelm Joseph von Schelling, 1775~1854)을 들 수 있다. 셸링은 헤겔보다 5살이나 어렸지만 학계에서는 헤겔보다 훨씬 먼저 두각을 나타냈던 인물로 선배인 헤겔을 물심양면으로 도와주었다. 셸링에 비해 별다른 능력을 발휘하지 못했던 헤겔은 평소 술을 좋아해 스스로 '바코스의 제물'이 되기를 바랐으며, 학우들 사이에서는 '늙은이'라고 불렸다. 바코스(Bacchus)란 로마 신화에 나오는 포도주의 신으로 그리스 신화의 디오니소스(Dionysos)에 해당한다.

1801년에는 헤겔은 셸링의 도움으로 예나대학교에 사강사로 취직하였다. 예나대학교는 셸링이 1798년 이래 대학교수로 있던 곳으로 칸트주의, 피히테의 윤리적 관념론 등으로 황금기를 누리던 철학의 메카였다. 그러나 수강생이 낸 돈으로 연명해야하는 사강사였던 헤겔의 강의에 고작 11명의 수강생들만이 등록을 하자, 박봉인 수입을 보충하기 위해 그 당시 바이마르의 문교장관이었던 괴테(Johann Wolfgang von Goethe, 1749~1832)에게 정기적으로 보조금 청원서를 내야만 했다. 헤겔은 예나대학교에서 1801년부터 논리학과 형이상학을 강의했으며 셸링과 함께 그리스 철학과 자연철학에 대한 공동연구를 진행하다가 1803년 셸링이 예나대학을 떠나자 1805년 철학, 정치학, 생리학 강의를 위한 교수로 임명되었다.

1806년에 헤겔은 예나대학의 2층 숙소에서 나폴레옹의 프랑스 혁명(1792~1815) 군대가 빌딩 내로 진입하는 소리를 들으며 '정신현상학(The Phenomenology of Spirit)'을 집필하고 있었다고 전해진다. 1807년에 출판된 '정신현상학'은 헤겔의 저서 중 가장 훌륭하지만 매우 난해한 책으로 알려져 있는데, 이 책에서 헤겔은 인간정신이나 이념은 단순한 의식에서 시작되어 자기의식, 이성, 정신, 종교를 거쳐 절대이성으로 향해 나간다는 변증법을 설명하였다. '정신현상학'을 쓴 뒤에도 경제사정이 나아지지 않자 작은 신문사의 편집장, 에기디엔 김나지움의 교장(1808) 등을 전전하다가 교장으로 수입이 안정되자 41세가 되던 1811년 뉘른베르크의 명문 귀족 집안의 딸과 결혼하였다. 그러나 헤겔에게는 37세가 되던 1807년에 기혼녀와의 사이에서 낳은 아들이 있었는데, 혼외아들의 존재는 헤겔을 교수직에서도 쫓겨나게 만드는 원인이 되었다. '정신현상학'으로 학계에 알려진 헤겔에게 하이델베르크대학교로부터 교수직 요청이 들어왔고 헤겔은 그의 나이 46세가 되던 1816년 이를 수락하였다. 그러나 2년 후 헤겔에게 사생아가 있다는 사실이 알려지면서 부도덕한 생활을 이유로 대학당국은 헤겔의 교수직을 박탈하였다. 하이델베르크대학교에서 재직할 당시 헤겔은 그의 철학체계를 집약한 '법철학 강요(Elements of the Philosophy of Right)'를 저술하였다.

1823년 헤겔은 피히테(Johann Gottlieb Fichte, 1762~1814)가 죽은 뒤 공석이었던 베를린대학교에 철학과 교수로 임명되었다. 베를린은 헤겔이 좋아하던 술집이 많았던 곳으로 그는 베를린 사교계의 분위기를 무척 좋아했다고 전해진다. 1823년부터 헤겔은 미학, 종교철학, 역사철학을 강의했으며, 최고조에 달한 그의 강의를 듣기위해 수많은 학생들이 강의실을 채웠다. 그 중에는 군대의 고위간부나 군사정치의 기밀을 관장하는 추밀고문관도 끼어 있었다. 이들의 도움으로 헤겔은 프로이센의 국가 철학자로 공인되어 독일철학의 거장으로 군림하기 시작하였으며 이 무렵 형성된 헤겔학파는 전 세계로 퍼져 나가 막강한 위력을 펼치기 시작하였다. 그 뒤 1829년에는 베를린 대학교의 총장에 취임하였으며 1831년에는 프리드리히 빌헬름 3세로부터 국가훈장을 받기도 하였다.

헤겔은 자신이 싫어하는 사람에게는 혹독할 정도로 냉정한 성격을 지닌 것으로 알려져 있다. 헤겔은 "행복은 고통의 부재에 지나지 않는다."라고 설파하면서 극단적인 염세주의를 강조했던 쇼펜하우어(Arthur Schopenhauer, 1788~1860)와 견원지간이었다고 알려져 있다. 아침 형 인간을 제외하고는 열렬한 칸트주의자였던 쇼펜하우어가 헤겔과 견원지간이 된 이유는 베를린대학교 강사채용 시험에 심사위원장이었던 헤겔이 쇼펜하우어를 낙방시킨 것이 불씨가 되었다. 이에 불만을 품은 쇼펜하우어는 사강사로 취직이 된 후부터 사사건건 헤겔과 대립하였다. 쇼펜하우어는 헤겔을 향해 '글만 읽어 세상일에 서투른 모순투성이가 30년이란 긴 세월 동안 독일에서 가장 위대한 철학자로 군림하고는 있지만, 언젠가는 반드시 헤겔에 대한 모든 진실이 밝혀지고야 말 것'이며, 헤겔의 추종자들을 향해서는 '어리석은 소리만 늘어놓는 헤겔을 불멸의 진리'로 받아들이고 있다고 비난하였다. 그러나 "칸트 이전의 모든 사상은 칸트로 흘러 들어와 독일관념론이라는 호수에 고여 있다가 헤겔을 통해 흘러나가 모든 사상의 원천이 되었다."고 할 정도로 헤겔의 철학사상은 서양 철학사에서 확고한 위치를 차지하고 있었으며, 세계적으로 결성된 헤겔학파가 이를 증명해주고 있었다. 헤겔과의 투쟁에서 밀려난 쇼펜하우어는 결국 베를린대학교를 그만 두게 되었으며 그 후 10여 년 동안 유럽 전역을 방황했다고 전해진다.

헤겔의 강의는 쉽게 이해할 수 있는 내용이 아니었으며 학생들을 감동시킬 만큼 뛰어난 달변가도 아니었다고 한다. 젊은 시절부터 '늙은이'로 불리던 헤겔은 강의실에서도 몸을 움츠린 채 앉아 노트를 앞뒤로 뒤적이며 무언가를 찾으려는 행동을 멈추지 않았으며, 금속성을 띤 그의 강한 억양과 끊임없는 헛기침은 강의의 흐름을 방해하였다. 그럼에도 불구하고 그의 강의는 학생들에게 경외에 가까운 존경심을 불러 일으켰다고 한다.

헤겔은 1831년 유럽전역에 퍼진 콜레라가 독일 베를린 전 지역으로 전파되면서 급성콜레라에 전염되어 세상을 떠났다. 사망 후 헤겔의 유해는 그가 원했던 대로 피히테와 풍자적 변증론자인 졸거(Karl Wilhelm Ferdinand Solger, 1780~1819) 사이에 묻혔다. 졸거는 1811년부터 베를린대학교에서 교수로 재직하면서 피히테와 셸링의 철학을 계승, 발전시킨 철학자로, 특히 셸링의 신비적, 형이상학적 미학에 반해 모든 미적 근원은 비애(tragedy)로 가득 찬 아이러니라고 주장하면서 미의 비극성을 강조한 철학자이다. 졸거의 저서로는 1824년에 발표한 소포클레스의 비극(Sophocles' Tragedies)이 있다.

2) 변증법적 절대적 관념론(Dialectical Absolute Idealism)

칸트의 절대적 관념론이 선험적 의지와 인식과정을 정적개념(static concept)으로 설명한 것이라면, 헤겔의 절대적 관념론은 인간의 인식과정을 동적개념으로 설명한 철학사상이라고 할 수 있다. 헤겔에 의하면, 인간의 인식이란 절대정신(absolute spirit), 혹은 절대이념(absolute idea)을 향해 끊임없는 운동과 변화과정이 변증법적으로 전개되는 것이라고 설명하였다. 헤겔이 주장하는 절대정신이란 인간정신과 사물 모두를 포함하는 개념으로 특히 인간정신이 변증법적 순환과정 속에서 정립, 반정립, 통합과정의 결과 궁극적으로 도달하게 되고 순수정신, 혹은 절대자를 의미한다고 강조하였다.

헤겔의 변증법적 관념론은 칸트의 선험적 관념론을 비판하면서 시작되었다. 헤겔은 합리론과 경험론을 넘어서는 진정한 관념론을 정립하기 위해서는 우선적으로 관념론이 가지고 있는 오류와 편향을 바로잡아야 한다고 지적하였다. 보다 구체적으로 헤겔은 칸트의 선험론을 형식주의(formalism)에 빠지게 만드는 관념론적 오류라고 지적하였다. 칸트의 선험적 관념론에 의하면 신이나 사물의 본질을 파악하기 위한 인간의 인식 능력을 선험적 능력으로 설명하였지만, 헤겔은 인간의 인식이란 인식하는 과정에서 이루어지는 것이지, 선험적으로 주어지는 것이 아니라고 비판하였다. 이와 더불어 칸트는 절대자를 그의 철학의 출발점으로 삼았지만, 절대자란 인간 정신이 대립과 통일의 변증법적 과정을 거쳐 도달해야 할 궁극적인 목적지가 되어야 한다고 강조하였다. 무엇보다도 칸트의 이론이 가지고 있는 가장 본질적인 문제점은 칸트가 주장한 선험적 원리가 자기운동이 불가능한 정적개념이라는 것이었다. 헤겔은 이에 대해 운동을 상실한 선험적 개념은 형식주의 철학으로 전개될 수밖에 없다고 신랄하게 비판하였다. 칸트가 설정한 개념들은 직관이나 감각적 지각에 의한 단순한 규정들로 칸트는 이러한 개념들을 표면적 유추를 통해 도식화함으로서 학문세계를 한낱 형식주의적 일람표로 전락시키고 말았다고 주장하였다. 또한 상호간의 의미에 대한 구체적인 규명이 없이 존재와 비존재, 실체성과 우연성, 원인과 결과 등의 개념을 주장한 것은 대립되는 쌍의 형식적 나열에 지나지 않는다고 지적하였다. 그러므로 개념 간의 운동이 빠져버린 형식주의적 나열은 구체적 내용을 상실하고 관념적인 이론들만 주장하는 독단주의(dogmatism)에 불과하다고 비판하였다. 마지막으로 칸트는 자신의 초월적 관념론을 코페르니쿠스적 전회라고 자칭했지만, 칸트의 이론은 인식론적 전회라고 불릴 정도의 새로운 접근법이 아니라 당시에 현존하던 주관적 관념론을 정리한 이론에 지나지 않는다고 지적하였다. 칸트는 시간과 공간은 인간에게 주어진 선험적인 직관형식이며, 인식 역시 인간의 감성에 의해 받아들여진 재료에 인간의 능동적 오성이 자발적으로 작동함으로써 성립되는 것이라고 주장하였지만, 이러한 주장으로 칸트는 사물 자체를 인간의 감성이나 오성으로는 파악할 수 없는 신비한 영역으로 치부해버림으로서 주관적 관념론의 테두리에서 벗어나지 못했다고 비판하였다.

헤겔은 칸트의 초월적 관념론을 위시해서 동시대의 관념론에서 나타난 문제점을 해결하기 위해 내적 생명력을 지닌 존재의 자기운동을 강조한 절대적 관념론을 창시하였다. 이를 위해 헤겔은 그의 절대적 관념론의 제1원칙으로 밖으로부터 주어진 존재가 아니라 처음부터 자신을 정립하고 있는 생동적인 실체, 즉 현실적 존재로 들었으며, 자신을 타자 화하는 분열과정을 거쳐 회복된 동일성, 즉 밖으로 향하면서 곧 다시 자기 자체 내로 복귀하는 동일성만이 진정한 주체이자 실체라고 주장하였다.

헤겔은 칸트의 이론이 정적개념을 바탕으로 이루어졌다는 근본적인 모순을 제외하고는 관념론을 구성하는 핵심개념들은 인식 형성을 위한 종합적인 접근법의 구성요소로 인정하였다. 헤겔은 칸트의 인식 구성요소인 오성과 이성의 개념을 받아들여 여기에 활동적인 자기운동 개념을 접합시킴으로서 변증법적 절대주의 관념론을 완성하였다. 즉, 인간의 감각(sensation), 지각(perception), 오성(understanding), 이성(idea)들은 능동적이고 변증법적 자기운동을 통해 인식의 마지막 단계인 보편타당한 인식, 즉 정신과 사물의 궁극적인 정신인 절대이념을 형성하게 된다고 주장하였다. 보다 구체적으로 헤겔은 그의 절대적 관념론과 변증법적 대립－통일 과정을 감각적 의식단계, 지각단계, 오성단계, 이성단계의 4단계로 구분하였다. 첫 단계인 감각적 의식단계란 자기운동을 통해 인간의 감각기관으로 들어온 사물의 상이나 현상을 그 자체로 받아들이는 경험 단계로 이때 정신은 아무런 운동도 하지 않는 무의식적 상태라고 하였다. 두 번째인 지각단계는 외적대상, 즉 타자(not-self)의 차별성이나 다양성을 인식하고 그들 사이에 존재하는 부정의 관계를 인식하는 단계라고 하였다. 그 다음 단계인 오성단계에서는 외적사물의 차별성이나 다양성을 관통하여 겉으로 드러나지 않는 사물의 배후에 존재하는 보편타당한 일반법칙을 인식하게 된다고 하였다. 이때 인간은 자신의 능동적 오성의 활동을 통해 자신과 대상의 개별성뿐만이 아니라 보편저 법칙성을 인식하기 시작하며 사물의 원형과 대립되는 추상적이며 단일한 개념을 정립하기 위해 최상의 단계로 나아간다고 하였다. 가장 최종 단계인 이성단계에 도달하게 되면 외적대상, 즉 타자와 인간이 통일을 이루게 되며 이때 타자와 인간을 구별 짓던 부정적 관계가 긍정적인 관계로 변하게 된다고 하였다. 궁극적으로는 모든 세계를 지배하는 보편타당한 이성을 인식하게 됨으로서 이성은 곧 '사물의 실재'라는 의식에 이르게 된다고 하였다. 헤겔은 특히 이성단계에서 그의 관념론의 제1원칙으로 들었던 생동적 실체, 즉 현실적 존재에 대해 '이성적인 것은 현실적이요, 현실적인 것은 이성적'이라고 표현하였다. 곧 이성이란 외부의 자극을 다양한 감각이나 표상으로 받아들여 실재, 곧 세계 전체에 대한 인식을 형성하는 것을 의미하므로, 이성이 스스로를 세계로, 세계를 이성으로 의식하는 단계에 이르면 이성은 곧 현실이 되고, 현실은 곧 이성이 된다는 명제가 도출될 수 있다고 하였다. 여기서 헤겔이 주장하는 '현실적'이라는 의미는 감각과 경험의 단계에서의 통속적이며 구체적인 현실세계가 아니라, 이성과 현실의 통일을 이룬 단계에서 지각과 오성을 거친 추상화된 현실을 의미하며 이는 곧 절대정신과 동일한 의미를 가지고 있다고 하였다. 절대정신이란 객관적인 정신에서 자기 자신으로 되돌아온 정신을 의미하며 절대정신의 추구란 자기를 해체했다가 다시 전체 속으로 통합하는 과정을 말한다고 하였다.

결론적으로, 헤겔은 칸트의 초월적 관념론, 셸링의 객관적 관념론, 피히테의 주관적 관념론 등 그 시대에 현존하던 관념론을 종합하여 사물 자체를 인간 정신인 이성과 통일되어 있다고 강조함으로서 절대적 관념론을 완성하였다. 헤겔의 절대적 관념론에 따르면, 인간의 사고란 세계정신 자체의 사고로 세계정신은 사물 자체를 만들어낸 절대정신이므로 세계정신 안에 사고와 존재와 진리가 일치한다고 보았다. 현실과 이성의 통일이라는 명제를 통해 절대적 자연정신을 이끌어 낸 헤겔은 한 걸음 더 나아가 세계역사를 세계정신의 자기전개 과정으로 설명하였다. 세계정신의 목적은 자유의식의 진보이며, 그 목적을 달성하기 위해 세계정신은 세계사적 이성에 합치되는 방향으로 전진과 발전을 계속해 나가지만, 특정 시점에서의 역사적 사건은 바로 그 순간을 지배하는 필연적 법칙이 되므로 이성적인 것은 현실적인 것과 동일한 의미를 갖는다고 강조하였다.

3) 변증법(Dialectics)

헤겔은 인간의 경험세계는 물론 인간 정신이나 지식은 절대자, 실재, 절대정신과의 결합을 향해 끊임없이 나아가는 필연적인 판단의 체계라고 주장하였다. 헤겔은 또한 세계의 본질도 근본적으로는 인간 정신이나 사고의 본성과 같다고 주장함으로서 세계 역사를 정신적, 도덕적 진보를 위한 변증법적 과정으로 설명하였다. 헤겔은 모든 현상들은 절대정신과의 유기적인 상호관계를 통해 전체로서의 하나로 합치된다는 전제 하에 절대정신의 역사를 도식화 하였다. 헤겔이 주장하는 절대정신이란 자연 속에 살아있는 인간 정신으로, 모든 현상은 이는 정-반-합의 변증법적 과정을 거쳐 절대정신이 실현될 때까지 움직여 나간다고 하였다. 즉, 정명제로 등장한 현상이 점차 내적 모순에 의해 대립을 낳고, 대립은 한 층 더 높은 차원에서 종합되며, 종합된 명제가 다시 새로운 명제로 등장하면서 이에 대한 대립과 종합의 변증법적 과정이 반복된다고 하였다. 이러한 반복이 지속되면 결국 인간과 세계에 대한 궁극적인 절대정신에 이르게 되는데, 이것이 바로 헤겔이 주장한 정-반-합의 변증법(dialectics)이라고 할 수 있다.

변증법이라는 용어인 'dialectics'는 고대 희랍어인 'dialektik'에서 유래된 것으로, 원래는 '대화술, 문답법'이라는 뜻으로 사용되던 용어였다. 일반적으로 변증법의 창시자라고 불리는 엘레아학파의 제논은 변증법을 상대방의 입장에 내포되어 있는 모순을 비판적으로 논증함으로써 자기 입장의 정당성을 입증하는 대화술이라고 정의하였다. 문답법은 소크라테스에 의해 계승되었으며 그의 제자인 플라톤은 변증법을 진리를 인식하기 위한 방법으로서 사용하였다. 중세로 들어오면서 변증법은 논리학 자체를 가리키는 용어로 사용이 되기도 하였으나, 근세에 들어오면서 칸트는 순수이성을 형이상학적 문제에 적용했을 때에 발생하는 가상의 논리를 변증법이라 치부하며 부정적으로 평가하였다.

헤겔은 변증법을 인식뿐만 아니라 존재에 관한 논리의 모순을 통해 진리를 찾는 철학적 접근법이라고 정의하면서 인식이나 사물은 즉자적 단계(정립)-대자적 단계(반정립)-즉자 및 대자적 단계(종합)의 3단계를 거쳐서 전개된다고 설명하였다. 논리의 전개 방식에 대한 철학적 용어인 정(these), 반(antithese), 합(synthese)이란 헤겔 본인이 자신의 변증법을 도식화하기 위해 사용한 용어는 아니며, 헤겔 이후 그의 논리학을 해설하면서 학자들에 의해 붙여진 용어이다. 변증법을 구성하는 주요 용어를 헤겔이 사용한 용어와 연계하여 살펴보면 다음과 같다.

(1) 테제(these: thesis)란 즉자적 단계, 혹은 변증법적 전개의 1단계에 해당되는 것으로 즉자, 혹은 정립, 정명제라고도 불린다. 테제란 헤겔이 제1원칙으로 들었던 개념으로 밖으로부터 주어진 존재가 아니라 처음부터 자신을 정립하고 있던 생동적인 실체, 즉 현실적 존재로, 본래의 정리된 하나의 주장, 추상적 명제, 혹은 오성적 규정을 말한다. 제1단계의 테제 속에는 암암리에 모순이 내포되어 있지만, 1단계에서는 그 모순을 인식하지 못하거나 밖으로 발현되기 전 상태를 유지하고 있다. 따라서 정립이란 모순적 면모를 지닌 상태를 전제로 한다. 헤겔은 제1단계의 존재를 즉자(an sich)라고 표현했는데, 즉자란 그 자체에 따르는 상태로 아직 변증법적 전개과정에서 분열과 대립이 발현되기 전 단계라고 하였다. 또한 즉자적이란 원래 타자와 관계가 없는 자아 그 자체를 의미하나, 헤겔은 이를 잠재적, 무자각적, 무의식적 상태라고 설명하였다.

(2) 안티테제(antithese: antithesis)란 변증법의 2단계에서 정립이 내적 모순으로 낳은 반정립, 혹은 대립명제를 말한다. 즉, 안티테제란 변증법적으로 부정적인 이성적 규정을 말한다. 헤겔은 안티테제를 대자(für sich)로 설명하였는데, 대자란 자신에 대해 대립하고 있는 것, 즉 분열하고 대립하고 있는 자기 상태를 말하며, 이는 즉자의 단계에서 잠재적으로 포함되어 있던 모순이 밖으로 드러난 상태라고 설명하였다. 따라서 즉자에 비해 대자는 보다 더 자각적이며 명제를 부정하여 모순을 털어버린 상태라고 할 수 있다. 그러나 반명제가 정명제의 모순을 극복했지만, 이 세상의 모든 물체들은 모순적 면모를 지닐 수밖에 없기 때문에 다시 모순에 부딪힌 반명제는 제3의 단계, 즉 합명제의 단계로 전개해 나가게 된다고 하였다.

(3) 신테제(synthese: synthesis), 즉 합명제란 안티테제를 부정함으로서 합의 단계, 즉 즉자−대자 단계에 이른 명제를 말한다. 따라서 신테제는 테제를 부정한 안티테제를 다시 부정하게 되므로 이를 '부정의 부정'이라고도 부른다. 헤겔은 신테제를 대자단계에서 즉자−대자 단계에 이르러 통일을 이루는 진실로 자각적인 단계라고 하였다. 합의 단계에서는 정과 반의 두 개의 규정이 모두 부정되면서 동시에 인정되어 통일에 이른다고 강조하였다. 헤겔은 이러한 과정을 아우프헤벤(aufheben: 지양)이라고 설명하였다. 지양(aufheben)이란 독일어로 "보존하다.", 혹은 "보관하다."라는 뜻과 함께 "폐지하다.", 혹은 "폐기하다."라는 상반된 뜻을 가지고 있는 용어로, 헤겔은 지양이란 단어가 자신의 신테제에 대한 사변적 성격을 가장 정확히 표현하는 단어라고 설명하였다.

테제−안티테제를 거쳐 합의 상태로 도달한 신테제 또한 모순적 한계를 포함하고 있기 때문에 신테제는 새로운 테제가 되며, 새로운 테제 속의 모순이 다시 드러나는 안티테제가 재 발생하면서 세계 역사나 인간 정신은 모든 사물에 숨은 최고의 본질인 절대정신, 즉 진리에 도달할 때까지 영원히 순환운동을 지속하게 된다고 강조하였다.

헤겔은 인간의 정신이 깃 들여져 있는 모든 현상, 즉 인류 역사나 제도, 혹은 예술, 종교, 철학을 비롯한 모든 학문도 변증법적으로 발전해왔다고 주장하였다. 예를 들어, 소크라테스의 애지의 지를 향한 철학적 방법을 정립명제라고 한다면, 현실적 지식을 주장한 소피스트들의 이론은 소크라테스 철학에 대한 반정립 명제라고 볼 수 있으며, 플라톤의 이데아계에 대한 철학적 접근법을 정립명제라고 한다면, 아리스토텔레스의 일원론적 실재론은 플라톤의 이론을 부정하는 반정립 명제라고 하였다. 이러한 관점에서 영국의 경험론에 대한 안티테제를 대륙의 합리론으로 본다면, 이를 종합한 독일의 관념론은 신테제로 볼 수 있으며, 칸트의 관념론을 다시 비판한 헤겔의 변증법은 신테제를 부정한 새로운 안티테제라고 할 수 있다.

헤겔은 그의 저서인 '정신현상학'에서 아우렐리우스(Marcus Aurelius, 121~180)와 에픽테토스(Epictetus, 55~135) 간의 주인－노예 이중성을 고차원적 자의식의 변증법으로 설명하였다. 아우렐리우스는 스토아 철학자이며 동시에 로마 제국의 제16대 황제로 플라톤이 가장 이상적인 철인황제로 여겼던 인물이며, 에픽테토스도 같은 스토아학파의 대표적 철학자였으나 주인으로부터 잔인한 학대를 받아 다리를 절단 당한 노예였다. 만인평등주의와 형제애를 생활신조로 내세운 스토아학파에서는 모든 사람들을 한 형제로 간주하며 주인과 노예를 구분하지 않았다. 그러나 스토아학파가 주장하는 이성적이고 고상하며 추상적인 형제애라는 이상 속에는 현실적인 모순이 내포되어 있었다. 그 결과, 노예였던 에픽테토스는 형제애 정신을 모르는 현실적이고 난폭한 주인에 의해 다리가 잘리는 기형이 되었다. 이러한 스토아 철학의 이론적 모순이 속속 밝혀지면서 스토아학파를 계승한 회의학파는 스토아 철학의 모든 이론을 의심하고 부정하였다. 차례가 바뀌면서 이번에는 회의주의 철학이 그 자체의 한계를 드러내게 되었다. 왜냐하면 확실한 것은 아무 것도 없다는 회의학파의 주장과 신념 또한 일상생활에서는 실제로 증명할 수 없었기 때문이었다. 따라서 회의학파의 이론적 신조는 그들 자신의 실제 행동을 통해 암암리에 부정되었으며, 이러한 고전적 도덕철학의 이중성은 그 뒤를 이은 대부분의 철학사상에서도 예외가 아니라고 부언하였다.

헤겔은 현존하는 종교 중에서 종교적 이중성을 가장 많이 가지고 있는 기독교가 자신의 변증법을 가장 정확하게 설명해 준다고 하였다. 즉 '생명을 구하고자 하는 자는 잃을 것이며, 생명을 버리는 자는 구원을 받을 것'이라는 기독교 교리는 자기실현에 이르기 위해서는 자기부정의 길을 택해야 한다는 의미로, 이는 자신이 주장한 변증적 해석이나 변증적 성격을 강하게 보여준다고 하였다. 이와 같이 헤겔은 변증법을 고정적 견해인 형이상학에 대립되는 인식방법으로 설명하였으며, 동시에 이성적 사유는 물론, 자연이나 역사의 모든 현실적 자기운동에 대한 보편적인 합법칙성 이법이라고 주장하였다.

결론적으로, 헤겔은 절대 정신을 구현하는 인식능력을 정적개념으로서가 아니라 변증법적 과정을 거치는 동적개념으로 설명함으로서 존재 의식에 대한 역동성을 중시하였다. 또한 헤겔은 절대자를 모든 존재의 초기 전제가 아닌 변증법적 과정의 궁극적 결과, 즉 목적의 문제로 설정함으로써 형식주의적 변증법을 넘어섰으며 이러한 점에서 기존의 철학사상과는 다른 독자성을 지닌다고 할 수 있다. 그러나 존재 자체에 모순이 실재한다는 헤겔의 변증법적 전개는 아리스토텔레스가 주장한 모순율(law of contradiction)에 위배되는 논리라고 할 수 있다. 모순율이란 동일률, 배중률과 함께 아리스토텔레스의 세 가지 사고법칙 중 하나로 특정 현상은 그것을 긍정하면서 동시에 부정하는 것은 불가능하다는 법칙을 말한다. 이러한 비판적 논란에도 불구하고 헤겔의 변증법은 인간정신을 포함한 모든 세계현상의 역사적 흐름을 설명해주는 가장 표준적인 지침을 제공해주었으며, 현재에도 모든 인간의 역사가 변증법적으로 진행되고 있음을 시사해주고 있다.

제6장

현대 유럽 철학

제8절 생의 철학과 실존주의(Life Philosophy & Existentialism)

01. 현대 유럽사회와 문화

18세기에 들어와 산업혁명(industrial revolution, 1770~1880)과 과학혁명으로 눈부신 경제발전을 이룩한 유럽 강대국들은 19세기로 들어오면서 산업자원의 조달, 생산된 상품의 교역을 위한 식민지 개발과 투자에 혈안이 되었으며 이는 곧 세계대전을 일으키는 기폭제가 되었다. 제1차 세계대전은 19세기 말에서 20세기 초반에 걸쳐 아프리카 대륙에 대한 강대국의 식민지 분할정책과 아시아 국가들의 식민지 확보를 위한 침략전쟁으로 인해 발발하였다.

19세기 후반 유럽의 세력은 영국과 독일이라는 양대 산맥에 의해 균형을 유지하고 있었다. 양국은 이미 세계시장에서 식민제국으로서의 우월한 지위를 차지하고 있었다. 식민지 경쟁에 뒤늦게 참여한 신흥 제국주의국가인 프랑스와 러시아는 영국과 손을 잡고 3국 협상(Triple Entente)을 맺었으며, 이에 반해 독일 제국은 오스트리아-헝가리, 이탈리아와 손을 잡고 3국 동맹(Triple Alliance)을 수립하면서 이 두 집단 간의 다툼은 점차 국제적 대립과 분쟁으로 전개되었다.

3국 협상과 3국 동맹의 주축인 영국과 독일의 대립은 19세기 말인 1880년대로 거슬러 올라간다. 1880년대에 이르러 영국은 인도의 캘커타(Calcutta, 현재의 Kolkata), 이집트의 카이로(Cairo), 남아프리카 공화국의 케이프타운(Capetown)을 잇는 3C정책을 수립하여 식민지 확장을 꾀했으며, 이에 대해 독일은 독일 수도인 베를린(Berlin), 터키의 비잔티움(Byzantium), 현 이라크의 수도인 바그다드(Baghdad)를 잇는 3B정책을 수립하면서 철도부설을 통한 근동진출정책을 계획하였다. 1890년대로 들어오면서 독일 세력이 영국을 위협하자 이 두 국가 간의 암투는 더욱 첨예화되어 세계시장에서의 격렬한 경쟁으로 전개되었다. 독일이 1905년 프랑스의 모로코 보호령에 반대하여 모로코전쟁을 야기 시킴으로서 국제적으로 고립되고 있던 와중에 영국과 프랑스가 양국협력관계를 맺음으로서 이 두 국가의 국제적 위상이 강화되었다. 국제적으로 고립된 독일이 이라크의 수도인 바그다드(Baghdad)에 철도건설을 추진하여 대외진출의 방향을 아시아 지역으로 옮기려는 3B정책을 시행하자, 영국은 이를 대영제국과 지중해 진출을 노리던 러시아의 생명선을 잇는 3C정책에 대한 위협으로 받아들이면서 독일과 영국의 마찰이 심화되었다.

　　제1차 세계 대전(World War I, 1914년 7월 28일~1918년 11월 11일)의 근본적인 원인은 영국과 독일의 신제국주의에 의한 직접적인 충돌이 아니라, 삼국협상 대 삼국동맹의 대립, 특히 양 진영에 속했던 러시아와 오스트리아의 발칸반도에서의 대립을 계기로 발발하였다. 1914년 6월 28일 현 보스니아 헤르체고비나의 수도인 사라예보에서 오스트리아－헝가리 제국의 왕위 후계자인 페르디난트 대공(Franz Ferdinand, 1863~1914)이 세르비아의 민족주의자 프린치프(Gavrilo Princip, 1894~1918)에게 암살당하자 오스트리아－헝가리 제국과 세르비아 왕국 간의 7월 위기가 발발하였으며, 이는 국제적 동맹과 연결된 강대국 간의 전쟁으로 이어져 제1차 세계대전으로 확대되었다. 제1차 세계 대전이 발발하자 삼국동맹국이었던 이탈리아 왕국이 태도를 바꿔 삼국협상국의 일원으로서 오스트리아－헝가리 제국을 침공하였으며, 이 후 일본, 미국 등 수많은 국가들이 연합군을 결성하면서 세계대전에 뛰어들게 되었다. 제1차 세계대전은 수많은 사람들의 희생과 엄청난 전쟁의 후유증을 남긴 채 1918년 11월 4일 오스트리아－헝가리 제국의 휴전 합의와 1918년 11월 11일에 독일이 휴전에 합의하면서 연합국의 승리로 끝나게 되었다.

　　제1차 세계대전은 7천만 명의 군인이 전쟁에 동원되어 그 중 900만 명이 사망한 역사상 가장 참혹한 전쟁의 하나로 기록되어 있다. 또한 참전국들은 전쟁의 후유증으로 각종 내란과 정치변동을 겪었으며 국제적으로는 전쟁의 재발을 방지하기 위한 국제연맹이 탄생하게 되었다. 독일과 오스트리아－헝가리는 많은 영토를 잃게 된 것은 물론 막대한 금액의 전쟁책임부담금을 지불해야 했으며, 러시아와 오스만 제국은 완전히 해체되어 새로운 독립 국가가 되었다. 제1차 세계대전 직후, 독일 제국과 연합국 사이에 맺어진 베르사유 조약(Treaty of Versailles, 1919년 6월)에 의해 독일은 전쟁 도발에 대한 책임으로 해외 식민지를 모두 포기하게 되면서 알자스와 로렌을 프랑스에 양도하였으며 폴란드 지역을 독립시켜야했다. 또한 과다한 책임배상은 국내적으로 극심한 인플레이션과 실직자들을 양산하였다. 이러한 정치적 불안은 히틀러와 나치 군국주의의 탄생을 자극하였으며, 독일의 나치즘과 때를 맞춰 등장한 이탈리아의 파시즘은 또 다른 전쟁인 제2차 세계대전(1938~1945)의 도화선이 되었다. 파시즘(fascism)은 개인의 불평등이 끊임없이 유발되어야만 국가가 발전할 수 있다는 믿음으로 급진주의, 반공주의, 국가주의, 전체주의, 권위주의, 국수주의적 정치이념을 말한다. 초기 파시즘은 제1차 세계대전 이후 마르크스주의자들에 의한 낭만적 민족주의와 사회주의가 혼합된 반제국주의적 사상이었으나, 점차 반공주의 가치가 심화되면서 극단적인 반공주의인 극우파적 사상으로 변질되어 후기 파시즘으로 전개되었다.

이런 가운데, 러시아를 중심으로 하는 좌익 공산주의 국가들과 우익 파시즘 국가들 간의 국제적 침략이 시작되었으며 1931년부터 1939년까지 일어났던 일본의 만주침략을 선두로 1939년 제2차 세계대전이 발발하였다. 1941년 미국과 소련이 전쟁에 참전하게 되면서 대규모의 인명피해와 경제적 피해를 냈으며 1945년 8월 6일과 8월 9일, 일본의 히로시마와 나가사키에 미국의 원자폭탄이 투하되면서 제2차 세계대전은 1945년 8월 15일에 끝이 나게 되었다.

제2차 세계대전은 한국을 비롯하여 동아시아의 일본 식민지 국가와 유럽 강대국들의 식민지 국가들이 독립을 하게 되는 긍정적인 계기가 되었으나, 제2차 세계대전 역시 인류 역사상 가장 파괴적인 전쟁의 하나로 기록되었다. 두 번의 세계대전과 1929년 '검은 목요일'로 시작된 뉴욕 주식시장의 대폭락이 불러온 세계대공황(Great Depression)은 1940년까지 전 세계를 정신적 공황 상태로 밀어 넣었으며, 과학적 실험을 통한 히틀러의 인종말살정책이나 히로시마와 나가사키에 투하된 원자폭탄의 부작용으로 대두된 생명윤리문제는 과학기술에 대한 공포를 자아냈다. 이와 더불어 자본주의의 부작용으로 만연된 경제적 무정부상태는 현대사회를 인간의 도구화, 대중화, 기계화로 만들었으며 인간 내적으로는 정신적 불안(anxiety)과 공포(fear)의 근원이 되었다.

이러한 역사적 배경은 인간을 위기의식으로 몰아 놓았으며, 사람들의 삶을 보는 태도를 변화시키기 시작하였다. 철학사적으로도 두 번의 세계대전은 인간의 잔혹함과 한계상황을 직시하게 만들었으며, 이러한 각성을 통해 인간성의 극복을 위한 실존주의 철학이 등장하게 되었다. 그 전에 등장한 생의 철학 또한 산업혁명과 과학혁명의 결과로 이룩한 근대의 기계화와 대중화에 의해 인간존재가 평준화, 균일화, 저속화되었으며 이를 타개하기 위해서는 기존의 낡은 가치를 모두 파괴하고 새로운 가치체계를 확립해 나가야 한다는 자각에서 시작되었다. 생의 철학은 쇼펜하우어에 의해 창시되었으며 니체로 이어졌다.

02. 쇼펜하우어의 생의 철학(Philosophy of Life)

1) 생애

쇼펜하우어(Arthur Schopenhauer, 1788~1860)는 1788년 북유럽 발트 해 남단에 위치한 폴란드의 항구 도시인 그단스크(Gdansk)에서 태어났다. 상인이었던 부친은 쇼펜하우어가 자신의 뒤를 이어 사업가가 되기를 희망했으나 사업보다는 독서를 더 좋아했던 쇼펜하우어는 1805년에 부친이 사망하자 1807년에 고타에 있는 김나지움에 입학하여 라틴어와 그리스어 공부에 열중하였으며, 1809년 입학한 괴팅겐대학교 의학부에서도 의학보다는 자연과학에 더 많은 관심을 보였다. 이러한 자연과학적 지식의 습득은 후에 그가 창시한 생의 철학을 과학적 측면에서 설명하기 위한 거름이 되었다.

쇼펜하우어는 23세가 되던 1811년에 괴팅겐대학교에서 베를린대학교로 전학을 간 후 당시의 유명했던 피히테((Johann Gottlieb Fichte, 1762~1814)나 셸링(Friedrich Wilhelm Joseph von Schelling, 1775~1854)의 사상을 접하게 되었으나 곧 이들의 사상에 회의를 품게 되었다. 특히 헤겔과 견원지간이 되면서 헤겔학파의 주요 인물이었던 셸링과 피히테를 혐오하게 되었으며, 자신의 저서를 통해 이들의 이론을 신랄하게 비판하였다. 특히 '독일국민에게 고함'이라는 연설을 14회나 하면서 나폴레옹이 이끄는 프랑스 제국의 독일 점령에 대항하여 독일 민족정신의 중요성을 피력했던 피히테에 대해서는 '대중 앞에서 웅변을 토해내며 진지한 표정으로 심오한 사상가인 척하는 사기꾼'이라는 독설도 마다하지 않았다.

1813년에 나폴레옹이 이끄는 프랑스 군대와 프로이센 간의 전쟁이 일어나자 쇼펜하우어는 베를린에서 루돌슈타트(Rudolstadt)로 피신하여 그의 사상적 기초가 된 '충족 이유율의 네 겹의 뿌리에 관하여(On the Fourfold Root of the Principle of Sufficient Reason)'라는 논문을 완성하였으며, 1816년에는 그의 스승인 괴테와의 공동연구인 '시각과 색채에 관하여(Theory of Colors)', 1818년에는 '의지와 표상으로서의 세계(The World as Will and Representation)'를 완성하였다. 26세가 되던 1814년부터 쇼펜하우어는 그의 동양적 사상의 바탕이 되었던 전통적인 인도 철학인 우파니샤드(Upanishad)에 심취하기 시작하였으며 이 일로 인해 어머니와는 심각한 갈등을 겪게 되었다.

31세가 되던 1819년에 쇼펜하우어가 베를린대학교의 사강사 직에 지원하면서 평생 동안 견원지간으로 지냈던 헤겔을 만나게 되었다. 1820년 32세의 젊은 쇼펜하우어는 채용 여부가 결정되는 시범 강의에서 당시 50살이었으며 채용의 결정권을 쥐고 있던 헤겔과 논쟁을 벌이게 되었다. 이것이 발단이 되어 첫 사강사 자리에서 고배를 마시게 된 쇼펜하우어는 사강사가 되자 자신의 강의시간을 헤겔의 강의시간과 동시간대로 배정 하는 등 사사건건 헤겔과 충돌하였다. 그러나 첫 학기부터 헤겔의 수강생 숫자에 압도당한 쇼펜하우어는 2년간이나 예정되어있던 모든 강의 스케줄을 접고 베를린대학교를 그만두게 되었다. 그 후 쇼펜하우어는 자신의 저서를 통해 헤겔이나 피히테 같은 사람들을 향한 독설을 서슴지 않았으며, 특히 1854년에 발표한 '자연에서의 의지에 관하여' 개정판에서 당대에 막강한 정치세력으로 등장한 헤겔학파에 대해 독일의 철학계를 오염시킨 교수들의 파벌화라고 지적하면서, 대학에서 이러한 사람들에게 철학을 배우는 것은 인생낭비이며, 따라서 철학 강의 자체를 대학에서 없애야 한다고 주장하였다. 그러면서 열렬한 칸트주의자였던 쇼펜하우어는 헤겔철학에서 벗어나 칸트와 자신의 사상을 공부하라고 충고하였다. 그는 "지난 40여 년 간 독일에서는 칸트 이후에 등장한 간사한 사기꾼들에 의해 철학이라고 불리는 사기극이 자행되었으나 이들의 본모습은 언젠가 명명백백하게 드러날 것이다."라는 독설을 내품었다. 1833년부터 프랑크푸르트에 정착한 쇼펜하우어는 자신이 열렬히 추앙했던 칸트처럼 유행이 지난 옷을 입고 애완견과 함께 일정한 시간에 산책을 하였다. 쇼펜하우어는 1840년에 '도덕의 기초에 관하여(On the Basis of Morality)'라는 논문을 덴마크 왕립학술원의 현상모집에 제출하였으나 당대의 가장 위대한 철학자인 헤겔과 피히테 등을 비난했다는 이유로 그의 논문이 탈락되었다. 학술원의 결정에 대해 쇼펜하우어는 헤겔을 비난한 것은 인정하지만 헤겔이 위대한 철학자라는 것은 인정하지 못한다고 주장하였다.

1823년부터 쇼펜하우어는 청각장애를 앓아왔다고 전해진다. 그가 43세가 되던 1831년에는 유럽에서 창궐한 콜레라가 유럽전역은 물론 독일 베를린으로까지 전파되었다. 쇼펜하우어는 이를 피하기 위해 베를린을 떠나 프랑크푸르트로 이주하였으며, 그 곳에서 여생을 보냈다. 헤겔은 1831년에 베를린으로 전파된 콜레라에 걸려 61세의 나이로 생을 마감하였다.

쇼펜하우어는 그의 박사학위 논문인 '충족 이유율의 네 겹의 뿌리에 관하여'라는 책을 괴테에게 증정하면서 괴테와 사제지간이 되었으며, 그 때부터 괴테는 쇼펜하우어의 든든한 정신적 지주가 되었다. 괴테는 쇼펜하우어가 30세가 되던 1818년에 출판한 '의지와 표상으로서의 세계'의 판매실적이 저조했을 때에도 이 책은 쇼펜하우어의 사상적 이론을 집약한 역작으로서 학문적 가치가 매우 높다고 격려하였다. 괴테(Johann Wolfgang von Goethe, 1749~1832)가 세상을 떠난 후 시당국이 그를 위한 기념비 건립 계획을 세우자 쇼펜하우어는 괴테의 동상에 대한 건의문을 당국에 올렸다. 쇼펜하우어는 이 건의문에서 온몸으로 싸운 군인이나 정치인들은 그들의 업적을 상징하는 전신상이 적합하지만, 두뇌활동을 주로 하던 철학자나 문학가, 과학자들의 동상은 흉상으로 제작하는 것이 바람직하다고 주장하였다. 그러나 그의 건의문은 받아들여지지 않은 채 매우 볼품없는 괴테의 전신상이 세워졌다. 훗날 미술사학자인 프란츠는 괴테의 기념비에 대해 '국가적 재앙'이라고 혹평하였다.

1841년에 쇼펜하우어는 그의 '인간의지의 자유에 관하여'와 '도덕의 기초에 관하여'를 묶어 '윤리학의 두 가지 근본문제(The Two Basic Problems of Ethics: On the Freedom of the Will, On the Basis of Morality)'라는 이름으로 출간하였다. 1844년에는 '의지와 표상으로서의 세계' 제2판을 완성시켰으며, 1851년에 이 책의 부록이라고 할 수 있는 '여록과 보유(Parerga and Paralipomena)'를 수년간의 집필 끝에 완성하였다. 출판사의 부정적인 예상과는 달리 이 책은 많은 사람들에게 알려지게 되었다. 1853년 쇼펜하우어의 사상이 영국학계에 최초로 소개되고 많은 대학에서 그의 사상에 대한 강의가 개설되면서 쇼펜하우어의 명성이 높아지게 되었다. 이러한 학계의 추세에 대해 쇼펜하우어는 긴 여정의 끝에서 지쳐 서있는 자신에게 월계관을 씌어주는 것이라는 표현으로 그의 복잡한 심경을 대변하였다. 1858년에 열렸던 쇼펜하우어 70세 생일 파티에는 유럽 각지에서 그를 보기위해 많은 사람들이 방문하였으며 1859년 '의지와 표상으로서의 세계' 제3판의 출간을 마지막으로 쇼펜하우어는 72세가 되던 1860년 프랑크푸르트에서 폐렴으로 사망하였다.

2) 형이상학적 의지주의(Metaphysical Voluntarism)

20세기 현대철학은 근대 합리주의의 반동으로 일어난 철학사조로 크게 세 가지 방향으로 추진되었다. 첫 번째 방향은 헤겔학파의 절대적 관념론을 정면으로 반박한 쇼펜하우어의 생의 철학(philosophy of life)을 들 수 있으며, 두 번째 방향은 소크라테스 이후 형성된 형이상학에서 벗어나 칸트의 선험적 인식론으로 되돌아가자는 신칸트주의학파(Neo-Kantianism)와 후설(Edmund Husserl, 1859~1938)이 주장한 현상학(phenomenology)을 들 수 있다. 마지막으로 전개된 철학사상으로는 모든 사변적 인식론을 배제하고 경험적 사실과 과학적 논증만을 강조하는 분석주의(analytic philosophy), 실증주의(positivism), 실용주의(pragmatism)로의 전환이라고 할 수 있다.

빛나는 독일의 이상주의를 구현함으로서 근세 합리주의의 최고봉으로 올라선 헤겔학파의 절대적 관념론에서는 인간이란 초감각적인 절대자를 인식할 수 있는 이성능력을 가지고 있다고 주장하였다. 이에 반해 쇼펜하우어는 인간은 절대자와 같은 인식의 재료를 스스로 산출할 수 없다고 반박하면서, 헤겔의 절대적 관념론은 인간의 이성만을 중시하고 절대정신으로의 변증법적 귀결을 강조함으로서 철학의 방향을 사변적이고 추상적이며 형이상학적 이성주의로 몰아갔다고 공격하였다. 헤겔과는 반대로 비합리주의적 의지주의(irrationalistic voluntarism)를 주장한 쇼펜하우어는 인간의 삶과 유리된 사변적, 형이상학적 철학에서 벗어나 현실적이며 살아있는 '삶(life)', 혹은 감각세계로부터 들어온 생생한 경험과 이와 직결된 의지에 의해 형성된 인식을 중시하였다. 그에 의하면, 인간의 삶이란 합리적인 이성에 의존하는 것이 아니라, 비합리적이고 비이성적이며 충동적인 이성에 의해 즉각적인 반응과 직접적인 체험을 통해 삶을 하나의 살아있는 전체로 인식하는 것이라고 강조하였다.

쇼펜하우어의 의지주의를 형성하는 인식론의 체계는 헤겔의 관념론과 흄이 주장한 부정적 인과관계를 비판하고 칸트의 선험적 관념론을 받아들여 이를 수정하면서 이루어졌다. 그는 칸트의 선험적 관념론을 수정하여 인식의 대상을 현상계로만 한정하여, 외부 세계에 대한 감각자료만을 인식의 재료로 삼았다. 따라서 객관적 사물 세계란 실재하지 않으며, 이는 단지 객관적 사물을 인식의 재료로 취하여 인간 오성이 만들어낸 표상(representation)에 불과하다고 주장하였다. 또한 칸트의 주장과는 달리, 경험으로부터 독립된 객관적인 사물은 인식의 형식으로만 존재하며, 사물세계에 대한 표상은 오성에 의해 형성된 직관으로부터 온다고 주장하였다. 따라서 오성의 인과개념이 경험적 직관에 이미 적용되어 작용하기 때문에 오성의 범주도 감각적 단계에서부터 일어나며, 감각에 의해서만 획득된다고 주장한 칸트의 직관상도 사실은 오성의 소산이라고 하였다. 쇼펜하우어는 1816년에 완성한 '시각과 색채에 관하여'라는 책에서 감각단계에서의 오성의 작용을 설명하였는데, 시각이라는 감각기관을 전혀 활용할 수 없는 선천성 맹인들이 공간적 관계에 대해 완벽하게 인식하는 것처럼 직관은 감각이 아니라 오성의 작용이라고 설명하였다. 따라서 칸트가 주장한 시간, 공간, 인과성은 경험으로부터 습득된 직관상이 아니라 인간의 오성에 의해 형성된 것이라고 주장하였다. 예를 들어, 인간의 시각이라는 감각작용에 의해 받아들여진 객관적 사물의 인상은 망막에 거꾸로 맺히기 때문에 시각이 감각단계에서 성립하는 것이라면, 대상에 대한 인상을 거꾸로 지각해야 하지만, 인간은 오성의 작용에 의해 망막에 거꾸로 맺힌 인상을 객관적 사물과 동일한 형체, 즉 똑바로 선 모양으로 인식한다는 것이었다. 이와 같은 원리로, 오성은 두 눈에 의해 각각 감각된 것을 한 번의 직관상으로 지각하는 것이며, 하나의 물체를 열 손가락으로 만졌을 때 각각의 손가락이 감각하는 열개의 다른 인상을 하나의 총체적 직관으로 인식하는 것이라고 하였다. 또한 쇼펜하우어는 객관적 사물을 받아들여 이를 표상으로 지각하는 오성과 표상들을 결합하는 이성의 역할만을 인정함으로서 헤겔의 주장처럼 초월적 실재를 직접적으로 인식할 수 있다는 이성의 능력을 부정하였다. 쇼펜하우어에 의하면, 이성이란 감각세계로 들어온 직관상을 하나의 개념으로 구체화시키는 정신활동으로, 이성의 내용은 전적으로 외부 세계에 대해 오성이 만들어낸 직관적 표상이기 때문에, 이성은 아무런 내용도 갖지 않은 채 개념을 위한 형식만을 갖는다고 하였다.

쇼펜하우어는 칸트가 주장한 오성의 12 범주 중에서 인과성(causality)만을 받아들여 이를 표상을 구축하기 위한 충족이유의 원리(principle of sufficient reason), 혹은 충분근거율이라고 규정하였다. 그는 또한 자연이란 모든 변화의 주체이며 만물은 자연의 변화로 인한 결과물로서, 자연과 사물은 본질적으로 인과관계에 의해 상호관련성을 갖는다고 주장하였다. 감각단계에서의 경험적 직관도 인과법칙에 의한 오성의 작용으로 배열된 인식의 결과이므로, 사물 간의 인과법칙은 외부로부터 오는 것이 아니라 오성에 의한 인식의 결과라고 주장하였다. 쇼펜하우어는 충족이유율이라는 인과법칙에 의해 형성되는 4가지 뿌리를 생성(becoming), 인식(knowing), 존재(being), 행위(acting)로 들었다. 모든 만물의 생성을 위한 충족이유율이란 감각기관을 통해 지각된 표상들을 인과적 방식에 의해 필연적으로 결합시키는 원칙을 말하며, 인식의 충족 이유 원칙이란 경험세계로 들어온 표상들을 하나의 개념으로 결합하기 위한 원칙을 말한다고 하였다. 존재의 이유율은 표상들을 시공간적으로 배열하는 것을 말하는데, 예를 들어 수학에서의 '10(ten)'이라는 숫자의 존재는 '10' 이전의 모든 숫자들을 거쳐야 도달하며, '10'이라는 숫자의 존재를 통해 '10'과 관련된 선행 숫자, 즉 1, 3, 8 등의 숫자의 존재도 알게 되는 것처럼, '10'이라는 숫자는 선행하는 모든 숫자들과 시간과 공간 속에서 인과관계에 의해 서로 관련을 맺으며 존재한다고 강조하였다. 쇼펜하우어는 시공간 내에서의 사물들 간의 관련성은 단순한 개념을 통해서가 아니라 인간에게 선험적으로 주어진 순수직관을 통해서만 이해될 수 있다고 강조하였다. 마지막으로 행위의 이유율이란 경험세계에 대한 주관적 표상들을 동기(motive)에 의해 필연적으로 결합시키는 원리로, 간략하게 동기의 법칙(the law of motivation)이라고 규정하였다. 동기란 행위를 유발시키는 내재적 인과성이며 행위에 대한 원인이라고 강조한 쇼펜하우어는 행위에 대한 이유율을 앞에서 언급한 세 가지 사물의 본질에 접근하기위한 충족이유율과는 전혀 다른 방식의 인식과정으로 설명하였다. 즉, 인식하는 주체인 인간은 행동의 원인인 동기나 의욕을 가지고 있는 자신을 직접적으로 인식한다고 하였다. 쇼펜하우어는 "행위란 과거에서부터 현재까지 현존하는 그 어떠한 근거나 이유에 합당하지 않는 판단과 생성, 인식, 존재의 세 가지 충족원칙으로 설명할 수 없는 원인으로 일어나는데, 이것이 바로 동기라는 의지의 소산이다(will which has a motive)."라고 강조하였다. 즉, 쇼펜하우어는 행위와 동기, 혹은 행위와 의지간의 인과성을 행위의 충족이유율, 즉 행위를 충족시키는 이유라고 규정하면서 인간의 모든 행위적 결정에는 행위의 동기가 반드시 선행하며, 동기가 없다면 행위는 생각할 수 없다고 하였다. 이때 다른 원인과는 달리 행위의 동기는 자신의 내부에 존재하는 내재적 감각, 혹은 자아인식(inner sense or self-consciousness)이라고 불리는 내부통찰에 의해서만 가능하다고 강조하면서 행위의 동기만을 갖는 특성을 설명하였다. 기계적, 물리적, 화학적 작용 등 대부분의 사물들은 외부 조건에 의한 결과로 발생하며, 이러한 원인과 필연적으로 따르는 결과의 발생을 관찰할 수 있지만, 인간의 행동을 유발시키는 조건은 인간 내부의 동기에 의해 일어나기 때문에 다른 원인들처럼 외부에서 간접적으로 인식할 수 있는 것이 아니라, 내부를 향한 통찰을 통해서만 직접적으로 인식할 수 있다고 하였다. 쇼펜하우어는 내부를 향한 통찰을 통해 자신의 내적 경험으로부터 자신의 의지작용을 직접적으로 인식하는 것은 마치 자신의 가장 깊은 내부에 있는 비밀을 경험하는 것과 같다고 강조하였다. 쇼펜하우어는 행위의 충족이유율은 인식하는 주체에 직접적으로 적용되는 원인으로서, 간접적인 모든 활동을 설명해 주는 근거가 된다고 하였다. 이러한 이유에서 인간의 의지작용과 신체활동은 동일한 하나로 볼 수 있으며, 때에 따라서는 의지의 작용으로, 혹은 신체작용으로 지각된다고 설명하였다.

3) 염세주의적 허무주의(Pessimistic Nihilism)

칸트의 선험적 관념론에 기초한 쇼펜하우어의 의지주의는 그 후 플라톤의 이데아, 인도의 전통 종교인 우파니샤드, 불교철학을 절충한 생의 철학으로 전개되었으며, 결국은 염세주의적 허무주의(pessimistic nihilism)로 종결되었다.

쇼펜하우어는 그의 형이상학적 의지주의를 통해 인간의 삶이란 합리주의에서 주장하는 것처럼 이성적인 것이 아니라 직접적인 체험을 통해 경험하는 비합리적, 비이성적, 감각적 표상이라고 주장하였다. 또한 비합리적인 삶을 움직이는 근본적인 원동력은 인간의 의지(will)이므로 의지란 인간의 삶을 지배하는 본질적 실재라고 규정하였다. 이때 쇼펜하우어가 강조하는 인간의 의지란 관념론에서 주장하는 것처럼 합리적이거나 이성적인 추론, 혹은 도덕적 행동을 위한 정신적 지침이 아니라, 맹목적이고 비이성적이며 무의식적인 동기라고 하였다. 쇼펜하우어는 이를 맹목적 생존의지(blind survival will)라고 규정하였다. 인간의 모든 행동은 인간의 삶에 내재하는 맹목적 생존의지로부터 발동되며, 인간 지성도 이러한 맹목적 생존의지의 부차적 현상이라고 하였다. 또한 구체적인 사물들은 시공간 속에서만 존재하나 맹목적 생존의지란 시공간을 초월하는 형이상학적 실재로 인간의 감각으로는 인식할 수 없다고 하였다. 즉, 맹목적 생존의지란 만물의 존재와 운동을 주도하는 오직 하나의 유일한 본질이자 실재이며 현상계란 시공간을 초월한 보편적 의지인 맹목적 생존의지가 경험세계로 개별화(individuation)된 것이라고 설명하였다. 따라서 인간의 모든 신체활동은 이러한 맹목적 생존의지의 작용이 객관화되어 발현된 것이며 이를 역으로 설명하면, 인간의 맹목적 생존의지의 실재는 식욕이나 성욕, 의욕 등 다양한 신체활동을 통해 증명될 수 있다고 설명하였다. 한 걸음 더 나아가 쇼펜하우어는 맹목적 생존의지를 무기물에서 부터 최상의 단계로 체계화 시켰다. 맹목적 생존의지는 무기물에서는 자연력으로 발현되며, 유기체에서는 종족보존의 모습으로, 그리고 인간에게는 개인의 본유적 성격의 모습으로 나타난다고 하였다. 이와 같이 최하위 단계에서 최상위 단계에 이르기까지 일종의 정연한 위계를 이루고 있는 의지의 마지막 계층은 플라톤이 주장한 이데아라고 하였으며, 이를 시공간과 모든 인과성에서 해방된 영원한 원형, 즉 근원적 형상이라고 하였다. 이러한 관점에서 쇼펜하우어가 주장하는 의지주의는 형이상학적 관념론의 테두리 안에서 벗어나지 못한 이론이라고 볼 수 있다.

쇼펜하우어의 의지주의는 인간의 삶을 지배하는 맹목적인 생존의지의 실현불가능성을 타진하면서 염세주의로 전개되었다. 쇼펜하우어는 인간의 삶은 맹목적 생존의지에 의해 필연적인 고통에서 벗어나지 못한다고 설명하였다. 개체화(individuation), 즉 의지의 개별적 발현(individual manifestations of the will)은 다른 의지의 희생을 바탕으로만 유지되는데, 이때 맹목적 생존의지의 피할 수 없는 근본적인 특성으로 인해 다른 선택권이 없이 오직 쾌락만을 추구하게 된다고 하였다. 따라서 괴롭힘을 주는 것(tormenter)과 괴롭힘을 당하는 것(tormented)은 동일하며 고통에 시달린다는 것(suffering)은 쾌락의 또 다른 모습인 윤리적 징벌(moral retribution)이라고 하였다. 쇼펜하우어는 이러한 자신의 주장이 이미 원죄라는 기독교 신조나 윤회라는 동양철학에 그대로 담겨져 있다고 부언하였다. 이와 같이 인간은 하나의 욕망을 충족하고 나면 또 다른 욕망이 곧 이어서 나타나며 고통에서 벗어났다고 생각하는 순간 새로운 불행이 따라오게 되어있으므로 인간의 삶이란 필연적인 고통에서 벗어날 수 없는 것이라고 하였다. 따라서 쇼펜하우어는 고통이야말로 삶의 실재이며 쾌락이나 행복도 고통에서 잠시 벗어나게 해주는 고통의 변형에 불과하다고 강조하였다. 즉, 인간을 지배하는 맹목적 생존의지는 쾌락과 행복을 추구하려는 목적으로 발현되는데, 행복을 추구하고자 하는 인간의 의욕은 무한하기 때문에 결코 충족될 수 없으며 충족될 수 없는 욕구로 인해 인간은 고통 속에서 헤매게 된다고 하였다. 쇼펜하우어는 인간의 고통과 고뇌의 가장 근본적인 원인으로 물질적 생활에 의한 결핍과 필요를 들었다. 물질적 결핍을 충족하고 나면, 이는 형태를 변모된 성욕, 사랑, 질투, 선망, 증오, 탐욕, 질병 등으로 순식간에 바뀌며 이들을 모두 충족시킨다고 하더라도 그 뒤에는 권태와 포만이라는 고차원적인 번뇌가 기다리고 있다고 하였다. 이러한 염세주의적 허무에 대해 쇼펜하우어는 인간이란 동기 없는 욕망과 끊임없는 고뇌와 투쟁하다가 결국 죽음에 이르는 허무한 존재이며, 존재하는 세계 중 가장 최악의 세계인 인간세계는 사람들로 하여금 끊임없이 죽음을 향해 달려가게 만드는 잔인한 존재의 전쟁터(cruel battle for existence)라고 하였다.

쇼펜하우어는 인도의 우파니샤드와 불교철학을 도입하여 맹목적인 생존의지에서 탈출할 수 있는 방법을 제시하였다. 그는 욕정에 사로잡힌 맹목적인 생존의지가 인간의 고뇌이자 비극이므로 이러한 무의식적이고 비이성적인 생존의지에서 벗어나는 길은 일체의 욕구를 버리고 무정념(apatheia)의 경지, 즉 생존의지를 완전히 부정한 열반의 경지로 들어가는 길이라고 주장하였다.

무정념(apatheia)이란 희랍어의 '없다'를 의미하는 접두사인 'a-'와 '감정, 고통, 정념' 등을 뜻하는 '파토스(pathos)'의 합성어로, 정념이 없는 무위의 고요한 상태를 의미한다. '파토스(pathos)'란 용어는 아리스토텔레스로부터 기인하여 생의 철학자인 니체(Friedrich Nietzsche, 1844~1900)가 주장한 개념으로 니체는 모든 인간과 만물이 지닌 유일한 본질을 파토스(pathos)적 본능, 즉, 불합리하고 혼탁한 정열이라고 하였다. 어원적으로 '파토스(pathos)'란 일시적으로 강렬하게 고양된 감정 상태나 강력하고 지속적인 '고통(suffering)', 혹은 '경험(experience)'이란 뜻을 갖는다. 여기서 유래된 'pathetic'이라는 형용사는 인간의 마음속에 내재되어 있는 부정적 느낌을 밖으로 표출시키는 것을 의미하며 '한심한, 무기력한'이라는 뜻으로 사용되기도 한다. 철학적으로 아리스토텔레스는 그의 저서 '수사학(Rhetoric)'에서 인간의 자연적 성향, 기질, 도덕적 성격을 에토스(ethos)로 특정한 상황에서 인간에게 쾌락이나 고통을 주는 욕정, 노여움, 공포, 즐거움, 증오, 연민 등의 구체적이고 감성적인 정서를 파토스로 구별하였다. 또한 파토스는 지속적인 에로스(eros)에 대해 일시적인 상태를 지칭하거나, 우주를 다스리는 신의 이성인 로고스(logos)에 대해 혼돈(chaos)의 뜻으로 쓰이기도 한다. 따라서 쇼펜하우어나 니체의 생의 철학은 로고스(logos)적, 이데아적, 합리적, 이성적, 추상적 정신을 강조하는 주지주의(intellectualism)에서 벗어나 파토스적, 현실적, 비합리적, 비이성적, 구체적 반주지주의, 주정주의(emotionalism)로 대표된다고 할 수 있다.

쇼펜하우어는 맹목적 생존의지를 완전히 부정하여 열반에 이르는 해탈의 방법으로 일시적 해탈(temporary nirvana)과 영구적 해탈(permanent nirvana)을 들었다. 일시적 해탈이란 일체의 주관적인 개성을 버리고 이데아의 관상에 몰입하는 것을 말하며, 이때 이데아의 관상이란 맹목적 생존의지 자체를 의식하는 것이라고 하였다. 예를 들어, 아름다운 예술작품을 감상할 때 그것이 내포한 영원한 이데아를 관조하게 되면 시간의 흐름도 잊은 채 무정념의 상태에서 마음의 안정을 얻는 것처럼 인간은 미적 실존과정을 통해 의지의 욕구를 버릴 수 있게 된다고 설명하였다. 그러나 예술적 해탈을 통해 시간의 흐름을 잊고 의지의 속박으로부터 자유로워 짐으로서 마음의 안정, 즉 무정념의 상태인 이데아를 관상할 수 있다고 하더라도 이는 예술작품에 몰입했을 때만 일어나는 일시적이며 순간적인 자유일 뿐, 영원한 해탈은 아니라고 하였다. 일시적 해탈로부터 영구적으로 해탈하기 위해서는 생존의지를 완전히 부정해야 한다고 주장하였다. 생존의지를 완전히 부정하기 위해서는 인간세계의 모든 것이 고통과 번뇌라는 사실을 인식해야 하며, 개체화(individuation)된 각자의 개성도 하나의 본질에 의해 나타난 것이라는 사실을 인식해야 가능해진다고 하였다. 이렇게 생존의지에서 완전히 벗어나게 되면 무아경과 황홀경의 열반에 도달하게 되는데, 쇼펜하우어는 이러한 열반에 도달한 사람을 도덕적 천재이며 성자라고 지칭하였다.

이와 더불어 완전한 자기부정에 들어갈 수 있는 길이란 직관에 의해 홀연히 깨닫는 길과 고통과 불행을 철저히 깨달음으로서 도달할 수 있다고 주장하였다. 일반적으로 직관이란 논리적 추리나 관찰을 통한 명백한 증거가 없는 상태에서 결정적 순간에 확신(conviction)에 이르는 직각적인 내적 통찰을 말한다. 따라서 직관은 도덕적 갈등이나 종교적 갈등, 혹은 형이상학적 갈등을 갑작스럽게 해결해주는 신비주의적 효과를 지니게 된다. 예를 들어, 네팔의 카필라 왕국의 왕자로 태어난 석가모니(Buddha, 기원전 624~544)가 노인, 병자, 걸인, 죽음에 다다른 사람들을 보는 순간 인간의 삶이 생로병사의 윤회라는 번뇌로 이루어져 있음을 통찰하고 고행을 택한 것을 예로 들 수 있다.

결론적으로, 헤겔에 의해 완성된 독일의 절대적 관념론을 정면으로 반박하기 위해 쇼펜하우어는 모든 지각이 인과성에 대한 인식을 전제하므로 충족이유율을 적용할 수 없는 형이상학적 세계에까지 사유의 영역을 확장시킨 헤겔의 관념론은 잘못된 것이며, 모든 현상의 원인인 인과 관계를 파악한다는 것은 그 변화에 선행하는 변화를 무한히 탐구하는 과정을 의미하므로, 변화하지 않는 질료의 최초상태나 최초원인이란 실재하지 않는다고 반박하였다. 또한 인간을 고뇌의 근원인 맹목적인 생존의지를 지닌 존재로 본 쇼펜하우어는 의지를 이성적이며 합리적인 정신적 속성이 아니라 감성적이며 육체적 속성이라고 규정하였으며 인간의 육체도 생의 맹목적인 의지에 의해 결정된다고 하였다. 따라서 육체의 주체로서의 인간은 맹목적인 의지에 속박되어 고통과 번뇌에 압도당함으로서 파괴적인 충동과 야만적 행동으로 발전하게 된다고 주장하였다. 그러나 열렬한 칸트주의자였던 쇼펜하우어가 칸트의 선험적 관념론을 수정한 후 플라톤의 이데아론, 인도의 우파니샤드, 불교철학을 절충한 의지주의를 확립함으로서 그의 생의 철학도 결국은 독일의 형이상학적 관념론의 범주에서 완전히 벗어나지 못하게 되었다. 이러한 염세주의적 삶의 철학은 니체에게 계승되었다. 니체는 쇼펜하우어의 맹목적인 생존의지대신 힘의 의지를 생의 본질로 보았으며 이러한 힘의 의지를 바탕으로 인간이 추구해야하는 궁극적인 인간상을 낙타, 사자, 어린아이의 순수성을 통한 초인사상으로 전개하였다. 니체는 또한 궁극적인 인간상이란 사고보다는 육체를, 지성보다는 본능을, 합리보다는 의지를, 이성보다는 정열을 중시하는 인간으로 정의하였다. 쇼펜하우어와 니체에 의해 확립된 생의 철학은 두 번의 세계대전과 눈부신 과학기술혁명으로 인해 점차 비인간화 되어가는 인간의 주체성을 재조명하고 재확립시키기 위한 실존주의로 이어졌다.

03. 실존주의(Existentialism)

　20세기에 들어와 두 차례의 세계대전을 치루면서 인간의 잔혹성과 현실적 참혹함을 자각하게 된 철학자들은 종래의 정신철학에서 현실중심 철학으로 탐구의 방향을 전환하였으며, 인간이 처한 한계상황을 극복하고 인간의 진정한 주체성을 확립시키기 위한 철학적 탐구에 초점을 맞추게 되었다. 이러한 결과로 탄생한 사상이 실존주의 철학(existentialism)이다. 실존주의 철학이란 과학기술혁명으로 인해 인간 존재가 점차 비인간화 되면서 소비적이고 향락적이며 메마르고 병적인 존재로 변하는 상황에서 인간의 삶을 보다 생산적이고 창조적이며 건전한 생으로 회복시키기 위한 철학적 시도를 의미한다.

　실존(existence)이란 단어는 라틴어의 '밖으로 나타남'이라는 뜻을 가진 'exister'에서 온 용어로, '어디로부터'라는 뜻의 접두사인 'ex –'와 '서다, 존립하다'의 뜻을 가진 '–sistere'의 합성어이다. 실존이란 '이념적 본질(essence)에 대응하는 현실적 존재', 혹은 '밖에 서 있는 현실적인 존재', '자기 자신이 자기로부터 벗어나게 되는 존재'라고 정의된다. 75억 인구 중에서 '나'와 똑같은 사람은 한 명도 없는 것처럼, 현실적 존재란 타인과 바꿀 수 없는 유일무이하며 절대적 존재로 인간본질에 선행하는 주체성을 가진 자유인을 말한다. 따라서 실존주의의 핵심적인 철학적 명제는 "실존은 본질에 선행한다(Existence precedes essence.)."는 것이라고 할 수 있다.

　실존주의를 대표하는 프랑스의 철학가인 사르트르(Jean-Paul Sartre, 1905~1980)는 실존주의 사상의 커다란 틀을 기독교적 실존주의와 무신론적 실존주의로 구분하였다. 유신론적 실존주의 철학자로는 키르케고르(Søren Aabye Kierkegaard, 1813~1855), 야스퍼스(Karl Theodor Jaspers, 1883~1969), 마르셀(Gabriel-Honoré Marcel, 1889~1973) 등이 포함되며, 무신론적 실존주의에는 니체(Friedrich Wilhelm Nietzsche, 1844~1900), 하이데거(Martin Heidegger, 1889~1976), 그리고 사르트르(Jean-Paul Sartre, 1905~1980) 자신이 포함된다고 하였다.

1) 키르케고르의 유신론적 실존주의(Theistic Existentialism)

(1) 생애

　실존주의의 창시자라고 불리는 키르케고르(Søren Aabye Kierkegaard, 1813~1855)는 1813년 덴마크의 수도 코펜하겐의 부유한 집안에서 태어나 42세(1855년)라는 짧은 나이에 사망하였다. 그의 어머니는 키르케고르 집안의 하녀로, 부친의 첫 부인이 사망하자 결혼한 후처였다. 키르케고르의 아버지와 본 부인 사이에는 자식이 없었으나 하녀와의 사이에서는 모두 7명의 자식이 태어났다. 그러나 이 중 한명은 하녀와 정식으로 재혼하기 전 혼외정사로 태어난 자식이었다. 키르케고르의 친모는 그가 21세가 되던 1834년 사망하였다.

키르케고르의 아버지는 상당히 양심적이고 종교심이 깊은 사람이었으나 항상 우울증에 시달렸다. 부친의 우울증은 자신의 부도덕한 행위로 말미암아 언젠가는 신으로부터 단죄를 받을 것이라는 두려움 때문이었다. 키르케고르의 아버지가 덴마크 서부 유틀란트의 황무지에서 가난한 소작인의 목동으로 일을 하던 시절, 극심한 가난과 처절한 삶의 고통을 몰라주는 신에 대해 저주를 퍼 부은 적이 있었는데, 이러한 비종교적인 태도와 더욱이 하녀와의 비도덕적인 혼외정사는 키르케고르의 아버지에게 고통스러운 죄의식으로 자리 잡고 있었던 것이었다. 자신의 부도덕한 행위로 인해 언젠가는 하나님으로부터 처벌을 받을 것이라고 생각했던 부친이 5명이나 되는 자식들이 모두 어린 나이에 사망하자 이를 신의 징벌로 받아들였으며, 남아있는 자녀들도 예수가 죽은 나이인 33세를 넘기지 못할 것이라고 믿게 되었다. 아버지의 예견대로 5명의 자녀 중 성인이 되어서도 생존한 자녀는 키르케고르를 포함해 단 2명뿐이었으며, 살아남은 키르케고르도 척추의 변형으로 한쪽 다리가 다른 쪽보다 가는 기형적 체형을 가지고 있었다. 이러한 기형적 신체는 많은 사람들의 조롱거리가 되었으며, 키르케고르에게도 심각한 심리적 문제를 야기하였다. 아버지의 소원대로 코펜하겐대학교 신학부에 들어간 후에도 키르케고르는 이상한 옷차림을 하고 시내 중심가를 배회하거나 골목에서 노는 어린이들을 따라다녔으며, 심오한 철학도 없으면서 지식인이라고 자처하는 학자들을 향해 맹렬한 비판을 서슴지 않았던 것이었다. 키르케고르에게 비판을 받았던 많은 학자들은 풍자 신문에 키르케고르를 기형적인 척추와 가는 다리를 집어넣기 위해 짝짝이 바짓가랑이를 입은 이상한 모습으로 그린 만화를 올리거나, 아니면 아주 작은 여자 애인의 어깨 위에 올라탄 기괴한 모습을 실었다. 이 일로 인해 커다란 충격을 받은 키르케고르는 몇 번이나 항거를 했지만, 결국 조롱은 피할 수 없는 자신의 운명이라고 받아들이면서 기꺼이 '조롱받는 순교자'가 되어 평생토록 가면을 쓰고 세상 사람들과의 접촉을 피하겠다고 결심하였다. 이러한 이유로 그가 집필한 많은 책들은 모두 가명이나 익명으로 출간되었다. 풍자만화에 등장한 애인이란 키르케고르가 약혼을 하려고 시도했다가 파혼한 어린 소녀로, 당시 세상의 때가 묻지 않은 어린 소녀와 약혼을 하려던 키르케고르의 이야기는 엄청난 사회적 파장을 몰고 오기도 하였다. 키르케고르 자신도 어린 소녀와 사랑에 빠졌다는 사실에 대한 심한 죄책감으로 파혼을 한 후에도 그의 저서들을 통해 어린 소녀와의 사랑에 대한 죄의식을 표현하였다.

키르케고르의 아버지는 목축업을 그만두고 코펜하겐에서 시작한 사업으로 상당한 부를 축적하였으며 1838년 사망하면서 키르케고르에게 많은 재산을 물려주었다. 이로 말미암아 키르케고르는 평생 특정한 직업이 없이 저술활동에 매진할 수 있었다. 독실한 개신교 신자였던 키르케고르의 아버지는 57세라는 늦은 나이에 얻은 총명한 막내아들인 키르케고르가 개신교 목사가 되기를 원했으며 키르케고르는 아버지의 유언대로 코펜하겐대학교에서 신학 석사학위를 받게 되었다.

독실한 종교인이 된 키르케고르는 말년에 이르러 그 당시 정치적 실체로 변해가는 기독교에 대해 맹렬한 비판을 서슴지 않았다. 19세기 덴마크에서는 모든 국민들이 필수적으로 덴마크 국립교회의 구성원이 되어야 했는데, 키르케고르는 이러한 국립교회연합을 기독교의 진정한 의미를 왜곡하는 반종교적 협회라고 비난하였다. 그는 "기독교 사상은 성인들을 어린아이 상태로 머물게 하려고 한다. 왜냐하면 기독교인들은 성인들이 신과의 관계에서 주도권을 가지는 것을 꺼려하기 때문이다."라고 비판하였다. 그는 또한 교회가 국가에 의해 조종되어온 이래로, 국가 교회의 관료적인 임무가 구성원의 복지를 감독하는 것이라고 주장하지만, 이는 명목상의 이유 일 뿐 그 이면에는 구성원의 숫자를 늘려 성직자의 세력을 강화하려는 부패한 시도가 깔려있다고 반박하였다. 따라서 인류 전체의 신앙적 구원을 중시하기보다는 성직자들 개인의 안녕만을 강조하는 기독교는 옳지 않다고 혹평하였다.

전통적인 국가교회와의 신앙논쟁이 반년을 넘기며 계속되자 이것이 빌미가 되어 건강이 악화된 키르케고르는 1855년에 42세라는 젊은 나이로 사망하였다. 그의 직접적인 사망원인은 그를 만성적으로 괴롭혀왔던 척추질환으로, 정상적이지 못한 걸음 거리로 거리에서 쓰러진 한 달여 뒤 사망하였다. 키르케고르는 세상을 떠나면서 "폭탄은 터져서 불을 지른다!"라는 유언을 남겼다. 이 말은 자신의 심오한 철학사상이 지금은 사장되어있지만 언젠가는 모든 사람들에게 알려질 것이라는 의미라고 유추해볼 수 있다. 그러나 평소에 지식인을 증오했던 키르케고르는 "나는 나의 지적 유산을 어떤 부류의 인간들이 상속받게 될 것인지 짐작할 수 있다. 그 사람들은 바로 이 세상의 값진 것들을 모두 물려받은 채 나에게 엄청난 혐오감만을 안겨준 대학교수들일 것이다. 지금 이 순간에도 내 글을 읽는 교수가 있다면, 그는 내 글로 인해 일말의 양심의 가책도 느끼지 못한 채 오히려 내 글을 강의의 소재로 삼을 것이다."라고 비꼬았다. 그의 묘비에는 "내가 승리를 거둘 날은 머지않았네. 그때 이 세상의 모든 싸움은 영원히 끝나고 나는 주님의 곁에서 안식을 얻으리라!"라는 시 구절이 새겨져 있었다.

(2) 유신론적 실존주의

실존주의는 19세기 중엽 헤겔의 사변적 관념론(speculative idealism)에서 주장한 인간의 영혼을 구원해줄 수 있는 절대자가 존재한다는 관점을 비판하고 나선 키르케고르가 최초로 주장한 사상이다. 키르케고르는 합리적 이성주의는 이성의 도구화를 통해 인간을 이념적 본질이라는 형식 속으로 가두었으나, 인간의 현실존재는 '지금, 여기에 이렇게(here and now like this)' 실재하는 존재로, 다른 어떤 것으로도 대체할 수 없는 독자적인 생존방식을 통해 자아를 실현해 가는 자각적 존재라고 하였다.

실존주의 사상은 두 번의 세계대전과 대공황 등 암울한 시대적 배경에서 위기의식을 느낀 덴마크의 키르케고르에서 시작되어 독일의 철학자들을 거쳐 프랑스의 마르셀과 사르트르로 이어지면서 하나의 확고한 사상으로 완성되었다. 또한 과학기술의 혁신으로 발전하게 된 현대 자본주의는 물질만능주의를 양산하면서 인간을 도구화, 대중화, 기계화로 만들었으며, 인간 내적으로는 불확실성의 불안과 공포의 근원이 되었다. 결론적으로 전쟁, 죽음, 죄, 고뇌의 4가지 인간의 한계상황(critical situation)은 철학계의 새로운 각성을 촉구하였으며, 그 결과 실존주의라는 철학 사조가 등장하게 된 것이었다.

독일 실존주의 철학의 창시자이며 유신론적 실존주의를 주장한 야스퍼스(Karl Jaspers, 1883~1969)는 인간이란 한계상황 속에서 실존조명을 통해 형이상학적 초월자인 신으로부터 부여된 계시적 암호를 해독함으로서 초월자를 향해 가는 존재라고 하였다. 프랑스 출신의 마르셀(Gabriel-Honoré Marcel, 1889~1973)도 기계화, 기술화, 대중화로 점철되는 20세기 현대사회를 인간성이 박탈된 병들고 파괴된 세계라고 강조하면서, 인간의 실존을 회복하는 것은 성실과 사랑과 신앙뿐이라고 주장하였다. 마르셀은 또한 성실, 사랑, 신앙 중에서 신앙에 의한 신과의 인격적 교제만이 참된 자기 실존을 회복할 수 있다고 주장하여 야스퍼스와 같이 유신론적 실존주의 노선을 걷게 되었다.

무신론적 실존주의를 대표하는 니체는 자신의 저서를 통해 "신은 죽었다."고 역설하면서, 인간의 자각적이고 주체적 진리 및 자아에 대한 성실성을 강조하였다. 하이데거는 실존을 세계 안의 존재로 보면서 세계 속에서 퇴폐와 타락을 일삼는 무책임하고 불성실한 삶을 영위하기 보다는 자신의 양심을 통해 실존의 망각상태에 빠진 현존재를 깨우쳐야 한다고 주장하였다. 사르트르는 "실존은 본질에 선행한다."는 명제와 더불어 "실존은 주체성이다."라는 두 개의 대명제를 기반으로 실존주의 철학을 완성시켰다. 실존이 본질에 앞선다는 사르트르의 주장은 유신론적 입장을 뒤엎는 것으로, 인간은 무에서 시작된 존재로 불안과 고독 속에서 결단적인 선택을 감행함으로서 진정한 주체성을 완성해 나가는 존재라고 강조하였다.

2) 사르트르의 무신론적 실존주의(Atheistic Existentialism)

(1) 생애

사르트르(Jean-Paul Sartre, 1905~1980)는 1905년 파리에서 해군장교의 아들로 태어났다. 사르트르가 태어난 지 15개월이 되던 해 그의 아버지가 인도차이나 전쟁 중 걸렸던 열병의 후유증으로 사망하자, 사르트르는 10살이 될 때까지 외가에 맡겨져 외조부인 샤를 슈바이처(Charles Schweitzer, 1844년~1935년)로부터 엄격한 교육을 받았다. 소르본 대학교 독문학과 교수였던 사르트르의 외조부는 '아프리카의 의성'으로 불리며 1952년 노벨 평화상을 받은 슈바이처(Albert Schweitzer, 1875~1965)의 큰삼촌으로 사르트르의 모친과 알베르트 슈바이처는 사촌지간이 된다. 사르트르의 외조부는 폭넓은 학식과 교양을 갖춘 대학교수로 사르트르의 학문적 탐구심을 자극하는데 지대한 영향을 끼친 인물이었다.

사르트르는 태어나면서부터 외사시(divergent, wall-eyed strabismus)를 가지고 태어났다. 사르트르의 외사시는 한쪽 눈동자가 얼굴 중앙에서 귀 방향으로 치우친 사시로 사르트르가 72세가 되던 1973년에는 갑작스러운 실명으로 진행되어 그 후 모든 저술활동을 중단하게 만들었다.

사르트르는 1915년에 입학한 파리의 명문 리세(Lycee)인 앙리 4세 리세-루이 르 그랑를 거쳐 1924년 유명한 국립 고등사범학교인 에콜 노르말 쉬페리에르(École Normale Supérieure)에 수석으로 입학하여 1929년에 수석으로 졸업하였다. 고등사범학교에서 철학, 사회학, 심리학 등을 전공한 사르트르는 1928년에 아그레가시온이라는 1급 교원자격 시험에 낙제하여 주위 사람들을 놀라게 했지만, 그 이듬해인 1929년에 수석으로 합격하였다. 1급 교원자격 시험의 차석은 사르트르의 평생의 반려자가 된 보부아르(Simone de Beauvoir)였으며, 두 사람은 1929년부터 계약결혼에 들어갔다. 이들의 계약결혼은 당시의 프랑스 사회분위기에서는 상당히 파격적인 결혼형태로 받아들여졌으며 사르트르 자신도 그들의 계약결혼을 '부르주아적 결혼형태'에서 벗어난 새로운 시도라고 하였다. 이들의 계약결혼은 50년이 넘게 지속되었다.

사범학교를 최우수 성적으로 졸업한 사르트르는 베를린에서의 1년간의 연구생활과 1939년 제2차 세계대전에 징집(18개월)된 두 차례의 기간을 제외하고는 1931년부터 1945년까지 파리 근교의 리세에서 교사 생활을 하였다. 교사로 재직하면서 사르트르는 제2차 세계대전이 발발하기 일 년 전인 1938년도에 그의 대표적인 소설의 하나인 '구토(La Nausée: Nausea)'를 출간하였다. 정확히 말하자면 'nausea'는 구토를 유발하기 전조 증상인 '메스꺼움'을 의미하므로 구토란 'vomiting'으로 표현되어야 하거나 그의 소설 제목을 메스꺼움으로 번역해야 할 것이다. 그의 소설인 '구토'와 세계대전이 한창 벌어지던 1943년에 출간한 '존재와 무(L'Être et le Néant: Being and Nothingness: An Essay on Phenomenological Ontology)'는 사르트르의 명성을 국제적으로 드높여 주는데 일조를 하였다. 제2차 세계대전 중에는 레지스탕스 활동을 하면서 당시 레지스탕스에 적극적으로 참여했던 까뮈(Albert Camus, 1913~1960)를 알게 되었다. 까뮈는 '이방인(The Stranger, 1942)'과 '페스트(The Plague, 1947)'의 저자로 유명한 프랑스 소설가이자 철학자이다.

'구토'는 로캉탱(Antoine Roquentin)이라는 주인공이 자신과 타인의 세계를 인식하면서 실존적 자아에 눈을 떠가는 과정을 일기체로 묘사한 소설이다. 이 소설의 제목인 구토란 현실도피를 바라는 신경증적인 증상을 상징화한 것으로 추악하게 널려져 있는 모든 이유 없는 존재들 앞에서 본능적으로 느끼게 되는 '메스꺼움', 즉 사물과의 만남 속에서 존재의 의미가 혼들릴 때 주인공이 느끼는 관념적인 병적 증세를 의미한다. 소설 '구토'에서 주인공 로캉탱은 "사람들은 물체들을 사용하고 제자리에 가져다 놓는다. 그것들은 유용하지만 오직 그뿐이다. 그것들이 나를 만진다는 것은 참을 수 없는 일이다. 바닷가에서 조약돌을 쥐었을 때 내가 조약돌을 만지는 것이 아니라 조약돌이 나를 만지고 있다는 느낌은 역겨움, 바로 구토였다."라고 표현하였다. 주인공 로캉탱은 일반적인 철학자처럼 관념적인 사색을 하는 인물이 아니라 사물을 대하는 인간의 감각을 통해 실존적 존재의 이유를 나타내려는 인물이라고 할 수 있다. 사르트르는 주인공 로캉탱을 통해 인간 존재의 본래 모습은 아무런 뜻도 이유도 없이 이 세상에 내던져진 상태, 즉 존재의 우연성과 무상성, 잉여성, 비정당성을 깨달으며 현실의 메스꺼움, 달콤한 역겨움 등 원시적단계의 현기증을 경험하는 존재라고 피력하였다. 사르트르는 '구토'를 통해, 인간들은 자신의 생존이 태어났을 때부터 정당화되어 있고 생존을 위한 권리가 보장되어 있으며 인생에 대한 확고한 목적이 있는 듯이 행동하지만, 그런 행동들은 존재의 근본적인 진실과 본원적인 질문을 회피하기 위한 위선이라고 꼬집었다. 즉, 인간은 스스로 존재의 의미를 발견하지 못하는 데서 오는 불안을 회피하기 위해서 주체성을 망각한 채 과거의 인습과 기존의 가치관에 의존하여 비겁하게 안주하고 있다고 주장하였다.

'구토'는 사르트르가 '존재와 무'에서 그의 사상을 구체화하기 전에 "존재가 본질에 선행한다."는 개념을 최초로 소개한 작품이기도 하며, 존재의 우연성과 무상성, 잉여성이라는 실존주의의 핵심적인 사상을 검증하기 위해 존재란 무엇인가에 대한 성찰, 존재의 진상을 모르는 속한들에 대한 고발, 진실을 아는 인간의 구원에 관한 가능성의 세 가지 주제를 다루고 있는 소설이기도 하다.

사르트르는 그의 방대한 문학적 업적을 인정받아 1964년 노벨 문학상 수상자로 올랐으나 소위 '인맥'이나 '공식적인 기관'이 개인에게 주는 상은 받을 수 없다는 이유로 노벨상을 거부한 최초의 인물이기도 하다. 1968년 5월에 드골 정부의 부패와 모순을 타파하기 위해 일어난 프랑스 5월 혁명(68 혁명, May 68)에서 사르트르는 청년들을 향해 정치에 적극 참여할 것을 권고 하였다. 구시대적인 가치와 질서에 저항하는 학생들의 봉기로 시작된 5월 혁명은 그 후 파리 전체 노동자의 3분의 2에 해당하는 천만 명의 노동자들의 총파업 투쟁으로 확산되었다. 드골정부가 시위자들에 대해 군사력을 동원하기로 결정을 내리자 드골의 최측근들은 사르트르도 구속해야 한다고 주장하였다. 이러한 주장에 대해 드골 대통령은 "볼테르를 바스티유 감옥에 넣을 수는 없다."고 반대하면서 사르트르에게 치외법권적 자격을 주었다. 볼테르(Voltaire, 1694~1778)는 프랑수아 마리 아루에(François Marie Arouet)라는 18세기 프랑스 사상가이자 계몽주의 작가의 필명으로 프랑스 사람들의 지성과 양심을 대표하는 상징적 존재이다.

무자비할 정도의 일중독자였던 사르트르의 저술활동은 지독한 줄담배(chain smoking)와 암페타민의 상용으로 유지되어왔으며, 이러한 생활습관에 의해 그의 건강상태는 극도로 악화되기 시작하였다. 참고로 암페타민은 에너지와 집중력을 향상시키기 위한 중추신경계 자극제로, 상용할 경우 많은 심폐혈관계 부작용을 가진 합성의약품이다. 암페타민의 부작용으로는 고혈압, 빈맥, 불면증, 발기부전, 복통, 식욕부진, 시야부전(blurred vision), 비강출혈, 발한 등이 있으며, 심할 경우에는 심정지와 뇌졸중으로 급사의 위험성을 가진 약물이다. 사르트르 또한 암페타민의 부작용으로 고혈압(hypertension)에 시달렸으며, 특히 1973년에는 갑작스러운 실명으로 모든 저술활동을 중단해야만 하였다. 사르트르는 75세가 되던 해인 1980년에 파리에서 폐수종(edema of lung)으로 사망하였다. 그의 장례식에는 5만 명이 넘는 파리 시민들이 사르트르의 집과 몽파르나스 묘지(Montparnasse Cemetery)로 몰려들었다. 그의 모친과 계부가 묻힌 묘지에 안장되기를 원치 않던 사르트르의 희망대로 그의 시신은 몽파르나스 묘지에 묻히게 되었다.

(2) 무신론적 실존주의

사르트르의 저서인 '존재와 무'가 출판된 1943년은 제2차 세계대전(1939~1945)이 한창 전개되던 때였다. 제2차 세계대전은 제1차 세계대전 뒤부터 이미 패전국인 독일에서부터 그 조짐이 잉태되고 있었으며 사상적 측면에서는 이러한 정치적 혼란에 대한 자성적 반성이 일어나기 시작하였다. 하이데거나 야스퍼스와 같은 실존주의 철학자들은 인간의 현실적인 모습을 직시하면서 진실 된 인간 존재의 참모습을 규명하고자 노력하였다. 사르트르의 '존재와 무'는 난해하고 극단에 가깝다고 할 정도로 급진적인 사상을 담은 책으로 유명하였으나, 전문적인 철학서임에도 불구하고 그 어느 저서보다도 출판 부수가 많았던 책으로 알려져 있다. 이와 같이 사르트르의 저서는 제2차 세계대전으로 혼란에 빠진 사상계에 지대한 영향을 미치게 되었다. 사르트르는 두 번의 세계대전을 겪으면서 인간의 잔혹성에 대해 심한 충격을 받았으며, 이러한 충격적이고 불안한 경험을 통해 인간 실존에 대한 문제와 인간의 진실성을 회복하기 위한 가능성에 대해 성찰하기 시작하였다.

사르트르는 기존 철학의 사상적 핵심개념을 비판하면서 유물론은 실증주의를 가장한 형이상학이며, 변증법은 인간의 자유를 부정하는 윤리학이라고 반박하였다. 반면에 사르트르는 후설(Edmund Husserl, 1859~1938)이 창시한 현상학(phenomenology)을 지지하여 이를 기반으로 의식의 철학이며 주체성의 철학이라고 할 수 있는 실존주의 철학을 완성하였다. 현상학은 인간세계의 모든 객관적인 사물이나 현상의 실재를 인정하면서도 사물과 인간 의식과의 관계를 중시한 이론으로, 인간 의식과 완전히 독립된 객관적 현상의 본질을 탐구하는 것을 철학의 일차적인 목적으로 삼았다. 현상학은 20세기 초반에 후설과 독일 괴팅겐 대학(University of Göttingen)의 학자들을 중심으로 당시에 독일 철학계를 지배하던 칸트주의를 비판하기 위해 등장하였다. 칸트의 선험적 관념론에서는 사물의 실체나 실재(reality)는 객관적으로 존재하는 것이 아니라 인간의 주관적 인식이나 인간정신의 경험에 의한 내용으로서 파악되는 것이라고 주장하였다. 이에 대해 후설은 현상이란 인간 의식과 연관을 맺고 있으나, 인간 정신과는 완전히 분리된 독립적, 객관적 실체라고 주장하였다. 따라서 현상학의 주안점은 인간 인식과 완전히 분리된 독립적 현상의 존재를 파악함으로서 인간 의식에 영향을 미치는 현상의 의미(meaning of phenomena)를 파악하는 것이라고 하였다. 후설은 현상을 그 어떠한 관찰이나 이론에 의한 판단이 주어지기 전에 존재하는 것이라고 규정한 후 현상에 대한 순수성(phenomenological purity)을 파악하기 위한 과정으로 현상학적 환원(phenomenological reduction), 형상학적 환원(eidetic: morphological reduction), 선험적 환원(transcendental reduction)의 3단계를 들었다. 현상학적 환원이란 판단중지(epoché: suspension of judgment), 혹은 괄호 치기(bracketing)를 통한 현상학적 분석방법을 의미하며, 형상학적 환원은 본질직관(Wesenserschauung: seeing essences)에 도달하기 위한 분석방법이라고 규정하였다. 후설이 규정한 판단중지란 일종의 괄호 치기(bracketing)로 현상에게 부여된 주관적 의식의 개념들을 모두 괄호 속으로 집어넣어 벗겨버리는 것(unpacking of phenomena)이라고 하였다. 예를 들어, '침대'라고 알려진 사물의 세계에 대해 어떤 사람들은 잠을 자기위한 필수적인 가구라고 인식하는가 하면, 어떤 사람들은 수 천 만원을 호가하는 고대 유물의 예술적 가치로 인식하거나, 라돈가스를 방출하는 쓰레기로 인식하게 된다고 하였다. 이때 현상학적 환원을 통해 마치 양파 껍질을 하나씩 벗겨내듯이 침대라는 사물에 부과된 상징적 의미를 체계적으로 벗겨내게 되면 더 이상의 해석적 판단이 불가능한 의식의 종착역에 도달하게 되는데, 후설은 이를 형상학적 환원에 의한 본질직관이라고 하였다. 본질직관이란 양파 껍질을 모두 벗겨내고 남은 유일한 하나의 사물 그 자체로, 사물에 대한 그 어떠한 해석에 의해서도 오염되지 않는 내재적 영역, 즉, 인간의 인식이 도달하는 궁극의 최종 목적지라고 하였다. 다른 말로 하면, 본질직관이란 모든 현상의 '~로서 지향된 것'이라는 결과물로서, 잠을 자기 위한 가구나 예술적 골동품, 혹은 쓰레기로 알려진 침대에게서 나타나는 공통적이고 절대적인 현상, 즉 '침대로서 지향된 사물'이라는 본질에 도달한다고 하였다. 따라서 선험적 환원이란 현상에 대한 모든 판단을 중지한 후 본질직관에 도달하기 위한 인간의식과정을 의미하며, 궁극적으로는 현상학적 순수성을 탐구하고 분석하기 위한 인간의 의식작용이라고 하였다. 이때 본질직관이나 현상학적 순수성이란 칸트가 주장한 실체, 혹은 사물 자체(noumenon)와 유사한 개념이라고 할 수 있으나, 칸트는 사물 자체를 현상과 대조적인 의미로 사용하여 인간 이성에 의해 사유되는 예지적 대상이나 절대적 실제라고 주장했지만, 후설은 인간 의식과는 완전히 독립된 사물 자체만의 본질이라고 부언하였다.

이와 같이 후설은 그의 현상학을 통해 대상을 향해 있는 의식과 대상과의 관계를 맺는 의식을 중시하면서, 인간 의식의 본질을 현상의 '안'에서 찾으려고 하였으나, 이와는 다르게 사르트르는 직접태인 대상을 인간의 의식 '밖'에 놓았으며, 인간의 본질보다는 현실태인 실존을 중시하여 "실존은 본질에 선행한다."는 명제를 규정하였다. 이러한 명제 하에 사르트르는 그의 철학의 두 가지 주제를 의식(consciousness)과 대상(object)으로 규정하였다. 사르트르는 객관적 사물은 인간의 의식을 떠나서는 존재하지 않으며, 인간의 의식 또한 대상이 없이는 생각할 수 없는 불가분의 관계를 가지고 있다고 강조하면서 인간의 의식을 대자존재(對自, fürshich: being-for-itself), 객관적인 존재인 대상을 즉자존재(卽自, ansich: being-in-itself)로 규정하였으며, 의식과 대상, 그리고 타인과의 존재를 대타존재(being-for-others)로 설명하였다. 즉자존재란 의식이 없는 객체나 있는 그대로의 대상으로서의 직접태로써 자기의 본성에 밀착되어 있어 안정적이지만 무자각적, 무의미한 모든 사물, 즉 의식이 없기 때문에 적극적인 행동이나 자유를 행사할 수 없는 사물을 의미한다고 하였다, 또한 사르트르는 인간들 중에서도 타인과 무의미한 일상적인 관계를 맺고 살아가나 철저한 자기 통찰의식이 없는 사람도 대상화된 즉자존재라고 하였다. 사르트르는 그의 소설 '구토(1938)'의 주인공인 로캉탱을 대상화된 즉자존재의 예로 상징화하였는데, 노동을 하지 않고도 먹고 살 수 있었던 주인공이 자신을 '노동의 밥벌레'라고 인정하면서도 정작 노동은 거부한 것처럼, 즉자존재의 삶이란 즉자의 무상성을 취한 채 아무런 시도도 없이 무책임한 삶을 영위하는 존재를 말하며, 이에 대해 사르트르는 로캉탱을 죽은 인간, 즉 즉자존재와 같다고 하였다.

대자존재는 즉자존재와는 달리, 자신을 대하는 의식을 가진 현실태, 즉 공허하고 불안정한 상태의 의식 속에서도 늘 무엇인가를 욕망하며 실존하는 인간존재를 의미한다고 하였다. 사르트르는 실존을 인간과 다른 사물을 구별하는 가장 기본적인 개념으로 들었으며 인간의 의식, 즉 대자존재 속에는 본래 '무(nothing)'가 들어있다고 주장하였다. 따라서 인간의 진정한 실존은 대자존재를 통해 존재의 무를 깨달아야 이루어질 수 있으며 무를 생각할 수 있는 능력이란 이 세계에 내던져진 무력하고 유한한 존재를 받아들이는 것을 의미한다고 하였다. 즉, 일상적인 삶은 물론, 전쟁이나 죽음과 같은 인류 공통의 원초적 불안(anxiety)과 한계상황에서도 자신을 인도해줄 것은 아무 것도 없으며 자신은 철저히 혼자 서있는 무력한 존재라는 사실을 인식함으로서 아무런 가식이 없는 자신, 즉 실존을 깨닫게 된다고 강조하였다. 즉, 인간이 불안의 끝에 서서 실존의 의미를 알게 되면 모든 불안과 공포, 무력간과 허무함으로부터 자유로워질 수 있으며, 이때 공허하고 불안정한 상태의 무로부터 충만하고 의식하는 존재로 발전할 수 있다고 하였다. 이러한 의미에서 대자존재를 나타내는 번역인 'being-for-itself'의 전치사 'for'의 의미는 자기 '스스로' 자기 자신을 밖으로 내 던지지 않으면 자기 자신을 향한 존재를 구현할 수 없음을 의미한다고 할 수 있다. 사르트르는 인간이란 즉자존재나 대자존재 중 어느 한쪽의 존재방식을 취하여 살 수 있으나, 대자존재를 선택한 삶이란 즉자존재의 우연성에 도전하여 존재의 의미를 찾고 자기 스스로를 만들어나가는 문제의식과 책임감을 요구한다고 강조하였다. 이것이 바로 사르트르 철학의 핵심적 주제였으며, 사르트르는 주인공 로캉탱을 통해 즉자적 생활에서 벗어나려는 문제의식과 책임감을 심어줌으로서 대자존재로서의 가능성과 인간존재의 희망을 보여주려고 하였다. 이와 같이 즉자존재와 대자존재 사이에서 양자택일의 기로에 서있는 인간은 인간 본질에 대한 문제의식을 통해 보다 긍정적인 선택을 할 수 있고 자신의 선택에 대한 책임을 질 수 있는 주체적 존재라고 하였다.

초현실주의를 부정하고 무신론적 실존주의를 주장한 사르트르는 신의 개념을 자신이 구분한 존재양식, 즉 즉자존재와 대자존재, 즉자대자존재로 설명하면서 신의 존재의 불가능성을 증명하였다. 사르트르는 의식과 대상의 가장 이상적인 형태로 대자의 가능성을 유지하면서 동시에 즉자의 존재성을 가진 즉자대자의 상태로 들었다. 이는 신만이 가능한 상태로 신이란 대자의 가치를 보존하면서 동시에 즉자를 실현하는 것, 즉 살아있는 대자존재이면서 죽어있는 사물인 즉자존재를 의미하는데, 인간은 이러한 상태가 불가능하기 때문에 대자인 채로 즉자인 것, 즉 대자즉자 존재란 구현할 수 없는 무의미한 허상일 뿐이라고 언급하였다. 따라서 숙명적으로 대자존재일 수밖에 없는 인간이 대자즉자존재와 일치하려는 형이상학적 시도는 양립될 수 없는 헛수고를 향해 이롭지 못한 정열(passion)만을 불태우는 무익한 시도'라고 지적하였다.

마지막으로 대타존재(being-for-others)에 대한 논의는 사르트르의 도덕론을 대표하는 주제이기도 한데, 대타존재란 타인과 관계를 맺고 있는 상태로서의 존재를 의미한다고 하였다. 이 때 타인이란 나와는 아무런 상관이 없는 대상으로서의 '남'이 아니라, 나와 똑같은 자유로운 주체성을 가진 존재로 나와의 '관계' 속에 있는 인간존재라고 하였다. 또한 대타존재 속에서 자유로운 가능성을 가진 나와 타인은 서로의 '시선'을 통해 주체가 되기 위한 대립 형태를 취하게 된다고 하였다. 사르트르는 이러한 투쟁관계를 통해 시선의 대상이 되는 한쪽은 사물화가 되어 사물과 같은 존재로 바뀐다고 하였다. 예를 들어, 방 안에서 벌어지는 일이 궁금하여 열쇠구멍으로 안을 들여다보던 일에 열중해 있던 '내'가 복도에서 나는 소리에 돌아보니, 누군가가 '나'를 가만히 내려다보고 있는 '시선'을 발견한다면 '나'는 나를 내려다보는 시선에 의해 즉자화된 대상이 되며, 나를 내려다보던 사람은 시선을 지배하는 주체적인 존재인 대자존재가 된다고 하였다. 또 다른 예로는 한 회사의 사장이 그의 부하 중의 한 사람이 공금을 횡령했다는 사실을 알고는 모든 직원과 사립탐정을 동원해 중역을 감시하도록 시킨 상황을 들 수 있다. 이때 감시와 염탐에 동참한 사람들은 그러한 행동의 주체자인 대자존재가 되며 반대로 자신도 모르게 많은 사람들에게 감시를 당하고 염탐의 대상이 되는 사람은 즉자존재가 된다고 하였다. 즉, 대타존재적 관계에서 누가 먼저 시선을 독점하는 가에 따라 지배자와 복종자가 결정되는데, 이러한 대타존재의 본질을 파악하지 못하면 인간은 타인과의 관계 속에서 타자를 초월하는 지배자가 아니라 타자에게 동화되어버리는 복종자가 된다고 강조하였다. 이러한 이유로 남성우위 이데올로기(male-dominant ideology)란 여성과 남성의 대타관계에서 남성이 시선을 독점하고 자유를 독차지함으로서 여성은 즉자존재로 전락한 것이라고 강조하였다. 사르트르는 '지옥이란 바로 타자를 일컫는 것으로 인간 세계란 서로의 시선의 주체자로서 대타존재로 자리매김하기 위한 투쟁의 장'이라고 강조하였다.

사르트르는 대자존재로서 인간을 비어 있는 의식을 가진 존재라고 하였는데, 비어있다는 것은 결핍되어 있다는 것을 의미하며 의식이 있다는 것은 자신이 결핍된 존재라는 것을 자각하는 것이라고 하였다. 그러나 대자존재가 결핍되어있다는 것은 동시에 가능성을 가지고 있다는 것을 의미하며, 가능성이란 희망과 미래를 향한 필요성을 자각할 수 있다는 것을 의미한다고 하였다. 따라서 인간은 항상 자신의 변화와 발전을 위해 자신을 밖으로 내던져야 하며 이렇게 할 수 있도록 매개하는 존재가 타자라고 하였다. 따라서 인간은 다른 사람과의 관계를 끊을 수 없게 되며 '구토'의 로캉탱도 도시 속 모든 사람들의 삶 속에 자신의 삶이 없음을 자각하고 나서야 자신의 존재에 대한 반응을 하게 되었다고 설명하였다.

(3) 실존은 본질에 선행한다.

사르트르는 그의 실존주의 철학에서 실존에 관한 두 가지 명제를 규정하였는데, 하나는 "실존은 본질에 선행한다(Existence precedes essence)."는 것이며, 다른 하나는 "실존은 주체성이다(Existence is identity or subjecthood)."라는 것이었다.

사르트르에 의하면 사물은 본질이 실존에 선행하지만, 인간은 실존이 본질에 선행한다고 하였다. 예를 들어, 의자라는 사물은 우선적으로 어디에 어떻게 쓰일 것인지에 대한 본질이 결정된다고 할 수 있다. 즉, 학생들을 위한 값싼 나무 의자일지, 아니면 황실 귀족이 앉을 의자인지에 대한 본질을 규정한 다음 본질에 맞는 재료를 선택하여 의자를 만들게 된다고 하였다. 이와 같이 의자라는 실존은 미리 정해진 일정한 설계, 즉 본질에 의해 결정되므로 의자의 본질은 실재에 선행하게 된다고 하였다. 이때 의자란 '앉기 위한 도구'라는 본질을 가지고 있으므로 아무리 훌륭한 디자인과 비싼 재료로 만들어졌다고 하더라도 4개의 다리 길이가 다르게 제작되었다면, 이 의자는 의자로서의 실존가치를 잃어버리게 된다고 하였다.

이처럼 사물은 본질이 실존에 앞서지만 인간은 이 세상에 내 던져진 존재일 뿐 원래부터 결정된 본질이나 인간의 실존을 구속하는 것은 아무 것도 없으므로 인간 스스로 선택하고 행동하며 책임을 짐으로써 자신의 존재이유를 스스로 만들어 가는 존재라고 설명하였다. 따라서 인간의 실존은 본질에 앞선다는 사르트르의 명제는 인간 스스로 삶의 의미를 만들어 가는 창조적 존재라는 점을 강조한 것이라고 할 수 있다.

종교 철학자들은 인간은 신에 의해 창조되었기 때문에 인간의 본질 역시 신에 의해 결정되었다고 주장하였다. 그러나 무신론적 실존주의자인 사르트르는 인간은 신에 의해 본질이 먼저 규정된 다음 실존이 주어진 것이 아니라, 인간 스스로의 자유로운 선택과 결단을 통하여 자기 자신의 본질을 만들어 나가는 개별적 단독자라고 하였다. 왜냐하면 목수가 의자를 만들 듯이 신의 형상대로 인간을 만들었다면, 인간은 신의 의도대로 행동을 해야 할 것이나 인간은 사물과는 달리, 순간순간 예기치 못한 일이 벌어지는 삶의 현장 속에서 순간의 행동을 자기 스스로가 결정하고 창조해 나가야 하기 때문이라고 강조하였다. 또한 정확한 판단력으로 자신의 행동에 대한 결정과 선택을 하고 난 잠시 후에는 또 다른 예기치 못한 현상이 벌어지는 것이 인간이 처한 현실세계이므로 그 누구도 인간의 본질을 사전에 규정지을 수 없다고 주장하였다. 따라서 이 세상에 내던져진 존재인 인간은 자신이 짊어지고 나가야할 삶이 아무리 고통스럽더라도 자기 스스로 자신의 본질을 창조해나가야 하며 이러한 그의 실존주의적 전개는 결국 인간의 본질을 사전에 미리 규정짓는 존재, 즉 신의 존재는 없다는 무신론적 실존주의의 완성이라고 할 수 있다.

사르트르는 신의 존재를 즉자존재와 대자존재의 개념으로 다시 한 번 부정하였는데, 만약 신이 즉자존재라면 신의 존재는 충만성, 완전성을 가진 존재가 될 것이지만, 대자존재의 의식은 가지고 있지 않아 모든 합리적인 행동이 불가능하게 될 것이며, 신이 대자존재로서 의식을 가지고 있는 인격적인 신이라면 인간과 다름없는 대자존재가 되어 존재의 공허감을 채우기 위해 허망하고 불가능한 목적을 향해 부질없는 욕구에 사로잡히게 될 것이라고 강조하였다. 따라서 대자존재나 즉자존재는 신이라는 개념과 부합되지 않는 것으로, 신이란 존재하지 않는다는 결론에 도달한다고 주장하였다.

(4) 실존은 주체성이다.

사르트르는 그의 실존주의를 대변하는 두 번째 명제인 주체성을 설명하기 위해 인간의 실존에 대한 2가지 특성을 강조하였다. 첫 번째는 인간이란 스스로의 행동의 주체이며 선택의 주체라는 것이며, 또 다른 하나는 인간이란 자신의 선택에 대한 책임을 지는 주체라는 것이었다.

사르트르는 인간은 본질에 선행하는 실존적 존재로 자신의 본질을 구현하기 위해 끊임없이 자기를 만들어나가는 주체성을 가진 존재라고 강조하였다. 이때 인간에게 주체적으로 주어진 선택과 책임감에 대한 중압감은 불안의 근원이 된다고 하였다. 만약 신이 인간의 자유의식을 결정했다면, 신의 명령을 따름으로써 불안에서 해방될 수 있지만, 수많은 실존적 문제에 대한 선택의 기로에서 매 순간마다 선택을 해야하고 그에 따르는 책임을 져야하는 인간은 스스로의 선택과 그에 대한 책임감에서 오는 불안과 의구심에서 벗어날 수 없다고 하였다. 이에 대해 사르트르는 "자유를 가진 인간은 자유의 형벌 때문에 고통스러워한다."고 역설하였다.

그럼에도 불구하고 사르트르는 인간의 실존이란 궁극적으로는 개인적 수준의 자유를 넘어전 인류적인 차원에서 받아들여져야 한다고 주장함으로서 "실존주의는 휴머니즘이다."라고 강조하였다. 사르트르는 이 세상에 던져진 우연적 존재이며 미완성의 존재인 인간이 자유로운 주체성에 의해 행동하고 실천한다는 것은 곧 인간의 주체성이 지배하는 세계 이외에는 다른 어떠한 객관적 세계는 존재하지 않는다는 것을 의미한다고 하였다. 따라서 이 세상에는 인간 이외의 그어떤 입법자도 존재할 수 없으므로 인간이 살고 있는 이 세계의 운명이야 말로 인간의 손에 달려있다고 보았다. 그러므로 모든 인간들은 이러한 존재의식을 자각하고 실천하여 이 사회를 좀 더 아름답고 진정한 자유의 세계로 변혁해야 한다는 점에서 실존주의는 휴머니즘이 된다고 강조하였다. 따라서 모든 사람들은 인간의 진정한 해방운동에 개입(engagement)해야 하며 모두가 살고 있는 이 현실세계는 인간에게 주어진 유일한 기회이므로 자신 앞에 놓인 이 시대와 사회에 대한 책임을 회피하면 안 된다고 역설하였다.

결론적으로 사르트르의 실존주의는 두 번의 세계대전과 과학기술혁명이라는 시대적 환경 속에서 점차 인간의 존재 의미가 상실되어 가고 비인간화되어 가는 참혹한 현실을 직시하고 인간 존재를 위협하는 한계상황과 인간 자체가 갖는 잔혹함에서 벗어나 진정한 의미에서의 인간의 실존과 본질, 주체성을 규명하기 위한 새로운 접근법이라고 할 수 있다. 사르트르의 실존주의는 현대 철학이나 윤리학 또는 교육학 등 다방면에 걸쳐 인간의 주체성과 휴머니즘에 대한 새로운 지침을 제시하였으나 그가 주장한 자아, 실존, 자유, 주체성이라는 추상적인 개념의 정의는 앞으로도 많은 논란의 주안점으로 남아있다고 할 수 있다.

제9절 현대 영미 분석철학

01. 개요

한 병원에서 환자가 이유 없이 사망하였다. 이 환자의 치료에 관여했던 의료진들은 환자의 사망에 대한 보고서를 작성해야 한다. 보고서와 같은 문서 작성은 의료인들이 해야 하는 많은 일 들 중 하나로, 의료인들은 자신에게 주어진 일을 공정하게 수행해야 한다. 한편, 그들은 자신이 작성하고 있는 보고서의 내용이나 의미가 이 사건을 다루는 모든 사람들, 즉 환자가족들은 물론 병원관계자, 사법기관, 나아가서는 일반대중에게 명료하게 전달될 수 있도록 작성해야 한다. 즉 의료인은 환자 사망이라는 '사실(fact)'을 보다 정확히 전달하기 위한 '진술들(statements)'을 명료한 의미로 작성해야하는 두 가지 의무를 가지고 있는 것이다.

이와 같이 인간에게는 두 개의 세계가 주어져 있다. 하나는 자연적, 사회적 '사실들'로 이루어진 세계로, 이는 인간이 살고 있는 세상(world of life)을 말한다. 또 다른 세계는 언어의 세계(world of language)로 이는 인간이 살고 있는 세계가 아니라, 인간이 '만든' 세계이다. 인간은 자연적, 사회적 사실로 이루어진 세계를 언급하기 위해서 뿐만 아니라 언어 자체에 대해 언급하기 위해 언어를 사용한다.

인간이 살고 있는 세계는 일차질서(primary order)를 형성하고, 언어세계는 이차질서(secondary order)를 형성한다. 다른 말로 하면, 인간세계에 존재하는 '사실'들은 일차질서를 이루며, 사실을 진술하는 '방식'은 이차질서를 이룬다. 전통적인 철학자들은 세계를 지배하는 일차질서를 탐구하기 위해 지식, 존재, 실존, 정신, 영혼 등에 관한 문제를 다루어 왔다. 이러한 맥락에서 보면, 전통적 철학은 주로 인간세계를 지배하는 새로운 사실과 질서를 발견하기 위해 정진해왔다고 볼 수 있다. 반면에 이차질서에 대한 연구는 일차질서에 의해 발견된 용어나 개념의 의미나 용도에 초점을 맞춘다. 인간이 만든 언어세계를 지배하는 이차질서에 대한 연구가 바로 분석철학(analytic philosophy)의 주요 임무이다. 분석철학의 목적은 새로운 사실의 발견이 아니라 이미 발견된 사실에 관한 진술을 논리적으로 평가하거나 논리적 평가를 위한 방식을 탐구하는 것을 임무로 한다.

02. 분석철학의 정의와 분류

생의 철학의 서두에서도 언급한 바와 같이 분석철학(analytic philosophy)은 19세기 말 영국 철학계를 지배하던 독일 관념론에 대한 반발로 시작되었다. 1880년에서 1890년에 이르는 시기의 영국 철학계는 경험론의 견고한 전통이 무너지고 독일 철학자인 헤겔의 절대적 관념론이 우세를 떨치고 있었다. 영국의 전통적인 경험론에서는 감각기관을 통해 얻어진 경험을 중시함으로서 감각적, 상식적 직관을 강조하는데 반해, 절대적 관념론에서는 이 세상에는 경험론에서 주장하는 것처럼 다양한 실재가 존재하는 것이 아니라, 오직 하나의 절대자, 혹은 절대정신만이 실재성을 갖고 있다고 주장하였다. 절대적 관념론에서 주장하는 변증법적 세계관은 과학으로는 설명할 수 없는 방식이며 따라서 형이상학적 사상이라고 할 수 있다. 반면에 영국의 경험론에서는 과학을 전형적인 탐구방식으로 여기고 있었기 때문에 반 형이상학적 이론이라고 할 수 있다. 논리적 분석을 중시한 영국의 분석철학자들은 과학적 방법과 일상생활의 언어분석방식이 진리를 밝혀내는 참된 길이라는 신념하에 경험론적 신실재론의 부활을 시도하였다.

이러한 시대적 상황에서 등장한 분석철학은 실존주의와 더불어 20세기 초 새로운 철학적 주류를 형성하였다. 실존주의가 삶의 전반적인 측면에서 인간의 실존과 주체성에 대한 형이상학적 접근을 강조했다면 분석철학은 전통적 철학사상에서 나타난 사고나 이념의 명료성(clarity)에 초점을 두고 그들의 명제에서 나타난 언어의 의미(meaning of language) 분석을 강조하였다. 즉 분석철학은 인간이 만든 언어세계에 대한 이차질서를 연구하는 사상으로, 사실에 대한 기술보다는 언어의 명료화(clarification of language)를 철학의 주요 임무로 삼는다. 이때 언어란 한국어나 영어처럼 특정언어를 지칭하는 것이 아니라 모든 언어를 포괄하는 일반 언어를 말한다.

20세기 초 영국에서 시작한 분석철학을 언어분석철학(philosophy of linguistic analysis)이라고 부른다. 언어분석철학은 사물과 인간 본성에 대한 진리 탐구나 특정한 세계관을 토대로 고정된 이데올로기를 내세우는 것이 아니라, 철학사상에서 나타난 인간의 사고나 언어에 대한 분석에 일차적인 목적을 두고 있다. 따라서 언어철학(linguistic philosophy)이라고도 불리는 분석철학은 철학적 명제에 쓰인 언어와 언어로 표현된 개념을 분석하기 위해 언어 분석 방법이나 기호논리학을 활용하는 사상으로, 형이상학과 같이 논리적으로 분석할 수 없는 사상은 모두 부정한다.

분석철학의 시작을 알린 인물은 영국의 러셀과 무어가 헤겔의 영향을 받은 신 관념론을 비판하면서부터이나, 이들 이전에 이미 독일의 수리철학자인 프레게(Friedrich Ludwig Giotto Frege, 1848~1925)에 의해 분석철학에 대한 선구적 업적이 이루어졌다. 프레게는 수학이야말로 철학적, 과학적 사고의 도구로 사용될 수 있는 유일한 학문이라고 주장하면서 수학에 기초한 기호논리학을 창시하였다. 프레게의 언어 분석의 방법론은 러셀에 의해 본격적으로 철학에 도입되었으며, 이를 근간으로 초기 분석철학의 체계가 이루어졌다. 한편, 이 시기에 미국에서 독자적으로 전개되었던 퍼스의 기호논리와 실용주의(pragmatism)도 넓은 의미에서는 분석철학의 범주에 속한다고 할 수 있다.

분석철학은 크게 영국 케임브리지학파의 언어분석철학과 그보다 조금 늦게 등장한 오스트리아의 비엔나학파의 논리실증주의(logical positivism)로 구분할 수 있다. 이러한 분류를 다시 철학자들이 활동한 지역과 그들의 언어 분석적 특성에 의해 구분하면 케임브리지학파, 비엔나학파, 옥스퍼드학파, 베를린학파의 네 학파로 분류할 수 있다.

케임브리지학파의 분석철학은 주로 언어를 최소 의미단위인 원자적 명제로 분석하는 것에 관심을 둔 논리적 원자론(logic atomism)과 기호논리학(symbolic logic)이라고 할 수 있다. 케임브리지학파의 주요 철학자로는 무어(George Edward Moore, 1873~1958), 화이트헤드(Alfred North Whitehead, 1861~1947), 화이트헤드의 제자인 러셀(Bertrand Russell, 1872~1970), 러셀의 제자인 비트겐슈타인(Ludwig Josef Johann Wittgenstein, 1889~1951) 등을 들 수 있다. 이에 반해, 비엔나학파는 언어사용이 논리적 문장이나 경험적 문장과 같은 검증원리(verification principle)에 충실해야 한다는 논리실증주의(logical positivism)를 강조하였다. 논리실증주의는 후에 논리경험주의로 개칭되었다. 비엔나학파에 속하는 철학자로는 슐리크(Moritz Schlick, 1882~1936), 카르납(Rudolf Carnap, 1891~1970), 에이어(Sir Alfred Jules Ayer, 1910~1989) 등을 들 수 있다. 옥스퍼드학파는 주로 일상적으로 사용되고 있는 언어의 용도분석을 강조하는 일상언어학파(ordinary language school)로, 이 학파에는 라일(Gilbert Ryle, 1900~1976), 오스틴(John Langshaw Austin, 1911~1960), 스토로슨(Peter Frederick Strawson, 1919~) 등이 포함된다. 마지막으로 독일 베를린학파는 분석철학의 추구 방향이나 방법론적 측면에 있어 비엔나학파와 동일노선을 걷던 경험철학회로 라이헨바하(Hans Reichenbach, 1891~1953)가 주축이 되었다. 이 절에서는 간략하게 독일 베를린학파의 활동을 살펴보고 주로 영국의 케임브리지 학파와 비엔나학파에 대한 내용을 다루기로 한다.

1) 영국의 케임브리지학파

현대 분석철학은 1903년 케임브리지 대학교의 무어가 영국의 관념론을 비판하면서 시작되었다. 1905년 '지시 구에 관하여(On Denoting)'를 발표한 러셀과 1910년에서 1913년에 걸쳐 '수학원리(Principles of Mathematics)'를 공동 발표한 화이트헤드와 그의 제자인 러셀을 거치면서 발전한 케임브리지학파는 비트겐슈타인에 의해 절정을 맞이하게 되었다. 비트겐슈타인은 1922년에 출간한 분석철학의 기념비적인 저서라고 할 수 있는 '논리철학논고(Tractatus Logico-Philosophicus)'에서 언어그림이론(picture theory)을 주장하였으며, 1953년 그가 죽은 후 발간된 '철학탐구(Philosophical Investigations)'에서 언어그림이론을 대폭 수정한 언어유희론(language-game theory)을 주장하였다.

언어분석철학의 장을 연 무어는 "나에게 철학이란 다른 철학자들이 세계나 과학에 관해 언급한 진술들뿐이다."라고 강조하면서 언어분석의 중요성을 피력했으며, 화이트헤드도 '20세기는 분석의 시대'라고 강조하면서 분석철학의 도래를 옹호하였다. 무어는 다른 논리적 실증주의자들처럼 형이상학을 아주 무의미한 명제의 나열이라고 비판하지 않았지만, "우주는 영혼이다."와 같은 형이상학적 명제들의 애매성을 명료하게 정의해야만 형이상학이 인정받을 수 있다고 주장하였다.

무어의 정신을 이어받은 러셀도 1905년 발표한 그의 저서인 '지시 구에 관하여(On Denoting)'에서 언어의 애매성(ambiguity)과 모호성(vagueness)을 구별하였다. 언어의 애매성과 모호성을 구분하기 전에 언어의 두 가지 형태에 관해 구분할 필요성이 대두된다. 낱말이란 크게 일의어(univocal word)와 다의어(equivocal word)로 나뉘는데, 일의어란 단 하나의 의미만 가진 낱말을 말한다. 예를 들어, 병원에서 다루는 양전자나, X－선, 라듐과 같은 과학적 용어나 집안에서 사용하는 찻잔이나 수저, 젓가락 등의 물건들은 모든 사람들에게 하나의 의미로 전달되는 일의어라고 할 수 있다. 그러나 불행하게도 사람들이 일상생활에서 사용하는 일의어는 그리 많지 않다. 대부분의 낱말이 한 개 이상의 의미로 사용되는 데, 이러한 낱말들을 다의어라고 한다. 예를 들어, "따다."라는 말은 "문고리를 뜯어내다."라는 의미와 더불어 "전화번호를 얻다.", "승리, 타이틀, 기록, 상을 차지하다.", "열매를 수확하다.", 혹은 "권리를 획득하다." 등 많은 뜻으로 사용된다. 이와 같은 다의어를 애매어(ambiguous word)라고 한다. 애매어는 다양한 의미가 중첩되어있기 때문에 각각의 의미를 구별하기가 쉽지 않으며 주어진 낱말과 내용의 맥락 속에서 그

의미를 유추할 뿐이다. 특히 이러한 함축적 낱말들이 공적인 토론장에서 토론자에게 유리한 정의와 논증으로 사용될 경우, 이를 받아들이는 청중들은 토론자들의 오도된 의도를 그대로 받아들이는 실수를 범하게 된다.

러셀은 일상대화 속에서 부적절한 가정으로 인한 용어들의 오류를 지적하면서 단어의 애매성과 모호성에 대한 정의를 내렸다. 러셀에 의하면, 의료인들은 심장의 박동이 멈춘 '시간의 간격', 즉 심정지 기간에 대한 '경계(boundary)'를 정확히 설정함으로서 이를 사망 진단의 기준으로 채택할 수 있는 것처럼, 낱말 중에서도 낱말의 의미가 '경계선(boundary)'을 포함하고 있는 경우를 모호성이라고 규정하였다. 러셀은 '지식'이나 '과학'이라는 낱말들도 '지식의 경계', 혹은 '과학의 경계'를 어디까지 정하는 가에 따라 정의를 내리는 것이 가능하므로 이러한 개념들은 모호성을 가진 낱말이라고 하였다. 한편, 많은 언어학자들은 복잡하게 얽혀있는 인간세상에서 일상적으로 사용하는 일상 언어나 과학 언어는 근본적으로 어느 정도의 모호성을 내재하고 있으므로 단어의 모호성을 심각한 언어의 단점으로 간주할 필요는 없다고 주장하였다. 반면에, '자유', '행복', '영혼'이라는 말처럼 백인백색의 다양한 정의를 갖거나, 이러한 단어를 사용하는 사람들마다 표현하는 의미를 분별하기 어려운 경우를 언어의 애매성이라고 하였다.

러셀은 언어의 애매성과 모호성에 대한 정의에 이어 언어의 진리성(truth)과 타당성(validity)을 구분하면서 영국의 기호논리학(symbolic logic)과 형식논리학(formative logic)에 대한 정의적 구분을 설명하였다. 언어의 진리성(truth)과 타당성(validity)을 구분하기 전에 논리학에 대한 일반적인 정의와 형태를 살펴보는 것이 중요할 것이다.

논리학은 추리일반에 관한 연구라고 할 수 있다. 따라서 증거의 유형에 관계없이 증거에서 결론이 도출되는 과정에 관한 체계적 설명은 모두 논리학이라고 할 수 있다. 논리학은 고대 그리스 철학자인 아리스토텔레스가 최초로 체계화시킨 것으로 진리를 탐구하기 위한 방법론을 말한다. 아리스토텔레스의 전통적 논리학은 2,000년 이상 기나긴 역사를 거쳐 오면서 형식논리학(formal logic)으로 발전하였으며, 형식논리학은 전적으로 아리스토텔레스와 스토아 철학의 전통적 논리학의 규칙에 따라 진행되었다. 17세기에 들어와 독일의 관념론자이자 수학자인 라이프니츠(Gottfried Wilhelm Leibniz, 1646~1716)는 수학적 개념에 근거를 둔 보편인공언어(universal symbolic language)를 소개하였다. 보편인공언어란 언어의 애매성과 모호성을 제거하기 위해 인간의 사유구조에 대한 모든 분석 명제를 수학적 기호로 제시한 상징적 언어를 말한다. 라이프니츠의 인공언어 개념은 200년이 지난 후 등장한 현대분석철학의 도화선이 되었다.

19세기 중엽부터 아리스토텔레스의 고전적 논리학의 경계를 넘어 발전하기 시작한 분석철학은 20세기에 들어서면서 하나의 완성된 학문으로 자리를 잡기 시작하였다. 특히 1910년에서

1913년에 걸쳐 화이트헤드와 그의 제자인 러셀이 발표한 '수학원리'에서는 기호논리학이라는 현대적 의미의 연역논리학을 소개하면서 분석철학의 획기적인 전기를 마련하였다. 현대의 기호논리학은 아리스토텔레스가 확립한 고전적 논리학체계보다 훨씬 더 광범위한 영역의 기초개념들을 사용하여 보다 더 정확한 논증과정을 거쳐 일반성을 추론하는 체계라고 할 수 있다. 따라서 수학에 기초를 두고 있는 현대 기호논리학은 오늘날의 분석철학의 도구로 매우 중요한 역할을 담당하고 있다.

　　논리학은 추론(inference)을 바탕으로 전개된다. 추론이란 이미 알고 있는 것에서 새로운 지식을 찾아내는 사고과정을 말한다. 따라서 대부분의 사고는 추론에 의해 이루어진다고 볼 수 있다. 또한 기존의 지시체계에서 그 이상의 지식으로 넘어가기 위해서는 반드시 추론적 상황이 성립된다. 이러한 맥락에서 19세기 영국 철학자인 밀(John Stuart Mill, 1806~1873)은 "참다운 지식이란 이미 알려진 기존의 진리 중에서 추론에 의해 성립될 수 있는 지식에만 한정되어야 한다."고 주장하였다. 추론은 크게 경험적 추론(empirical inference)과 형식적 추론(formal inference)으로 나뉜다. 경험적 추론이란 사실적 추론(factual inference)이라고도 하며 형식적 추론은 연역적 추론(deductive inference)이라고도 한다. 예를 들어, 병원에 입원한 후 언제나 명랑하고 활기찬 생활을 하던 환자가 안색이 창백하고 화를 자주 낸다는 상황이 있다고 치자. 이러한 상황에 대해 의료진들은 평소와는 다른 행동을 보이는 환자를 향해 "어제 방광에 새로 삽입한 도뇨관이 불편해서 숙면을 취하지 못했거나 도뇨관이 빠져 나오면서 심한 통증을 유발한 것 같다."는 추론을 할 수 있을 것이다. 이러한 추리를 경험적 추론이라고 한다. 경험적 추론이란 사람들이 일상생활을 하면서 경험하는 거의 대부분의 행위를 설명하기 위한 추리로, 변하기 쉬운 대상의 동태에 관한 추리이기 때문에 섣부른 결론으로 비약시킬 수 있는 논리적 위험성을 가지고 있다. 위의 환자의 경우, 의료인은 환자의 심리상태를 도뇨관과의 연관으로만 추리를 하였지만, 어제 밤 환자의 남자친구로부터 절교를 선언하는 전화를 받았거나, 혹은 부모님 중 한 분이 돌아가셨다는 전갈을 받고는 밤잠을 설쳤을지도 모르는 일이다. 따라서 경험적 추리가 과학적 추리가 되기 위해서는 결론을 정당화시켜줄 근거를 제공하기 위한 충분한 자료를 수집해야 한다. 이를 위해 이 환자의 담당 의료인은 환자의 도뇨관 삽입 상태에 대해 추가적인 관찰과 자료는 물론 환자의 심리적 변화를 야기한 기타 다양한 원인에 대한 정보도 함께 수집해야 한다. 또 다른 예로는, 특정 질병이 특정 바이러스에 의해 발생한다는 경험을 한 의사는 자신의 경험적 추리를 과학적으로 증명하기 위해 실험조건을 여러 가지로 변경해보면서 다양한 실험을 시행해봄으로서 바이러스와 질병 간의 인과관계를 검증(verification)해보는 것을 들 수 있다.

　　반면에 형식적 추리란 옳다고 알려진 일반명제를 근거로 추리할 경우 추리된 사고도 옳다고 인정하는 연역적 추리를 말한다. 예를 들어, 한 수학자가 "평행하는 두 직선이 한 직선에 의해 절단되었다."는 명제를 앞에 두고 유클리드 기하학의 기준을 대명제로 하여 "평행하는 두 직선이 하나의 직선에 의해 절단될 경우, 그 엇각들은 서로 같다."는 추론에 도달하는 경우를 들 수 있다.

논리학은 형식적 추론, 혹은 연역적 추론에 관한 연구를 말한다. 즉, 논리학이란 증거로부터 결론이 도출되는 추리일반에 관한 연구라고 할 수 있다. 좀 더 구체적으로 말하자면, 형식적 추론의 정확성을 지닌 과학적 논리학을 형식논리학(formal logic)이라고 부른다. 따라서 형식논리학은 감각 경험을 통해 파악되는 경험적 추론이나 사실적 추론과는 구별되며, 수학이나 기하학 등의 연산을 통한 연역적 추론을 기본으로 이루어진다. 이런 맥락에서 연역은 추론과 동의어로 사용되기도 한다. 연역이란 일반명제로부터 특수명제를 이끌어내는 추론을 말한다. 즉, 일반적 규칙성에 관한 지식으로부터 특수한 사태의 존재를 추리하는 것을 말한다. 이와 반대로 귀납(induction)이란 경험적 추론으로부터 일반명제를 이끌어내는 것을 말하며, 개개의 실례로부터 일반법칙을 주장하기 위해 사용되는 추론적 방법을 말한다. 예를 들어, 흡연자와 비흡연자들을 대상으로 오랜 기간 동안 다양한 실험방법과 역학연구를 통해 "흡연을 하는 사람은 그렇지 않은 사람들보다 폐암(lung cancer)에 걸릴 확률이 높다."는 실험결과를 내렸다면, 이는 귀납법에 의한 일반화된 원칙이라고 할 수 있다. 이에 대한 조사결과를 읽은 사람이 폐암에 걸리지 않기 위해 금연을 하거나 아예 흡연을 시작하지 않았다면, 이는 연역적 추리에 의거한 행위라고 할 수 있다.

논리학에 대한 아리스토텔레스의 위대한 업적은 정언논증(syllogism), 즉 삼단논법과 그 구성성분에 대한 분석에 한정된 것이었다. 정언논증이란 아리스토텔레스가 연역추리의 타당한 형식으로 소개한 것으로 모두 3개의 진술문으로 구성되는데, 첫 두 개의 정언진술(premise)은 일반명제에 대한 전제를 구성하고, 3번째의 정언진술은 결론(conclusion)을 구성한다.

> 모든 사람은 죽는다.
> 소크라테스는 사람이다.
> 따라서 소크라테스는 죽는다.

위의 3개의 진술문 중 첫 두 개는 소크라테스는 다른 모든 사람들처럼 인간이라는 전제를 구성하며, 이러한 전제는 3번째의 소크라테스도 죽는다는 결론을 필연적으로 이끌어 낸다.

러셀은 그의 스승인 화이트헤드와 공동으로 출간한 '수학원리'에서 자신들의 기호논리학, 즉 현대적 연역논리학은 언어의 진리성(truth)과 타당성(validity)에 의해 형식논리학과 구별된다고 주장하였다. 언어의 진리성이란 언어로 명시된 모든 진술이 경험적 사실에 부합되는 사실인지에 대한 정도라고 규정하였다. 반면에 타당성이란 진술문의 형식(form), 즉 논의되고 있는 내용이 담긴 연역의 틀인 형식이 옳은지에 대한 것만을 중점적으로 다룬다고 하였다. 이때 형식이란 그 속에 있는 내용이 변하더라도 동일한 형태를 유지한 채 남아있는 틀을 말한다. 형식논리학자들은 진술들 사이의 관계구조, 즉 형식에만 관심을 갖는다. 따라서 추론과정에서 진술된 내용이 실제의 사실에 관해 언급되어있는 지에 대한 여부나 진술문이 경험적으로 옳은 지에 대해서는 관여하지 않고, 논증의 타당성만을 고려한다. 다른 말로 하면, 경험적으로 사실이 아닌 진술문이라고 하더라도 논리의 형식만 타당하면 형식논리학에 부합되는 진술문이 될 수 있는 것이다.

> 한국의 모든 간호사는 여자이다.
> 김 씨는 간호사이다.
> 따라서 김 씨는 여자이다.

위의 진술문은 주어와 동사가 문법구조에 적합하게 연결된 문장으로 정언논법에는 위배되지 않는 서술적 타당성을 가지고 있다. 따라서 형식논리학에 부합되는 진술문이 된다. 그러나 통계자료에 의하면 한국의 남자간호사가 최초로 등장한 것은 1962년이며, 그 후 2012년까지 총 5,183명에 달한다. 이는 전체 간호사인 약 30만 명(29만5633명)의 1.8%에 해당한다. 따라서 위에 제시된 진술문은 경험적 사실을 반영하지 못하므로 언어의 진리성이 없다고 할 수 있다. 이와 같이 러셀은 현대 기호논리학에서는 형식만 중시하는 형식논리학과는 달리 언어의 타당성뿐만이 아니라 언어의 진리성도 고려해야 한다고 강조하였다.

러셀은 그의 저서 '지시 구에 관하여'에서 확정기술구론(theory of definite descriptions)을 소개하면서 언어의 타당성과 더불어 진리성을 포함한 언어분석을 강조하였다. 확정기술구란 사람의 이름이나 지역 명처럼 고유명사가 아닌 일반명사를 사용한 진술문을 말한다. 러셀의 확정기술구론에 의하면, "소크라테스는 현명하다."와 같이 단순한 주어-술어 명제는 '소크라테스'처럼 지시되는 용어와 '현명하다.'와 같이 지시되는 단어에 대한 서술적 단어가 포함되어있다고 하였다. 이는 아리스토텔레스가 확립한 고전적 논리학에서부터 사용되어온 분석진술과 동일한 형태로, 아리스토텔레스의 분석진술은 오직 두 개의 명사, 즉 주어명사(subject term)와 술어명사(predicate term)로 이루어진다. 이때 고전 논리학의 술어는 주어에 대한 정의를 포함하고 있기 때문에 주어와 일치한다고 볼 수 있다. 즉, "소크라테스는 현명하다."에서 술어명사인 "현명하다."는 주어명사인 '소크라테스'의 성격적 속성을 정의하고 있다. 이와는 동일한 맥락에서, "미국의 대통령은 현명하다."라는 분석명제는 'Kennedy'나 'Lincoln'처럼 고유명사 대신 '미국의 대통령'이라는 일반명사를 사용했다고 하더라도 주어명사와 술부명사 간의 사실적 관계는 옳다고 할 수 있다. 왜냐하면 미국은 선거제도를 통해 대통령을 선출하기 때문이다. 따라서 대통령들이 현명한지에 대한 의구심을 버리면, "미국의 대통령은 현명하다."라는 확정기술문은 논리적으로 옳은 진술이 되는 것이다. 그러나 이와는 반대로 "현재의 프랑스 왕은 현명하다."라는 명제는 기술 구, 즉 술부에 해당하는 대상인 프랑스 왕이 현재는 실제로 존재하지 않으므로 언어논리학 상 틀린 명제라고 할 수 있다. 왜냐하면 프랑스는 현재 대통령제를 실시하는 나라이므로 왕이 없기 때문이다. 러셀에 의하면, 제시된 문장의 표층문법형식, 즉 주어와 술부만 본다면, "현재의 프랑스 왕은 현명하다."라는 명제는 논리적으로나 문법적으로 완벽한 문장이지만, 주어 명사가 실질적으로 존재하는 대상을 지칭하고 있지 않다는 진리성의 문제를 가지고 있다고 하였다.

러셀은 하나의 분석 명제는 논리적 타당성보다 더 복합적이며 따라서 명제에 대한 분석 또한 논리적 타당성뿐만이 아니라 경험적 진리성 등 다양한 측면이 동시에 고려되어져야 한다고 주장하였다. 이러한 러셀의 주장을 논리적 원자론(logical atomism)이라고 한다. 러셀은 그의 논리적 원자론을 통해 '현재의 프랑스 왕'이라는 확정기술 구를 정확히 논증하기 위해서는 이 명제가 포함하고 있는 논리적 원자를 최소한 3개로 분류해서 3가지의 독립적 명제가 포함된 문장으로 재구성해보아야 한다고 주장하였다. 즉, "현재의 프랑스 왕은 현명하다."는 명제는 "현재 프랑스에는 왕이 존재한다."라는 문장과 함께 "현재 프랑스 왕이 적어도 1명은 있다."거나 "현재 프랑스 왕인 사람이 있다면 그는 현명하다."라는 3가지 명제가 대표 명제에서 도출된 일반적 진술로 구성하며 이러한 일반적 진술을 복합적으로 논증해야만 진정한 기호논리학이 성립된다고 강조하였다.

러셀의 제자 비트겐슈타인이 1922년 출간한 '논리철학 논고'는 비엔나 학파의 논리실증주의자들에게 결정적인 영향을 주었으며, 그의 '철학 탐구'는 옥스퍼드학파의 일상언어주의자들에게 지대한 영향을 주었다. 케임브리지 학파와 비엔나 학파, 그리고 옥스퍼드학파는 제각기 독자적으로 발생하였지만 후에 서로의 이론을 혼합함으로서 영미 분석철학의 조류를 형성하게 되었다.

2) 비엔나 학파

분석철학은 1920년부터 1945년을 전후로 본격적인 학문으로 발전하기 시작하였다. 이 시기를 대표하는 학파로는 비엔나 학파가 창시한 논리 실증주의를 들 수 있다. 비엔나 학파는 1920년대에 오스트리아 빈의 비엔나대학교를 중심으로 슐리크의 지도하에 카르납 등이 주축이 되어 결성되었으며, 구체적으로는 1922년 카르납이 논리실증주의(logical positivism)를 창시하면서 발전하기 시작하였다. 논리실증주의는 후에 실증주의라는 단어의 어감이 편협하다는 판단 하에 논리경험주의(logical empiricism)로 변경되었다. 비엔나 학파의 창시자인 카르납은 "이제 남은 것은 논리학밖에 없으며 철학의 유일한 과제는 논리적 분석이다."라고 주장하면서 비엔나 학파의 분석철학시대를 옹호하였다.

논리 실증주의란 과학의 논리적 분석 방법을 철학에 적용하는 철학사상을 말한다. 따라서 관찰가능하고 측정가능하며 경험할 수 있는(tangible) 사실이나 현상만을 철학의 주제로 삼는다. 논리 실증주의는 과학지식만이 유일한 사실적 지식이며 실체, 자유, 신 등과 같이 과학적으로 검증할 수 없는 형이상학적 학설은 무의미한 것이므로 형이상학자들은 철학에 대해 침묵해야 한다고 주장하였다. 논리실증주의자들은 지식의 궁극적 기초가 개인의 주관적 경험이 아닌 객관적인 실험적 검증에 의거한다고 주장하면서 전통적인 경험주의와도 조금 다른 입장을 취했다. 그러나 근본적으로는 논리 실증주의도 영국의 기호논리학과 같이 언어의 의미와 무의미에 관한 일반적인 설명에 바탕을 두고 있다. 즉, 진정한 철학의 임무란 언어적 비판을 통해 자연에 대한 참된 지식을 모든 과학에 공통된 하나의 언어로 표현하는 것이며, 이로서 과학의 통일성을 이룰 수 있다고 주장하였다.

비엔나 학파는 1922년 비엔나 대학교에 카르납이 교수로 오면서 시작되었으며, 1924년 카르납과 슐리크(Moritz Schlick, 1882~1936)에 의해 비엔나 대학교에 일명 비엔나 서클(Vienna Circle)이라고 불리는 마흐협회(Mach Society)가 설립되면서 본격적으로 전개되었다. 마흐협회는 오스트리아의 물리학자이면서 실증주의적 인식론과 통일과학사상을 개척하여 현대 논리경험주의를 창시한 마흐(Ernst Mach, 1838~1916) 교수의 이름을 딴 협회를 말한다. 1924년에 창설된 비엔나 서클은 1936년까지 약 12년 간 독일의 철학자이자 물리학자인 슐리크를 좌장으로 많은 철학자들과 과학자들이 정기적으로 모였던 협회였다. 마하협회의 창설 목적은 논리적 분석방법을 통해 자연과학과 사회과학에 대한 정밀한 연구를 시행하고 이를 기반으로 과학적 세계관을 전 세계로 보급함으로서 근대경험론의 사상적 수단을 확립하기 위함이었다.

비엔나 학파의 회원들은 1930년대 후반에 독일 나치 정권이 들어서면서 오스트리아가 독일의 영향권에 들어가자 나치의 위협을 피해 미국이나 영국으로 망명하였다. 망명한 회원들과는 달리 비엔나 대학에 머물고 있던 슐리크는 1936년 자신의 철학과 학생이었던 요한 넬뵈크(Johann Nelböck)에 의해 강의실로 올라가던 계단에서 권총으로 피살을 당하였다. 넬뵈크는 그의 살해 동기에 대해 슐리크의 반 형이상학적 철학이 자신의 윤리적 지침과 어긋났기 때문이라고 했다가 슐리크가 자신이 좋아하던 여학생과의 삼각관계를 가졌으며, 이로 인해 실연을 당하자 질투심에서 살해를 했다는 등 엇갈린 진술을 하였다. 넬뵈크의 편집적 망상(paranoid delusion)에 대한 정확한 살해동기가 밝혀지지 않은 채 그에게는 징역 10년형이 내려졌다. 그러나 넬뵈크가 2년간의 수감생활을 하던 1938년에 독일이 오스트리아를 완전히 합병하면서 나치정권은 그를 집행유예로 풀려나게 한 뒤 슐리크 살해행위를 반유대주의(anti-Jewish sentiments) 선동활동사업의 영웅적 행위로 왜곡시켰다. 실제로 슐리크는 유태인이 아니었으며, 부유한 독일 가정에서 태어난 독일인으로 어떠한 정치적 스파이활동도 하지 않은 인물이었다.

3) 베를린학파

독일에서는 1928년 과학철학자인 라이헨바하(Hans Reichenbach, 1891~1953)가 주축이 되어 베를린대학교를 중심으로 하는 베를린학파, 혹은 경험철학회가 창설되었다. 베를린학파는 흄의 철학적 정신을 이어받아 실증적이고 과학적으로 경험할 수 없는 형이상학을 배격하고 경험적이고 과학적인 언어와 과학적 논리 형식을 중시하였다. 비엔나 학파와 철학적 이상과 목적을 같이 했던 베를린학파는 1929년 프라하에서 공동학회를 개최하였다. 이 학회에서 두 협회는 종래의 형이상학이나 경험과학의 입장에서 벗어나 현존하는 모든 철학적 개념과 명제의 의미를 논리적 분석방법에 의해 밝힘으로서 통일과학으로서의 철학을 수립하고자 하였다. 1938년 나치가 오스트리아를 합병하자 베를린 경험철학회도 해체되었으며, 이 협회에 가입되었던 대부분의 철학자들도 미국과 영국으로 망명하였다.

비엔나학파에 속했던 카르납은 미국 시카고 대학으로 이주한 후 미국으로 이주한 베를린학파의 철학자들과 함께 논리 경험주의가 미국학계에 뿌리를 내리는 데 지대한 영향을 끼쳤으며, 이들의 노력에 의해 현대 영미분석철학이라는 새로운 철학풍토가 형성되었다. 영미분석철학은 제2차 세계대전이 끝난 1945년부터 1960년까지 20여 년에 걸쳐 언어철학, 논리철학, 과학철학, 인식론 등의 다양한 분야로 세분화되었다. 또한 이 시기에는 분석철학의 문제점을 비판하기 위한 비판세력이 새롭게 등장하기 시작하였다.

분석철학을 비판한 학자들 중 가장 대표적인 인물로는 카르납의 제자이며 논리철학자인 콰인(Willard Van Orman Quine, 1908~2000)을 들 수 있다. 콰인은 '경험주의의 두 가지 도그마(Two Dogmas of Empiricism)'라는 저서를 통해 분석철학이 가지고 있는 두 가지 문제점을 도그마, 즉 독단으로 규정하면서 이를 비판하였다. 콰인에 의하면, 분석철학에서는 명제의 개념을 정확하고 명료하게 정의했다고 주장하지만, 이러한 주장이 바로 분석철학의 도그마라고 비판하였다. 콰인이 지적하는 분석철학의 첫 번째 도그마는 분석명제(analytic statement)와 종합명제(synthetic statement)의 이분법적 독단으로, 분석명제와 종합명제는 본질적으로 동일한 것이므로 분석철학자들의 주장처럼 확연히 구분될 수 없다고 지적하였다. 두 번째 도그마는 분석철학에서 지향하는 환원주의(reductionism)로, 분석철학에서는 분석진술과 종합진술들은 각기 고유한 영역의 가장 작은 최소단위인 감각사건들이 결합된 것이므로 이들로의 독립적인 환원이 가능하다고 주장하였다. 이에 대해 콰인은 의미전체론(semantic holism)을 주장하면서 인간의 경험을 설명하기 위한 과학의 진정한 목적은 경험을 최소 의미 단위로 나누어 분석하여 인간세계를 재구성하는 것이 아니라 전체로서의 과학으로 경험적 의미의 단위를 설명해야한다고 주장하였다.

여기서 콰인의 비판을 살펴보기 전에 분석철학에서 사용되는 분석명제와 종합명제, 환원주의에 대해 간략하게 살펴볼 필요가 있다. 분석명제란 어떠한 상황 하에서도 항상 옳은 진술, 즉 반대사례나 예외에 의해 잘못된 진술이 될 수 없는 진술을 말한다. 예를 들어, "금은 무거운 금속이다."라거나, "처녀는 결혼하지 않은 여자이다."와 같이 술부(결혼하지 않은 여자)는 주어(처녀)에 대한 정의를 함축하고 있는 명제를 말한다. 반면에 종합명제는 경험세계에서의 상황이나 동태를 기술하는 진술문으로 사실진술, 혹은 경험적 진술이라고 한다. 예를 들어, "환자가 휠체어에서 넘어졌다."는 진술문에서는 술부가 주어를 정의하고 있지 않으며(환자 ≠ 휠체어), 따라서 환자라는 말의 정의 속에는 '휠체어'나 "넘어진다."라는 말의 정의가 없는 명제를 말한다.

환원주의란 고차원의 복잡한 개념이나 사상을 작은 단위의 요소로 세분화하여 보다 명확하게 정의할 수 있다고 주장하는 철학적 견해를 말한다. 일반적으로 언어를 가장 작은 최소 단위인 원자적 명제로 분석한 케임브리지 학파의 논리적 원자론이나, 심리학 같은 인문과학이나 생물학 같은 자연과학은 모두 관찰가능하고 측정 가능한 물리학적 최소단위로 설명이 가능하다는 과학적 통일론 혹은 지식의 통합을 예로 들 수 있다. 지식의 통합은 줄여서 통섭(consilience)이라고도 불리는데, 특히 인문과학과 자연과학의 통일을 주장하는 지식의 통섭은 과학과 철학을 통합하여 탐구했던 고대 그리스 철학으로의 회귀를 의미하기도 한다.

콰인은 분석철학의 첫 번째 도그마를 비판하기 위해 2개의 분석명제를 예로 들었다. 하나는 "결혼하지 않은 여자가 결혼하지 않았다."와 같이 용어에 대한 정의(definition)를 사용한 명제이며, 다른 하나는 "처녀는 결혼하지 않았다."와 같이 첫 번째 명제에서 서술된 용어(결혼하지 않은 여자)의 동의어(synonym), 즉 '처녀'를 사용한 명제였다. 이 두 명제에 대해 분석철학자들은 '처녀'란 '결혼하지 않은 여자'의 동의어이므로, 동의어로 재 진술된 두 번째 문장은 첫 번째 문장과 인식적 교환이 가능하며 따라서 두 번째 문장도 첫 번째 문장과 같이 논리적 참이 된다고 주장하였다.

콰인은 이를 분석철학의 독단적 발상이라고 지적하면서, 정의를 규정하는 행위 자체가 경험적 작업이기 때문에 분석명제와 종합명제를 이분화 시킬 수 없으며 이 두 명제는 모두 경험적 진술, 즉 종합명제에 해당한다고 반박하였다. 콰인은 정의를 내리기 위한 행위를 세 가지 유형으로 설명하였다. 첫 번째로 정의란 어느 집단에서 어떤 단어가 어떤 방식으로 사용되고 있는지에 대한 선례적 용법을 보고(reporting)하는 작업으로, 이 경우에 정의라는 작업은 집단에 대한 관찰을 포함하는 경험적 작업이기 때문에 분석명제는 종합적 명제의 틀에 포함된다고 하였다. 둘째로 정의란 철학자들의 '논리적 설명(logical explanation)'이라고 일컬어지는 작업에 의해 내려 지는데, 이때 논리적 설명이란 정의하고자 하는 문장, 즉 피정의항의 의미를 보충하고 수정하여 의미의 개선을 의도하는 작업이므로 이러한 작업 역시 기존의 동의어들의 용법에 의존하는 경 험적 행위라고 하였다. 마지막으로 콰인은 진정한 의미에서의 정의란 새로운 표기법을 도입하 는 작업이라고 할 수 있으며, 이러한 작업만이 피정의항을 다른 어떠한 경험적 작업에 의존하지 않고 정의항에 의해서만 해명될 수 있는 유일한 방법이라고 하였다. 따라서 이러한 방식으로 내 려진 정의를 사용한 문장이라면 순수한 분석명제라고 해석할 수 있으나, 불행하게도 새로운 표 기법에 의한 정의란 분석철학자들이 주장하는 분석성이라는 개념에 적용될 수 없다고 하였다.

정의에 대한 동의어를 사용한 두 번째 문장에 대해 분석철학자들은 동의어에 대한 정의를 '극단적인 예외를 제외하고는, 문맥상에서 참 진리의 변경 없이 교체될 수 있는 단어들'이라고 내리면서, 동의어의 교환가능성으로도 분석명제가 참이라고 주장하였다. 또한 분석철학자들은 분석명제에 쓰인 동의어란 '인식적 동의어'를 말하는데, 인식적 동의어란 "A와 B가 인식적으로 동의어라면, 모든 A와 오직 A만이 B이다."라는 진술로 설명된다고 하였다. 이러한 주장에 대해 콰인은 인식적 동의어라는 개념도 분석적 개념을 전제로 하지 않고는 성립될 수 없으며, 특히 인식적 동의어는 무엇보다도 강한 동의어 관계를 요구하는데, 분석철학자들이 주장하는 단어들 간의 상호대치성, 즉 단어들이 서로 교환될 수 있다는 것만으로는 강한 동의어 관계가 성립되지 않는다고 주장하였다. 예를 들어, "A와 B가 인식적으로 동의어라면, 모든 A와 오직 A만이 B이 다."라는 정의를 분석명제에 적용하면 "처녀와 결혼하지 않은 여자가 인식적 동의어라면, 모든 처녀와 유일한 처녀는 결혼하지 않은 여자이다."라고 할 수 있지만, 이들이 주장하는 '모든' 처 녀에는 '결혼하지 않은 여자'뿐만 아니라, '심장(heart)을 가진 피조물'로서의 처녀나 '신장 (kidney)을 가진 피조물'로서의 처녀도 포함될 수 있다고 반박하였다. 따라서 단어들 간의 외연 적 상호대치성만을 대입하여 분석명제를 주장하는 것은 강력한 인과관계를 가진 인식적 동의어 가 부재된 잘못된 주장이라고 반박하였다.

콰인은 두 번째 독단인 환원주의에 대해 두 종류의 명제 즉, 분석명제와 종합명제의 독단적 이분법과 환원주의의 독단이 서로 그 맥락을 같이 하고 있다고 주장하였다. 분석주의자들은 "모 든 의미 있는 용어는 감각자료의 이름이나 이름들의 복합에 지나지 않는다."라고 주장하면서 검 증이론, 즉 환원주의의 맥락에서 분석명제와 종합명제를 구분하려고 시도하였다. 이러한 주장에 대해 콰인은 두 명제에서 지칭한 단어나 진술이 경험과 각기 대응된다는 환원주의적인 발상은 환상에 불과하며, 따라서 검증이론의 맥락에서도 분석성은 확립될 수 없다고 반박하였다. 환원주의자들은 단어와 경험이 서로 대응된다고 주장하지만, 앞의 예에서도 나타난 바와 같이, 감각사건과 감각성질을 '처녀'와 '결혼하지 않은 여자'로만 구분했을 뿐 '처녀'는 '심장이나 신장을 가진 피조물'로도 설명될 수 있다는 사실을 간과함으로서 감각사건과 감각성질 간의 결합은 분석적 애매성을 내포한다고 반박하였다. 더 나아가 콰인은 인간의 경험이란 경험의 가장 적은 단위, 즉 개인적이고 원자적인 단위로 이루어졌다고 주장하는 점에서 분석철학자들의 두 종류의 독단, 즉 분석명제와 종합명제의 독단과 환원주의의 독단이 서로 연결되어있다고 반박하였다.

결론적으로 콰인은 인간의 경험적 사실을 분석명제와 종합명제의 이분법으로 구분하는 것은 본질적으로 불가능하며, 나아가 진술 하나하나를 분석하기 위해 단어나 진술을 분석의 기본단위로 설정하는 것은 과학을 대하는 올바른 태도가 아니라고 주장하였다. 왜냐하면 인간의 경험은 과학적 진술과 일대일로 대응하지 않기 때문에 과학적 진술을 독립적으로 설명할 수 없으며 따라서 각 경험에 대한 환원 또한 불가능하다고 주장하였다.

콰인은 인간의 경험을 최대한도로 작은 부분으로 나누어 분석한 후 이러한 분석의 결과로 도출된 법칙으로 인간 세계를 재구성하려는 환원주의에서 벗어나 인간의 경험을 총체적인 전체로서 대응하는 과학적 진술로 설명해야 한다고 주장하였다. 이것이 바로 콰인이 주장하는 의미론적 전체론의 핵심주제라고 할 수 있다. 의미전체론이란 경험의 최소 의미 단위가 과학 전체를 결정하는 것이 아니라 과학 전체가 경험적 의미의 단위를 결정한다는 사상을 말한다. 콰인은 거의 대부분의 개별적 진술들은 경험들과 독립되어 있기 때문에 과학이란 전체 이론으로서만 경험체계에 대응된다고 강조하였다. 콰인이 주장한 의미전체론은 그 후 과학철학, 언어철학, 논리철학, 인식론 등에 영향을 끼치면서 인간의 경험과 과학을 밀접하게 관련시킨 과학통일이론으로 발전하였다. 그러나 과학적 진술과 반대되는 그 어떠한 경험도 과학 내부의 논리적 변경을 통해 해석이 가능하다고 주장함으로서 콰인의 의미전체론은 과학이라는 총체적 장을 일종의 인공적 제조물로 폄하시켰다는 비판도 제기되었다.

03. 비트겐슈타인의 분석철학

1) 생애

20세기의 가장 위대한 철학자 중 한사람으로 꼽히며 천재이자 기인으로 알려진 비트겐슈타인(Ludwig Josef Johann Wittgenstein, 1889~1951)은 1889년 오스트리아 비엔나(Vienna, 독일어의 Wien)에서 유대계의 부유한 집안의 막내로 태어났다. 비트겐슈타인의 부친은 오스트리아—헝가리 제국에서 유럽의 여러 나라와 미국을 대상으로 독점적 제철업을 하던 인물로 이로 인해 엄청난 재산을 축적한 인물이었다. 그러나 그의 재산은 나치독일정권이 들어서면서 전부 **빼앗기**게 되었다. 1939년 제2차 세계대전이 발발하기 바로 전인 1938년에 오스트리아를 병합한 히틀러는 유대인들을 '신성한 독일인의 피'를 더럽히는 인종으로 간주하여 이들을 몰살하기 위한 인종법(genocide)을 단행하였다. 1939년부터 1942년 사이에 유럽에 거주하던 유태인들의 총 인구는 약 900만 명 정도였는데, 이중 3분의 2에 해당되는 600만 명이 히틀러에 의해 대학살(holocaust)을 당했다. 인종법에서 벗어나기 위해서는 혼혈법에 호소하여 독일인의 피가 섞인 혼혈 유태인이라는 사실을 증명하는 길뿐이었다. 비트겐슈타인의 가족은 자신들의 조부가 독일 귀족가문의 피가 섞인 혼혈임을 주장하였으며, 해외재산을 나치 정권에 전부 헌납한다는 조건으로 제2차 세계대전이 끝날 때까지 살아남을 수 있었다. 그러나 재산을 나치정부에 헌납하는 과정에서 재산을 지키려는 큰 형과 목숨을 지키려는 누이들 사이의 갈등이 극에 달해 그 후 이들의 관계는 영영 소원해지고 말았다고 한다.

유대인 아버지와 천주교 신자인 어머니 사이에서 태어난 비트겐슈타인의 어머니는 1974년 노벨 경제학상을 받은 하이에크(Friedrich Hayek, CH, 1899~1992)의 이모이기도 하다. 유년시절, 비트겐슈타인은 그의 사촌인 하이에크와 함께 성장했으며 두 사람은 성인이 되어서도 철학에 대한 토론을 즐겨했다. 경제학자인 하이에크는 1921년 비트겐슈타인의 '논리철학 논고'가 독일어로 출판되자마자 제일 먼저 읽는 등 비트겐슈타인의 철학과 분석방법에 의해 깊은 영향을 받았다. 하이에크는 비트겐슈타인이 죽고 난 후 그의 전기가 출간되는데도 물심양면으로 조력한 것으로도 알려져 있다.

1903년까지 비트겐슈타인은 린츠에 있는 린츠국립실업고등학교에 3학년으로 편입하였으며 이 학교에서 히틀러와 1년간 수업을 같이 받았으나 두 사람 간의 특별한 친분은 없었던 것으로 전해진다. 부유한 집의 자제답게 비트겐슈타인은 늘 우아하고 값비싼 복장을 하고 다니던 학생이었으며 내성적인 그의 성격을 빗대어 친구들은 그를 '선생님', 혹은 '루트비히 씨(Herr Ludwig)'라는 별명을 지어주었다. 'Herr'란 영어의 Mr.에 해당한다.

비트겐슈타인의 가족 중에는 우울증으로 자살을 한 사람들이 많았다. 이러한 자살경향은 유태인이라는 민족적 배경이 원인으로 작용한 것으로 보인다. 네 살 때부터 작곡을 할 정도로 음악적 신동이었던 장남은 1902년 쿠바의 아바나에서 자살했으며, 뒤를 이어 삼남도 1904년 베를린에서 자살하였다. 차남은 제1차 세계대전이 끝나가던 1918년 오스트리아군의 총 퇴각이 결정되자 총으로 자살하였다. 비트겐슈타인도 청년시절 줄곧 자살 충동에 시달렸으나 22세가 되던 1911년부터 케임브리지 대학교에서 러셀의 제자가 된 후 스승인 러셀로부터 천재로 인정받은 후 자살충동으로부터 벗어날 수 있었다고 술회하였다. 비트겐슈타인은 자신이 유대인이라는 사실을 부정하면서 그로 인해 우울증에 시달려 왔으나, 러셀의 칭찬을 통해 자신의 천재성은 유대인으로부터 물려받은 것이라고 생각하였던 것이다. 러셀은 비트겐슈타인과 함께 수학 기초론과 철학에 대한 공동연구를 하던 중 자신의 이론을 거침없이 비판하면서 논리학상 난제를 해결하는 비트겐슈타인의 천재성에 매료되었다. 그 후 러셀은 영국 철학계에 비트겐슈타인의 해박한 지식과 천재적 능력을 알리는 데 주력하였다. 비트겐슈타인은 케임브리지 대학교에서 만난 무어와 함께 수리 논리학의 원리를 대상으로 한 분석철학에 심취하기 시작하였다.

평생을 독신으로 지낸 비트겐슈타인은 동성애(homosexuality) 성향이 강한 인물로 알려져 있다. 그는 1911년 러셀의 제자로 케임브리지 대학교에 입학한 남학생과 오랫동안 동성연애를 즐겼으며, 그 외에도 많은 남성들과 동성애 관계를 맺었다. 말년에 접어든 비트겐슈타인은 1941년 사망할 때까지 동료 교수인 프란시스 스키너의 학생과 동성애적 관계를 가졌다. 프란시스 스키너 교수도 비트겐슈타인과 동성애 관계를 가졌던 교수였다.

제1차 세계대전이 일어나기 일년 전인 1913년에 비트겐슈타인은 케임브리지 대학교 교수들이 심오한 철학도 없으면서 영민함만을 강조하는 것에 환멸을 느꼈으며, 케임브리지 대학교가 이상적인 대학이 아니라는 생각에 그 곳을 떠나 노르웨이의 오지로 들어가 분석철학작업에 몰두하였다. 그곳에서 흔히 '논고'라고 불리는 '논리철학 논고(Tractatus Logico-Philosophicus: Logicophilosophical Treatise)'의 집필을 시작하였다. 제1차 세계대전이 일어난 1914년까지 은둔생활을 하던 비트겐슈타인은 전쟁이 일어났다는 소식에 충격을 받아 그의 사촌인 하이에크와 함께 오스트리아-헝가리 제국에 자원입대를 하였다. 1918년 이탈리아 군의 포로가 된 비트겐슈타인은 감옥에서 '논고'를 정리한 후 이를 러셀에게 보냈으며, 그의 도움으로 1921년에 출간하였다. '논고'를 완성한 후 철학적 문제에 대한 해답을 얻었다고 생각한 비트겐슈타인은 철학 연구에서 벗어나 오스트리아에서 초등학교 교사생활을 시작하였다. 초등학교 교사생활은 그가 톨스토이의 '요약복음서'를 읽고 깊은 감명을 받은 나머지 1913년에 부친이 사망하면서 상속 받았던 막대한 유산을 그의 형제들과 오스트리아의 예술가와 작가들에게 모두 나눠주고 난 후 시작되었다. 비트겐슈타인은 교직생활을 하면서 '어린이를 위한 사전(Wörterbuch für Volksschulen: Dictionary for Children)'을 저술하였는데, 이 책은 철자와 발음을 표기한 사전으로 '논고'를 제외하면 비트겐슈타인 생전에 그의 이름으로 출판된 유일한 책이다. 비트겐슈타인의 교사생활은 보수적인 농촌 학부모들과 동료교사들과의 불화로 순탄치 못했다. 1926년 한 학생을 심하게 때렸다는 이유로 고발을 당한 후 교직생활을 접은 비트겐슈타인은 그 후 수도회의 정원사 등 여러 직업을 전전하였다.

그러던 중 비엔나학파를 이끌고 있던 슐리크와 조우한 비트겐슈타인은 비엔나학파의 논리 실증주의에 큰 영향을 끼친 자신의 '논고'를 슐리크나 비엔나학파 회원들이 오해하고 있다는 생각이 들었다. 이에 대해 자신의 철학에 대한 수정이 불가피하다고 판단을 한 비트겐슈타인은 케임브리지대학교에 복귀하기로 결심하였다. 비트겐슈타인이 1929년 케임브리지대학교로 돌아오는 것을 보기위해 많은 영국의 지식인들은 기차역으로 몰려들었으며, 비트겐슈타인의 평생 친구인 케인스(John Maynard Keynes, 1883~1946)는 "신이 도착했다."는 말로 그의 복귀 소식을 환영하였다. 비트겐슈타인은 이미 그의 '논고'를 통해 철학박사의 충분한 자격이 있다고 판단한 러셀과 무어는 비트겐슈타인이 철학박사 학위를 취득하는데 도움을 주었다. 박사학위를 취득한 비트겐슈타인은 1939년 무어가 사임한 철학 교수직을 이어받기 위해 케임브리지 대학교의 명문 단과대학이었던 트리니티 대학의 철학교수로 부임하였으며 얼마 후 영국 시민권을 획득하였다. 이 무렵부터 비트겐슈타인은 자신의 글과 강의를 통해서 과거의 사상을 부정하기 시작하였다.

1939년 제2차 세계대전이 발발하자 비트겐슈타인은 전쟁 속에서도 철학강의나 하고 있는 자신을 무척 비관하여 교수직을 사임하였으며, 전쟁이 끝난 후 1947년부터는 더블린에 머물면서 집필에만 전념하였다.

1949년 비트겐슈타인은 골수암을 앓고 있었으며, 이를 발견한 지인의 도움으로 미국에서 치료를 받았으나 증세가 악화되자 런던으로 돌아왔다. 62번째 생일이던 1951년 비트겐슈타인은 "참 좋다. 사람들에게 나는 멋진 삶을 살았다고 전해 달라."는 말을 남기고 사망하였다.

2) 전기 그림이론(Early Picture Theory)

비트겐슈타인은 일명 '논고'라고 불리는 '논리철학 논고'와 '철학 탐구'를 통해 논리 실증주의와 일상 언어철학에 대한 표준을 제시하였다. 그 결과, 논리경험주의자들은 비트겐슈타인의 '논고'에서 주장한 언어그림이론(language-picture theory)을 논리경험주의의 성서(The Bible)로 받아들였지만, '논고'의 철학적 전개에 대해 문제점을 발견한 비트겐슈타인은 그 후 '철학적 탐구'라는 저서를 통해 언어유희론(language-game theory)으로 그의 철학사상을 수정·보완하였다. 따라서 비트겐슈타인의 분석철학사상은 '논고'로 대표되는 전기 언어그림이론과 '철학 탐구'로 대표되는 후기 언어유희이론으로 구분된다.

우선, 비트겐슈타인은 그의 전기 언어그림이론을 통해 철학적 명제에 사용된 낱말의 은유적 관계를 분석하여 기존철학의 개념이 논리적으로 규명될 수 없다는 점을 집중적으로 비판하였다. 비트겐슈타인은 그의 '논고'에서 형이상학과 같은 기존철학에서 주장하는 추상적 개념들은 언어의 논리를 잘못 적용한 것이므로 논리적 증명이 불가능하다고 비판하였다. 그러면서 말로 표현할 수 있는 것은 명료하게 표현되어야 하며 이야기할 수 없는 것에 관해서는 침묵해야 하므로 형이상학자들은 모두 묵비권을 행사해야 한다고 강하게 비판하였다.

비트겐슈타인의 초기 그림이론에 대한 구상은 프랑스의 교통사고 재판과정에서 장난감 자동차나 인형 등 모형(model)이 사용한다는 데서 착안하였다. 비트겐슈타인은 교통사고를 모형으로 설명할 수 있는 이유는 모형이 실제의 자동차와 사람에 대응하기 때문이며, 이러한 맥락에서 언어도 사물에 대응한다고 보았다. 즉, 언어가 의미를 갖는 것은 언어가 세계와 대응하기 때문이며, 이때 대응이란 언어가 세계에 존재하는 사물이나 현상들을 지칭하고 있다는 것을 의미한다고 하였다. 따라서 언어는 명제들로 구성되어 있고, 세계는 사태(event)들로 구성되어 있으며, 명제와 사태는 서로 대응하고 있기 때문에 언어와 세계의 논리적 구조는 동일히다고 강조하였다. 이러한 맥락에서 언어는 세계를 그림처럼 기술함으로써 의미를 갖는다고 주장하였다.

비트겐슈타인은 언어란 사실의 그림이며, 명제는 사실이 주장하는 그림이라고 강조하였다. 이때 비트겐슈타인이 주장하는 언어란 단어가 아니라 문장(sentence)을 의미한다고 하였다. 예를 들어, '산'이나 '책상'을 말하는 것이 아니라, "산이 높다."거나 "책상 다리는 4개이다."와 같은 완전한 문장을 말한다고 하였다. 또한 문장이란 사실의 그림이며, 명제는 사실이 주장하는 그림이라는 뜻은 명제가 무엇인가의 사실의 구조를 반영했을 때만 의미를 갖는다는 뜻이라고 강조하였다. 이때 비트겐슈타인은 "한 문장에는 하나의 세계만 조립되어 있다."고 언급하면서 명제 속 단어 하나에는 오직 하나의 대상만이 부여되어있다고 주장하였다. 이것이 바로 비트겐슈타인이 주장하는 논리적 원자론(logical atomism)의 핵심주제라고 할 수 있다. 비트겐슈타인은 논리적 원자(logical atom)가 세계를 구성하는 가장 작은 단위의 근본적인 실체라고 주장하면서, 논리적 원자란 더 이상 단순한 명제로 분해할 수 없는 가장 간단한 형식을 가진 명제라고 정의하였다.

비트겐슈타인은 이러한 원자적 명제가 참인지 거짓인지에 대한 해석도 명제가 사실에 부합하는 정도에 달려있다고 주장하였다. 다시 말해서, 명제는 사실의 그림이므로 사실과 부합되지 않은 명제는 참다운 명제라고 할 수 없으며, 유의미한 명제가 되기 위해서는 사실이라는 대상이 반드시 뒷받침되어야 한다고 강조하였다. 예를 들어, '날개 달린 말'이나 '황금의 산'이라는 비유적 설명은, 날개가 달린 말이나 순전히 황금으로만 이루어진 산은 현실세계에 존재하지 않으므로 '날개 달린 말'처럼 언어가 가리키는 실질적인 대상이 없거나 실증할 필요가 없는 문장, 혹은 명제는 무의미한 것이 된다고 하였다. 같은 맥락에서, 기존의 전통철학, 특히 형이상학이나 도덕학에서 주장하는 신, 자아, 도덕, 윤리와 같은 개념들은 실제 세계에 대응하는 대상이 없기 때문에 무의미한 언어이며 이러한 개념을 논의하는 것 자체가 자연과학적 태도에 위배된다고 주장하였다.

비트겐슈타인은 한 걸음 더 나아가, 보다 정확한 언어적 분석을 위해서는 언어의 획일적 기능에 의해 혼동된 의미로 사용되는 일상 언어에서 벗어나 이상적 언어(ideal language)를 창안해내야한다고 주장하였다. 일상 언어를 대치할 수 있는 이상적 언어의 고안이 철학의 기능이라고 주장한 비트겐슈타인은 이상적 언어를 일상 언어처럼 부정확하고 모호하며 구조가 불분명한 언어가 아니라 보다 정확하고 체계적인 구조를 가진 언어라고 규정하였다. 그러면서 그는 이상적 언어의 모델로 기호논리학을 들었다. 기호논리학은 자연적 언어의 구조를 잘못 인식함으로써 생겨난 전통철학의 많은 문제를 해결해줄 수 있다고 강조하면서 비트겐슈타인은 자신이 '논고'를 저술하게 된 이유도 철학이 당면한 본질적인 문제에 접근하여 결론에 도달하기 위한 시도였으며, 언어그림이론과 기호논리학을 통해 기존철학이 당면한 문제들을 해결했다고 주장하였다.

비트겐슈타인의 전기 분석철학 이론을 요약하면 명료한 언어, 즉 의미 있는 명제란 대상이 경험적으로 검증되어야 하며, 이러한 검증방법 또한 기호논리학이라는 법칙에 의거해야 한다고 주장하였다. 비트겐슈타인의 전기 기호논리학은 무어, 러셀, 화이트헤드 등을 중심으로 하는 영국 케임브리지학파의 중추적인 이론으로 전개되었으며, 비엔나학파에도 지대한 영향을 주었다.

3) 후기 언어유희론(Late Picture-Game Theory)

비트겐슈타인의 후기 언어유희론은 전기 언어그림이론을 수정·보완한 철학 체계라고 할 수 있다. 비트겐슈타인이 그림이론에서 언어유희론으로의 전환을 시도하게 된 근본적인 계기는 케임브리지 대학교 동료교수였던 이탈리아 출신의 경제학자인 스라파(Piero Sraffa, 1898~1983)와 그림이론에 대해 토론을 벌이던 중 발생하였다. 비트겐슈타인의 주장에 반론을 펴던 스라파 교수는 자신의 턱을 손가락 끝으로 밀어 올리는 시늉을 하였다. 스라파의 이러한 행동은 이탈리아에서 의구심이나 조소를 '의미'하는 제스처였는데, 이를 본 순간 비트겐슈타인은 자신의 '논고'에서 "언어란 언어가 지시하는 대상과 일치해야 한다."는 주장이 언어가 '지시'하는 것과 언어가 '의미'하는 것을 혼동한 결과였음을 인식하게 된 것이었다. 예를 들어, "소크라테스가 죽었다."라는 문장은 문장이 제시한 대상인 소크라테스의 사망뿐만이 아니라, 위대한 사상가의 죽음으로 인해 위대한 철학사상의 종말을 '의미'한다는 사실을 깨닫게 된 것이었다. 더불어 소크라테스라고 불리던 사람은 죽어서 이 세상에 없음에도 불구하고 2,000년이나 넘는 긴 시간동안이나 모든 사람들의 기억 속에 살아있는 인물로 존재한다는 의미를 통해 하나의 명제는 사실과의 대응을 넘어선 의미를 가지고 있다는 사실을 발견하게 된 것이었다. 또한 많은 사람들이 일상생활에서 사용하는 표현들을 보면 반드시 대상이 지정되어 있는 것은 아니라고 하였다. 예를 들어, "문을 열어라."라는 말은 '어떤 곳에 있는 문'을 열라는 지에 대한 대상이 명확하게 주어지지 않앉음에도 불구하고 이를 지시하는 사람이나 이를 듣는 사람 모두가 그 의미를 정확히 이해하며, 마찬가지로, "참, 아름답다!"라는 표현도 논리적 의미에서 볼 때는 아름답다고 지칭하는 대상, 즉 주어가 제시되지 않은 불완전한 문장임에도 불구하고 이를 듣는 사람들에게는 아무런 혼동 없이 그 의미가 전달된다는 사실을 발견한 것이었다.

이러한 각성에 의해 비트겐슈타인은 "언어와 사물은 서로 대응한다."는 전기 언어그림이론을 철회하고 언어유희론으로 전회하게 되었다. 비트겐슈타인은 언어유희론을 통해 언어를 놀이에 비유함으로서 언어의 의미는 물론 언어의 의미적 해석을 강조하였다. 그는 언어란 획일적 의미가 아니라 다양한 의미로 사용되며, 따라서 언어의 의미를 안다는 것은 그 언어가 어떠한 놀이 규칙에 따라 '사용(use)'되고 있는지를 파악하는 것이 중요하다고 강조하였다. "말의 의미란 말과 놀이가 주어진 상태에서 말이 어떻게 사용되는 지를 파악함으로서 가장 잘 이해될 수 있다(The meaning of words is best understood as their use within a given language-game.)."고 주장한 비트겐슈타인은 같은 언어를 사용한다는 것은 삶의 형식이나 생활양식을 공유한다는 것을 의미하며 언어의 의미는 생활 속에서의 '사용(use)'에 본질이 있다고 보았다. 예를 들어, "나는 바둑을 안다."라는 말은 바둑이라는 대상을 지칭하는 것이 아니라, "나는 바둑을 '둘 줄' 안다." 는 뜻으로 이는 곧 바둑 놀이의 규칙에 따라 바둑알을 사용하여 바둑이라는 놀이(game)를 할 줄 안다는 것을 의미한다고 설명하였다.

언어의 의미를 놀이의 사용 규칙과 연계시킨 비트겐슈타인은 언어에는 하나의 공통된 본질이 있는 것이 아니라 그 쓰임에서 나타나는 여러 유사성이 있다고 하면서 이를 '가족 유사성(family resemblances)'이라고 불렀다. 즉 줄넘기, 술래잡기, 가위바위보 등의 놀이는 각각의 놀이에 따라 본질적으로 다른 규칙을 가지고 있는 것이 아니라 놀이라고 하는 하나의 가족으로서 유사성을 공유한다고 설명하였다.

결론적으로 비트겐슈타인은 후기에 들어 자신이 주장했던 그림이론에 의거한 이상적 언어에서 일상 언어의 용도의미론(use theory)으로 사상이 전환되었다. 비트겐슈타인은 그의 전기 이론을 설명한 '논고'에서 추구하려고 했던 이상적 언어란 실제로 존재하는 언어를 왜곡시킨 상상적 언어이자 인위적 언어로 사람들이 일상생활에서 쓰는 구체적인 언어와는 본질적으로 괴리가 있다고 반성하였다. 자연적이며 일상적인 언어란 논리적 구조로 정형화한 이상적 언어와는 다른 의미를 가지고 있으므로 일상적 말의 용도란 결국 그 말을 사용하는 사람의 삶의 형식(form of life)에 비추어 이해하고 해석할 수밖에 없다고 강조하였다.

일반적으로 분석철학이라는 이론은 비트겐슈타인의 후기철학, 즉 일상적으로 사용하는 말의 용도를 분석함으로서 언어의 의미를 명백히 하려는 일상 언어의 용도의미론을 의미한다. 언어

분석철학의 절정기를 마련한 비트겐슈타인의 분석철학은 사물이나 현상에 대한 철학이 아니라, 철학에서 사용되는 언어를 연구한 학문이라고 할 수 있으며, 비트겐슈타인의 일상 언어의 실용적 사용에 대한 후기 철학은 그 후 자신이 공부했던 케임브리지 대학교보다는 옥스퍼드학파에 더 많은 영향을 끼치게 됨으로서 옥스퍼드학파는 일상언어학의 중심지가 되었다.

결론적으로 비트겐슈타인의 언어그림이론이나 언어유희이론은 애매모호한 언어로 이루어진 형이상학적 개념과 명제들을 명석하게 분석함으로써 인간이 실제로 경험할 수 없는 그릇된 신념과 독단적 아집으로부터 인간 의식을 해방시켰으며, 현대적 논리와 실증적 언어의 힘을 통해 인간 경험을 대변하는 인식적 진리에 접근하도록 자극하였다.

제10절 현대 미국 실용주의(Pragmatism in Modern America)

01. 개요

실용주의(pragmatism)는 1870년대 미국에서 시작된 철학 사조를 말한다. 미국은 1860년에서 시작되어 5년간 지속되었던 남북전쟁(American Civil War, 1860~1865)을 기점으로 그동안 영국에서 전래된 관념론에서 벗어나 독자적인 철학을 성립하였다. 남북전쟁은 미국 역사상 미 대륙에서 일어난 유일한 전쟁으로, 노예제도의 폐지와 인종차별주의의 종식이라는 역사적 의의를 가지고 있는 전쟁이다. 남북전쟁은 노예제도를 반대하는 미 북부와 노예제도를 근간으로 대농장(plantation) 중심의 미 남부 간의 정치경제적 불화로 인해 발발하였다. 19세기 말 미 남부가 노예제도를 기초로 농업이 발달한 지역이라면, 북부는 자유민에 의한 수공업과 제조업이 발달한 곳이었다. 미국 북부에서 1860년 말 노예제를 반대하는 공화당 후보인 링컨(Abraham Lincoln, 1809~1865)이 대통령으로 당선되자, 남부 11개 주는 1861년 미 북부 연방(the Union)에서 탈퇴하여 남부 연합(Confederate States of America)을 창설하고 데이비스(Jefferson Davis, 1808~1889)를 대통령으로 선출하였다. 1861년 4월에 시작된 남북전쟁은 여러 차례의 전투 끝에 1865년에 북부의 승리로 끝이 났으며, 이로 인해 노예제도의 폐지와 더불어 해방된 노예에게는 시민권이 주어졌으며 북부 주들은 정치경제적으로 비약적인 공업화, 도시화, 상업화를 이룩하게 되었다. 남북전쟁이 끝나면서 철학 사상 면에서도 독자성을 띤 철학 사상들이 나타나기 시작하였다.

실용주의(pragmatism)를 의미하는 'pragmatism'이란 고대 희랍어의 '행동, 실천, 실행'을 의미하는 'pragmata'에서 유래된 용어이다. 실용주의가 시작된 미국에서 'pragmatism'이란 신조어를 최초로 명명한 사람은 1905년 퍼스(Charles Sanders Peirce, 1839~1914)였다. 그러나 실용주의란 개념을 문헌상에서 최초로 소개한 사람은 퍼스의 가장 절친한 친구이자 미국 심리학의 아버지로 불리는 윌리엄 제임스(William James, 1842~1910)로 알려져 있다. 퍼스 이전에도 독일의 관념론자인 칸트는 그의 저서인 '실천이성비판'에서 정언명령, 즉 선험적 명령을 프래그티슈(praktisch), 가언명령을 프래그매티슈(pragmatisch)라는 용어로 구분하여 설명하였는데, 퍼스는 칸트의 이러한 용어를 채용하여 자신의 이론을 전개하였다. 퍼스와 제임스는 미국 실용주의를 대표하는 철학자로 퍼스는 실용주의의 창시자로, 제임스는 퍼스의 실용주의에 행동적 요소를 가미함으로서 실용주의를 실천적 사상으로 전개하였다.

실용주의는 엄밀한 의미에서 특정한 이데올로기를 가진 철학사상이라기 보다 인간의 현실생활에 유익한 이론을 구축하기 위한 실천 철학적 방법론이라고 할 수 있다. 철학적 관점에서 바라보는 실용주의란 지식보다는 행동과 실천을 중시한다는 점에서 반주지주의(anti-intellectualism)라고 할 수 있으며, 참 지식을 행동, 실천, 실험을 통해 증명되고 검증되어야 한다고 주장한다는 측면에서는 실험주의(experimentalism), 혹은 경험주의(empiricism)라고 볼 수 있다. 또한 인간이 궁극적으로 추구해야하는 진리를 실생활의 유용성(availability), 실천적 활용(practical use), 실천적 적용(practical application)에 의해 결정한다는 점에서는 상대주의적 공리주의(objective utilitarianism)라고 할 수 있다. 더불어 관념이나 진리, 지식, 이론은 실생활의 문제를 해결하기 위한 도구나 수단으로 보는 도구주의(instrumentalism)라고 할 수 있으며, 실험과 검증의 결과로 나타난 사실을 중시한다는 점에서는 결과주의(consequentialism)라고 할 수 있다. 결과주의란 특정한 행위의 옳고 그름은 그 행위의 결과로만 전적으로 판단한다는 접근방식으로 결과주의의 대표적인 사상이 최대 다수의 최대 행복을 진리로 보는 공리주의(utilitarianism)라고 할 수 있다. 다시 말해서 실용주의란 형이상학, 관념론, 이상주의, 토미즘처럼 불변의 세계를 인정하는 관점과는 달리, 인간의 실생활에 필요하다면 세계와 자연은 변화시킬 수 있다는 생활철학(life philosophy)이며 상식철학(commonsense philosophy)이라고 할 수 있다.

02. 퍼스의 실험주의(Experimentalism)

1) 생애

퍼스(Charles Sanders Peirce, 1839~1914)는 1839년 미국 매사추세츠 주 케임브리지 시(Cambridge,

Massachusetts)에서 태어났다. 퍼스의 부친은 하버드 대학교에서 천문학과 수학을 가르쳤던 대학 교수였다. 퍼스는 1863년 하버드대학교 로렌스과학대학(Lawrence Scientific School)의 화학과를 최우수 학생(Summa Cum Laude)으로 졸업하였다. 최우수 학위(Summa Cum Laude)는 1636년에 하버드대학교가 건립된 이래 로렌스과학대학에서 퍼스에게 최초로 수여한 학위등급으로 상위 5%이내에 해당하는 졸업생들에게 주는 표창장(highest honors)을 말한다. 그 외 준 최우수상 (Magna Cum Laude)은 상위 10%에서 15%에 해당하는 졸업생들에게 수여하는 상이며, 우등(Cum Laude)은 상위 25%에서 30%의 학생들에게 주는 상이다.

퍼스는 10대 청소년기 후반부터 삼차신경통(trigeminal neuralgia)이라고 불리는 안면신경통 (facial neuralgia)에 시달렸다. 삼차신경은 얼굴과 목 주위를 관장하는 12개의 뇌신경(cranial nerve) 중 5번째 신경으로 신경분지가 3개로 나뉘어졌다고 해서 붙여진 이름이다. 12개의 뇌신경 중 가장 큰 삼차신경의 세 개의 신경분지는 안신경, 상악신경, 하악신경으로 갈라진다. 삼차신경통이란 주로 신경을 압박하는 혈관에 의해 발생하며, 삼차신경을 구성하는 감각신경과 운동신경이 손상되면 음식을 저작하는 행동이나, 바람이나 차가운 온도에 노출되는 경우, 혹은 면도와 같이 얼굴 근육을 자극하는 경우 심한 발작적 안면통증을 유발한다. 퍼스도 그의 전기에서 안면신경통의 발생 초기에는 별다른 표정 없이 멍하니 냉정하고 침체된 모습을 하고 있다가 점차 통증이 시작되면 아주 작은 짜증(the slightest crossing)에도 참지 못하고 화를 내다가 극도의 통증이 일어나면 폭력적인 성질로 폭발(violent outburst of temper)하고 말았다고 기록되어있다. 이러한 이유에서인지 20세가 되던 1859년부터 천문학교수인 부친을 도와 완성한 진자진동실험으로 미국 연안측지학 측량학회의 위상을 세계적인 기관으로 올려놓은 퍼스는 측량학회 관계자들과의 잦은 의견대립으로 1891년 말 학회를 탈퇴하고 말았다. 그 후 퍼스는 1914년 사망할 때까지 일정한 직업이나 수입이 없이 극빈한 생활을 한 것으로 알려져 있다.

퍼스는 중년으로 접어들면서 그의 학문적 방향을 자연과학분야에서 논리학과 실용주의 철학으로 전환하였다. 퍼스의 논리학과 추론과정(logic and reasoning)에 대한 관심은 그의 나이 12살 때부터 시작되었다. 퍼스는 그의 형이 가지고 있던 화이틀리(Richard Whately, 1787~1863)의 '논리학의 요소(Elements of Logic)'라는 책을 매우 흥미롭게 읽은 후부터 평생을 논리학과 추론과정에 대한 연구에 몰두하였다. 화이틀리는 영국의 수사학자, 논리학자, 경제학자로 아일랜드 더블린(Dublin) 교회를 개혁한 신학자이다. 퍼스가 31세가 되던 1870년까지 그가 회원으로 있던 국립과학원에 제출한 총 38편의 논문 중 논리학에 관한 글이 3분의 1에 해당할 정도였다.

퍼스는 넓은 의미로 논리학을 기호학과 동일시하였으며, 특히 연역논리를 주로 하는 수리논리학과 귀납논리를 근거로 하는 과학적 논리와 더불어 역귀납(retroduction), 혹은 귀추법(abduction)

이라고 하는 논리체계를 새로이 창시하였다. 역귀납이란 예기치 못하게 발생한 현상의 원인을 역으로 추적하기 위한 귀납법으로 현상에 대한 역 가설을 설정하고, 설정한 가설을 실험과 관찰로 증명하는 역방향적 증명법을 말한다. 퍼스는 당시의 논리적 추정방법의 양대 산맥이라고 할 수 있는 연역법과 귀납법에 자신이 개발한 귀추법을 첨가한다면 모든 과학적 증명이 가능하다고 강조하면서 이 세가지 방법은 상호배타적인 동시에 밀접한 관련성을 갖는다고 주장하였다.

퍼스의 위대한 철학적 업적이라고 할 수 있는 실용주의는 그의 나이 38세가 되던 1877년부터 1878년에 걸쳐 '월간대중과학지(Popular Science Monthly)'라는 잡지에 '과학논리에 대한 예증(Illustrations of Logic of Science)' 시리즈를 연재하면서 처음으로 등장하였다. 퍼스는 이 시리즈를 통해 신념이란 본질적으로 습관적 행위의 근원이 되므로 인간의 신념도 과학적 방법을 통해 증명할 수 있다고 주장하였다.

31세라는 젊은 나이에 논리학, 역사철학, 종교철학, 철학사 등 38편이라는 엄청난 양의 논문을 발표하면서 저술활동을 주로 하던 퍼스는 논리학을 가르치는 대학교수직을 몹시 희망했다고 전해진다. 그러나 논리학처럼 혁신적인 신학문을 맞이할 준비가 되어 있지 않았던 당시의 보수적인 학계 분위기에서는 퍼스를 위해 논리학 강의를 신설하거나 교수직을 주려는 곳은 아무데도 없었다. 퍼스는 존스홉킨스대학교의 배려로 1879년부터 1884년까지 5년 동안 논리학을 강의했으며, 퍼스의 평생친구(a lifelong friend)였던 제임스의 도움으로 1903년부터 하버드대학교에서 실용주의를 강의하게 되었다. 이때에도 퍼스는 실용주의를 귀추논리의 맥락으로 설명하였다. 퍼스는 1891년에서 1893년에 걸쳐 실용주의 이론을 창시하였는데, 그는 그의 실용주의를 우연주의나 연속주의를 기반으로 하는 형이상학적 진화론으로 설명하였다. 하버드대학교 강의에서도 우연주의나 연속주의를 그의 과학논리를 지지하기 위한 작업가설의 사례로 활용하였다. 그러나 1900년대 초에 들어오면서 점차 실용주의가 미국 학계의 지배적인 이론으로 등장하자, 퍼스는 본인 자신의 설명방식이나 당시의 실용주의 이론을 위한 사상가들의 접근법에 문제점이 있음을 발견하고는 이를 수정·보완하여 보다 체계적인 이론으로 완성시키기 위한 작업을 죽을 때까지 지속하였다.

퍼스는 생전에 결혼을 두 번했지만 자식이 없었다. 퍼스는 두 번째 부인과 펜실베이니아 주 밀포드 시(Milford, Pennsylvania)의 조용한 농장에서 극빈한 생활을 한 것으로 알려져 있는데, 이러한 그의 처지를 빗대어 퍼스는 스스로를 '목가적인 논리학자', 혹은 '논리학을 위한 은둔자'라고 지칭하였다. 말년을 질병과 혹독한 가난 속에서 보낸 퍼스에게 물심양면으로 도움을 주었던 친구가 바로 윌리엄 제임스였다. 제임스는 노년에 들어 가난한 생활을 하던 퍼스를 위해 1907년부터 퍼스가 죽은 1914년까지 7년 동안을 보스턴에 거주하는 지식인들에게 편지를 보내 퍼스를 위한 경제적 도움을 요청하였다. 이렇게 조성된 기금은 퍼스가 사망한 후에도 지속되었다. 퍼스는 제임스와의 우정에 대한 답례로 그의 부인이 제임스의 장남보다 먼저 사망할 경우에는 모든 기금을 제임스의 장남에게 상속한다는 상속권을 부여하였다. 또한 1890년 초기부터 공식적인 출판물에 기재하는 자신의 이름을 Charles Sanders Peirce에서 Charles Santiago Sanders Peirce라고 개칭하였는데, 중간이름으로 들어간 'Santiago'는 그가 제임스를 '성자 제임스(Saint James)'라고 불렀던 이름의 스페인어 표현이었다.

퍼스는 1914년 그의 부인보다 20년 전에 사망했으며, 그의 부인은 퍼스를 화장하고 남은 재를 항아리에 담아 그녀가 사망할 때까지 지니고 있었다고 전해진다. 1934년에 이르러 펜실베니아 주지사였던 핀코트(Gifford Pinchot)가 사망한 퍼스 부인을 밀포드 묘지에 안장하면서 그녀가 가지고 있던 퍼스의 화장 재도 함께 매장하였다. 1934년 미국 철학자인 와이스(Paul Weiss, 1901~2002)는 퍼스를 일컬어 '가장 위대한 미국 논리학자이며 미국 철학의 독창성과 다변성을 최초로 확립한 철학자'라고 추앙하였다. 와이스는 하버드대학교 교수로 형이상학 리뷰(The Review of Metaphysics)와 미국형이상학회(The Metaphysical Society of America)를 설립한 인물이다.

2) 실험주의

퍼스는 그가 1877년에서 1879년에 걸쳐 출간한 '과학논리에 대한 예증' 시리즈 중에서 '신념의 확정(Fixation of Belief, 1877)'과 '우리의 생각을 명확히 하는 방법(How to Make Our Ideas Clear, 1878)'을 통해 초기 실용주의의 핵심 명제들을 소개하였다. '신념의 확정'에서 퍼스는 인간의 관념이나 사고활동은 행동과 실천을 가능하게 하는 신념(belief)의 확립에 있다고 주장하였다. 퍼스는 인간의 지식이나 관념은 행동과 결부될 때에만 의미가 있으며, 행동은 신념을 통해서 표출된다고 하였다. 즉, 신념은 지식을 굳건히 성립해주기 위한 행위의 규칙으로, 퍼스가 실용주의의 시조로 여기는 철학자 알렉산더 베인(Alexander Bain, 1818~1903)은 신념을 '행동으로 옮길 준비가 된 것(prepared to act)'이라고 정의하였다.

퍼스는 신념에 대한 3가지 특징을 설명하였는데, 신념이란 첫째, 인간이 알고 있고 믿고 있는 개념이나 관념을 말하며, 둘째, 신념이란 의심 때문에 생긴 불안감을 해결시켜주는 속성을 가지고 있다고 하였다. 즉, 인간은 특정 개념이나 관념에 대한 신념이 없으면 불안해하고 의심을 하게 되지만 적극적인 탐구를 통해 굳건한 신념이 생기면 이러한 지적 불안감이나 의구심에서 해방될 수 있다고 하였다. 퍼스가 소개한 신념의 마지막 특성은 탐구를 통한 신념이 확립되면 비로소 신념은 행동을 인도하는 행동규칙으로 작용한다는 것이었다. 퍼스는 자신이 주장한 '의심'이란 단순한 사변을 의미하거나, 데카르트적인 방법론적 회의주의를 의미하는 것이 아니라, 실제 생활과 연관된 보다 생산적이고 실천적 의미에서의 회의와 의심을 말한다고 설명하였다. 따라서 실생활적인 의심이란 실천적이고 실행적인 효과(practical effect)를 위한 근거를 제공해준다고 하였다.

신념이란 본질적으로 습관적 행위를 의미한다고 언급한 퍼스는 과학적 방법만이 인간의 신념을 확정 시켜준다고 강조하였다. 퍼스에 의하면, 과학적 지식이란 두 가지의 과정을 통해 획득되는데, 이에는 감각적 증명과 습관적 행위규칙에 대한 증명이 포함된다고 하였다. 감각적 증명이란 외부 사물에 대한 감각적 효과를 과학적인 방식을 통해 증명하는 것을 말하며, 습관적 행위규칙의 증명이란 사람들이 습관적으로 하는 행위들을 주의 깊게 관찰함으로서 감각적 효과의 명료성을 증명하는 것이라고 하였다. 이를 좀 더 쉬운 예로 설명하자면, 광물학자가 광물 X와 광물 Y 중 어느 광물이 더 단단한가에 대한 명확한 관념을 획득하기 위해서는 우선, 과학적인 실험을 통해 광물 X는 Y를 긁을 수 있지만, 광물 Y는 광물 X를 긁지 못한다는 사실을 발견함으로서 광물 X가 광물 Y보다 더 단단하다는 사실을 감각적으로 증명하게 된다고 하였다. 두 번째로, 사람들이 광물 Y를 긁기 위해 습관적으로 광물 X를 사용하거나, 광물 Y가 긁히지 않도록 광물 Y를 광물 X로부터 멀리 떼어놓는 것을 관찰함으로서 감각적으로 증명된 두 광물 사이의 단단함을 습관적인 행위의 규칙으로도 증명함으로서 두 물질 간의 단단함에 대한 명확한 관념이 형성된다는 것이었다. 이와 같이 퍼스는 인간의 관념이나 신념을 과학적 실험의 문제로 취급하였으며, 실험이란 일정한 의도 아래 특정 대상을 조작하여 나타나는 긍정적, 부정적 결과를 관찰하는 과정이라고 설명하였다. 더불어 과학적 실험의 궁극적인 목적은 대상의 성질을 정확하게 밝혀내기 위함이라고 강조하였다.

퍼스는 후일 실용주의를 위한 자신의 주장을 실용적 극대(pragmatic maxim)라고 불렀는데, 실용적 극대란 특정한 사물에 대한 개념은 사물의 실천적 효과가 있을 때에만 일반화시킬 수 있다는 것을 의미한다고 하였다. 'Maxim'이란 단어는 현대영어에서는 주로 '행위를 위한 일반적인 진리, 원칙, 규칙을 간략하게 표현하는 격언, 혹은 금언(brief expression of a general truth, principle, or rule of conduct)'으로 사용되지만, 퍼스는 이를 '극대'라는 의미로 사용하였다. 'Maxim'이란 단어는 중세 라틴어의 'maxima', 혹은 'maximus'에서 온 말로, '가장 위대한, 혹은 가장 훌륭한 명제, 가장 최상의 전제(greatest, the greatest proposition or premise)'라는 뜻을 포함하고 있는 용어이기도 하다.

퍼스는 또한 과학적 방법을 통해 검증 가능한 지식만이 참 진리라고 주장하면서 그의 실용주의 이론을 실험주의, 우연주의(tychism), 연속주의(synechism), 자애주의(agapism)의 개념으로 설명하였다. 우연주의란 퍼스 철학의 핵심주제 중의 하나로 진화적 적응(evolutionary adaptation)

과정에서 볼 수 있는 것처럼, 우연(chance)을 우주에 객관적으로 존재하는 실재라고 보는 관점을 말한다. 퍼스는 우연주의를 설명하기 위해 하나하나의 개별적인 물리적 현상을 현 사태(event)라고 규정하고, 모든 현 사태는 자발성을 가지고 있으며, 새로운 사태의 돌발 가능성을 자극한다고 보았다. 이러한 돌발가능성에 의해 촉발된 운동으로 현 사태와는 전혀 다른 새로운 형태의 사태가 생기게 되며, 새로운 사태는 현 사태에 적용되었던 법칙과는 다른 새로운 법칙을 요구하게 된다고 설명하였다. 따라서 이 세상에는 우연성만 존재할 뿐, 절대적이며 영원불멸한 것은 존재하지 않으며, 현 사태의 운동으로 하나의 법칙이 우연히 발견되고, 이러한 법칙이 새로운 법칙으로 진화하면서 세계가 발전한다고 주장하였다.

연속주의(synechism)도 퍼스 자신이 창시한 용어로, 'synechism'이란 고대 희랍어인 'synechês'에서 온 말로, '연속적인(continuous)'이란 뜻과 '이론'이라는 뜻을 가진 '−ism'이 합성된 말이다. 'Synches−'란 '함께(together)'라는 뜻의 'syn−'과 '가지고 있는, 잡고 있는(to have, to hold)'의 뜻을 가진 '−échein'의 합성어로, 퍼스의 연속주의란 시간, 공간, 입법 등과 같은 모든 사물을 연속적인 개념이나 관념으로 파악하려는 경향을 말한다. 퍼스는 연속주의를 설명하기 위해 우연성을 지닌 현 사태에 연속성 개념을 포함시켰다. 연속주의란 우연히 존재하는 개별적인 현 사태가 점차 진화되면서 궁극적으로 보편화되고 전체적인 법칙으로 발전된다고 보았다. 이러한 연속주의는 물질계와 정신계 모두 적용시킬 수 있으나 정신계에서의 연속성이 물질계의 연속성보다 더욱 더 현저한 양상으로 나타난다고 보았다. 결론적으로 인간의 지식이란 개개의 경험에서 습득된 개념이 연속적 과정을 거쳐 보편타당한 관념을 형성하는 것이라고 설명하였다.

퍼스가 주장한 자애주의(agapism)란 '창조적 사랑(evolutionary love), 즉 아가페(agape)를 의미하는데, 퍼스는 우주의 진화도 우주 속에 있는 사랑으로부터 유래하며, 아가페로 인해 혼돈상태의 우주에서 연속적이면서 조화를 가진 우주로 진화한다고 하였다. 일반적으로 자애주의란 비이기주의적(selfless), 자선적(charitable), 비성애적(non-erotic) 형제애에 대한 윤리적 신념을 말하나, 퍼스는 그의 실용주의 철학에서 자애주의를 우주에 작용하는 창조적 사랑(creative love)이라고 하였으며, 우주의 진화과정을 아가파즘(agapasm)이라고 지칭하였다.

퍼스는 우연주의, 연속주의, 자애주의 이론을 확대시켜 신의 존재를 인정하는 유신론으로 발전시켰다. 퍼스에 의하면 우주의 진화란 창조적 사랑에 의해 이루어지며, 창조적 사랑이 곧 기독교에서 말하는 하느님이라고 하였다. 반형이상학자로서 모든 지식은 실질적인 경험에 기반한 검증으로만 성립될 수 있다고 주장한 퍼스가 하느님이라는 형이상학적 개념을 도입한 것은 그의 실용주의 이론과 정면으로 대립되는 것이라고 볼 수 있다. 실천과 검증을 중시하는 퍼스가 검증할 수 없는 신의 개념과 종교를 인정한다는 것은 퍼스 자신에게도 자가당착적 모순이라고 할 수 있다. 퍼스는 이러한 자가당착적 모순과 대립적 개념을 설명하기위해 진리의 기준을 검증 가능성(verifiability)과 유용성(availability)의 두 가지로 정의하고 검증가능성과 유용성의 기준에 의해 지식의 종류를 과학적 지식과 종교적 지식의 두 가지 형태로 구분하였다. 그러면서 과학적 지식이란 검증이 가능한 것이기 때문에 진리이며, 종교적 지식은 인간에게 유용한 것이기 때문에 진리라고 주장하였다. 이러한 측면에서 퍼스의 실용주의는 과학적 사실을 중시하는 경험론과 모든 사람들의 정신적 생활에 유용한 공리주의를 종합한 절충적 철학이라고 할 수 있다. 퍼스의 이러한 주장에 대해 마르크스주의자들은 '두 개의 뿔을 가진 사상'이라고 비난을 하였지만, 검증가능성과 유용성 모두를 갖춘 퍼스의 사상은 그 후 실용주의의 전통이 되었다.

퍼스는 아리스토텔레스가 개발한 10가지 범주와 칸트가 오성의 형식으로 개발한 12가지의 범주론을 수정·보완하여 철학에 대한 새로운 범주목록을 개발하였다. 퍼스의 새로운 범주목록이란 칸트의 12가지 오성의 선험적 형식을 3가지로 축소하여 질(quality), 관계(relationship), 표상(representation)으로 구성하였다. 그 후 질, 관계, 표상을 질, 반작용, 매개로 바꾸었으며 최종적으로는 1차성, 2차성, 3차성 범주로 명명하였다. 또한 초기에는 범주라는 용어 대신에 '개념'이라는 단어를 사용하였으나 나중에는 환원 불가능한 개념요소라는 부언설명과 함께 1가, 2가, 3가적 요소라고 수정하였다. 이 3가지 요소들은 특정한 양상을 가능성, 현실성, 필연성으로 나눌 때나, 기호를 도상, 지표, 상징으로 나눌 때, 혹은 상징을 명사, 명제, 논증으로 나눌 때나 논증을 귀추, 귀납, 연역으로 나눌 때 차례로 나타나는 요소라고 설명하였다.

퍼스에 이어 등장한 윌리엄 제임스는 퍼스의 이론적 철학에 행동적 요소를 가미하여 실용주의를 보다 진일보한 진리의 철학으로 발전시켰으며, 제임스의 진리의 철학은 그 뒤에 등장한 듀이에 의해 행동적 요소와 사회적 요소를 강화한 도구주의로 발전하게 되었다.

결론적으로 유럽과는 전혀 다른 독자적 노선으로 등장한 미국의 실용주의는 퍼스가 주장한 '실용적 극대'를 시작으로 제임스, 듀이와 같은 학자들에 의해 보다 실천적인 이론으로 발전되었다. 이들이 구축한 실용주의는 행동과 실천을 중시하는 반주지주의, 실험적 검증을 중시한 실험주의, 감각적 경험주의, 결과주의, 상대주의적 공리주의, 그리고 지식을 실생활의 향상을 위한 도구로 보는 도구주의라고 할 수 있다.

03. 제임스의 실용주의(Pragmatism)

1) 생애

제임스(William James, 1842~1910)는 1842년 뉴욕시에서 태어났다. 제임스의 조부는 영국에서 미국으로 이주한 이민지 중 미국 최초로 백만장자가 된 인물로 제임스는 그의 조부의 이름을 그대로 이어받았다. 제임스의 동생인 헨리 제임스(Henry James, 1843~1916)는 마크 트웨인(Mark Twain, 1835~1910)과 함께 19세기 후반 미국을 대표하는 양대 작가로, 유럽 전통과 대비되는 소설을 발표하여 미국 문학의 전통을 창조한 인물이다. 유복한 가정에서 태어난 제임스는 유년시절과 청소년시절의 대부분을 제네바, 런던, 파리 등 유럽 대륙에서 보내면서 유럽 각국의 문화를 습득하였다.

제임스는 19세가 되던 1861년 하버드대학교의 로렌스 과학대학에 입학하여 화학과 해부학 등을 수학한 후 의학을 전공하였다. 유명한 자연주의자 루이 아가시의 조수로 아마존 강 탐사에 참여하기 위해 잠시 의학공부를 중단했던 제임스는 아마존에서 건강이 악화되자 다시 미국으로 돌아와 의학 공부를 계속하였다. 25세가 되던 1867년에는 1년간 독일로 유학을 간 제임스는 그곳에서 물리학, 생리학, 병리학은 물론 근대 실험의학의 시조로 알려진 프랑스 의사인 베르나르 (Claude Bernard, 1813~1878)의 강의에 열중하였다. 제임스는 의학뿐만이 아니라 심리학과 철학도 폭넓게 공부하였는데, 특히 칸트학파의 관념론자이자 신비판적 관념론을 주장한 르누비에 (Charles-Bernard Renouvier, 1815~1903)의 철학에 심취하게 되었다. 르누비에의 사상은 어렸을 때부터 허약했던 제임스 자신의 건강문제와 지적발전에 중요한 계기를 마련해 주었다. 프랑스 수학자이자 철학자인 르누비에는 칸트의 비판철학에서 출발하여 칸트와는 전혀 다른 사상을 전개한 철학자이다. 르누비에는 무한성에 대한 개념을 전면 부정하면서 신이라는 존재도 무한한 절대자가 아니라 끝없는 완성을 향해 나아가는 도덕질서 자체라고 강조하였다. 따라서 인간은 도덕의 필수조건인 자기결정과 자유의지를 가진 개체이기 때문에 절대정신에 흡수되어서는 안 된다고 주장하였다.

제임스는 소년 시절부터 병약한 체질과 예민한 성격을 지니고 있었다. 이러한 건강상태가 19세가 되던 1861년 아마존 강 탐사로 인해 악화되었고, 25세인 1867년 1년간 유학을 갔던 독일에서는 자살을 생각할 정도로 체력이 저하되었다. 1868년 18개월간의 독일 유학생활을 마치고 미국으로 귀국했으나 건강이 회복되지 않자 1869년 하버드 의과대학에서 의학박사 학위를 받고도 개업을 할 수가 없었다. 이때부터 1872년까지 제임스는 그의 아버지 집에서 환자로 지내면서 독서와 집필로 시간을 보내다가 1872년 하버드대학교 생리학 전임강사로 임명되어 1876년까지 생리학을 강의하였다. 그러나 제임스는 생리학보다는 심리학에 대한 관심이 더 많았으며, 결국 심리학을 생리학과 연계한 생리심리학 강의를 하기 시작하였다. 이는 당시의 미국 대학들에서 확고한 위치를 차지하고 있던 신학적 이론에 대한 혁명적인 도전이었다. 제임스에 의하면, 심리학은 정신과학이 아니라 실험과학이 되어야 하며, 철학도 관념들에 대한 단순한 동의(agreement)를 구하기 위한 문법훈련이 아니라, 형이상학적 관념의 발견을 위한 실험이 강조되어야 하므로 과학적 방법론의 개발은 심리학자나 철학자가 짊어져야 할 일차적인 책임이라고 주장하였다.

　제임스는 1878년 결혼을 한 후 생활이 안정되자 신경쇠약 증세도 나아졌으며, 예전보다 활기찬 열정과 정력으로 강의나 집필활동에 전념할 수 있었다. 제임스는 1890년 심리학 분야의 기념비적이라고 할 수 있는 '심리학 원리(Principles of Psychology)'를 저술하였다. 제임스는 '심리학 원리'에서 현대 심리학의 창시자로 알려진 독일의 심리학자인 분트(Wilhelm Wundt, 1832~1920)가 주장한 구조주의(structualism)를 뒤엎는 이론인 기능주의(functionalism)를 내 놓았으며, 심리학에 대한 많은 실험결과를 발표함으로서 미국 심리학의 아버지로 우뚝 서게 되었다. 제임스는 정신과학을 생물학과 동일한 분과로 보고 사고와 인식을 생존경쟁의 도구로 취급하는 등 심리학의 근본원리를 기능적 관점에서 정리하였다. 동시에 제임스는 유기체의 심리적 과정을 물리적 과정의 효과로 보는 정신물리학을 창시하면서 인간의 자유의지를 강조하였다.

　'심리학 원리'를 완성되고 난 후 제임스는 점차 심리학에 대한 관심이 줄어들게 되었다. 특히 제임스 자신이 미국 최초의 실험심리학의 창설자 임에도 불구하고 자신은 실험에 적합한 사람이 아닌 것 같다며 실험 작업을 기피하게 되었다. 즉, 제한된 실험실에서의 규격화된 실험방법보다는 일상생활에서의 자유로운 관찰과 반성을 좋아하던 제임스는 그의 학문적 관심을 심리학에서 철학과 종교로 전환하였다. 그 결과, 제임스는 1897년 그의 가장 유명한 종교철학 저서인 '믿으려는 의지와 대중적 철학에 대한 논고(The Will to Believe and Other Essays in Popular Philosophy)'를 완성하였으며, 그 후 10여 년 간의 그의 인생을 종교적 시기로 자처하면서 신의 존재와 본성, 영혼불멸성, 자유의지와 결정론, 인생의 가치 등을 연구하기 시작하였다. 종교에 대한 그의 관심은 영국 에든버러 대학교에서 자연종교에 대한 기퍼드 강좌(Gifford Lectures)를 해달라는 초청을 받고 더욱 더 깊어졌는데 몇 년 동안의 강의준비에 몰두한 나머지 제임스의 건강은 매우 악화되기 시작하였다. 이로 인해 2년간의 안식년 휴가를 얻어 가기로 했던 유럽여행은 투병기간으로 바뀌었으며, 투병기간에도 제임스는 기퍼드 강좌를 위한 준비에 소홀하지 않았다. 기퍼드 강좌는 '다양한 종교체험(The Varieties of Religious Experience)'이라는 책으로 1902년에 출간되어 종교학자들에게 큰 찬사를 받았다. 또한 1898년에 캘리포니아 대학교에서 행한 철학적 견해와 실제의 결과에 관한 강의에서 제임스는 실용주의 방법론을 정식으로 인정하는 발언을 하였다. 1870년대 중반 퍼스의 과학적 논리에 대한 엄격한 분석에서 비롯된 실용주의 방법론은 그 후 제임스의 손을 거쳐 새로운 실천철학으로 일반화되었다.

　제임스의 건강은 유럽에서의 2년간의 휴양기간에도 불구하고 나아지지 않았으며, 결국 미국으로 돌아온 제임스는 심장병이 악화되어 68세를 일기로 사망하였다.

2) 실용주의

제임스는 미국 실용주의를 대표하는 철학자이며 근대 미국 심리학의 아버지(father of American psychology)로 불리는 인물이다. 제임스의 실험 심리학에 대한 업적은 현대 심리학의 기원으로 인정될 정도로 지대한 영향력을 가지고 있다. 의학을 전공하는 한편 철학과 심리학 연구에도 정진했던 제임스는 심리학이야말로 철학과 생리학을 수렴할 수 있는 유일한 학문이라고 확신하였다. 그의 심리학에 대한 확고한 신념은 그 당시 심리학 같은 최신학문에 대해 보수적이었던 하버드 대학교에 1875년부터 심리학 강좌를 개설하는 것으로 증명이 되었다. 심리학 강좌 개설에 곧 이어 제임스는 자신의 연구실의 일부를 심리학 실험실로 개조하여 심리학에 관한 실험을 시작하였다. 1890년 제임스는 심리학에 대한 실험결과를 담아 '심리학의 원리(The Principles of Psychology)'라는 책을 출간하였다.

제임스는 심리학을 '정신과정의 현상과 조건을 모두 포함한 과학(science of mental life, both of its phenomena and their conditions)'이라고 정의하였으며, 이후 제임스가 내린 이 정의는 오랜 기간 동안 심리학에 대한 전통적인 표준으로 인용되어져 왔다.

제임스를 미국 심리학의 아버지로 부르는 이유는 근대 심리학의 창시자로 불리는 독일 심리학자인 분트(Wilhelm Wundt, 1832~1920)와는 전혀 다른 이론을 내놓으면서 미국 심리학의 새로운 장을 열었기 때문이었다. 분트는 1879년 자신이 재직하게 된 라이프치히 대학교(Leipzig University)의 비어있던 강당을 실험실로 개조한 후 세계 최초로 실험심리학 연구소를 개설하였다. 분트는 다양한 실험을 통해 인간의 경험이란 작은 분자, 혹은 요소들로 이루어졌다고 주장하면서 인지적 구조주의(cognitive structuralism), 또는 요소주의(elementalism)를 창시하였다. 제임스는 분트의 이러한 이론을 비판하면서 기능주의(functionalism)를 주장하였다. 기능주의란 분트가 말한 경험의 원자처럼 인간의 기억이나 지각이 분리된 작은 경험의 분자, 혹은 감각요소의 연합으로 구성되는 것이 아니라, 인간의 실생활적 경험을 통해 하나의 연속적 흐름으로서 환경에 기능한다는 이론을 말한다. 사람들의 일상적인 경험과 습관들에 대한 연구를 통해 제임스는 사람들이 아침에 일어나 옷을 입고 문을 나가 자신이 일하는 직장에 정확히 도착하는 행동을 아무런 생각 없이 습관적으로 하는 것은 신경계가 이러한 요소적인 행동들을 하나의 기능(function)으로 해석하여 습관화시킨 결과라고 주장하였다. 이러한 기능주의의 가장 커다란 장점은 매번 각각의 행동을 할 때마다 소비되는 정신적 에너지를 절약해주는 것이라고 강조하였다. 생리학을 전공한 제임스는 심장의 박동으로부터 사물의 지각에 이르기까지의 거의 대부분의 인간행동은 과거 경험에 의해 편익을 받는 기능적인 연상 작용이라고 설명하였다. 만약 인간이 기능적이지 못한다면 매일 아침 옷을 입는 방법, 직장에 도착하는 방법 등을 머릿속으로 그려봐야 하며 그럴 때마다 엄청난 정신적 에너지가 소비되지만, 이러한 행동이 하나의 기능으로 습관화되면서 정신적 에너지를 절약하게 된다는 것이었다.

제임스로부터 시작된 미국의 근대 심리학은 존스 홉킨스 대학교에서 구조주의 심리학을 전공한 듀이(John Dewey, 1859~1952)가 1894년 시카고대학교 철학과 교수로 오고, 제임스의 제자이며 미시간 대학교에 재직하고 있던 엥겔(James Rowland Angell, 1869~1949)이 일년 뒤인 1895년 듀이의 추천으로 시카고대학교에 신설된 심리학과 학과장으로 오게 되면서 시카고대학교는 기능주의 심리학의 본거지가 되었다. 그 후 시카고 대학교의 기능주의 심리학은 1920년대에 들어오면서 등장한 행동주의(behaviorism)에 의해 대체되었다.

제임스는 퍼스의 '과학 논리 실례' 시리즈 중에서 초기 실용주의의 핵심이 되는 '신념의 확정(1877)'과 '우리의 생각을 명확히 하는 방법(1878)'을 그의 실용주의 출발점으로 삼았다. 제임스는 1898년에 출간한 저서인 '철학 개념과 실행 결과'에서 'pragmatism'이라는 용어를 철학개념으로는 최초로 사용하기 시작하였으며, 퍼스의 이론적인 실용주의를 행동적 요소가 가미된 실천적 실용주의로 발전시켰다. 퍼스의 실용주의 이론에 의하면 특정 사태에 관한 인간의 사고가 명확한 판단에 도달하기 위해서는 사고 안에 일정한 신념을 확립하는 것이 중요하다고 주장하였다. 이에 대해 제임스는 관념이 참인지, 거짓인지에 대한 문제는 그것이 실생활에 있어서 어떠한 실천적 차이를 나타내는가에 따라서 결정된다고 주장하였다. 즉, 특정 관념의 진위는 신념 수준에서 결정되는 것이 아니라, 사실에 적합하게 부합될 수 있는 것인지에 대한 유효한 결과가 검증되어야만 참된 진리라고 증명(verity)할 수 있다는 것이었다. 이러한 관점에서 볼때 이 세상에는 시간과 공간을 초월하는 절대적 진리란 없으며, 상대적이며 변화하는 진리의 기준은 오로지 실생활에서의 유용성(availability)에 두어야 한다고 강조하였다. 따라서 제임스는 퍼스의 진리에 대한 신념 구축에 대해 '진리란 신념으로서 좋은 것, 그리고 확정적이며 지정 가능한 이유에서 좋다는 것을 스스로 입증한 것들에 대한 이름'이라고 반박하였다. 이런 점에서 제임스의 실용주의는 퍼스의 이론보다 실생활에서의 유용성을 강조한 실천적 결과주의(consequentialism)라고 할 수 있다.

제임스의 실용주의는 듀이에게 전수되었으며, 듀이는 퍼스와 제임스의 실용주의 이론에 행동적 요소와 사회적 요소를 가미한 도구주의를 주장하였다. 듀이는 그의 도구주의에서 지식의 현실성(actuality)과 가능성(possibility)을 바탕으로 창조적 지능이라는 용어를 탄생시켰다.

04. 듀이의 도구주의(Instrumentalism)

1) 생애

듀이(John Dewey, 1859~1952)는 평범한 가문 출신으로 할아버지는 3대째 버몬트 주 벌링턴 시(Burlington, Vermont)에서 농사를 짓던 농부였다. 벌링턴은 15,000명의 인구를 가진 소도시였는데, 인구 중 절반은 오래전에 버몬트 주에 정착한 개신교도(Protestant)의 후손이었으며, 나머지 절반은 유럽의 아일랜드나 캐나다의 퀘벡에서 이주해온 이주민들이었다. 듀이의 아버지는 농업에 종사해야한다는 집안의 전통을 깨고 벌링턴 시에서 식료품 사업을 시작하였다. 이곳에서 듀이의 아버지는 44세때 20세나 어린 듀이의 어머니와 결혼했으며, 이들 사이에서 모두 4명의 자녀가 태어났다. 그러나 이 중 두 명이 어린 나이에 사망하자 충격을 받은 듀이의 어머니는 인간은 단지 신의 예정설에 따라 신의 의지대로 살아가야 한다는 칼뱅주의로 개종하고는 듀이에게도 철저한 신앙생활과 엄격한 생활태도를 강요하였다.

듀이는 벌링턴 공립학교, 버몬트 대학교를 거쳐 1882년 존스홉킨스 대학교 대학원에 입학하여 철학을 전공하였다. 듀이는 존스홉킨스 대학교에 초빙교수로 온 미시간대학교의 모리스(George Sylvester Morris, 1840~1889) 교수로부터 신헤겔주의의 강의를 듣게 되면서 그때부터 우주의 정신적, 유기적 본성을 강조하는 신헤겔주의를 자신의 철학사상의 핵심 주제로 받아들였다. 모리스 교수는 19세기 독일 철학자인 헤겔의 사상을 부흥시킨 신헤겔주의의 대표적 인물이었다. 듀이는 1884년 존스홉킨스 대학교에서 철학박사학위를 받은 뒤 그해 가을 모리스 교수의 추천으로 미시간대학교에서 철학과 심리학을 강의하였다. 그 후 1888년에서 1889년까지의 2년간을 미네소타대학교에서 철학교수로 지낸 기간을 제외하고는 1894년까지 10년간을 미시간대학교에서 재직하였다. 듀이는 미시간대학교에 재직하면서 교육심리학에도 지대한 관심을 표명하였다. 특히 전통적인 학교교육이 당시의 아동심리학이 밝혀낸 아동의 특성이나 민주적 교육방법에 부응하지 못하고 있음을 통감하고는 1894년에 시카고대학교로 이적한 후 그 곳에서 시카고실험학교(Chicago Laboratory School)를 설립하였다. 시카고실험학교는 듀이가 1896년에 설립한 대학부설학교로 그의 도구주의 인식론(instrumental epistemology)을 학교교육에 실제로 적용하기 위한 실험학교였다. 1896년 1월에 문을 연 시카고실험학교는 4세에서 14세까지의 아동들을 열개의 소집단으로 나누고 한 학급 당 인원수도 8명에서 10명 내외로 제한함으로써 소집단 중심의 자유로운 교육환경을 조성하였다. 4세에서 6세까지의 가장 어린 아동들은 유치원(Kindergarten)을 통해 기초교육이 제공되었다. 실험학교의 유치원은 기존 유치원과는 다르게, 유치원의 창시자라고 불리던 독일 교육학자인 프뢰벨(Friedrich Froebel, 1782~1852)의 이론을 적용하여 아동기에 대한 존중과 놀이의 중요성을 강조하였으며, 그 결과 듀이의 교육관은 진보주의 교육, 아동중심교육, 생활중심교육, 경험중심교육이라는 체계로 정립되기 시작하였다.

듀이의 실험학교는 1903년까지 7년간 지속되었다. 전통적인 암기위주의 교육에서 벗어나 학교와 지역사회의 장벽을 허물며 아동의 실제적인 경험을 중시한 자연주의적, 경험주의적 교육은 학부모들은 물론 교육계에 커다란 반향을 불러일으켰으며, 시카고대학교를 진보주의적 교육사상의 중심지로 만들었다. 듀이가 집필한 '학교와 사회'는 3년간의 시카고 실험학교에서의 경험을 집대성한 것으로 교육계에서는 가장 영향력 있는 저서의 하나로 알려지게 되었다. 그러나 1904년에 접어들면서 실험학교의 재정과 교육프로그램에 대한 이견으로 총장과의 불화를 일으키게 된 듀이는 스스로 교수직을 사임하고 콜롬비아대학교로 옮기게 되었다.

콜롬비아대학교로 옮긴 후 듀이는 1930년 퇴직할 때까지 27년간 수많은 저서들을 출간하였다. 듀이는 140여개의 학술지에 700편이 넘는 논문과 40권의 책을 저술하였다. 한 문헌목록에 의하면 듀이의 저서목록이 125페이지에 달할 정도였으며, 그의 저서들은 코메니우스 이래로 역사상 가장 많은 언어로 번역되었다. 듀이의 많은 논문들은 현대 심리학의 고전으로 인정받고 있다. 특히 '심리학에서의 반사 궁에 대한 개념(The Reflex Arc Concept in Psychology)'은 환경에 적응하려고 노력하는 유기체에 초점을 맞춘 기능심리학(functional psychology)의 효시로 여겨지고 있으며, 1899년에 발표한 '학교와 사회(The School and Society)'와 1902년에 발표한 '어린이와 교과과정(The Child and the Curriculum)'은 아동중심주의, 경험중심주의, 진보주의의 표준으로 받아들여지고 있다. 듀이가 주장하는 교육과정이란 아동의 자발적 흥미에 바탕을 두어야 하며, 학교는 아동들이 교실 안에서 다양한 경험을 통해 사유와 행위의 상호작용이 일어나도록 하는 '축소된 공동체'로 조직되어야 한다고 주장하였다. 축소된 공동체로서의 학교에서는 교사가 틀에 박힌 수업을 담당하는 감독관이 아니라 학생의 동료이자 안내자가 되어야 하며, 교육의 목표도 아동들을 전인적 인간으로 성장하도록 이끌어 주는 방향으로 설정되어야 한다고 강조하였다. 이러한 듀이의 교육관에 대해 본질주의(essentialism) 학파에서는 학생들의 학업에 대한 무관심이나 예절교육, 혹은 규율 면에서의 실패는 전적으로 듀이의 진보적 교육관 탓이라고 맹렬히 비난하였지만, 듀이의 진보주의적 아동중심 교육은 미국을 대표하는 교육사상으로 자리 잡게 되었다. 듀이는 중국과 칠레에서 준 국가훈장은 물론 미국우편협회(US Postal Service)에 의해 위대한 미국인 시리즈의 한 사람으로 선정되어 30센트짜리 우표에 등장하는 등 학자로서의 최고의 명예와 존경을 받았다.

듀이는 그의 나이 32세가 되던 1927년 아내가 사망하고 나서는 오랜 기간 재혼을 하지 않았다가 1946년 87세란 나이로 42세 여성과 재혼하였다. 건강한 체질로 태어난 듀이는 질병으로 인해 강의나 학술활동에 영향을 받은 적은 거의 없었으며 93세까지 장수를 누리다가 1952년 폐렴으로 사망하였다.

2) 도구주의(Instrumentalism)

미국의 실용주의는 퍼스와 제임스를 거쳐 듀이에 이르러 행동적, 실천적 요소가 더욱 강화되었으며, 개인적 실용주의 관점에서 사회적 실용주의로 확대되었다. 듀이의 실용주의는 1903년 시카고대학교의 동료교수 7명과 공동 저술한 '논리이론 연구(Studies in Logical Theory)'를 통해 확고한 철학사상으로 자리 잡으면서 그 결과 시카고학파가 형성되었다.

일반적으로 듀이의 실용주의 철학을 '도구주의(instrumentalism)', 또는 '실험주의(experimentalism)'라고 부르는데, 도구주의란 인간의 모든 관념이나 사상, 지식, 혹은 이론들은 현실생활에서 일어나는 문제 해결을 위한 도구나 수단에 지나지 않는다고 보는 견해를 말한다. 듀이는 그의 도구주의 인식론을 통해 헤겔의 절대주의 관념론을 부정하면서, 인간 정신이나 관념은 환경 속에서 인간의 삶에 대한 문제를 해결하기 위한 도구라고 주장하였다. 따라서 도구가 낡아지면 갈아 치우거나, 더 좋은 성능의 도구가 발견되면 기존의 도구를 대체하듯이 인간의 관념이나 지식, 개념도 생활에 도움을 주지 못하면 대체시키거나 개량되어야 한다고 주장하였다. 이러한 관점에서 듀이의 도구주의에서 주장하는 지식이란 객관적이고 절대적인 확실성을 갖는 지식이 아니라 언제나 수정가능한 상대적 확실성만을 갖는다고 할 수 있다.

듀이에 의하면, 살아있는 유기체인 인간은 환경과의 끊임없는 상호작용이 없이는 생존할 수 없으며, 인간의 경험이란 이러한 상호작용으로부터 습득되는 직접적이며 생동적인 것이라고 하였다. 이러한 맥락에서, 듀이는 인간의 사고 작용이란 경험을 조직하여 새로운 문제해결에 적용하기 위한 정신적 과정이라고 주장하였다. 또한 듀이는 과학적이며 일상적 경험 속에서 만나는 자연이야말로 궁극적으로 존재하는 실재이며, 인간도 자연의 산물로서 지금 여기에(here and now) 살면서 자신의 의미와 목표를 찾아가는 존재라고 보는 자연주의(naturalism) 이론을 구축하였다.

듀이는 또한 창조적 지능(creative intelligence)이라는 개념을 소개하였는데, 이러한 개념을 설명하기 위해 관념의 속성을 현실성(actuality)과 가능성(possibility)으로 구분하였다. 창조적 지능이란 보다 풍요로운 미래생활을 위해 현 생활의 경험적 지식을 바탕으로 미래를 예측하기 위한 지식이라고 정의하였다. 듀이는 인간의 관념이나 지식은 인류의 생활경험의 발전과 함께 변화되어 왔으며, 이러한 지식은 플라톤 이래 수많은 형이상학자들의 주장처럼 생활경험과 유리된 것이나, 경험주의자들이 주장하는 것처럼 외부 세계를 수동적으로 받아들이는 것이 아니라 지성을 통한 능동적인 경험의 산물이라고 하였다. 따라서 인간은 외부환경을 능동적으로 변화시키기 위한 도구로서의 창조적 지능을 가지고 있으며, 창조적 지능이란 미래의 가능성을 예견할 수 있는 지식이라고 규정하였다. 예를 들어, 검은 먹구름이 몰려오고 천둥이 치면 인간은 5감각을 통해 이러한 자연현상을 경험으로 인식할 뿐만이 아니라 먹구름이나 천둥 뒤에 올 소나기를 예견하여 우산을 장만한다거나 걸음을 재촉하게 된다는 것이었다. 이와 같이 인간은 현실적 관념을 바탕으로 미래를 예측할 수 있으며 이러한 속성을 창조적 지능이라고 규정한 듀이는 자신을 다윈주의의 수정자(amender of Darwinism)라고 지칭하였다. 즉, 인간이란 창조적 지성이라는 도구를 이용하여 능동적으로 환경에 적응할 뿐만이 아니라 미래를 예측함으로서 환경을 변화시키고 자연을 지배할 수 있는 것이라고 강조하였다.

결론적으로 실용주의란 엄밀한 의미에서 관념적 진리를 추구하기 위한 이론적 철학이라기보다는 실생활의 유용성과 검증성을 중시한 생활철학이자 상식철학이라 할 수 있다. 또한 참된 진리를 실생활의 일반적인 유용성으로 판단한다는 관점에서 최대 다수의 최대 행복을 강조한 공리주의라고 할 수 있으며, 지식보다는 행동을 중시하고 모든 행동은 엄격한 관찰과 실험을 바탕으로 살아있는 경험을 중시한다는 점에서는 반주지주의적 경험주의라고 할 수 있다. 퍼스와 제임스를 거쳐 듀이에 의해 완성된 실용주의는 현대를 살아가는 미국인들의 가장 중추적인 사상으로 자리 잡았다.

제7장

한국 철학

제11절 불교철학

01. 개요

삼국사기나 삼국유사에 따르면, 한반도에서 구석기 시대의 유물이나 유적이 발견된 점을 미루어보아 한반도의 역사는 구석기 시대라고 추정이 되나 일반적으로는 신석기 시대부터라고 알려져 있다. 삼국사기는 고려 17대 인종(仁宗, 1122~1146)의 명을 받아 김부식(金富軾, 1075~1151)과 열명의 편사관들이 대대적인 국가편찬사업의 일환으로 기록한 역사서로 1145년에 완성되었다. 삼국유사는 삼국사기가 주로 중국역사를 중심으로 편찬되었으며, 특히 불교에 대한 내용이 생략되었다는 점을 보완하기 위해 고려 충렬왕 때 고승 일연(1206~1289)이 1276년에서 1281년 사이에 완성한 기록서이다.

한반도의 역사적 시대를 고대, 중세, 근세, 현대로 구분하자면, 우선 고대란 한반도의 최초 고대국가라고 일컬어지는 고조선(기원전 2333(?)~기원전 108)으로부터 시작하여 고구려(기원전 37~서기 668), 백제(기원전 18~서기 660), 신라(기원전 57~서기 668)의 원삼국시대, 통일신라(668~918)와 발해(698~918)의 남북국 시대를 거쳐 후삼국시대(892~936)까지를 지칭한다. 중세는 고구려의 정신을 계승하고 왕건에 의해 창설된 고려(918~1392) 시대를 말하며, 근세는 500년간의 조선시대(1392~1910)를 말하며 그 이후를 현대로 구분한다.

한반도에 고대 부족국가 형태를 띠고 나타난 최초의 고대국가는 청동기 시대에 건립된 고

조선이라고 알려져 있다. 고조선은 하늘을 중시하는 경천사상, 조상숭배사상, 민족적 토속신앙이었던 샤머니즘 등의 생활신앙을 가지고 있었다. 지리적으로 중국과 근접한 북서해안지역에 위치한 고조선은 기원전 107년경 중국 한나라에 의해 멸망하면서 한사군이 설치되었다. 그 후 한사군 중 진번, 임둔, 현도는 토착민들에 의해 흡수되었으나, 낙랑은 기원전 37년경 발흥한 고구려에 흡수되었다. 이로서 한반도는 고구려, 백제, 신라의 삼국시대로 접어들게 되었다.

삼국시대 이전의 고대사회를 족장을 중심으로 하는 부족연맹사회라고 한다면 삼국시대는 전제왕권의 체제를 확립한 고대왕국이라고 볼 수 있다. 동서양을 막론하고 확고한 국가체계를 정비하기위해서는 법률적, 사상적, 관료적 통일이 필요하게 된다. 법률적 통제란 율령, 즉 형법과 민법, 행정법의 제정을 통한 국가질서체제의 확립을 의미하고, 사상적 통일은 철학적, 종교적 사상을 통해 사회통합의 이념을 확고히 하는 것을 의미한다. 관료적 통일은 주로 교육기관을 설립하여 국가가 필요로 하는 인재를 양성하는 것을 의미한다. 삼국시대의 사상적 통일은 불교의 공인으로 이루어졌으며, 인재등용을 위한 교육이념으로는 유교를 기반으로 하는 관학과 사학의 설립, 그리고 과거제도 등을 들 수 있다. 이러한 맥락에서 고구려에서는 관학인 태학(太學)과 경당, 백제와 신라에서는 정확한 기록이 남아있지 않아 자세히 논할 수는 없지만, 신라의 경우, 국가적 인재양성의 방편으로 조직된 화랑도를 관학의 의미로 해석할 수 있다.

한반도에서 약 700 여 년간을 존속한 고구려, 백제, 신라를 원삼국시대라고 지칭하는 이유는 삼국시대를 통일한 통일신라(676~918)가 멸망한 후 한반도가 다시 3국으로 분열되어 후삼국시대를 형성한 것과 구별하기 위해서이다. 고구려 또한 기원전 37년경 중국 부여 출생인 주몽(朱蒙, 기원전 58~기원전 19)이 압록강의 지류인 동가강 유역의 졸본 지방에 건국한 나라로 5세기에 이르러 장수왕이 국호를 고려(高麗)로 바꾸었으나, 왕건(877년~943)이 건국한 고려와 구분하기 위해 고구려로 통칭되고 있다.

신라 최초의 진골출신 왕인 29대 태종무열왕인 김춘추(金春秋, 604~661)는 가야국의 왕족이었던 김유신(金庾信, 595~673)과 제휴하여 집권체제를 강화한 후 당나라(618~907)와의 나당동맹을 맺어 백제와 고구려를 차례로 멸망시키고 통일신라시대를 열었다. 따라서 신라는 태종무열왕 김춘추(603~661, 재위 654~661) 이전 시대를 삼국시대, 무열왕 이후를 통일신라시대로 구분짓는다. 통일신라는 '후신라' 혹은 '대신라'라고도 불린다. 이는 신라에게 멸망한 고구려 유족인 대조영이 698년 건국한 발해(698~926)와 후신라가 남북국시대로 양분됨으로서 신라의 통일을 완전한 한반도 통일로 보기 어렵다는 역사적 해석 때문이다. 통일신라시대에 접어들어 진흥왕(재위 540~576)은 국가 발전을 위한 인재를 양성하기 위하여 화랑도를 국가적인 조직으로 개편하고, 불교 교단을 정비하여 사상적 통합을 도모하였다. 9세기 말 통일신라의 국력이 쇠약해지자 전국은 군웅할거시대에 접어들었으며, 이 중 전라도지방의 견훤(甄萱)을 시조로 하는 후백제와 중부지방의 궁예(弓裔)가 창건한 후고구려에 의해 한반도는 후삼국 시대로 접어들게 되었다.

고려 태조인 왕건은 현 개성인 송악(松嶽) 지방의 호족으로 궁예의 부하였으나 918년 궁예를 몰아낸 후 935년에 신라, 936년에 후백제를 차례로 멸망시켰으며, 뒤이어 거란의 침략으로 발해가 멸망하면서 후삼국을 통일하였다. 고려시대의 중앙집권체제의 확립은 광종과 성종의 개혁정치에 의해 시작되었으며, 현종과 문종 시대에 이르러 문인들을 중심으로 하는 귀족정치의 전성기를 맞이하였다. 광종과 성종은 후삼국의 잔재세력인 지방호족들의 지위를 격하시키기 위해 당나라 제도를 본 딴 중앙관제와 군현제, 노비안검법과 과거제도 등을 실시하였다. 그러나 1170년(의종 24)에 무신정변(武臣政變)이 일어나 문신들을 중심으로 하는 귀족정치는 끝이 났으며, 무신정권은 1270년까지 100년간 이어졌다. 그 와중에 중국을 통일한 원나라(1279~1360)는 1231년부터 1270년까지 7차례에 걸쳐 고려를 침입하였으며, 그 결과 고려는 원나라의 속국이 되었다. 원나라는 1206년 칭기즈 칸이 세운 몽골 유목민의 나라로 1279년 칭기즈 칸의 손자인 쿠빌라이 칸이 중국을 통일한 후 중앙아시아를 거쳐 유럽까지 진출하여 그 당시 세계에서 가장 큰 제국을 형성하였다. 1368년 한족이 세운 명나라(1368~1662)에 의해 멸망하기 전까지 원나라는 속국인 고려의 정치에 직접적으로 관여하였다. 그 결과, 고려 왕실은 원나라 공주를 왕비로 맞아들여 원나라의 부마국이 되었으며, 왕실의 호칭이나 관제도 모두 격하된 상태에서 수시로 공물과 여자들을 바쳐야 했다. 고려 후기의 지배세력은 친원파인 보수적 문벌귀족들과 친명파인 신진사대부로 구성되었다. 신진사대부란 공민왕(1330~1374, 재위 1351~1374)의 개혁정치로 정치일선에 등장한 유학자들의 집단을 말한다. 따라서 보수적인 권문세력들이 불교적 성향이 강하게 띈 집단이라고 한다면, 신진사대부는 유교정신으로 무장한 신흥 지식인 세력이었다. 고려는 결국 신흥사대부 세력과 결탁한 무인인 이성계가 1392년 역성혁명(易姓革命)을 일으킴으로 인해 멸망하고 새로운 조선왕조가 들어서게 되었다.

500여 년간을 이어온 조선시대는 한 마디로 왕을 중심으로 문인중심의 사대부 관료들이 지배하던 사대부의 문화시기라고 할 수 있다. 이성계의 억불숭유정책으로 인해 고려시대를 사상적으로 지배하던 불교가 쇠멸되고 성리학이 국가의 중심적 치국원리로 확립되면서 성리학은 사대부를 정신적으로 무장시키는 사상이 되었다. 따라서 조선 초기의 유교란 존왕양이 정신, 즉 이민족의 침입에 대비하여 절대 명령권자인 왕과 왕권을 강화하고 국민들에게는 윤리도덕과 명분의리의 실천정신을 강조하기 위한 중추적인 사상이었다. 이러한 조선 초기의 사대부 문화는 사림파의 등장으로 주자학적 학문과 세계관이 강화되면서 획일적인 조선 문화로 완성되었다. 그러나 점차 사림파들이 각자의 학파만을 주장하며 붕당화되자 재야 지식인들 사이에서는 종래의 유교적 체제를 개편하기 위한 진보적이고 실용적인 학문을 강조하기 시작하였으며, 한국에 전파되기 시작한 천주교를 서학이라고 칭하고 이를 반대하는 동학운동 등이 일어나면서 혼탁한 정치상황으로 이어졌다.

문인중심의 양반사회를 표방하던 조선시대는 무인에 대한 대우가 소홀해지면서 국방에 많은 어려움을 겪게 되었다. 조선은 일본과의 임진왜란(1592~1598)과 정유재란(1597~1598), 청나라와의 병자호란(1636~1637)등 끊임없이 외세의 침입을 받았으며, 19세기로 들어오면서 제국주의를 앞세운 일본의 침략으로 몰락하기 시작하였다. 1876년에 일본은 강화도 개항을 시작으로 조선을 개국시킨다는 명분으로 병자수호조약을 체결한 후 1905년 을사조약, 1910년 한일합방조약을 통해 한국을 지배하기 시작하였다. 일본이 제2차 세계대전에서 패망하면서 1945년 8월 15일 해방을 맞은 한국정부는 짧은 군정기를 거친 후 1948년에 대한민국과 조선민주주의인민공화국이 수립되었으며, 1950년 6월 25일에 일어난 한국전쟁으로 두 개의 국가로 분단된 채 냉전시대에 돌입하게 되었다.

이 절에서는 먼저 인도에서 발생한 불교사상과 중국의 불교적 특징을 살펴본 후 한국의 불교사상을 살펴보도록 한다.

02. 인도의 불교사상

인도에서 창시된 불교는 기독교, 이슬람교와 더불어 세계 3대 종교로 불린다. 불교는 인도의 전통사상인 베다(veda)와 베다로부터 파생된 브라만교에 반발하여 창시된 종교이다. 베다란 인도에서 가장 오래된 성전으로, 기원전 1500년 경 인더스 강 주변에 살던 원시인들을 몰아내고 정착한 유럽어족인 아리안 족의 다신교를 찬양하기 위한 성전을 말한다. 구체적으로 베다는 태양신앙과 다신교를 위한 찬가를 모아놓은 리그베다, 제사의식을 기록한 사마베다, 공양이나 제사 때 부르던 노래를 집약한 아주베다, 재앙을 물리치고 복을 비는 아타르바베다의 4개의 본집과 우파니샤드, 브라흐마나, 아란야카 등의 부록들을 모두 합친 경전을 말한다. 특히 베다의 마지막 문헌이라고 하여 베단타라고도 불리는 우파니샤드는 브라만교를 더욱 체계화시킨 경전을 말한다. 브라만교는 기원전 6세기 경 브라만 계급을 우주의 최고 지배층으로 하는 카스트 제도가 확립되면서 등장하였다.

불교는 우파니샤드의 정통성에 반기를 든 반 브라만적 자유사상을 말한다. 그 당시 갠지스 강의 비옥한 중류지역으로 생활터전을 옮긴 아리안 족은 상공업과 화폐경제를 발전시켰으며, 물질적 풍요로움을 누리게 된 상공업자들은 브라만교를 미신으로 취급하기 시작하였다. 그 결과 브라만 계급의 권위는 실추하게 되었으며 이러한 시대적 배경으로 등장한 불교는 엄격한 카스트 신분제도 하에서 인간으로서의 평등함을 보장받지 못하던 서민들에게 깊숙이 침투하였다. 특히 인도 최초의 통일국가였던 마우리아 왕조의 아소카 왕(Ashoka Maurya, 재위 기원전 265경~기원전 238경)이 적극적으로 불교를 보호함으로서 불교는 민중 종교로서의 급속한 성장을 하게 되었다. 아소카 왕은 즉위 8년 후 인도 동쪽의 칼링가라는 지방을 정복하는 과정에서 수많은 사람들을 희생시켰다는 죄책감으로 독실한 불교신자가 되었다고 전해진다.

불교는 인도의 석가(釋迦)에 의해 창시되었다. 석가모니(釋迦牟尼), 또는 석존(釋尊)이라고도 불리는 석가의 본명은 고타마 싯다르타(Gautama Siddhartha, 기원전 563~기원전 483)이다. 석가란 '석가(Śākya)족 출신의 성자'를 의미한다. 석가는 후에 부처라는 칭호를 얻게 되었는데, 부처란 불타(佛陀), 즉 '깨달음을 얻은 자'라는 뜻이다.

석가는 인도와 네팔 국경 근처에 있던 작은 왕국의 왕자로 태어났다. 왕궁에서 풍요로운 생활을 하며 결혼 후 아들까지 두었던 석가는 어느 날 생로병사의 문제를 느낀 후 29세에 출가하여 35세가 되던 해 보리수 밑에서 깨달음을 얻어 부처가 되었다. 석가는 80세에 입적하기까지 45년간이나 여러 나라를 돌아다니며 포교활동을 전개하였다.

1) 불교의 기본원리

불교의 가장 중추적 교리는 모든 인간은 불교교리와 수행을 따름으로서 깨달음을 얻어 부처가 될 수 있다는 것으로, 만민을 위한 평등주의와 도덕적 삶, 내세적 안녕을 강조한 종교라고 할 수 있다. 깨달음을 얻기 위한 불교의 수행목적은 불(佛), 법(法), 승(僧)의 3보(三寶) 즉 부처, 가르침, 불교승가에 귀의함으로써 영혼이 구제된다고 믿는다. 이때 승가란 본래 출가승들의 집단만을 이르는 말이었으나 점차 석가를 믿고 따르는 모든 불제자들로 확대되었다. 따라서 불교의 궁극적인 목적은 모든 중생들이 석가의 가르침에 따라 수행하면 열반에 들 수 있음을 강조한 대중종교적 의미를 갖는다고 할 수 있다.

석가의 가르침, 즉 불교교리는 그 내용면에 있어 상당히 광범위하나 이를 요약하면 사법인(四法印)과 사성제(四聖諦), 5온화합설, 12연기설, 8정도(八正道), 3학(三學)으로 설명할 수 있다.

(1) 사법인(四法印)

사법인(四法印)에서 '법(法)'이란 '진리'를 의미하며 '인(印)'이란 '표적'이란 뜻으로, 법인은 '변함없는 진리'라는 뜻을 갖는다. 따라서 사법인은 우주와 인생에 대한 진리로 이에는 제행무상(諸行無常), 제법무아(諸法無我), 일체개고(一切皆苦), 열반적정(涅槃寂靜)의 4가지 법인을 포함한다.

제행무상(諸行無常)에서 '행(行)'은 "흐른다."는 뜻으로 '제행(諸行)'이란 "우주만상이나 천지만물은 끊임없이 흐르고 변화한다."는 뜻을 의미한다. 무상(無常)이란 말 그대로 "상주하는 것은 아무 것도 없다."는 뜻으로 제행무상이란 "모든 만물은 특정한 인연에 의해 생성되어 일시적으로 상주하며 한시도 고정됨이 없이 부단히 변화하며 소멸되어간다."는 뜻을 지닌다. 따라서 불교에서는 우주 삼라만상의 모든 사물은 고정됨이 없이 공(空)하며 공하다는 것은 우주만상의 천지만물과 다르지 않다고 주장한다. 이것이 바로 불교에서 강조하는 '색즉시공 공즉시색(色卽是空空卽是色)'의 원리이다. 즉 모든 유형의 사물, 즉 색(色)은 공(空)한 것이며, 공(空)은 우주만상의 천지만물인 색(色)과 다르지 않으므로 색과 공, 생과 멸은 두루 통하여 묘한 하나가 된다고 강조한다. 이것이 바로 참다운 공(空)은 묘하게 존재한다는 진공묘유(眞空妙有) 사상으로 중도의 묘한 이치가 바로 불교의 참된 진리가 된다는 것을 의미한다. 불교에서 의미하는 '공(空)'이란 고대 인도어의 '증가하다, 확장하다'는 뜻을 가진 'svi'에서 온 'sunya'를 번역한 말로서, 이때 '공'이란 아무 것도 없다는 '무(無)'보다는 끊임없이 움직이고 변화하는 가운데 절대적 존재가 실재한다는 것을 강조한 말이라고 할 수 있다.

불교에서 주장하는 진공묘유사상은 제법무아(諸法無我)에서 나온 사상이다. 제법무아에서 '법'이란 원래 진리를 의미하는 말이지만, 불교에서는 사물, 즉 천지의 모든 물질적, 정신적 만물을 의미한다. 따라서 '제법(諸法)'이란 우주만상의 모든 현상을 의미하며, '무아'의 아(我)란 브라만교에서 말하는 항구불변의 실체인 아트만(Atman, 我), 곧 모든 생명과 활동의 근원이며 본질을 의미한다. 따라서 제법무아란 우주만상은 무상하며 실체가 없는 것으로 천차만별의 모든 사물이 공하다는 것과 맥락을 같이하는 개념이라고 할 수 있다. 인도의 전통종교인 브라만교에서는 아트만은 인간이 죽고 난 후 대아(大我), 즉 브라만, 혹은 범(梵)과 융합한다는 범아일여(梵我一如)의 세계관을 정립하였으나, 불교의 제법무아 사상에서는 우주만상이 모두 공하나 완전한 무를 의미하는 것은 아니며 따라서 참다운 공(空)은 묘하게 존재한다는 진공묘유 사상으로 설명하였다.

일체개고(一切皆苦)란 말 그대로 '현실세계의 모든 현상은 고통'이라는 뜻으로, 현실세계에서 인간들은 항구불변의 존재가 상주하지 않는다는 사실을 알지 못한 채 무상한 가운데 상주를 원하며 집착을 함으로서 고통으로부터 벗어날 수 없음을 의미한다. 불교에서는 일체개고에서 벗어나기 위한 방법으로 사성제(四聖諦)를 중시한다. 사성제란 고집성제(苦集聖諦), 고집멸도(苦集滅道), 고멸도성제(苦滅道聖諦), 또는 간략히 도제(道諦)라고도 하는데, 고집멸도란 고통을 멸하여 열반으로 가는 4가지 거룩한 진리를 말한다. 고(苦)란 이 세상 모든 것이 고통이라는 일체개고를 말하며, 집(集)이란 일체개고인 고통과 번뇌는 무명(無名), 즉 어리석음과 미혹, 무지로 인한 집착으로 생기는 것이니 고통과 집착은 없어져야 하므로 이를 멸(滅)이라고 하며, 이러한 속세의 모든 고통과 번뇌, 집착을 없애는 길이 바로 도(道)라고 하였다.

열반적정(涅槃寂靜)이란 모든 중생들이 고집멸도의 인연을 끊고 집착을 버리면 고통과 번뇌에서 벗어나 열반에 들어갈 수 있다는 뜻으로 불교 수행의 궁극적인 목적을 의미한다. '열반(涅槃)'이란 "불어서 끈다."는 뜻이며 '적정(寂靜)'이란 '고요한 마음의 상태'를 의미하는 것으로 열반적정이란 '탐욕이나 어리석음의 불길이 사라져 모든 번뇌가 소멸된 상태'를 말한다. 석가에 의하면 고멸성제, 즉 일체의 탐욕이나 무지로 인해 발생하는 모든 고통이 멸한 상태를 열반이라고 하였으며, 인연으로 이루어진 무상하고 고통스러운 인간 존재를 초월한 완전하고도 무조건적인 경지라고 하였다. 열반은 번뇌를 지닌 오온(五蘊), 곧 육신을 지닌 채 깨달음을 얻은 유여열반(有餘涅槃)과 깨달음을 얻은 후 사망하여 법신의 상태로 돌아간 무여열반(無餘涅槃)의 2가지가 있으며 열반적정을 이룬 사람을 부처, 혹은 아라한이라고 한다. 따라서 살아생전 깨달음을 얻어 열반에 오른 석가모니는 유여열반에 들어간 사상가라고 할 수 있다.

(2) 오온화합설(五蘊和合說)

오온화합설(五蘊和合說)이란 인간은 색(色), 수(受), 상(想), 행(行), 식(識)의 5가지 요소들이 복합적으로 구성된 존재라는 의미이다. 이때 색은 육체적 요소를 말하며, 수는 감각, 상은 이성이나 생각, 행은 의지, 식은 인식이나 의식을 말한다. 석가에 의하면, 5가지 요소로 이루어진 인간은 잠시의 인연으로 일시적 형체를 드러내다 소멸하는 존재일 뿐 물질적, 정신적 요소들은 항상 변화하는 무상(無常)한 것이므로 항구불변의 자아란 존재하지 않는다고 설파하였다.

(3) 12연기설(十二緣起說)

12연기설(十二緣起說)은 십이지연기설(十二支緣起說)이라고도 불리며, 인간이 생사의 악순환을 반복하는 과정에 대한 원인론을 말한다. 즉, 12연기설은 인간에게 고집성제를 발생시키는 원인을 밝히는 진리로, 이에는 인간 존재와 삶을 고통스럽고 어리석게 만드는 12가지 원인을 포함한다. 연기란 모든 삼라만상의 현상은 사물을 맺어주는 인연에 의해 생겨난다는 뜻으로, 모든 존재는 무상하고 고통스러운 인연으로 인해 일시적으로 결합되어 그 모습을 드러낼 뿐 생사(生死)의 악순환에서 벗어나지 못하는 존재라고 주장하였다.

석가가 설파한 12연기설에 의하면 인간은 무명(無名), 즉 어리석음으로 인해 의지(行)가 생기고, 의지로 인해 의식(識)이 생기며, 의식으로 인해 심신(名色)이 생기고, 심신으로 인해 6가지 기관(六入), 즉 눈(眼), 귀(耳), 코(鼻), 혀(舌), 육체(身), 의식(意)이 생기고, 6가지 기관으로 인해 접촉이 생기며, 접촉으로 인해 감각(受)이 생기고, 감각으로 인해 욕망(愛)이 생기고, 욕망으로 인해 집착(取)이 생기고, 집착으로 인해 존재(有)가 생기고, 존재로 인해 출생(生)이 생기고 출생으로 인해 늙음과 죽음의 괴로움이 생긴다고 하였다.

(4) 팔정도(八正道)

팔정도(八正道)란 팔지성도(八支聖道)라고도 하며, 고집멸도로 열반에 들어 가기 위한 여덟 가지 성스러운 도(道)를 포함한다. 팔정도에는 정견(正見), 정사유(正思惟), 정어(正語), 정업(正業), 정명(正命), 정념(正念), 정정진(正精進), 정정(正定)이 포함된다.

정견이란 불교적 세계관과 인생관에 대한 바른 견해와 지혜를 말한다. 정사유란 언행을 하기 전 자신의 생각이나 결단력을 바르게 생각하는 것을 의미한다. 정어란 바른 언어행위를 말하는데, 이에는 타인과의 조화와 융화를 위해 거짓말이나 이간질 또는 남을 기망하는 언어를 삼가고 언제나 진실한 언어만을 사용해야 한다는 것을 의미한다. 정업이란 올바른 신체 행위를 말하는 것으로, 살생을 피하고 생명을 애호하며 자비와 선행을 실천해야 한다는 것을 말한다. 정명이란 바른 생활을 의미하는 것으로, 올바른 직업이나 규칙적인 일상생활을 강조한 개념이라고 할 수 있다. 정념이란 참선을 향한 올바른 의식으로 일상생활에서도 번뇌와 고통에서 벗어날 수 있도록 항상 무상(無常)과 무아(無我)의 맑은 정신을 유지해야 한다는 것을 말한다. 정정진이란 선을 지향하고 악을 배척하기 위해 용기를 가지고 앞으로 전진 하는 올바른 태도를 말한다. 마지막으로 정정이란 명경지수와 같이 맑은 정신과 무념무상의 정신통일로 선정(禪定)을 유지하는 것을 말한다. 선정이란 마음을 진정시켜 정신을 집중한다는 뜻으로, 올바른 지혜를 얻기 위한 가장 기본적인 요건이라고 할 수 있다. 불교에서는 팔정도를 실천함으로서 무지와 탐욕을 극복하여 해탈에 이를 수 있다고 강조한다.

(5) 삼학(三學)

불교에서 말하는 3학(三學)이란 팔정도를 세 가지로 축약한 개념으로 해탈을 얻어 열반으로 들어가기 위한 3가지 수행방법, 즉 계학(戒學), 혜학(慧學), 정학(定學)을 말한다. 계학이란 불교의 계율, 즉 출가승과 재가불자를 포함한 모든 불자들이 지켜야할 도덕적 규범과 이를 지키고 따르기 위한 수행방법을 말한다. 따라서 계학이란 팔정도의 정어, 정업, 정명, 즉 바르게 말하고, 바르게 행하며, 바르게 생활하는 것을 포함한다. 혜학이란 고집멸도의 사제를 통찰하기 위한 수행방법으로 팔정도의 정견과 정사유가 이에 속한다. 즉, 혜학이란 불교 경전과 교리의 이치를 바르게 알고 바르게 사유함으로서 지혜롭게 파악하기 위한 지식적 측면을 강조한 것이라고 할 수 있다. 마지막으로 정학은 선(禪)을 닦기 위한 수행방법으로 팔정도의 정념, 정정진, 정정이 포함된다. 즉 정학이란 불교의 진리를 바르게 알아차리고 바르게 노력하며 바르게 집중하는 수행방법을 말한다. 이때 정정진은 삼학에 공통되는 개념으로 팔정도의 일곱 가지 요소들과 유기적으로 연관되어 성불을 이루기 위한 중핵개념이라고 할 수 있다.

2) 부파불교시대

석가모니가 입적한 후 인도의 불교 교단은 20여개의 분파로 분열되었다. 이러한 불교사를 시대별로 요약하면 크게 4단계로 집약된다. 제1단계는 석가모니가 불교를 창시한 기원전 6세기에서 5세기경으로, 이를 근본불교시대라고 한다. 제2단계는 석가모니가 사망한 후 갠지스 강 지역으로 교단이 확장되고 '아함경' 등의 원시경전이 성립된 약 2세기경의 원시불교 시대를 말한다. 제 3단계는 기원전 3세기경 마우리아 왕조의 불교 공인으로 급속히 발전하던 불교가 분열되기 시작한 부파불교시대(部派佛敎時代)를 말한다. 마지막 4단계는 기원전 2세기에서 1세기경 정통 불교에 반대하여 등장한 대승불교시대로 대표된다.

근본불교시대에 있어 석가의 설법은 내용이나 형식에 얽매이지 않은 채 다양한 형태로 이루어졌으나, 부파불교시대로 접어들면서 불교 경전의 해석을 달리하는 종파들이 등장하기 시작하였다. 부파불교시대의 초기 근본 분열시대에서는 크게 상좌부(上座部)와 대중부(大衆部)의 두 파로 분파되었다. 상좌부란 계율을 중시하는 보수적, 전통적 입장을 말하며, 대중부란 사회의 변화에 따라 계율을 융통성 있게 운용하려는 개혁적 종파를 말한다. 특히 불교가 중 인도를 중심으로 서쪽과 남쪽으로 확장되고 비구승의 숫자가 증가하면서 계율의 실천문제를 둘러싸고 대립이 생겨나게 되었다. 그 결과 기원전 3세기 초부터 시작된 부파불교는 기원 후 1세기 말에 이르러 18부파의 지말 분열과 상좌부와 대중부의 근본 2부를 합쳐 도합 20부파로 분열되었다.

3) 대승불교시대

불교의 마지막 발전 단계인 대승불교 시대는 기원전 1세기를 전후해서 20여개의 부파로 분열된 불교 종파의 문제점을 타개하기 위해 대승불교가 등장하면서 시작되었다. 부파불교시대의 말기에 이르러 출가승을 중심으로 하는 각 부파들은 자신들의 정통성만을 내세우며 폐쇄적이고 번쇄한 종파 싸움으로 변질되기 시작하였다. 대승불교란 부파불교들이 형식적, 전문적 훈고해석에만 치중하여 중생구제라는 불교 본래의 사명을 망각해 버리자 석가가 주창한 순수한 원시불교로 회귀하기 위한 불교 부흥운동이라고 할 수 있다.

대승불교는 서기 1세기경 대중부 종파에서 창시된 종파로 쿠샨왕조의 카니슈카 왕의 적극적인 불교 장려정책에 의해 급속도로 발전하게 되었다. 그 결과 용수(龍樹, 150경~250경), 무착(無着, 300경~390경), 세친(世親, 320경~400경), 마명(馬鳴, 80경~150경) 등 대승불교를 잇는 대사상가들이 출현하기 시작하였으며, 이들을 중심으로 대승불교의 이론적 체계가 확고하게 정립되기 시작하였다.

대승불교(大乘佛敎)의 대승이란 '큰(maha) 탈것(great vehicle)', 또는 '뛰어난 수레(yana)'라는 뜻으로 '수레'란 '부처의 가르침'을 상징한다. 따라서 대승이란 부처의 가르침에 의해 중생을 고통스런 미혹의 세계인 차안(此岸)의 세계에서 깨달음의 열반세계, 즉 사바세계 저 편의 피안(彼岸)의 세계로 실어 나르기 위한 큰 수레라는 의미를 갖는다. 대승불교는 일체중생을 구제하고 인도하는 것을 종교적 목적으로 삼아 출가승뿐만 아니라 생사의 세계에서 고통을 받고 있는 모든 중생들을 위한 이타행적 민중불교를 제창하고 나섰다. 따라서 대승불교는 모든 중생들도 쉽게 실천할 수 있는 보시, 자비, 믿음의 가르침을 중시함으로서 이타적 생활신앙을 중시힌 대중불교라고 할 수 있다.

모든 중생들의 정신적 구제를 목표로 대중부에서 출발한 대승불교는 출가승들의 개인적 해탈만을 중시하는 종래의 전통적 원시불교와 보수적 상좌부 종단을 소승불교라고 폄하하면서 배척하였다. 이때 '소승'이란 출가승만을 위주로 한 '작은 수레'를 의미하는 말로, 왕권이나 부호들의 지원 아래 안일한 생활과 정신적 평안만을 중시하던 출가승들의 소극적, 현실 도피적 종교를 빗대어 말한 표현이다. 대승불교에서는 출가승들이 중생들의 종교적 구제에는 무관한 채 자리(自利), 곧 자기완성만을 목표로 해탈하여 '작은 탈것'에 의해 열반에 들어가려고 한다고 비판하였다. 이에 반해 대승불교에서는 자리(自利)뿐만이 아니라 중생을 구도한다는 자리이타(自利利他)의 정신을 강조하였다.

대승불교는 전통적인 소승불교와는 전혀 다른 사상과 수행방법을 강조하였다. 이 중 대승불교의 이상을 가장 잘 표현해주는 것이 보살(菩薩) 개념이라고 할 수 있다. 보살이란 '보리살타(菩提薩埵)'의 약어로 '보리심(菩提心), 곧 깨달음과 자비의 마음으로 수도하는 구도자', 혹은 '깨달음의 지혜를 가진 자'라는 뜻으로, 원래 소승불교에는 석가모니와 같이 절대적인 존재에게만 주어지던 '본생보살(本生菩薩)'의 개념이었다. 그러나 대승불교에서는 석가모니를 지존, 즉 초월적 존재로 신격화한 후 석가에게만 한정되었던 보살이라는 개념을 일체중생의 성불 가능성의 관념으로 확대하여 모든 중생들도 불타의 자비에 의해 보살이 될 수 있다고 주장하였다.

대승불교에서 강조하는 보살은 소승불교의 수행자인 성문(聲聞)에 대응하는 개념이라고 할 수 있다. 성문이란 '불교에 귀의한 사람'이라는 뜻의 불교용어로, 소승불교의 성문은 팔정도와 12연기를 쌓아 아라한이 되는 것을 궁극적인 목표라고 보는 반면, 대승불교에서는 끊임없는 보시 행위를 통해 육바라밀(六波羅蜜)을 닦아 부처가 되는 것을 궁극적인 목표로 삼는다. 대승불교의 보살이 닦아야 하는 육바라밀에서 '바라밀'이란 '완전하고 최고의 궁극적 상태', 혹은 '구극(究

極) 상태'를 의미하는 말로, 육바라밀이란 차안의 세계로부터 해탈과 열반의 피안의 세계로 이르기 위해 보살이 닦아야하는 여섯 가지 덕목이나 수행의 완성을 의미한다. 육바라밀에는 보시(布施), 지계(持戒), 인욕(忍辱), 정진(精進), 선정(禪定), 반야(般若)바라밀이 포함된다. 반야바라밀은 지혜(智慧)바라밀이라고도 한다. 보시바라밀에서 보시란 '주는 것'이란 뜻으로, 소승불교에서는 출가를 하지 않은 재가신도들이 출가승들에게 제공하는 물질적 공양을 의미했으나, 대승불교에서는 보살 자신이 실천해야 할 두 가지 수행방법, 즉 재물을 보시하는 재시(財施)와 교법이나 진리를 가르치고 보시하는 법시(法施)를 포함한다. 지계바라밀이란 자기반성을 통해 자신의 행동을 규율하기 위해 불교 계율을 지키는 것을 의미한다. 인욕바라밀이란 번뇌와 고통의 원인인 인욕을 다스려 일체개고의 고통을 멸하기 위한 방법을 실천하는 것을 의미한다. 정진바라밀이란 보살로서 해탈을 위한 노력을 지속적으로 경주하는 것을 의미한다. 선정바라밀이란 마음을 고요히 안정시켜 올바른 지혜, 즉 무분별지(無分別智)를 깨닫는 수행방법을 말한다. 무분별지란 인간의 유한한 인식작용의 결과로 획득하는 유분별지(有分別智)와 구별하기 위한 개념으로, 제법의 '공', 무실체성(無實體性)의 진리를 깨닫는 지혜를 의미한다. 무분별지는 육바라밀의 마지막 단계인 반야바라밀과도 밀접한 연관성을 가지고 있는 개념으로, 반야바라밀의 '반야'란 고대 인도어로 '지혜(智慧)'를 의미하며 상좌부 불교의 3학 중 혜학에 해당한다. 대승불교의 반야란 불교의 진리를 깨달았을 때 나타나는 근원적인 지혜로 정확한 식별력과 판단력 등을 포함한다. 대승불교에서는 무분별지를 다섯 가지 바라밀을 완성시키는 가장 중요한 지혜로 간주하여 나머지 다섯 가지 수행방법도 반야바라밀을 바탕으로 해야만 올바르게 수행 할 수 있다고 강조하였다.

상좌부 불교를 대표하는 전통적 소승불교는 수천 년 간 이어져 내려오면서 스리랑카, 타이, 미얀마, 캄보디아 등 동남아시아로 전파되어 남방불교의 근본이 되었다. 상좌부 불교에 속하는 현재의 스리랑카, 미얀마, 태국의 불교 신자들은 자신들의 불교를 결코 소승이라고 부르지 않는다. 반면에 대중부에서 발전한 대승불교는 중앙아시아를 거쳐 중국, 한국, 일본, 베트남, 티벳 등 북방으로 전파되어 북방불교의 주류를 형성하였다. 기원전 1세기에서 기원후 1세기경 중국 한나라로 전파된 대승불교는 372년(소수림왕 2년) 한국으로 전파되었으며, 고구려 문자왕(재위 491~518) 때에는 용수의 '중관론' 등 삼론을 비롯한 종파들과 그들의 교법이 도입되었다. 일본은 5세기경 한국으로부터 불교가 전파되었다.

(1) 중관파와 유식파

중관파(中觀派)와 유식파(唯識派)는 대승불교의 두 주류를 말한다. 대승불교는 서기 1세기경부터 국가의 적극적인 불교장려정책에 힘입어 전통적인 상좌부를 누르며 발전하였으며, 이 시기에 등장한 많은 사상가들에 의해 이론적인 체계가 확립되기 시작하였다. 이 중 중관파는 용수(龍樹, 150경~250경)가 '반야경'의 공(空)의 철학을 바탕으로 창시한 종파이며, 유식파는 미륵의 제자인 무착(無着, 300경~390경)과 세친(世親, 320경~400경) 형제가 미륵의 유식사상을 집대성해서 창시한 종파이다.

(가) 중관파   중관파는 용수의 중관론을 중심으로 형성된 대승불교의 대표적 주류로 '반야경'의 공의 철학을 이론적으로 해석한 진공묘유(眞空妙有) 사상과 팔불설(八不說)로 대표된다.

용수는 우주 삼라만상의 모든 사물들은 여러 가지 인연으로 인해 생겨나는 공(空)한 존재라고 하였다. 이때 공(空)하다는 것은 아무 것도 없다(無)는 뜻이 아니라 모든 존재가 인연이라고 하는 인과조건에 의해 잠시 생겨났다가 사라지는 상대적인 것일 뿐 독자적이거나 고정적인 것은 없다는 뜻이라고 설명하였다. 따라서 고정적이지 않은 본성을 지닌 사물을 절대적인 실재로 인식하거나 그것에 집착하려는 분별심이야말로 허망한 망상이요 기망이라고 일축하였다. 용수는 참다운 존재인 공(空)이란 있는 것도 아니지만 없는 것도 아닌, 즉 색즉시공과 공즉시색의 중도(中道)의 묘한 존재라고 강조하였다. 이것이 바로 용수의 중관론을 대표하는 진공묘유(眞空妙有) 사상이라고 할 수 있다. 즉 중도의 묘한 존재인 참 존재는 인간의 유한한 인식능력으로는 드러나지 않으므로 유한의 상대적 인식으로 사물을 분별하고자 하는 모든 세속적 미망과 망상을 벗어버리면 진리의 미묘한 경계가 드러난다고 하였다. 이와 같이 참된 공(空)이란 있는 것과 없는 것 중간에 묘하게 존재하는 것으로, 사물을 분별하고자 하는 모든 유한한 인식을 부정하면 집착과 번뇌를 초월한 곳에 무한의 진리, 즉 텅 빈 가운데 일체 우주가 하나라는 절대경지가 드러나게 된다고 주장하였다.

용수는 모든 상대적인 인식관념을 초월한 절대경지의 묘한 경계에 존재하는 진공묘유를 팔불설로 설명하였다. 팔불설이란 8가지의 상대적 관념을 4개로 분류한 것으로, 불생불멸(不生不滅), 불상불단(不常不斷), 불일불이(不一不異), 불래불거(不來不去)가 포함된다. 따라서 반야경의 참된 진리인 공(空)이란 불생불멸, 즉 우주 삼라만상이 생겨남도 사라짐도 없으며 불상불단, 즉 상주함과 단절됨도 없고 불일불이, 즉 같지도 다르지도 않은 채 불래불거, 즉 오는 것도 아니며 가는 것도 아니라는 묘한 경계에 존재한다고 주장하였다.

용수는 진공묘유 사상을 참된 진리를 발견하기 위한 중도의 인식으로 설명하면서 이러한 중도의 인식은 세속의 진리와 다르지 않다고 강조하였다. 즉, 참된 진리란 세속의 진리와 따로 분리되어 존재하는 것이 아니라 세속의 진리가 곧 참된 진리라고 강조하였다. 따라서 세속의 모든 현상을 중도의 입장에서 보게 되면 모든 차별과 대립이 사라지게 되어 둘이면서 하나인 세계를 터득할 수 있다고 강조하였다. 이것이 바로 중관론의 핵심 내용으로, 있는 것과 없는 것, 공과 색, 생사와 열반, 미혹과 깨달음, 중생과 불타가 모두 하나이며 궁극적으로 열반에 든다는 것도 세속의 진리와 참된 진리의 구별을 없애고 이 둘이 하나라는 것을 깨닫는 것이라고 하였다. 용수는 열반도 세간과 일체양면의 분별이 없음에도 불구하고, 열반이라고 하는 특별한 경지가 있다고 생각하는 것 자체가 중생들의 미망이라고 역설하였다.

결론적으로 용수가 창시한 중관론에서는 반야경의 세계, 즉 참다운 진리의 세계인 공의 세계란 현상계와 분리되어있는 것이 아니라 사물 그 자체의 존재 양상 속에 묘하게 존재하는 것이라고 주장하였다. 따라서 열반에 드는 유일한 방법이란 세속의 진리, 즉 모든 천지만물은 연을 따라 생겨나고 머무르다 사라지는 것이라는 사실을 인식하고 여기서 오는 모든 분별이나 집착을 초월하여 중도의 인식을 갖는 것이라고 강조하였다. 중관파는 그 후 등장한 유식파에 의해 반야의 공사상(空思想)이 보완되었으며, 그 결과 중관파와 유식파는 대승불교를 대표하는 양대 산맥으로 자리 잡게 되었다.

(나) 유식파   유식파란 중관파에서 주장하는 공사상(空思想)을 보다 체계적인 심식구조(心識構造)로 설명한 대승불교사상으로, 무착이 주장한 팔식설(八識設)을 그의 동생인 세친이 완성한 새로운 심식체계사상을 말한다. 유식(唯識)에서 '유(唯)'란 '오직, 유일한'이라는 뜻이며, '식(識)'이란 의식(意識) 또는 정신적 작용을 의미한다. 유식파, 혹은 유식종(唯識宗)은 요가 수행을 중시하여 유가행유식학파(瑜伽行唯識學派), 유식유가행파(唯識瑜伽行派), 혹은 요가불교라고도 불린다.

외계 사물의 존재는 인간의 주관적 의식의 산물에 불과하다고 주장한 세친은 종전의 여섯 가지로 분류되었던 심식구조에 제7식인 말라식과 제8식인 아뢰야식(阿賴耶識)을 첨가하여 8가지 심식체계를 확립하였다. 종전의 심식구조는 총 18계(界)로 이에는 육근(六根), 육경(六境), 육식(六識)이 포함된다. 육근이란 눈, 귀, 코, 혀, 몸, 의근(意根)의 여섯 가지 감각기관을 말하며, 육경이란 여섯 가지 감각기관에 의해 인식되는 대상으로, 이에는 색(色), 성(聲), 향(香), 미(味), 촉(觸), 법경(法境)이 포함된다. 육식이란 감각기관에 의해 대상을 인식함으로서 획득되는 심식으로, 이에는 안식(眼識), 이식(耳識), 비식(鼻識), 설식(舌識), 신식(身識), 의식(意識)이 포함된다. 육식 중 안, 이, 비, 설, 신식의 다섯 가지는 모두 각각의 감각기관으로부터 들어오는 현상들만을 아무런 사유나 분별없이 감각적으로 지각하는 것에 비해, 여섯 번째인 의식은 다섯 가지 심식구조를 통해 지각된 대상들에 대해 분별과 판단을 할 뿐만 아니라 과거의 일을 회상하거나 미래에 일어날 일을 상상하는 등 실제로 존재하지 않는 정신적 현상에 대해서도 의식적 작용을 하는 심식이라고 설명하였다.

세친이 새롭게 첨가한 제7식인 말라식은 사량식이라고도 하는데, 사량식이란 '생각하고 헤아리는 의식'이라는 뜻으로, 제8식인 아뢰야식에 의해 자아관념을 만들어내어 자아에 집착하는 심식으로, 모든 번뇌와 집착은 제7식에 의해 야기된다고 하였다. 또한 여섯 가지 심식체계는 각기 개별적으로 활동하다가 인식작용이 끝나면 활동을 중단하지만, 제7식인 말라식은 인간의 정신활동을 유지시켜주기 위해 끊임없이 활동을 지속하는 심층적 인식이라고 설명하였다.

모든 의식의 근원이 되는 제8식인 아뢰야식은 근본식(根本識), 종자식(種子識), 저장식(貯藏識), 이숙식(異熟識), 과보식(果報識)이라고도 불리는 일종의 잠재의식이라고 하였다. 여기서 근본식이나 종자식이란 천지만물의 업보를 생성하기도 하고 소멸시키기도 하는 씨앗이 들어있는 근본식이라는 뜻이며, 저장식이란 만물의 종자들을 저장하고 있기 때문에 붙여진 이름이라고 하였다. 또한 이숙식이나 과보식이란 전생의 업보에 의해 금생의 몸, 즉 현재 살고 있는 생으로 태어나게 만들기 때문에 붙여진 이름이라고 하였다. 세친에 의하면 인간은 업보를 짓고 그 업보는 씨앗으로 아뢰야식에 저장되어 있다가 어떤 계기로 인연을 얻으면 다시 되살아난다고 하였다. 따라서 아뢰야식은 삼라만상을 지배하는 유일한 의식으로 윤회의 주체를 이루며 일곱 가지 심식에 의해 인식되고 사유되는 현상계를 작위하게 만드는 근원이라고 하였다.

세친은 그의 유식설을 우주의 천지만물을 세 가지 모습으로 분류한 3성(三性)으로 설명하였다. 삼성은 변계소집성(遍計所執性), 의타기성(依他起性), 원성실성(圓成實性)이 포함된다. 변계소집성이란 존재의 허망한 상태를 의미하는 개념으로 '두루 계산하고 생각하여 집착하고 분별하려는 개념화 과정', 혹은 '가상적 상상과정'을 의미한다고 하였다. 의타기성이란 문자 그대로 '다른 것에 의지하거나 의존하여 일어나는 성질'로 연기(緣起)에 의한 인연과 인과응보설을 상징한다고 하였다. 원성실성이란 '원만하게 혹은 완전히 성취한 실재하는 성질', 혹은 '절대성'이라는 뜻으로, 존재의 참되고 진실한 상태를 의미한다고 하였다. 세친은 이 세 가지 모습을 새끼줄과 뱀에 비유하여, 밤중에 길을 가다가 삼으로 만든 새끼줄을 뱀이 나타난 것으로 착각하고 깜짝 놀라는 경우를 변계소집성의 예라고 하였으며, 자세히 보니 뱀이 아니라 새끼줄임을 아는 단계를 의타기성이라고 하였다. 이때 새끼줄을 뱀으로 착각하는 것은 두 사물의 모습에 유사성이 있기 때문으로, 세친을 이를 두고 뱀의 형상을 한 새끼줄의 모습을 인연화합의 상태로 상징화하여 비유하였다. 따라서 의타기성의 단계에서는 실제로 뱀인지를 확인하기 위해 자세히 살펴보는 인식과정이 중요하다고 강조하였다. 원성실성이란 자신이 본 것은 뱀이 아니라 새끼줄임을 아는 최종적인 의식단계로, 이 단계에서는 모든 현상적 차별성, 즉 주관과 객관의 분별과 대립을 부정하고 참다운 존재인 진여 그 자체를 보게 된다고 설명하였다. 세친은 두루 헤아려 집착하는 변계소집성과 만물이 인연에 의해 생겨난다는 인연화합의 분별과 집착에 사로잡히는 의타기성을 벗어나 참다운 존재인 진여를 보는 것이 불교의 궁극적인 수행목적이라고 주장하였다.

세친은 용수의 공 철학을 좀 더 발전시켜 삼무자성(三無自性)으로 설명하였는데, 삼무자성에는 상무자성(相無自性), 생무자성(生無自性), 승무자성(勝無自性)이 포함된다고 하였다. 상무자성이란 삼라만상의 모든 일체의 현상은 참 존재가 아니라 공이라는 개념으로, 이때 자성이란 자성본불(自性本佛)의 준말로 진성(眞性), 즉 참된 본래의 성이라는 뜻이다. 생무자성이란 여러 인연에 의해 생겨나는 현상은 공하므로 본래 생겨나는 것은 본성이 없다는 것을 의미한다. 마지막으로 승무자성이란 모든 현상은 공이므로 글이나 말로 표현할 수 없다는 것을 의미한다. 따라서 세친은 일체의 현상은 세 가지 자성의 참 진리에서 볼 때 본성이 없는 공이라고 주장하였다.

유식파는 이론적 사변에만 그치는 것이 아니라 요가수행을 통한 실천적 불교를 중시하였다. 요가 수행은 한적하고 고요한 장소에서 호흡을 가라앉히고 정신을 집중함으로서 몰아 상태에 들어가 최고의 절대 신과 합일을 이루는 것을 이상으로 삼는다. 세친은 마음을 가다듬는 요가수행을 통해 유식의 진리를 깨달아 주관과 객관의 분별을 없애고 모든 미망과 집착으로부터 해방되면 아뢰야식의 심층구조에서 변화가 일어나 번뇌의 종자가 번뇌가 없는 종자로 바뀌면서 열반에 들게 된다고 주장하였다.

03. 중국의 불교 사상

1) 중국의 역사

세계 4대 문명지의 하나인 황허 강을 중심으로 탄생한 중국은 하나라, 은나라, 주나라 이래 약 5,000년 동안 수많은 왕조들의 흥망성쇠를 거듭해오면서 발전하였다. 세계 4대 문명은 기원전 6,000년경에서부터 기원전 3,000년경 커다란 강 유역을 중심으로 관개농업과 청동기, 문자, 도시국가라는 공통적 특징을 가지고 발달한 인류 최초의 문명 발생지를 말한다. 4대문명지로는 나일 강변의 이집트 문명, 현 이라크에 해당하는 티그리스 강과 유프라테스 강 유역의 메소포타미아 문명, 인도의 인더스 문명, 중국의 황허 문명이 속한다.

중국은 하, 은, 주나라를 거쳐 춘추전국시대에 들어서게 되는데, 춘추전국시대는 주나라가 호경에서 낙읍으로 천도한 후부터 기원전 221년 진(秦)나라가 중국을 통일하기까지의 시기로 춘추시대(기원전 770~기원전 403)와 전국시대(기원전 403~기원전 221)로 나뉜다. 춘추전국시대에 공자를 위시한 유교사상가들이 대거 등장하기 시작하였으며, 춘추시대의 '춘추'란 노나라에서 글 선생으로 학생들을 가르치던 공자(기원전 551~479)가 글공부를 위한 교재로 집필한 역사서인 '춘추'에서 유래하였다. 전국시대 말기에 들어서 군웅할거를 하던 수많은 소국들은 한(韓), 제(齊), 위(魏), 조

(趙), 연(燕), 초(楚)의 7개국으로 통합된 후 기원전 221년에 진시황제에 의해 통일되었다.

고대 중국은 진한시대(秦韓 時代)에서 당나라(唐, 618~907)까지의 시기를 말한다. 진한시대란 중국 대륙을 통일한 진 시대에서 한나라(漢, 기원전 206~220)까지의 시기를 말한다. 진나라는 기원전 206년까지 약 200년간을 이어온 중국의 고대국가로 황제(皇帝)라는 칭호를 최초로 사용한 나라이다. 기원전 206년에 유방(劉邦, 기원전 256~기원전 195)에 의해 진나라를 멸망시킨 한나라는 서양에 알려진 최초의 중국 국가로 200년이 넘는 기간 동안 중앙집권적 국가를 유지해온 나라이다. 한 나라는 그 후 기원전 206년에서 서기 9년까지의 전한(前漢) 시대와 전한을 계승하여 한나라를 재통일한 후한시대(25~220)로 갈라졌다. 후한시대는 서기 220년에 북위(北魏, 386~534)에 의해 멸망하면서 중국은 위진남북조 시대(魏晉南北朝時代, 439~589)로 돌입하게 되었다. 북위는 원래 위(魏)라는 국호를 사용한 나라였으나, 춘추전국 시대의 위(魏)나라와 삼국시대 조조(曹操, 155~220)에 의해 건립된 위나라(魏, 220~265)와 구별하기 위해 북위라고 불린다. 그 후 중국 대륙은 위, 촉, 오의 삼국시대(220~280)를 거쳐 사마염의 서진(西晉, 265~316)에 의해 통일되었다. 이 후 서진의 멸망으로 중국대륙은 다시 16개 국가가 난립하는 16국 시대(316~439)에 접어들었으며, 16국 중 가장 큰 세력을 가지고 있던 북조의 북위(北魏)로 통합되었다. 화북지역을 통일한 북위는 그 후 동위(東魏)와 서위(西魏)로 분리되었으며, 동위는 북제(北齊), 서위는 북주(北周)로 갈라진 후 북제는 북주에 흡수되었으며, 북주는 국호를 수(隋)나라(581~618)로 변경하면서 동진과 서진을 모두 통일하였다. 그러나 수(隋)나라는 무리한 영토 확장으로 건국한지 37년 만에 당나라(唐, 618~907)에 의해 멸망하였으며, 당은 비단길을 통한 유럽과의 교역을 활성화시켜 중국 고대 문화를 서양에 전파하는 강대국으로 성장하였다.

중국의 중세시대는 당나라가 멸망한 후부터 오대십국시대(907~960)와 송나라(宋, 960~1279)를 거쳐 원나라(元, 1271~1368)가 중국대륙을 통일하기 전까지의 시기를 말한다. 송나라는 다양한 문화부흥정책으로 세계 최초로 지폐를 발행하고 주자학이 등장하는 등 문화적, 사상적 풍요로움을 향유하던 국가였다. 그러나 내몽골 지역과 만주지역을 차지한 거란족이 요나라(遼, 916~1125)를 세우고 북경 이북지역을 점령하였으나 요나라의 지배하에 있던 여진족이 요나라를 정복하고 금나라(金, 1115~1234)를 세운 후 화북지방을 점령하면서 송나라는 멸망하였다. 이 시기를 북송(北宋)시대라고 하며 북송의 황실을 계승한 왕조를 남송(南宋)이라고 한다. 남송은 몽골제국을 도와 금나라를 멸망시켰으나 몽골제국을 계승한 원나라에 의해 멸망하면서 중국 대륙은 근대 시기로 돌입하게 되었다.

중국의 근대는 몽골제국이 세운 원나라로부터 시작되었다. 원나라는 몽골제국의 건국자인 칭기즈 칸의 손자인 쿠빌라이 칸이 몽골고원, 만주, 화북 지역을 포함하는 지역에 세운 제국으로,

남송을 멸망시키고 중국 본토를 장악하였다. 그 후 원나라는 한족이 세운 명나라(明, 1368~1644)에 의해 멸망하여 몽골고원으로 쫓겨나게 되었다. 명나라 초기에는 외국과 교류하며 선진 문물을 수용하였으나 후기에 접어들면서 임진왜란 등의 대외원정 실패 등으로 몰락의 길에 접어들었으며, 명나라의 몰락을 틈타 금나라의 후예이며 만주족인 후금을 계승한 청나라(淸, 1616~1912)가 중국대륙을 재통일하기에 이르렀다. 청나라는 명나라 황실을 계승한 남명(南明, 1644~1662)을 정복하고 양무운동 등을 통해 근대 국가 진입을 시도하였으나 서구 열강 세력들의 이권침탈의 심화로 쇠퇴하기 시작하여 1912년 신해혁명으로 몰락하였다. 19세기에 들어서 청나라와 영국 사이에 벌어진 제1차 아편 전쟁(1840~1842)과 제2차 아편 전쟁(1856~1860)에서 청나라가 패하자 홍콩은 영국으로, 마카오는 포르투갈로 넘어가게 되었다. 홍콩은 1997년 중국에 반환되었다.

중국의 현대는 신해혁명의 성공으로 아시아 최초의 공화제 국가를 설립한 중화민국(中華民國, 1912~현재)으로부터 시작되어 현재까지 이르는 시기를 말한다. 중화민국은 최초의 공화정 체제인 북양정부가 1928년까지 존속한 후 장개석(蔣介石, 1887~1975)이 난징을 수도로 하는 국민정부를 창립하였다. 그 후 중국대륙은 1949년 모택동(毛澤東, 1893~1976)이 이끄는 중국 공산당에 의해 중화인민공화국(中華人民共和國)이 건국되었으며 장개석이 이끄는 중국 국민당은 현 대만으로 정부를 이전하여 지금에 이르고 있다.

2) 중국의 불교

중국에 불교가 전래된 것은 1세기경 후한시대로 알려져 있다. 서기 67년경 후한 명제 때 한나라의 사신인 채음이 인도에 가서 불법을 얻어왔으며 이때 인도 승려인 축법란 등과 함께 귀국하면서 불교가 최초로 전래되었다. 이 당시 중국은 실크로드를 통해 서역과 활발한 교역활동을 하고 있었으며 이때 승려들의 왕래도 활발하게 이루어졌다.

중국으로 전파된 외래 종교인 불교는 중국의 유교나 도교의 철학적 교리와 일맥상통하는 점이 많아 중국인들에게 쉽게 수용되었다. 즉, 불교의 자비정신은 유교의 인(仁)의 정신과 유사하였으며, 불교의 반야경의 공(空) 사상은 도교의 무(無) 개념과 일치하였다. 특히 중국으로 들어온 불교 경전을 주로 도학자들이 번역을 하게 됨으로써 불교에는 도교사상이 깊숙이 배어들게 되었다.

전진의 3대 왕인 부견(符堅, 338~385)은 중국으로 들어온 불교 경전의 번역을 위해 장장 20년에 걸친 역경사업(譯經事業)을 시행하였다. 부견은 5호16국 중 전진(前秦, 351~394)의 제3대 황제로 372년에 승려인 순도(順道)를 고구려에 보내 불경과 불상을 전함으로써 한국에 불교를 최초로 전래한 왕이기도 하다. 순도가 고구려 사신으로 오자 고구려왕은 순도로 하여금 왕자에게 불교를 가르치도록 명했다고 한다. 부견은 동진의 승려인 도안(道安, 312~385)을 초빙하여 8년간에 걸친 대대적인 역경사업을 전개하였다. 이때 두 번의 당고의 난(黨錮之禍, 166, 169)으로 수 백명의 사대부들이 죽음을 당하자 죽림에서 은둔생활을 하던 많은 노장 사상가들이 역경사업에 참여하였다. 당고의 난이란 중국 후한 말기 환제(桓帝, 146~167) 때인 서기 166년과 환제가 사망한 후 12세의 어린 나이로 왕위에 오른 영제 때인 169년 두 차례에 걸쳐 사대부 지식인들인 당인(黨人)들이 환관(宦官)들에 의해 탄압을 당한 사건으로, 진시황제의 분서갱유에 필적하는 사상탄압을 말한다. 어린 황제의 뒤에서 섭정을 하던 외척은 사대부들과 합세하여 막강한 세력을 부리던 내시집단인 환관일파들을 몰아내려고 하였으나 오히려 환관세력에 의해 수많은 사대부 지식인들이 화를 당하였다. 당고의 난으로 전제정권을 확립한 환관들은 184년에 일어난 황건의 난에 의해 파멸되었다.

도안이 초청한 외국의 승려들과 함께 번역 사업에 참여했던 노장 사상가들 중 도안의 제자이며 동진의 승려인 혜원(慧遠, 334~416)은 유교와 도가사상에 정통한 승려로 도교의 교리를 바탕으로 불교를 번역하였다. 도안과 혜원의 번역활동으로는 부족하다고 느낀 부견 왕은 다시 구자국(龜玆國)의 구마라습(鳩摩羅什, 334~413)을 초빙하여 12년간에 걸친 역경사업을 이어나갔다. 이때 구마라습의 문하에서 많은 학승들이 배출되었으며 이들로 인해 대승불교의 체계가 확고하게 정립되었다. 구마라습은 '대품반야경', '금강경' 등을 포함하여 모두 254권을 번역하여 중국불교에 결정적인 초석을 만든 인물로, 그가 번역한 불경들은 이전의 번역본보다 내용전달이나 문체의 수려함이 뛰어나 현재까지도 많이 읽혀지고 있다고 전해진다. 구마라습의 수제자를 일컫는 문하4철(四哲) 중 한 사람인 도생(道生, 미상~434)은 돈오성불사상(頓悟成佛思想)을 전개하기도 하였다. 도생은 중국 동진(東晉)의 승려로 점진적인 수행을 통해 부처의 경지에 오를 수 있다고 강조한 인도의 점오성불론(漸悟成佛論)과는 달리 성불은 어느 순간 홀연히 깨닫는 활연관통의 통찰력에 의해 얻어진다는 돈오성불론을 주장하였다.

중국의 불교는 위진남북조시대를 거치면서 인도 불교의 주요 경전을 번역할 때마다 한 특정한 문헌을 집중적으로 연구하는 주석적 학파들이 등장하였다. 그 결과 구마라습이 번역한 용수의 '중론', '백론', '십이문론'을 바탕으로 한 삼론종이 탄생하였으며, 그 외 성실종, 열반종, 지론종, 섭론종, 능가종 등 많은 종파들이 형성되었다. 이러한 종파들은 다시 천태종, 법상종, 화엄종의 3 종파로 흡수되면서 중국불교는 인도불교를 능가할 만큼 정교하고 포괄적인 철학체계로 완성되었다. 천태종은 구마라습의 번역본인 '금강경'과 '법화경'을 기반으로 창시된 불교로, 589년 중국을 통일한 수나라의 정치적, 사회적, 종교적 통합에 중요한 사상적 기반을 제공하였다. 법상종(法相宗)은 수나라를 멸망시키고 중국대륙을 통일한 당 태종 때 현장법사(596~664)가

인도의 유식사상(唯識思想)을 연구하고 돌아와 '성유식론(成唯識論)'을 저술하면서 창시된 중국의 유식학파이다. 법상종은 인도 불교를 교리적으로 해석한 교종으로 당나라 초기에 크게 융성하였으나, 곧 이어 등장한 화엄종에 의해 대체되었다. 화엄종은 법장(法藏, 643~712)에 의해 완성된 종파로 그 당시 천태종과 더불어 중국 불교사상의 양대 산맥으로 자리 잡았으나 845년 당(唐) 무종(武宗, 재위 840~846)때 일어난 폐불사건(廢佛事件)으로 쇠멸하기 시작하였다. 폐불사건이란 중국에서 일어난 4번의 불교탄압정책을 말하는 것으로, 이를 삼무일종의 법난(三武一宗의 法難)이라고도 부른다. 삼무일종(三武一宗)이란 불교를 탄압한 4명의 왕을 지칭하는 말로 북위(北魏)의 태무제(太武帝, 재위 423~452), 북주(北周)의 무제(武帝, 재위 560~578), 당의 무종(武宗, 재위 840~846)과 후주(後周)의 세종(世宗, 재위 954~959)을 가리킨다. 폐불사건이란 면세 특권을 갖는 사찰과 승려들이 증가하고 종단 내부의 부패가 심화되자 국가재정에 심각한 타격을 막기 위해 일어난 사건으로, 그 이면에는 불교와 도교의 두 종파 간 대립을 막고 이를 이용하여 정치적 권력을 강화하기 위한 위정자들의 정치적 야심이 숨어있었다. 폐불 사건으로 인해 불교경전과 사원들이 파괴하고 그들이 가지고 있던 토지와 노비들이 몰수당했으며, 승려들은 모두 속세로 환속되었다.

(1) 중국의 선종(禪宗)

중국 불교사상은 다양하게 형성된 종파들이 천태종과 화엄종에 흡수되면서 인도 불교를 능가하는 철학체계를 완성하였다. 그러나 이 두 종파는 지나치게 정교하고 사변적이며 추상적인 사상체계로 대중적 종교로의 기반을 확보하지 못한 채 흥망성쇠의 길을 걷게 되었다. 이러한 발전과정에서 사변적이고 내세적인 종교보다는 간명하고 현실적이며 실천을 중시하던 중국인들의 특성에 부합한 선종(禪宗), 즉 선불교(禪佛敎)가 등장하게 되었다.

선불교, 혹은 선종은 520년 경 양나라(梁, 502~557) 초대 황제인 무제(武皇帝, 464~549) 때 인도의 승려인 보리달마(菩提達摩, 미상)가 인도의 선종을 중국에 소개함으로서 시작된 종파이다. 선종은 현세적 실천을 중시하는 중국의 문화적 풍토에 뿌리를 깊이 내리면서 중국을 대표하는 불교로 성장하게 되었다. 특히 중국으로 들어온 선종은 무위자연(無爲自然)과 소요무애(逍遙無碍)의 정신을 중시하는 도가사상과 그 맥이 일치하여 인도적 공사상과 불성사상에 노장철학이 한데 어우러진 원숙한 종교로 성장하였다. 선종은 후에 신유학의 창시자인 주돈이(周敦頤, 1017~1073)의 우주론에도 지대한 영향을 미치게 되었다.

불교 경전의 해석이나 교리적 문자보다는 직관적 지혜를 강조하는 선종의 '선(禪)'이란 정려(靜慮), 좌선(坐禪), 내관(內觀), 내성(內省), 침잠(沈潛)의 뜻을 가진 개념으로, 경전에 대한 연구보다는 조용히 앉아 마음을 침잠시키고 생각에 몰입하여 성찰함으로서 불성을 찾는 것을 중시하였다. 또한 선종에서는 불타의 마음(佛心)을 많은 중생들에게 전달하는 대승불교의 불심종(佛心宗) 정신을 중시하였다. 이에 반해 교종(敎宗)은 독자적 실천 수행과 참선을 중시하는 선종과는 반대로 부처의 말씀, 즉 교설과 이를 문자로 표현한 경전을 중시하였다. 따라서 부처의 일심(一心)을 전하는 선종의 불심종(佛心宗)에 반해 교종은 불어종(佛語宗)이라고 한다. 교종과 선종은 불교를 교선 2종(敎禪二宗)으로 구분하는 데에서 비롯된 개념으로, 선종 이외의 모든 불교 종파를 이르거나 천태종이나 화엄종만을 이르기도 한다. 이와 같이, 선불교는 말 그대로 선정(禪定)을 중시하는 종교로 불교 경전이나 교리를 중시하는 교종과는 대립되는 사상을 가지고 있었다. 선정(禪定)이란 반야(般若)의 지혜를 언어 성불하기 위한 불교수행을 말하는 것으로, '생각을 쉬는 것'을 의미한다. 따라서 잡다한 집착과 분별심을 버리기 위한 마음공부인 선정을 함으로써 마음이 부처이며 현세계가 극락이라는 경지에 도달할 수 있다고 보았다.

중국 선종은 제1대 시조인 달마대사로부터 홍인(弘忍, 601~674), 신수(神秀, 606~706) 등으로 이어지다가 남종과 북종으로 분파되었다. 북종선 사상은 전통적인 인도의 선사상을 계승하여 인도적 좌선이나 수행을 중시하였으나, 남종선은 혜능(慧能638~713)과 그의 제자인 신회(神會)에 의해 주장된 사상으로 일상생활 속에서 마음의 본성을 깨닫는 체험을 중시함으로서 선종의 일대 전환을 가져온 사상이라고 할 수 있다.

(2) 선종의 4대 종지

선종의 4대 종지란 혜능이 확립한 남종선의 사상으로 직지인심(直指人心), 교외별전(敎外別傳), 불립문자(不立文字), 견성성불(見性成佛)을 말한다.

직지인심이란 부처의 마음, 즉 불교의 진리는 경전의 문자가 아니라 마음에서 마음으로 전해진다는 이심전심 사상을 말한다. 교외별전도 말 그대로 부처의 마음은 교리와는 별도로 전해진다는 뜻으로, 법통의 전수는 조사(祖師)에서 조사로, 스승에게서 제자로 이어져 전승된다는 뜻을 갖는다. 조사란 '부처의 마음을 밝히어 지와 행에 있어 조금도 어긋남이 없는 스승'이라는 뜻으로 특종 종파를 세워 그 종지(宗旨)를 펼친 사람을 높여 이르는 말이다. 따라서 불교의 조사란 천주교의 총대주교(總大主敎, patriarch)에 해당하는 직위라고 할 수 있다. 불립문자란 경전의 문자에 구애받지 않는다는 뜻으로 경전의 무의미한 암송이나 정독보다는 불타의 마음과 뜻을 밝히기 위한 실천적 수행을 의미한다. 마지막으로 견성성불(見性成佛)이란 마음에 불현듯 와 닿는 체험을 통해 마음의 본성을 깨달음으로써 성불한다는 것을 의미한다. 견성성불이란 일체 중생의 내면에 본래 불타, 즉 불성이 존재한다는 것을 전제로 '견성(見性)', 즉 수행을 통해 자기 내면에 있는 불타를 발견하여 성불하는 것을 의미한다.

견성성불이란 자신의 내면적 본성을 발견하여 득도한다는 뜻의 돈오사상(頓悟思想)과 그 맥을 같이한다. 돈오사상은 도생이 인도의 점오성불론(漸悟成佛論)에 반대하면서 주장한 사상으로 그 후 중국 선종의 독특한 수행방법으로 정착되었다. 앞에서 언급한 바와 같이 도생은 동진의 고승으로 구마라습의 역경사업에 참여하여 노장사상에 입각한 불교를 창시한 인물이다. 도생은 인도의 점오성불론을 비판하면서 오랜 기간 수많은 경전을 읽다보면 대학자는 될 수 있으나 대사상가는 될 수 없다고 반박하였다. 도생에 의하면, 불성(佛性)이란 오랜 기간 경전을 공부함으로서 구현되는 것이 아니라 마치 두 바위 사이를 훌쩍 뛰어넘는 것처럼 순간적으로 전체를 파악함으로서 구현될 수 있는 것이라고 주장하였다. 도생은 홀연히 활연관통을 하게 되면 중생들이 살고 있는 현상계가 곧 불국정토가 된다고 주장하면서 "도를 깨우친 자에 있어서 정토와 현상계가 따로 있을 수 없다."고 부언하였다. 이와 같이 돈오사상이란 인도 불교에서 강조하는 '점오(漸悟)', 곧 "수행의 순서를 차근차근 밟아나가 점차적으로 높은 단계의 깨달음의 경지에 이른다."는 개념과 반대되는 것으로, 자기 마음의 본성을 깨닫거나 자기 마음의 본바탕이 불심(心卽佛)임을 깨닫는 순간이 성불하는 순간이라고 강조한 사상을 말한다. 이때 돈오란 '갑자기'의 뜻을 지닌 '돈(頓)'과 '깨달음'이라는 뜻의 '오(悟)'의 합성어로, "불교의 참 뜻인 불성을 갑자기, 홀연히, 한 순간에 깨달아 부처의 경지에 이른다."는 활연관통의 의미를 갖는다.

돈오사상은 사상가에 따라 크게 돈오점수(頓悟漸修)와 돈오돈수(頓悟頓修)로 구별된다. 돈오돈수란 자신의 본성을 보는 것이 곧 득도하는 것을 의미한다. 즉, 깨달음의 직각적인 각성에 이른 뒤에는 그 어떤 수행도 필요하지 않는다는 것을 중시한 이론을 말한다. 이와는 반대로 돈오점수는 단번에 직각적으로 불성을 활연관통했다고 하더라도 점진적인 수행을 계속해야만 부처의 경지에 이른다는 것을 강조한 이론이라고 할 수 있다. 참고로 '돈수(漸修)'란 "차츰 천천히 나아간다."는 뜻의 '점'과 "수양을 닦는다."는 뜻의 '수'로 이루어진 용어이다. 돈오점수는 특히 고려의 고승인 지눌(知訥, 1158~1210)이 주장한 불교사상으로 지눌은 활연관통으로 불성을 깨달았다고 하더라도 오랜 기간 몸에 밴 습관을 서서히 없애야 진정한 성불을 할 수 있다고 주장하였다.

5세기경 중국으로 전파된 대승불교의 한 조류인 선종은 당나라 중엽부터 시작하여 송나라 초까지 중국을 대표하는 불교사상으로 발전하였으며, 불교에 대항하여 공자의 유교사상으로 되돌아가기 위한 사상적 재무장인 주자학의 형성에도 커다란 영향을 끼쳤다.

인도에서 중국으로 전래된 불교는 외래 종교로서 문화적 자긍심이 강한 중국인들 가운데는 불교를 비판하는 배불론이 항상 존재해왔다. 이러한 배불론자들은 불교가 내세적인 신앙을 지나치게 강조함으로서 인간의 현실세계를 부정하고 인륜과 효(孝)에 어긋난다고 비판하였다. 당나라 말기부터 활기를 띤 배불론은 송나라 시대로 접어들면서 주자학으로 발전하여 사상적 주도권을 쥐게 되었으며 그로부터 불교는 중국 사회에서 차츰 쇠멸되기 시작하였다. 19세기 말에서 20세기 초로 들어서면서 침체된 불교계를 부흥시키려는 시도가 있었으나 1949년 이후 중국 공산당이 전통불교를 탄압하면서 불교는 현 중국사회에서 명목상의 종교로 쇠멸되었다.

04. 한국의 불교

1) 개요

한국의 철학사상은 크게 불교와 유교로 구분할 수 있다. 불교 사상은 주로 삼국시대와 고려시대에 걸쳐 한국인의 정신을 지배하였으며, 유교는 고려 말 안향(1243~1306)에 의해 송나라의 주자학이 최초로 전래되면서 조선시대의 중추적인 사상으로 발전하였다. 물론 한반도에는 유교나 불교 이외에도 경천사상이나 조상숭배 등 민족적 원시신앙을 비롯하여, 조선 말기 서양에서 전래된 기독교, 천주교, 동학사상, 실학사상 등 다양한 전통사상이 존재하였다. 이 중에서 한국인의 정신적 철학을 대표하는 두 가지 사상을 꼽자면, 토속신앙과 융합하면서 발전한 불교와 유교 사상이라고 할 수 있을 것이다.

삼국시대를 지배하던 토속신앙은 매우 다양하여 조상신을 숭배함은 물론 천신(天神)이나 산천 신들을 섬겼다. 삼국시대 중반 이후에 이르러 중국으로부터 전래된 불교는, 유일신을 신봉하는 기독교와는 달리, 한국의 토속신앙을 수용하면서 왕실과 귀족은 물론 일반인들에게도 깊숙이 침투하게 되었다. 한국 불교는 인도에서 발흥한 불교의 2대 종파 중 중국을 거쳐 전래된 대승불교라고 할 수 있다. 고구려는 372년 소수림왕 2년에 중국 전진의 왕인 부견의 지시로 승려 순도가 불상과 경전을 전했으며, 백제에서는 그보다 13년 후인 침류왕 때 동진의 마라난타가 불법을 전했다. 신라는 눌지왕(417~458) 때 이미 불교가 들어와 있었으나 527년 법흥왕에 의해 공식적으로 승인되었다. 불교의 전래는 단순한 종교적 의미를 넘어서 삼국시대를 대표하는 정치적, 문화적, 사회적 변화를 의미하는 사건이라고 할 수 있다. 신라는 불교를 바탕으로 국력을 모아 삼국을 통일하게 되었으며, 백제는 일본에 불교를 전파하면서 일본과의 국제적 관계를 돈독히 할 수 있었던 것이었다.

삼국시대를 대표하는 불교 사상으로는 중국의 대승불교의 종파인 선종(禪宗)이라고 할 수 있다. 중국 당나라의 선종이 한반도에 전래된 것은 신라 헌덕왕(809~826) 이후로, 당에 유학하던 유학승들이 귀국하면서 구산선문(九山禪門)을 형성하였다. 구산선문이란 신라 말부터 고려 초까지 형성된 중국 선종의 아홉 개의 종파를 말한다. 삼국사기에는 삼국시대를 대표하는 고승으로 6세기말에서 7세기 신라 중기까지 활동한 원광(圓光, 542~640), 자장(慈藏, 590~658), 원효(元曉, 617~686), 의상(義湘, 625~702), 진표(眞表, 미상~752)와 신라 말기부터 활약한 진감(眞鑑, 774~850), 무염(無染, 800~888), 범일(梵日, 810~889) 등이 포함된다고 기록되어있다.

삼국시대의 불교는 고대국가형성에 필요한 사상적 철학을 제시하였으며, 호국사상을 전파하는데 커다란 기여를 하였다. 예를 들어 원광의 유교적 세속오계는 불교와 더불어 사회적, 윤리적 가치 기준으로서 고대 신라의 전통적 사회질서를 확립하는데 지대한 영향을 미쳤다. 세속오계는 사군이충(事君以忠), 사친이효(事親以孝), 교우이신(交友以信), 임전무퇴(臨戰無退), 살생유택(殺生有擇)이 포함되며 이는 임금에 대한 충성과 부모에 대한 효도, 친구들 간의 우애, 전쟁에 나가 후퇴함이 없으며 살생을 할 때는 가려서 해야 한다는 사상을 말한다.

조선이 억불숭유정책으로 불교를 억압한 것에 비해 고려 시대에는 유관불심(儒冠佛心) 정책을 펼치면서 불교를 국교로 인정하였다. 유관불심이란 말 그대로 "유교를 관으로 쓰고 불교의 마음으로 정치에 임한다."는 뜻으로 고려 왕건은 많은 사찰들을 세웠으며 선종과 교종 모두를 보호하였다. 고려 광종은 승려들을 위한 과거제도인 승과를 설치하였으며, 의천과 같은 승려는 고려 천태종을 개창하였다. 보조국사 지눌은 한국의 조계종을 대표하는 시조로, 특히 돈오점수 사상을 주장하였다.

조선시대로 들어오면서 억불숭유정책으로 인해 불교의 세력은 약화되었다. 그러나 2005년도 통계청 자료에 의하면 불교는 한국인이 믿는 종교 중 1위를 차지할 정도로 현재에 이르러서도 한국을 대표하는 종교로 그 명맥을 이어가고 있다. 이 절에서는 수많은 불교 사상가들 중에서 일심사상을 주장한 신라 고승 원효와 진심사상을 주장한 고려의 고승인 지눌의 불교사상을 비교해보도록 한다.

2) 원효의 일심사상

(1) 일생

원효(元曉, 617~686)는 설총(654/660~미상)의 아버지로 한국 최초의 대처승이다. 대처승이란 비구승(比丘僧)처럼 평생 독신으로 수도의 길을 걷는 수도승과는 달리 부인과 가족을 거느린 화택승(火宅僧)을 말한다.

원효는 경상북도 경산시에서 신라 개국공신이자 귀족인 설담날의 둘째 아들로 태어났다. 원효의 본명은 설사(薛思)이며 호는 화정(和淨), 시호는 화쟁국사(和諍國師)로 원효(元曉)는 그의 법명이다. 원효란 "불교의 빛이 으뜸으로 널리 퍼진다."는 뜻이다.

원효는 태학에 들어가 유교를 공부하였으며 화랑으로도 적극적인 활동을 펼쳤으나 젊은 나이에 모친이 사망하고 29세 때에는 백제와의 전투에서 수많은 동료들이 사망하자 이에 큰 충격을 받고 승려가 되었다. 원효는 자신의 집을 희사하여 초개사(初開寺)라는 법당을 세웠으며, 그가 태어났다고 전해지는 사라수라는 나무 옆에도 사라사(裟羅寺)라는 절을 세우기도 하였다.

원효는 그의 나이 33세인 650년(진덕여왕 4년)부터 당나라 고승인 삼장법사 현장(玄奘, 602~664)에게 불법을 배우러 가기위해 두 번의 시도를 하였으나, 첫 번째 시도는 고구려의 순찰대에 잡히는 바람에 실패하였다. 11년 뒤인 661년에 원효와 친척지간이었던 의상 대사(義湘大師, 625~702년)와 함께 당나라로 건너가기 위해 현 경기도 남양주 근처인 당주의 빈 초막에서 하룻밤을 지내게 되었다. 밤중에 심한 갈증을 느껴 잠을 깬 원효는 주위에 있던 표주박에 들어있는 물을 마시고 잠이 들었다. 다음 날 아침 깨어보니 그들이 머물던 곳은 초막이 아니라 무덤이었으며, 그가 마신 물도 표주박이 아니라 해골에 괴인 썩은 물이었다. 그 순간 원효는 세상의 모든 것이 오직 마음 하나에 달려있다는 부처의 일체유심조(一切唯心造)의 깊은 진리를 깨닫고 당나라 유학을 포기하였다. 해골에 담긴 물은 동일한 물이나 원효에게는 갈증을 달래주는 시원한 물이자 역겨움을 자아내는 물로 비춰졌으니 오로지 달라진 것은 자신의 마음이라는 것을 깨달은 것이었다. 원효는 유학을 포기하고 돌아와 분황사에 거주하면서 통불교(通佛敎)를 제창하였으며 통불교 사상을 중심으로 교종과 선종을 화합시키기 위한 화쟁사상(和諍思想)을 펼쳤다.

경주로 돌아온 원효는 엄한 계율에서 벗어나 자유로운 생활을 즐겼다. 이러한 원효의 행동에 대해 승단에서는 불교계율을 깨뜨린 파계승이라고 비난하였다. 이에 대해 원효는 "더러움과 깨끗함이 따로 있는 것이 아니며 속된 것과 참된 것 역시 따로 있는 것이 아니다."라고 응수하였다고 한다. 654년 원효는 금성 시내에 나가 "도끼에 자루를 낄 자가 없느냐? 내가 하늘을 받칠 큰 기둥을 깎아보고자 한다."는 노래를 부르며 돌아다녔다. 이를 전해들은 태종무열왕은 원효가 귀부인을 얻어 슬기로운 아들을 낳고자 하는 뜻으로 해석하여 과부가 된 둘째 딸인 요석공주와 원효를 맺어주게 되었다. 이 둘 사이에서 태어난 설총은 신라10현(新羅十賢)의 한 사람으로 최치원, 강수와 함께 신라 3대 문장가(新羅三文章)로 꼽히는 인물이다. 설총은 또한 주역, 시경, 서경, 예기, 춘추, 논어, 맹자, 주례 등의 9경을 이두문자로 해석하여 한국 역사상 최초로 유교 사상을 전파한 인물이기도 하다.

요석공주와의 인연으로 파계승이 된 원효는 스스로를 소성거사(小性居士)라 칭하며 거리를 방황하였다. 어느 날 우연히 한 광대가 표주박을 가지고 춤과 만담을 벌이는 것을 보고는 자신도 광대복장을 하고 표주박을 두드리며 화엄경의 이치를 노래로 지어 무지한 대중들에게 부처의 가르침을 널리 전파하였다. 이것이 바로 원효가 지은 무애가(無碍歌)이다. 무애가란 '화엄경'

의 '일체무애인 일도출생사(一切無碍人 一道出生死)'를 인용한 노래이다. 원효가 표주박을 두드리며 무애가를 부르는 행동은 승려들로부터 멸시와 소외를 당하는 원인이 되었다. 그러나 불교에 대한 원효의 학문적 심도나 그가 집필한 많은 불경들이 점차 신라뿐만이 아니라 당나라 고승들에게도 알려지게 되면서 당나라 고승들은 원효를 높이 칭송했다고 전해진다. 원효는 그 당시 성행하던 모든 불교 경전에 대한 해설서를 편찬할 정도로 불교에 통달한 인물이었다. 원효가 저술한 경론의 주석서는 100여 권이 넘는다고 알려져 있으나, 현존하는 것은 약 22권에 지나지 않는다. 이 중 원효의 대표작이라고 할 수 있는 '금강삼매경론(金剛三昧經論)', '십문화쟁론(十門和諍論)', '대승기신론소(大乘起信論疏)' 등에는 원효의 핵심 사상인 일심사상(一心思想)과 화쟁사상이 잘 나타나 있다. 특히 '기신론소'라는 약칭으로도 불리는 '대승기신론소'는 마명이 저술한 '대승기신론(大乘起信論)'에 대한 해석서를 말한다. 마명의 '대승기신론'에 대한 주석서는 1,000여 권이 전해지고 있으나, 이 중 원효의 '대승기신론소'가 가장 뛰어나다고 하여 중국에서는 그의 저서를 '해동소(海東疏)'라고도 부른다.

원효대사는 70세 되던 해인 686년 경주시에 있는 골굴사인 혈사(穴寺)에서 입적에 들었다. 원효는 사망한 뒤 고려 숙종에 의해 대성화정국사(大聖和諍國師)라는 시호를 받았다.

(2) 일심사상(一心思想)

원효의 불교사상은 일심사상(一心思想), 화쟁사상(和諍思想), 무애사상(無碍思想)으로 집약할 수 있다. 원효는 그의 저서인 '금강삼매경론'과 '대승기신론소'에서 대승불교의 이대 조류인 중관파와 유식파의 견해를 비판하면서 일심사상을 주창하였다. 중관파는 진공묘유사상과 팔불설을 주장한 학파이며 유식파란 인간의 심식체계를 종전의 6식에서 8식으로 확대하여 중관론의 이론을 보완한 대승불교 이론체계를 말한다.

원효에 의하면, 일심이란 우주 삼라만상이 출현하기 전에 존재하는 절대적 의식, 삼라만상의 본원, 모든 현상에 내재하는 본질로 인간을 포함한 삼라만상의 모든 현상은 하나의 마음, 즉 일심에서 파생되어 나왔다고 강조하였다. 즉, 우주 삼라만상에는 하나의 마음, 즉 일심과 독립하여 존재하는 것은 아무 것도 없으며 따라서 모든 존재의 근원은 하나의 마음이라고 주장하였다. 원효는 또한 그의 일심사상을 유식파의 이론에 적용하여, 일심이란 제8식인 아뢰야식을 총괄하는 제9식(第九識)으로 불교의 궁극적 목표란 제9식인 일심에 의거하여 불각(不覺)에서 본각(本覺)으로 돌아가는 것, 즉 환귀일심(還歸一心)이라고 주장하였다.

원효는 일심을 대승(大乘), 불성(佛性), 열반(涅槃)과 동일한 개념이라고 규정하면서 일심의 세계가 곧 불국정토이며 극락세계라고 강조하였다. 원효는 일심사상을 설명하기 위해 자신의 저서인 '금강삼매경론'에서 "물이 장강(長江) 속에 있으면 이를 강수(江水)라 하고, 물이 회수(淮水) 속에 있으면 이를 회수(淮水)라 하며, 물이 황하(黃河) 속에 있으면 이를 하수(河水)라 하나, 강물이 바다 속으로 흘러 모이게 되면 이를 해수(海水)라 하니, 불법도 이와 같아서 모든 불교 종파들이 다함께 모여 진여(眞如)에 있으면, 오직 불도(佛道)가 될 뿐이다."라고 일심사상을 비유하였다. 참고로 원효가 예를 든 장강, 회수, 황하란 중국을 대표하는 3대강을 일컫는 말로, 장강이란 창장강(長江) 혹은 양쯔강을 말하며, 회수란 화이허강을 말한다. 황하 강 속에 있으면 하수(河水)라고 한 뜻은 과거에 '하(河)'라는 말이 '황하강'을 가리키던 고유명사였기 때문이다. 진여란 불교의 궁극적인 진리나 만물의 본체를 뜻하는 말로서 여여(如如), 혹은 여실(如實)이라고도 한다. 진여란 대승불교가 일어나기 이전부터 전통적인 불교사상을 대표하는 진리의 개념으로 사용되었으나 대승불교가 발전하면서 학파에 따라 다른 의미로 사용되어왔다. 그러나 일반적으로는 진여란 반야사상(般若思想)을 나타내는 핵심개념으로 참 진리라는 뜻을 갖는다. 반야란 무분별지(無分別智), 즉 대상을 의식하지 않고 대상과 일체가 되는 최고의 깨우침의 지식을 가리킨다. 이와는 반대로 유분별지(有分別智)란 이성적 판단으로 사물을 해석하려는 지식으로 대상을 의식하고 분별하려는 지혜를 가리킨다. 따라서 무분별지란 무애자재(無㝵自在) 정신, 즉 막힘이 없이 스스로 존재하는 자연법이(自然法爾)의 지혜로 대지(大智), 즉 위대한 지혜라고도 한다. 일심사상은 원효의 주장대로 만법귀일(萬法歸一), 또는 만법귀진(萬法歸眞)의 사상을 나타내는 것으로 모든 만물이 하나이며 하나의 진여로 귀속된다는 것을 강조한 이론이라고 할 수 있다.

원효에 의하면, 일심이란 처음에는 그 어떤 무명(無名)의 오염도 없이 순수한 상태로 존재하다가 인간의 본질적인 어리석음인 무명에 의해 혼탁하고 고통스러운 현실세계로 변화된다고 하였다. 따라서 번뇌와 고통으로 가득 찬 차안의 세계에서 일심을 발견함으로서 자기 본래의 상태, 즉 일심환원상태로 완성되어 피안의 세계로 나아갈 수 있다고 강조하였다.

원효는 그의 또 다른 대표저서인 '대승기신론소'에서 일심은 심진여(心眞如)와 심생멸(心生滅)을 포괄한다고 강조하면서 이를 불각(不覺)과 본각(本覺)의 원리로 설명하였다. 여기서 심진여란 인간이 본래 가지고 있던 불성(佛性), 여래장(如來藏), 혹은 진여를 의미하며, 심생멸이란 인간의 본질적인 어리석음인 무명과 집착으로 생겨나고 사라지는 현실적 마음이라고 하였다. 그러나 심즉시불(心卽是佛), 즉 마음이 부처임을 믿으면 무명의 불각(不覺) 상태에서 불성의 본각(本覺) 상태로 들어가 일심으로 돌아갈 수 있다고 하였다. 미혹의 마음인 불각에서 진여의 각성을 하는 본각으로의 전환에 대해 원효는 그의 '대승기신론소'에서 바람이 불면 고요한 바다에 파도가 일지만, 파도와 바닷물이 둘이 아닌 것처럼, 중생의 일심도 심진여와 심생멸의 둘로 분열되어있으나 진여와 무명은 서로 다른 둘이 아니라 하나라고 주장하였다. 따라서 모든 중생들은 일심의 본각 원리에 의지하여 마음을 수양하게 되면 무명에 의해 오염된 불각이 제거되고 본래의 청정한 마음상태로 되돌아가게 되어 불성을 이룰 수 있다고 강조하였다.

(3) 화쟁사상(和諍思想)

화쟁사상(和諍思想)이란 신라의 원광(圓光, 542~640)과 자장(慈藏, 590~658)에 의해 주창되어 원효에 의해 집대성한 이론으로 원융회통사상(圓融會通思想), 혹은 통불교사상(通佛教思想)이라고도 불린다. '원융(圓融)'이란 "막힘이 없다."는 뜻이며, '회통(會通)'이란 말 그대로 '하나로의 만남'을 의미한다. 즉 화쟁사상이란 신라에 도입된 다양한 불교 종파들이 배타적인 이론들을 앞세우며 격심한 논쟁으로 대립하는 것을 화합하기 위해 창시된 불교 통합사상을 말한다.

원광은 불교와 유교를 절충하여 신라시대에 알맞은 윤리관으로서 세속오계(世俗五戒)를 제시하였으며, 원융(圓融)을 바탕으로 하는 무쟁사상(無諍思想)의 기틀을 마련하였다. 자장은 통화불교(統和佛教)를 주장한 신라 고승으로 통화불교란 화엄종, 불국토사상(佛國土思想), 섭론종(攝論宗), 정토교(淨土教) 등의 모든 종파의 분열을 초월하는 사상으로 한국불교계를 중국불교계와는 다른 독창적인 종교로 이끄는 데 지대한 공헌을 한 사상이라고 할 수 있다.

원효의 화쟁사상은 '십문화쟁론'을 비롯하여 그의 모든 저서 속에서 일관되게 나타나고 있는 사상으로, '화쟁(和諍)'이란 다양한 교설의 모순과 대립을 한 체계로 묶어서 담은 기본구조라고 규정하였다. '십문화쟁론'이란 현재 부분적으로만 전해지나, 불성의 유무 등 10가지 주제에 대한 화쟁사상을 담고 있는 저서를 말한다. 원효는 특히 그의 일심사상을 중심으로 배타적인 종파들 간의 이론적 화쟁을 모색하였다. 원효는 인간세상이란 원래 화(和)와 쟁(諍)의 양면성을 가지고 있으나 화와 쟁은 둘이 아니라(不二) 하나이므로 화와 쟁의 근원을 밝혀 하나로 동화시켜 나가는 것이 중요하다고 강조하였다. 즉 천차만별의 현상적인 쟁의 상태도 그 근원에서 보면 화라는 하나의 상태에서 파생된 것이므로 이를 일심(一心), 일리(一里), 일법(一法)의 사상으로 동화시킬 수 있다고 주장하였다.

원효가 집대성한 화쟁사상은 그 후 고려의 의천(義天, 1055~1101)과 지눌(知訥, 1158~1210), 조선시대의 기화(己和, 1376~1431), 함허(涵虛, 1376~1433), 휴정(休靜, 1520~1604) 등으로 이어져 한국 불교를 대표하는 통합사상으로 발전하였다. 원효의 화쟁사상을 이어받은 의천은 당시 고려 시대의 불교가 교종과 선종으로 나누어져 대립하자 이를 위한 화쟁사상으로 교관병수설(教觀并修說)을 주장하였다. 교관병수란 경전을 중시하는 교종과 참선을 중시하는 선종의 수행방법을 아울러 함께 닦아서 진리를 깨우쳐야 한다는 뜻으로, 천태종(天台宗)의 핵심적인 수행방법을 말한다. 의천은 원래 교종인 화엄종에 속한 승려였으나 원효의 화쟁사상이 '법화경'의 회삼귀일사상(會三歸一思想)과 맥락을 같이한다는 것을 발견하고는 천태종을 창시하고 화엄종을 비롯한 교종과 선종의 일치를 시도하였다. 특히 의천은 교학(敎學)을 중시하는 교종에 비해 경전을 멀리한 채 참선을 통해 직관적인 종교체험만을 강조하는 선종을 비판하면서 참선의 의미를 찾는 바른 수행방법으로 교와 관을 함께 닦는 교관병수를 제시하였다.

의천이 교종의 입장에서 선종을 수용하려고 했다면, 지눌(知訥)은 선종의 입장에서 교종을 통합하려는 화쟁사상을 강조하였다. 지눌은 부처의 마음(心)을 전하는 것이 선종이고 부처의 말씀(言)을 깨닫는 것이 교종이므로 말씀과 마음을 분리하지 말고 함께 닦아야 한다는 정혜쌍수(定慧雙修) 사상을 주장하였다. 지눌은 화쟁사상에 입각하여 정혜쌍수를 구현함으로서 선교합일의 주창자로 불리어지고 있으며 현재에도 한국 불교계에서는 교선양종을 함께 닦는 정혜쌍수의 전통을 유지하고 있다.

고려시대에는 불교가 국교로 승인되면서 불교 종파간의 논쟁은 그리 심각하지 않았다. 그러나 조선이 억불숭유정책으로 불교를 배척하자 조선 초기의 고승인 기화(己和, 1376~1431)는 그의 '현정론(顯正論)'과 '유석질의론(儒釋質疑論)' 등을 통해 억불사상의 부당함과 함께 유교, 불교, 도교를 아우르는 유불도 3교의 화쟁사상을 주장하였다. 기화는 '현정론'의 첫머리에서 유교의 오륜(五倫)과 불교의 오계(五戒)를 비교하면서 불교의 불살생(不殺生)은 인(仁), 부도(不盜)는 의(義), 불음(不淫)은 예(禮), 불음주(不飮酒)는 지(智), 불망어(不妄語)는 신(信)과 일맥상통한 이론이라고 주장하였다. 그리고 각 종파의 훈육방법이나 지도방법에 관해 유교에서는 주로 상벌을 형벌로 다스리나, 상벌이 따르는 훈육방법은 일시적인 복종만을 가져오게 되지만, 불교의 훈육은 주로 스스로 깨닫고 자각하도록 이끄는 인과법을 사용하므로 자신의 잘못을 마음속에 깊이 새기게 된다고 주장하였다. 따라서 이 세상에는 상벌로 지도해야 할 사람들과 인과법으로 지도해야 할 사람들이 혼재하므로 유교와 불교 모두가 필요하다는 화쟁론을 주장하였다. 조선시대 불교를 부흥시킨 중흥조라고 일컬어지는 휴정(休靜)은 지눌의 정혜쌍수를 계승하면서 선종의 입장에서 교선과 선종, 그리고 염불의 일치를 주장하였다.

3) 지눌의 진심사상

(1) 일생

지눌(知訥, 1158~1210)은 황해도 동주에서 국자감 학정(學正)을 지낸 정광우(鄭光遇)의 아들로 태어났다. 호는 목우자(牧牛子)이며 시호는 불일보조국사(佛日普照國師)이다. 병약하게 태어난 지눌을 위해 아버지 정광우는 백방으로 치료약을 구했으나 효과가 없자 아들의 병을 낫게 해준다면 출가시키겠다고 부처님께 기도를 드렸다. 아버지의 기도로 병이 낫자 지눌은 8세에 구산선문의 한 종파인 사굴산문파(闍崛山門派)의 종휘(宗暉)를 은사로 승려가 되었다. 사굴산문파란 831년에 신라의 고승인 범일(梵日, 810~889)이 당나라에서 선법을 전해 받고 돌아와 847년에 강릉 사굴산에 굴산사를 건립한 후 창시한 구산선문의 한 종파를 말한다.

　　지눌은 그의 나이 24세인 1182년(명종 12년)에 승과에 급제하여 승려로서의 출세 길이 열렸으나 이를 마다하고 삼림에 은둔하며 수도에 정진하였다. 지눌은 1188년 득재(得才), 몽선(夢船) 등과 함께 팔공산 거조사(居組寺)에서 정혜결사(定慧結社)를 조직하였으며, 2년 후인 1190년에는 그와 뜻을 같이하는 사람들과 '권수정혜결사문(勸修定慧結社文)'을 선포하였다. '권수정혜결사문'이란 정혜쌍수(定慧雙修)를 위한 내용을 담은 문서로, 진정한 불교란 정(定)과 혜(慧)를 함께 닦는 것이라는 그의 주장이 담겨있다. 여기서 '혜'란 불교 경전과 교리에 대한 지식을 함양하는 것을 말하며, '정'이란 이러한 지혜를 바탕으로 선정(禪定)을 닦는 것을 말한다. 1197년에는 왕족과 중앙관리들을 비롯하여 수 백 명의 승려들이 정혜결사에 참여하여 수도하였으나, 시비를 일으키는 무리를 교화하지 못하게 되자 지눌은 지리산 상무주암(上無住庵)으로 들어가 홀로 선정을 닦았다.

　　지눌은 '육조단경'을 읽다가 "진여자성(眞如自性)은 항상 자유롭고 자재하다."는 구절에서 깨달음을 얻은 후 중국의 고승인 혜능(638경~713경)을 평생의 스승으로 삼았다. 혜능은 선종(禪宗) 5대 조사(祖師)인 홍인(弘忍, 651~674)의 제자로 대승불교의 종파안 남종선을 창시하고 선종 6대 조사가 된 인물이다. '육조단경'은 혜능의 설법을 제자인 하택신회(荷澤神會, 685~760)가 편찬한 유일한 책으로 혜능의 설법 중 대표적인 돈오돈수(頓悟頓修)와 사사무애(事事無礙) 정신이 담겨져 있는 책을 말한다. 그러나 지눌은 선종을 공부한 선승임에도 불구하고 혜능이 주장한 돈오돈수의 수행방법과는 다른 돈오점수(頓悟漸修) 사상을 주장하였다. 돈오점수란 불교의 진리를 깨닫고 나서도 점진적인 수행을 지속해야한다는 사상을 말한다. 사사무애란 원래 석가모니가 최초로 설법한 화엄경(華嚴經)에 나오는 사법계관(四法界觀)의 하나로 돈오돈수의 결과 도달하게 되는 최고 경지의 상태를 의미한다.

　　지눌은 1185년에 속세를 떠나 현재의 예천 학가산의 보문사(普門寺)에 들어가 불도에 전력하다가 '화엄경'에 나오는 "여래의 지혜가 중생의 몸 한 가운데 있다."는 구절과 이통현(李通玄)이 쓴 '신화엄경론(新華嚴經論)'에 나오는 '몸은 지혜의 그림자'라는 구절에서 크게 깨달음을 얻어 선교일원(禪敎一元)의 원리를 바탕으로 하는 진심사상(眞心思想)을 확립하였다.

　　1200년 송광산 길상사(吉祥寺)에서 11년 동안 수많은 제자들에게 '금강경', '육조단경', '화엄론' 등의 설법을 전하면서 성적등지문(惺寂等持門), 원돈신해문(圓頓信解門), 경절문(經截門)의 3가지 수행방법을 제시하였다.

지눌은 1210년 법당에서 설법을 하던 중 입적하였다. 입적이란 승려가 이 세상을 떠나는 것을 의미하는 용어로, 입멸, 입열반, 열반이라고도 한다.

(2) 진심사상(眞心思想)

원효가 불교의 진리를 일심사상(一心思想)으로 설명했다면 지눌은 진심사상(眞心思想)으로 설파하였다. 지눌의 진심사상은 중국 선종(禪宗)을 대표하는 혜능의 설법서인 '육조단경'의 사사무애(事事無礙) 정신에서 기원한 사상이다. 사사무애란 원래 교종(敎宗)의 대표적인 경전인 화엄경에 나오는 사법계관(四法界觀)의 하나로, 사법계관이란 사법계(事法界), 이법계(理法界), 이사무애법계(理事無礙法界), 사사무애법계(事事無礙法界)를 말한다. 이중 사사무애법계의 사사무애란 "사물(物)과 사물(物)이 서로 다르지 않다(礙)."는 뜻으로, 육안으로 보이는 사물이나 마음의 눈으로 보는 사물은 둘이 아닌 하나(不二不異一體)로 다르지 않으므로, 경전의 개념들이 아무리 어렵고 난해하다고 해도 깨달으면 단순한 진리가 된다는 것을 강조한 사상이다. 지눌은 드러난 세상이나 인간의 마음이 다르지 않는다는 것을 진심이라고 규정하였으며, 진심사상이란 돈오돈수의 수행방법으로 깨닫는 사사무애 정신이라고 강조하였다.

또한 지눌의 진심사상은 '화엄경'의 "여래의 지혜가 중생의 몸 안에 있다."는 가르침에서 나온 것으로, 선종과 교종이 다르지 않으며 따라서 교선양종의 배타성이 없음에도 불구하고 논쟁만을 일삼으려하는 선교양종(禪敎兩宗)을 하나의 사상으로 통합한 것이라고 할 수 있다. 지눌은 "부처, 즉 세존의 말씀이 교(敎)가 되고, 세존의 마음을 조사(祖師)가 전한 것은 선(禪)이 되었다. 따라서 부처의 말씀과 마음이 서로 다르지 않거늘 어찌 그 근원을 궁구(窮究)하지 않고 각자 익힌 것에만 집착하여 부질없는 쟁론으로 세월만 헛되이 보내려고 하는가?"라고 질책하였다. 여기서 조사란 후세 사람들의 존경을 받거나 1종 1파를 세운 승려에게 붙여지는 칭호로, 선교양종 중 선종에서 주로 사용하는 명칭을 말한다. 일반적으로 한국 선종에서는 인도의 27조사와 중국의 6조사를 합한 33조사 중 달마대사(達磨大師)와 육조혜능대사(六祖慧能大師)를 가장 신봉하는 조사로 추앙하고 있으며, 한국의 대표적인 선종의 조사로는 신라 말기의 도의(道義)를 비롯한 구산선문(九山禪門)의 개창자와, 고려시대의 지눌, 보우(普愚), 나옹(懶翁)과 조선시대의 휴정(休靜) 등이 포함된다.

지눌은 교종의 입장에서 선종을 포용하려고 시도했던 의천(義天, 1055~1101)과는 달리, '마음이 곧 부처(心卽是佛)'라는 선종의 교의와 삼라만상이 곧 불성이라는 화엄사상의 성기설(性起說)이 궁극적으로 일치한다고 주장하면서 선종의 입장에서 교선양종의 화합을 시도하였다. 따라서 지눌의 진심사상이란 교종과 선종의 대립을 조화롭게 설명하기 위한 사상으로, 진심이란 삼라만상의 본체나 생명의 근원을 가리키는 본질로 '기신론'의 진여(眞如), '금광명경'의 여여(如如), '보살계'의 심지(心志), '반야경'의 보리(菩提), '금강경'의 여래(如來), '열반경'의 열반(涅槃) 등과 동일한 의미를 갖는다고 설명하였다.

지눌은 그의 저서인 '수심결(修心訣)'에서 "부처의 마음은 인간의 마음 밖에 있는 것이 아니라 마음 그 자체이다. 인간의 육체는 인연에 의해 잠시 이 세상에 머물다 가는 임시적인 것이어서 태어남과 동시에 사라진다. 그러나 참마음인 진심은 공(空)과 같이 끊을 수도 없으며 변화하지도 않는다. 그러나 중생들은 자기의 마음이 진정한 부처인줄도 모르고 멀리 성현에게 의지하며 부처가 되고자 한다. 원하건대, 인간의 신체는 아침이슬과 같고 목숨은 저녁노을과 같이 덧없는 것이니 참되게 살기를 바란다면 머리에 타는 불을 끄듯 자신 본래의 면목인 진심을 찾는 일에 게을리 하지 말아야 한다."고 주장하였다. 지눌은 진심을 마니(mani)라는 구슬에 비유하였다. 원래 '구슬'이라는 뜻의 마니는 아무런 고유색도 갖지 않은 투명한 구슬로, 모든 사유를 초월하는 맑고 영명한 무(無)의 상태를 상징한다. 마니 구슬은 자신의 투명함으로 주위의 빛깔을 그대로 반영하는데, 검은 색의 물건 앞에 놓이면 검은 색으로, 붉은 색의 물건 앞에서는 붉은 빛을 발하는 것처럼 인간의 진심은 원래 마니 구슬처럼 맑고 영명하나 번뇌와 집착에 빠짐으로서 변질되는 것이니 언제나 진심을 유지하는 수행이 필요하다고 강조하였다. 원래 마니란 불교와 힌두교의 수행방법을 위한 주문인 '옴마니반메훔'에서 유래된 것으로, 특히 힌두교에서는 이 주문을 꾸준히 외우면 자비의 완성을 가져와 윤회의 번뇌를 멸할 수 있다고 강조하였다. 이때 '반메'란 연꽃이라는 뜻으로, 진흙탕 속에서 뿌리를 내리고 꽃을 피우나 꽃에 물이 묻지 않는 연꽃처럼 청정한 본원자성은 중생심에 물들지 않는다는 것을 의미한다. '옴'이란 청정한 본원적 발생을 의미하는 모음이며, '훔'은 마니와 반메를 성취한다는 의미의 자음을 말한다. 지눌은 중생의 마음이 참다운 부처이며 중생의 본성이 참다운 진리이므로 마음이 어두워 어찌할 바를 모르는 중생들은 우선적으로 자신의 참마음을 깨우쳐야 한다고 강조하였다.

본래 어려서부터 선종의 가르침을 받았던 지눌의 진심사상은 전통적인 선종과는 다른 독자적인 선사상체계로 정립되었으며, 그의 진심사상은 돈오점수(頓悟漸修), 정혜쌍수(定慧雙修), 3문(三文)으로 집약된다. 이 중 돈오점수 사상은 전통적인 선종에서 강조하는 돈오돈수와는 매우 다른 수행방법이라고 할 수 있다. 3문에는 성적등지문(惺寂等持門), 원돈신해문(圓頓信解門), 경절문(經截門)이 포함된다.

(3) 돈오점수(頓悟漸修)

지눌이 주장한 돈오점수(頓悟漸修) 사상은 그의 정신적 스승이었던 혜능의 돈오돈수(頓悟頓修) 사상을 비판하면서 등장한 사상이다. 선종에서 강조하는 돈오돈수란 어느 날 홀연히 활연관통하여 깨달음에 도달한 후에는 더 이상 수행이 필요하지 않는다는 사상을 말한다. 즉, 깨우침 뒤에도 지속적인 수행이 필요하다면 완전한 깨우침이라고 할 수 없으니 완전한 깨우침을 얻었다면 수행도 완성된다는 입장을 말한다. 그러나 지눌은 혜능이 주장한 돈오돈수의 수행방법과는 달리, 돈오점수 정신을 주장하였다.

돈오점수(頓悟漸修)에서 '돈오(頓悟)'란 말 그대로 "갑자기(頓) 깨우치다(悟)."는 뜻이며 '점수(漸修)'란 "천천히 나아가며(漸) 닦는다(修)."는 뜻이다. 돈오란 중생의 본성이 부처의 본성과 조금도 다름이 없음을 '문득' 깨우치는 활연관통의 순간을 의미하며, 이에 대해 지눌은 "중생의 마음은 본래 번뇌가 없이 깨끗하여 부처의 그것과 조금도 다르지 않으므로 이를 돈오라고 한다." 고 하였다. '점수'란 진심을 깨우쳤다고 하더라도 번뇌는 쉽게 없어지지 않으므로 점진적 수행을 해야 한다는 것을 의미한다. 점수가 필요한 이유에 대해 지눌은 인간의 본성이 불성과 다르지 않고 인간의 마음이 불심과 다르지 않음을 활연관통했다고 하더라도, 무시습기(無始習氣), 즉 시작도 없이 옛날부터 몸에 밴 한없이 오염된 습관과 타성의 기운을 한 순간에 갑자기 없애버린다는 것은 어려운 일이기 때문이라고 설명하였다. 따라서 활연관통의 깨달음을 바탕으로 부처의 마음을 싹으로 키워 점진적인 수행을 통해 훈습이 될 때까지 훈화시켜야 한다고 강조하였다. 지눌은 돈오를 미혹(迷惑)으로부터 깨우치는 것이라고 한다면, 점수란 깨우침을 점차 성화(聖化)시켜 나아가는 과정이라고 강조하면서 점수를 물과 얼음, 어린아이에 비유하였다. 즉, 점수란 얼음이 물이라는 것을 깨달았다고 하더라도 얼음이 물로 변하기 위해서는 열기가 가해져야하는 이치와 같으며, 어린아이가 모든 기관을 갖추고 태어났지만, 그 힘이 충분치 못하여 시간이 지난 후에야 비로소 온전한 인간이 되는 것과 다를 바 없다고 비유하였다.

(4) 정혜쌍수(定慧雙修)

정혜쌍수(定慧雙修)란 선정(禪定)과 지혜(智慧)를 함께 닦는 수행방법으로 지눌이 주장한 화쟁 사상의 근본이념을 말한다. 따라서 정혜쌍수 사상은 선종과 교종, 그 어느 한쪽에도 치우치지 않는 수행방법이라고 할 수 있다. 지눌은 정혜 중 '혜', 곧 '지혜'만을 중시하는 교종을 향해 이성에 의해 사물과 현상들을 분별하려는 분별지(分別智)에 사로잡혀 견성성불(見性成佛)의 깨달음을 알지 못하는 종파라고 비판하였다. 지눌은 또한 '정(定)'만을 중시하는 선종을 향해 견성성불, 교외별전, 불립문자, 직지인심만을 주장하며 불교 경전의 깊은 이치인 무분별지의 가치를 간과 함으로써 명상을 한답시고 헛되이 앉아 졸거나 깨달음을 얻었다고 하더라도 그 깨달음의 깊이를 알지 못해 침묵만 지키는 종파라고 비판하였다.

본래 정혜란 불교의 가장 기본적인 수행방법인 계(戒), 정(定), 혜(慧)의 3학에서 유래된 개념이다. 그러나 이 중 정(定)과 혜(慧)를 서로 떼어놓아 선을 닦는 사람들은 선정에만 치우치고, 교를 공부하는 사람들은 혜학(慧學)에만 치우치는 폐단을 낳게 되었다. 이에 대해 지눌은 선교상자(禪敎相資)의 정혜쌍수를 교선통합의 화쟁이념으로 주장하였다. 선교상자란 선종과 교종은 서로 도움을 받으며 함께 닦아야 한다는 것을 강조한 사상으로, 교란 지식문과 이론문, 즉 지식과 이론을 닦는 마음의 공부를 의미하고, 선은 직접적인 실천과 체험을 중시하는 실천문을 의미하므로 선정과 지혜는 따로 닦는 것이 아니라 같이 병행하여 닦아야 하는 것이라고 주장하였다.

삼학이란 모든 법문(法門)의 구조를 세 가지로 분류한 불교교리를 말한다. 이 중 계(戒)란 원래 '습관이나 관행'이라는 뜻을 갖는 용어로 심신과 언행, 혹은 의지(意)를 조정하여 일체의 악을 방지하고 선을 추구하기 위한 종교적, 도덕적 행위규범을 말한다. 정(定)이란 계에 의해 심신을 통제하고 난 후 마음을 통일하는 방법으로, 모든 현세적 인연을 멈추어 고요하고 변함없는 마음의 상태를 유지하는 것을 말한다. 이러한 정을 위해서는 조신(調身), 조식(調息), 조심(調心), 즉 신체와 호흡과 마음을 통제하여 고요하고 변함없는 마음상태를 만드는 것이 중요하다고 강조하였다. 불교에서 정, 곧 선정(禪定)을 중시하는 이유는 정에 의해서만이 참다운 지혜(慧)를 얻을 수 있기 때문이라고 할 수 있다. 즉, 모든 번뇌와 집착에서 벗어나 명경지수와 같은 통일된 마음을 유지해야만 삼라만상에 대한 참다운 지혜를 관조할 수 있기 때문이라고 하였다. 혜(慧)란 관조를 쌓아 지려의 분별을 없애는 지혜를 말하며, 불교의 도리를 명석하게 분별하여 판단하는 지식적 측면을 말한다. 지눌은 불교의 궁극적인 목적은 깨달음의 지혜를 얻는 것이므로 선종에서도 지혜는 결코 분리될 수 없는 지고의 덕이라고 강조하였다.

(5) 3문(三門)

지눌이 주장한 삼문이란 진심을 깨우치기 위한 세 가지 관문이라는 뜻으로, 이에는 성적등지문(惺寂等持門), 원돈신해문(圓頓信解門), 경절문(經截門)이 포함된다.

성적등지문에서 '성'이란 '깨어있음'을 의미하는 말로서 정혜쌍수의 '혜', 즉 '관조를 쌓아 지려의 분별이 없음'에 해당하며, '적'이란 '고요함'이라는 뜻으로 정혜쌍수의 '정', 즉 '연을 멈추어 마음이 고요하고 변함이 없는 상태'에 해당한다. '등지'란 말 그대로 "균형을 동등하게 유지하여 아울러 닦는다."는 뜻으로 정혜쌍수의 '쌍수'에 해당한다.

원돈신해문이란 '화엄경'의 '여래출현품(如來出現品)'에서 "무명, 즉 어리석음으로 인해 집착이 생기니 모든 집착과 망상을 없애버리면 본래의 부처가 될 수 있다."는 말을 발견하고는 교종과 선종의 가르침이 일치한다는 것을 강조하기 위해 주장한 사상이다. 원돈신해문에서 '원'이란 '원만함, 온전함'을 의미하며, '돈'은 일순간에 깨닫는 활연관통을 의미한다. '신해(信解)'란 말 그대로 신앙과 이해라는 뜻의 합성어로, 불법(佛法)을 믿어 진리를 터득하는 일을 의미한다. 따라서 가장 원만한 화엄의 교리를 믿고 이해하여 일순간에 깨달음의 세계로 들어가는 것을 원돈신해문이라고 한다. 지눌 또한 이러한 깨달음을 얻어 선종만을 고집하는 선승의 태도에서 벗어나 교종의 교리를 통해서 불심을 활연관통하는 대승의 원만한 보살행을 강조하게 되었다. 성적등지문과 원돈신해문은 지눌의 그 유명한 돈오점수와 관련된 말로서, 원돈신해문이 돈오점수의 돈오(頓悟)라고 한다면, 성적등지문은 점수와 동일한 내용이라고 할 수 있다. 그러나 원돈신해문과 성적등지문으로 돈오점수를 수행한다고 하더라도, 이는 학문적 해석, 즉 지해(知解)의 범주에서 완전히 벗어나지 못한 상태를 의미하므로 이를 타개하기 위해서는 마지막 관문인 경절문을 통한 불선의 화두(話頭) 공부가 필요하다고 강조하였다. 경절문은 지눌이 최초로 주창한 사상으로, 선문조사들의 살아있는 화두 공부를 통해 지해의 장애마저도 완전히 떨쳐버린 상태를 의미한다. 따라서 경절문이란 일체의 언어나 문자, 혹은 이론과 사유를 초월하여 화두를 활구(活句), 즉 살아있는 생활적 문구로 증입(證入)하는 것을 말한다.

지눌의 진심사상, 돈오점수, 정혜쌍수와 성적등지문, 원돈신해문, 경절문의 삼문사상은 고려 대승불교의 전통적인 표준으로 자리 잡게 되었다. 특히 지눌은 정혜결사라는 단체를 결성하여 당시의 교종과 선종간의 종교논쟁의 화합은 물론 유학자들까지 수용함으로써 모든 종파를 초월한 통합종교를 몸소 실천하였다. 이러한 맥락에서 지눌은 위로는 깨달음의 진리를 추구하고 아래로는 모든 중생을 구제하고자 하는 대승불교의 참된 정신을 실천한 진정한 종교인이라고 할 수 있다.

결론적으로 불교에 입문하면서부터 선종의 가르침을 받았던 지눌은 자신의 종파와는 무관하게 교종통합을 위해 헌신하였으며, 그 결과 지눌의 독창적인 진심사상은 그 후 오랜 기간 한국 불교의 사상적 표준으로 이어져 내려오게 되었다.

제12절 유교사상(Confucianism)

01. 개요

　중국의 전통사상인 유교(儒敎, Confucianism)는 춘추전국시대(기원전 770~기원전 221)의 노나라 (魯, 기원전 1046~기원전 256)에서 출생한 공자(기원전 551~기원전 479)에 의해 창시되었으며 그의 제자인 맹자(孟子, 기원전 372~기원전 289)에 의해 완성되었다. 유교는 시대에 따라 유교, 유술, 유학, 유도, 경학이라고 불리며, 공자에 의해 창시되었다고 해서 공교, 공자교, 공학으로 불리며 공자와 맹자가 완성했다고 해서 공맹철학이라고도 불린다. 유학은 진시황제(기원전 259~기원전 210)의 분서갱유(焚書坑儒, 기원전 213~기원전 212)로 인해 침체되었다가 진나라를 멸망시킨 한(漢, 기원전 206~서기 8)나라 무제(漢 武帝, 기원전 156~기원전 87)의 유교 이외의 학문은 모두 금지한다는 유학 장려정책에 의해 다시 부흥하였다. 분서갱유란 진시황제의 정치적 야망에 걸림돌이 되는 유교와 제가백가의 서적들을 모두 불태워 버리고 그를 비판하던 유생들과 도교 술법사 460여명을 갱 속에 생매장한 사건을 말한다. 그 후 후한(後漢, 기원전 25~220)으로 넘어갈 무렵 공자의 옛 집 벽 사이에서 '서경', '예기', '논어', '효경' 등의 경전들이 발굴되면서 부흥하기 시작한 유교는 수(隋, 581~619)와 당(唐, 618~907)의 불교장려정책으로 쇠퇴하였다. 그러다가 송(宋, 960~1279) 대에 이르러 남송의 주희(朱熹, 1130~1200)가 선진유학을 주자학으로 집대성함으로써 신 유교인 주자학은 눈부신 발전을 하게 되었다.

춘추전국시대는 제자백가라는 유학자들이 대거 등장하면서 중국 철학의 황금기를 맞이한 시기이다. 춘추전국시대는 전국을 통일한 주나라(周, 기원전 1046~기원전 256)가 기원전 770년을 기점으로 동주시대(기원전 770~기원전 256)로 분할되고 기원전 221년에 진시황이 전국을 통일하기 전까지의 군웅할거 시대를 말한다. 춘추전국시대는 다시 춘추시대(기원전 770~기원전 403)와 전국시대(기원전 403~기원전 221)로 구분된다. 춘추시대는 170여개 소국들의 초기 군웅할거 시대를 거쳐 7국으로 병합된 전국시대로 접어들게 되었다.

제자백가(諸子百家, hundred schools of thought), 혹은 백가구류란 전한(前漢, 기원전 206~9) 중기의 사상가인 사마담(司馬談, 불명~기원전 110년경)이 중국의 전통학문을 100종류로 분류한 것을 말한다. 사마담의 아들이며 '사기(史記)'의 저자인 전한시대의 역사가 사마천(司馬遷, 기원진 145?~기원전 86?)은 사마담이 분류한 제자백가를 육가(六家)로 집대성하였다. 육가는 유가(儒家), 도가(道家), 음양가(陰陽家), 묵가(墨家), 명가(名家), 법가(法家)가 속한다. 육가를 간략히 소개하자면, 노자(莊子, 기원전 365경~기원전 270경)와 장자(莊子, 기원전 369?~기원전 286)에 의해 완성되었다고 해서 노장사상(老莊思想)이라고도 불리는 도가는 우주만물의 본질을 도(道)로 규정하면서 인위(人爲)를 배제하고 무위자연(無爲自然), 소요무애(逍遙無碍) 사상을 주장한 사상이다. 음양가는 음양 이원(陰陽二元)과 5행(五行)을 조합하여 신비적인 종교철학을 주창한 학파를 말한다. 묵가는 묵자(墨子, 기원전 470~391?)에 의해 창시된 사상으로 만인 평등의 겸애설(兼愛說)과 물자의 절약, 전쟁 반대론(非攻) 등을 주장하였다. 묵자는 사물의 본질을 추론하기 위한 논리적 사고를 최초로 제시한 인물이기도 하다. 명가도 일종의 논리학파로, 명실론과 수사학을 중시하였다. 명실론이란 시대에 따라 다양한 의미로 불리는 개념들을 명확하게 정의하여 개념적 혼란을 방지하기 위한 이론을 말하며, 수사학이란 정치적 변론술에 대한 방법론적 기술을 말한다. 법가는 한비자(韓非子, 기원전 280~기원전 233) 등에 의해 창시된 사상으로 전제군주의 권력과 부국강병을 위한 법치사상을 중시하였다. 유가의 인, 의, 예, 지를 중시하는 덕치주의와는 달리, 법가에서는 법(法)과 술(術)을 중시하였다. 이때 법(法)이란 군주가 정하는 규범을 뜻하며, 술(術)이란 법을 행하는 수단으로 명(名)과 형(形)을 중시하였다. 명이란 군주의 명령을 의미하며, 형이란 신하의 업적에 대한 법률적 판단이라고 하였다. 춘추시대의 혼탁한 정치현상을 비판하기 위해 일어난 법가는 진나라와 한나라의 중앙집권적 고대제국 형성에 이론적 기초를 제공함으로써 크게 융성하였다.

사마담의 육가 중 가장 대표적이라고 할 수 있는 두 주류는 유가와 도가로, 특히 유가는 한무제 이후 도가를 누르고 국가의 관학으로 공인되면서 중국 사상계를 지배하였다. 유가란 '유자(儒者)의 무리'라는 뜻으로, 유자란 예의나 글을 가르치던 교사를 의미한다. 공자도 이러한 유자의 한 사람이었으며, 제자들의 글공부를 위한 교재로 '시경', '서경', '역경', '예경', '춘추' 등을 편찬하였다. 이 절에서는 선진유교보다는 한국의 성리학에 더 많은 영향을 준 송나라 주자학을 중심으로 유교를 설명하고자 한다.

02. 주자학(朱子學)

주자학(朱子學), 혹은 성리학(性理學)은 중국 송나라 때 등장한 신진 유학사상으로 창시자나 융성 시기, 혹은 이론적 특성에 따라 다양한 명칭으로 불린다. 우선, 주자학이란 남송시대 유학자인 주희(朱熹, 1130~1200)의 존칭인 주자에서 유래되었으며, 성리학은 '성명의리지학(性命義理之學)'의 준말로 '성명과 의리에 관한 학문'을 의미한다. 춘추전국시대에 완성된 공자와 맹자의 공맹철학을 원시유학, 선진유학이라고 부르며, 이에 반해 주자학은 신유학이라고 부른다. 또한 공자와 맹자에 의해 확립된 공맹철학의 도통(道統)을 이어받았다고 해서 도학(道學)이라고도 한다. 정호(程顥, 1032~1085)의 음양기론과 정이(程頤, 1033~1107)의 이기이원론을 계승하여 주희가 완성했다고 해서 정주학(程朱學), 정주성리학(程朱性理學), 정주이학(程朱理學)이라고 한다. 또한 우주만물의 본질을 이(理)와 기(氣)로 설명했다고 해서 주리학(主理學), 혹은 주리적 이기론(主理的 理氣論)이라고도 하며, 송나라와 명나라에 걸쳐 발전한 학문이라고 해서 송명리학(宋明理學), 송학, 또는 송리학(宋理學)이라고도 불린다.

송나라(960~1279)는 당나라가 907년에 멸망한 후 후양, 후당, 후진, 후훈, 후주 등 오대십국(五代十國, 907~960)의 혼란기를 거쳐 960년에 중국을 통일한 나라이다. 송에 이르러 적극적인 유학 장려정책으로 인해 주자학은 눈부신 발전을 하게 되었다. 송나라는 1127년 만주 여진족인 금나라(1115~1234)의 침범을 기준으로 침범 전시대를 북송시대(960~1127), 침입 후를 남송시대(1127~1279)라고 부른다. 남송시대는 1279년 몽고족인 원나라(元, 1271~1368)에 의해 멸망하였다.

성리학은 수당시대를 거치면서 300여 년 간 중국을 지배해왔던 외래사상인 불교의 폐단을 해결하고 중국의 전통적인 유교로 회귀한 사상이다. 당나라의 지배적 사상이었던 불교와 도교는 송 대에 이르러 실질이 없는 공허한 종교로 간주되어 이단으로 배척당했으며, 특히 전국을 통일한 송 태조 조광윤(趙匡胤, 927~976)의 유학 장려정책과 그동안 유명무실하던 과거제도의 부활로 문벌귀족 중심의 관리세습제도가 폐지되고 유학자들을 중심으로 하는 신진사대부(新進士大夫)가 등장하게 되었다.

1) 주희의 주자학

성리학은 선진유교사상을 계승 발전시켜 우주와 인간의 본질을 이기론(理氣論)의 형이상학적 체계로 새롭게 해석한 사상을 말한다. 특히 인간의 심성론을 하늘의 뜻을 이어받은 만인공통의 본연지성(本然之性)과 만인 각자의 기질지성(氣質之性)으로 구분하고 인간의 마음(心)을 성(性)과 정(情)으로 설명함으로서 인간을 우주와 상호 교감하는 존재로 설명하였다.

성리학은 유교를 바탕으로 도교와 불교이론을 받아들여 태극설과 음양오행설로 우주론을 최초로 확립한 주돈이(周敦頤, 1017~1073)에 의해 시작되었다. 정호(程顥, 1032~1085)는 주돈이의 우주론을 음양화합설(陰陽和合說)로 수정하였으며, 정호의 동생인 정이(程頤, 1033~1107)는 만물의 법칙은 이(理)와 기(氣)의 작용으로 생성되며, 인간의 인성도 이(理)와 기(氣)를 받은 본연의 성과 기질의 성으로 이루어졌다는 이기이원론(理氣二元論)을 최초로 창시하였다. 남송의 주희는 주돈이의 태극설과 정이의 이기이원론을 받아들여 우주론과 인성론, 수행론을 포괄하는 주자학을 집대성하였다. 주희가 집대성한 성리학의 우주론은 주리적 이기론(主理的 理氣論)으로 대변되며, 인성론은 심통성정론(心統性情論)과 사단칠정론(四端七情論), 수행론은 거경궁리(居敬窮理)와 격물치지(格物致知) 사상으로 대변된다.

(1) 우주론: 주리적 이기론(主理的 理氣論)

주희는 이(理)와 기(氣)의 개념으로 그의 우주론인 주리적 이기론(主理的 理氣論)을 설명하였다. 주희는 이(理)를 주돈이가 주장한 무형과 무극의 태극(太極), 형이상자로서의 천도(天道)와 천리(天理), 만물의 근본이며 생성의 내재적 원리, 객관적 사물의 이법으로 정의하였으며, 특히 인간이 필연적으로 지켜야할 마땅한 준칙이자 도리라고 강조하였다. 이에 반해 기(氣)란 형이하자로서 형체나 형기(刑器)를 가지고 있으며 만물을 생성하는 재료라고 규정하였으며, 기(氣)란 다시 양기(陽氣)와 음기(陰氣)로 나뉜다고 설명하였다. 따라서 우주의 원리인 태극, 곧 이(理)가 양기와 음기의 기(氣)를 낳고, 기(氣)는 다시 수, 화, 목, 금, 토라는 오행(五行)을 낳으며, 오행에서 만물이 생성한다고 보았다. 이와 같이 우주만물은 똑같은 이(理)와 기(氣)를 받고 생겼으나, 기(氣)의 형기의 맑고 탁함에 의해 만물이 구별되는 것이며 천리인 이(理)는 기(氣)의 존재의 근거인 동시에 기(氣)의 운동법칙이 된다고 하였다.

주희는 이(理)와 기(氣)의 교감작용을 차별성, 동일성, 공존성에 의거하여 설명하였다. 즉, 천지만물이 생성되기 전 이(理)가 있었고, 이(理)가 있고 난 후 양기와 음기의 두 기(氣)가 생겨났으며, 기(氣)의 작용으로 만물이 생성되었으므로 이(理)와 기(氣)는 서로 분리되지 않고 함께 존재하나, 이(理)는 기(氣)를 주재하며 따라서 이(理)의 움직임이나 머무름은 양기와 음기를 통해서 파악할 수 있다고 주장하였다. 이러한 이(理)와 기(氣)의 공존성과 차별성에 대해 주희는 기(氣)를 말(horse), 이(理)를 말위에 타고 있는 사람에 비유하였다. 즉, 말위에 탄 사람은 말을 주재하며 말과 함께 달려야 낙마를 하지 않는 것처럼 이(理)와 기(氣)는 서로 차별성을 가지면서도 상호 공존하는 관계라고 설명하였다.

(2) 인성론: 심통성정론(心統性情論)

주희의 인성론은 심통성정론(心統性情論)으로 대변된다. 심통성정론이란 말 그대로 인간의 마음(心)은 성(性)과 정(情)의 통일체라는 이론을 말한다. 주희는 이기론적 우주론에서 이(理)를 사물과 사람을 생성하는 내재적 원리, 혹은 천도(天道)라고 규정하면서 모든 존재의 마땅한 준칙인 천도는 인도(人道), 즉 인간의 행위준칙의 근본바탕이 된다고 주장하였다. 이와 같이 주희는 이(理)를 천도와 인도를 모두 주관하는 법칙이라는 주장을 통해 우주론에 입각한 인성론을 완성하였다. 주희의 인성론에 의하면, 우주를 생성시키는 이(理)는 사물뿐만이 아니라 인간의 정신적 실재가 되며, 만물의 생성 준칙과 마찬가지로 인간의 마음(心)도 이(理)와 기(氣)가 합쳐져서 이루어진다고 주장하였다.

주희는 다시 인간의 마음(心)을 성(性)과 정(情)으로 구분하면서 성(性)이란 하늘로부터 부여받은 이(理)가 사물과 접촉하기 전인 미발지중(未發之中)의 상태를 말하며, 정(情)이란 사물과 접촉한 후 발동하는 이발지중(已發之中)의 마음이라고 규정하였다. 미발지중(未發之中)이란 공자의 저서인 '중용'에 나오는 말로서, 공자는 희로애락이라는 정이 미발인 상태를 중(中)이라 하고, 이발지화(已發之和), 즉 정이 사물과 접하여 발한 상태를 화(和)라고 하였다. 중용에서 희로애락의 미발상태를 중(中)이라고 한 것은 마치 우주 한가운데에 묘하게 존재하는 중도의 상태를 의미하는 것으로, 중이란 천하의 대본(大本)이며, 화(和)는 천하의 발도(達道)이므로 중과 화를 이루면 하늘과 땅이 제자리를 얻어 만물이 생성된다고 강조하였다. 주희는 이러한 공자의 이론을 취합하여 성(性)과 정(情)을 구분하였으며, 사람들이 갖는 욕심, 즉 인욕이란 정(情)이 움직여서 드러난 것이라고 하였다. 주희는 심(心), 성(性), 정(情), 인욕(人慾)을 물에 비유하여, 심(心)은 물 자체에 해당하며, 성(性)은 물의 고요함, 정(情)은 물의 흐름, 욕망은 파도와 같이 물이 요동치는 것으로 비유하였다.

주희는 정이가 주장한 본연의 성(性)과 기질의 성(性) 개념을 도입하여 인간의 본성을 도심과 인심, 본연지성(本然之性)과 기질지성(氣質之性)으로 구분함으로써 인성론에 대한 체계를 확립하였다. 주희에 의하면 본연의 성은 만인이 하늘로부터 이(理)를 부여받은 천성(天性)으로 모든 사람들의 본연지성은 근본적으로 차별이 없이 선하다고 하였다. 즉, 본연의 성은 오직 이(理)만 있을 뿐이므로 선함 그 자체이며 악이 올 수 없다고 강조하였다. 이에 반해 기질의 성(性)이란 이(理)와 기(氣)가 섞여 있는 지극히 현실적인 마음으로, 기질의 성(性)에 의해 개인의 기질적 차이가 드러나며 이에 따라 선악의 정도가 달라진다고 하였다. 이와 더불어 주희는 본연의 성(性)과 기질의 성(性)은 두 개의 상호배타적이거나 차별적인 개념이 아니라 근본에 있어서는 동일한 하나라고 강조하였다. 즉, 본연의 성(性)과 기질의 성을 화병에 담긴 물에 비유하자면, 본연의 성은 맑은 물에 해당하며, 기질의 성(性)은 화병과 같아서 맑은 물을 깨끗한 화병에 넣으면 맑게 보이나 더러운 화병에 넣으면 흐리게 보이는 것과 같은 이치라고 하였다. 따라서 본래적 선함을 가지고 있는 본연지성과는 달리 기질지성에 따른 행위는 인욕에 의해 악으로 흐르는 경향이 있으므로, 인간은 도덕적 실천을 통해 인욕을 억제하고 본연지성의 선을 유지해야 한다고 주장하였다.

주희는 본연의 성에 따르는 마음을 도심(道心)이라고 하고, 기질의 성에 따르는 마음을 인심(人心)이라고 규정하였다. 이때에도 본연지성과 기질지성의 분류법과 마찬가지로 인심과 도심은 따로 분별되어 존재하는 것이 아니라 원래의 천명의 올바름(正)에서 나오기도 하고 형기의 사사로움(私)에서 나오기도 한다고 강조하였다. 즉, 인심은 형기나 육신의 사사로운 인욕에서 나오는 것이므로 선과 악의 양면을 가지고 있으나, 도심은 생겨나는 것이 아니라 본래의 천리를 그대로 드러낸 것이므로 오직 선할 뿐이라고 강조하였다. 그러나 인심과 도심은 형기나 천명과의 차이만 있을 뿐 그 경계가 미미하여, 성인군자나 소인 모두 도심과 인심의 질적 차이만 있을 뿐 도심과 인심을 가지고 있다고 하였다. 결론적으로 주희의 인심도심설은 인간의 도덕적 실천과 윤리적 강령을 강조한 것이라고 볼 수 있다.

(3) 심성론: 사단칠정론(四端七情論)

주희는 인간의 마음(心)을 이루는 성(性)과 정(情)의 구체적인 내용을 설명하기 위해 성(性)을 사단(四端), 혹은 사덕(四德)으로 구분하고 정을 일곱 가지 감정으로 설명하였다. 주희에 의하면, 사단이란 인(仁), 의(義), 예(禮), 지(智)의 미발지중의 착한 본성을 의미하며, 이로부터 각각 측은지심(惻隱之心), 수오지심(羞惡之心), 사양지심(辭讓之心), 시비지심(是非之心)의 4가지 마음이 발현된다고 하였다. 인, 의, 예, 지의 사덕을 최초로 명시한 사람은 맹자로, 이때 단(端)이란 '시초, 처음, 일의 실마리, 단서'라는 뜻을 의미한다. 맹자는 '단'이란 선(善)이 발생할 가능성을 가진 시초를 의미하며, 따라서 사단설은 성선설(性善說)의 근본이 된다고 강조하였다. 측은지심이란 남의 불행이나 고통을 공감하는 마음으로, 이는 곧 부모형제에 대한 사랑에서 비롯하여 이웃과 백성을 사랑하는 마음으로 진전되며, 궁극적으로는 천지만물을 인자하게 대하는 사랑과 인(仁)의 정신을 의미한다고 하였다. 수오지심이란 자신의 잘못을 부끄럽게 여기며 거짓을 미워하는 의(義)의 마음으로 인간이 마땅히 지켜야할 도덕적 도리와 윤리적 실천원리를 말한다고 하였다.

사양지심이란 타인에게 양보하는 마음으로 항상 자신을 낮추고 남을 공경하는 예(禮)의 정신을 의미한다고 하였다. 마지막으로 시비지심이란 선과 악, 옳고 그름에 대한 정확한 시비를 판별할 수 있는 지(智)의 마음으로 도덕적 판단을 위한 덕이라고 강조하였다. 주희는 공자의 인(仁)의 정신과 맹자의 사단칠정을 수용하여 의, 예, 지의 근본은 인(仁)이라고 강조하였다. 즉, 어진 사람만이 의리와 예절, 앎의 정신을 구현할 수 있으며, 수오지심, 사양지심, 시비지심은 모두 측은지심 안에 내재되어있다고 강조하였다. 주희는 인을 나무의 몸통이라고 한다면, 의, 예, 지는 나무의 줄기에 해당한다고 비유하였다.

칠정은 희(喜), 노(怒), 애(哀), 구(懼), 애(愛), 오(惡), 욕(欲), 즉 기쁨, 노여움, 슬픔, 두려움, 사랑, 미움, 욕망의 일곱 가지 감정을 말하는데, 주희에 의하면 사단의 성(性)은 이(理)가 드러난 것이며, 칠정은 기(氣)가 드러난 것으로 인간의 마음이 외부 사물에 접하면서 생겨나는 다양한 감정이라고 하였다.

(4) 수행론: 거경궁리(居敬窮理)와 격물치지(格物致知)

주희는 본연의 성을 인식하고 사덕성을 추구하기 위한 수행방법으로 거경궁리(居敬窮理)를 강조했으며, 궁리의 구체적인 방법으로 격물치지(格物致知)의 수행 방법론을 제시하였다.

거경궁리란 학문을 추구하기 위한 수기(修己), 혹은 수양(修養)의 방법으로, 거경(居敬)이란 '공경심을 쌓음', 혹은 '공경심에 머문 상태'라는 뜻이다. 즉, 거경이란 항상 깨어있는 마음을 유지하면서 엄숙한 몸과 마음으로 덕을 쌓는 수양법을 말한다. 궁리(窮理)란 세상과 사물의 이치(理)를 널리, 그리고 철저히 탐구, 혹은 궁구(窮究)함으로서 자연의 이법에 대한 정확한 지식을 획득한다는 것을 의미한다. 따라서 궁리란 '그렇게 되는 이유'는 물론 '마땅히 해야 하는 도리'를 궁구하는 것으로, 실천함에 있어 의지의 미혹함을 버리고 어리석음이나 잘못을 저지르지 않는 수행방법을 의미한다. 따라서 '거경'을 공경심을 유지하기 위한 내면적 수양법이라고 한다면, '궁리'란 지식이나 앎에 대한 외면적 수양법이라고 할 수 있다. 주희는 거경궁리를 사람의 두 다리, 수레의 양 바퀴, 새의 양 날개와 같다고 비유하였다.

주희는 또한 궁리, 즉 이(理)를 철저히 탐구하는 구체적인 방법을 격물치지(格物致知)의 개념으로 설명하였다. 격물치지란 본래 사서오경(四書五經) 중의 하나인 '대학(大學)'에 나오는 개념으로, '대학'은 유가의 교리를 간결하고도 체계적으로 정리한 저서를 말한다. '대학'은 삼강령(三綱領)과 팔조목(八條目)으로 구성되어 있는데, 삼강령은 '명덕(明德)', '신민(新民)', '지어지선(至於至善)'을 말하며, 팔조목은 '격물(格物)', '치지(致知)', '성의(誠意)', '정심(正心)', '수신(修身)', '제가(齊家)', '치국(治國)', '평천하(平天下)'를 의미한다.

격물치지에서 '격(格)'이란 '어떤 장소나 시간에 이르다, 닿다."는 뜻이며, '물(物)'이란 말 그대로 '사물(事物)'을 뜻한다. 따라서 '격물(格物)'이란 "만물이 지닌 이치를 궁리(窮理)하여 추구하다."라고 할 수 있으며, 치지(致知)란 모든 사물의 이치를 끝까지 파고 들어가 "앎의 극치에 다다른다."는 뜻이 된다. 이를 종합하면, 격물치지란 "만물의 이치를 철저히 탐구하여 그 이치를 구명(究明)하기 위한 앎의 극치에 다다른다."는 뜻이 된다. 주희는 격물치지의 궁극적 목적을 '대학'의 삼강령(三綱領)의 하나인 명덕(明德)을 밝히기 위함이라고 강조하였다. 명덕(明德)이란 공명정대한 천부의 본성이나 덕행(德行)이라는 뜻으로, 주희는 기존에 알고 있던 이(理)를 근거로 오랜 기간 사물에 접촉하면서 이치를 추구하다보면 활연관통(豁然貫通)의 순간에 이르러 마음의 총체적 작용이 밝아지게 된다고 하였다. 주희는 격물치지의 원리에 대해 "삼라만상은 나무 한 그루, 풀 한 포기까지도 이치를 갖추고 있다. 이 이치를 하나씩 탐구하다보면 마침내 천지만물의 이치를 확연하게 밝혀낼 수 있게 된다."고 강조하였다.

(5) 선지후행설(先知後行說)

주희는 거경궁리와 격물치지 이론을 통해 학문의 두 가지 길, 즉 앎(智)과 실천(行) 중에서 실천에 비중을 둔 선지후행설(先知後行說)을 주장하였다. 선지후행설이란 먼저 지식을 깨우치고 난 후 실천을 해야 한다는 뜻으로, 주희는 격물치지의 선후를 따지자면 앎(지식)이 먼저이나, 경중을 따지자면 행함이 더 중요하다고 강조하였다. 즉, 이(理)를 밝히고자 하는 앎이란 곧 행함을 의미하므로 참다운 지식은 반드시 실천을 통해야 완성된다고 강조하였다. 주희는 앎과 실천도 사람의 두 다리와 같아서 서로 선후, 경중을 논하며 삶의 목표에 도달하는 것이라고 비유하였다.

주희의 주리론은 후에 이(理)와 기(氣), 심(心)의 경중이나 중요도를 달리 보는 학자들에 의해 주리론과 주기론, 이학(理學)과 심학(心學) 등으로 분파되었다. 주희와 동시대를 살았던 육구연(陸九淵, 1139~1193)과 그의 제자 왕수인(王守仁, 1472~1528)은 주자학을 비판하면서 양명학(陽明學)을 주장하였다. 양명학은 심학(心學) 또는 기학(氣學)으로도 불리는데, 만물의 근원을 이(理)로 본 주희의 이학과 대조적으로 마음(心)을 강조했기 때문에 심학(心學)이라고 불리며 내용면으로 이(理)를 비판하고 기(氣)를 강조했기 때문에 기학이라고도 불린다. 양명학은 주자학처럼 선진유학에서 출발한 점은 동일하지만, 주자가 우주 천지의 근본을 이(理)와 기(氣)로 주장한 것에 반해 육구연은 우주의 근본은 사물을 바라보는 사람의 마음에 지나지 않는다고 주장하였다. 예를 들어, 나무 한 그루를 보더라도 주희는 나무의 생성 이치를 파악하기 위한 지식의 확장에 중점을 두었다면, 육구연은 나무를 나무로 인식하는 것은 사람의 마음에 달려있으므로 인간의 마음이 우주의 근원인 이(理)라고 주장하였다. 따라서 주희의 심성론을 성즉리설(性卽理說)이라고 한다면 육구연의 심성론은 심즉리설(心卽理設)이라고 할 수 있다. 육구연은 인성론을 위한 수행 방법에 있어서도 격물치지를 통해 끝없는 지식의 함양보다는 정좌를 통해 마음속의 악함을 제 거하고 선함을 유지하는 것을 중시하였다. 육구언의 심즉리설은 후에 명나라 왕수인(王守仁, 1472~1528)에게 전수되어 양명학으로 완성되었다. 명대 이후 중국과 일본에서는 주자학보다는 양명학이 우세를 떨쳤으나, 조선에서는 오직 주자학만을 중점적으로 발전시켰다.

청대에 이르자 주자학과 양명학 모두 관념의 유희에 빠진 공리공담이라고 비판하면서 실학 이 등장하였다. 실학은 인간생활의 실용적 측면을 강조한 이론으로 경세치용, 이용후생, 실사구 시를 중시하였다. 실학은 또한 고증학이라고도 불리는데, 고증학이란 학문은 반드시 많은 증거 와 고증을 수집해서 정확한 판단을 내려야만 확립될 수 있다는 주장을 말한다.

03. 한국의 성리학

1) 개요

성리학이 우리나라에 도입된 것은 고려 말 안향이 원나라의 주자학을 한국에 최초로 전래 시키면서 시작되었다고 알려져 있다. 그러나 성리학의 주체인 공자의 유학은 고대 삼국시대부 터 존재해 왔으며, 특히 불교를 국교로 공인한 고려시대에도 유관불심(留官佛心) 사상을 강조함 으로서 유불일치사상(儒佛一致思想)이 존재하였다. 유관불심(儒冠佛心) 사상이란 말 그대로 머리에 는 유교의 관을 쓰고 마음은 부처님의 불심으로 채워야 한다는 사상을 말한다.

김부식 등이 편찬한 삼국사기에는 고대 한국의 삼국시대 유학자로 강수(强首, 미상), 설총(薛 聰, 655~미상), 최치원(崔致遠, 857~미상), 최승우, 최언위, 김대문 등이 포함된다고 기록되어있다. 이들 중에서 강수, 설총, 최치원을 제외하고는 기록이 남아있지 않아 삼국시대의 유교사상을 정 확히 파악할 수는 없다. 신라의 강수는 설총, 최치원과 더불어 신라3문장으로 불리던 인물로 당 나라로 보내는 외교문서 작성에 특출했다고 전해진다. 원효의 아들인 설총은 신라 유학의 종주 가 된 인물로 한문으로 되어있는 유학을 한글화하여 보급하는데 일익을 담당하였다. 최치원은 스스로를 유학자로 자처할 정도로 유학에 정통한 인물이었으나 말년에는 화엄종의 본산인 해인 사에 은거하면서 불교에 심취했으며 도교에도 통달한 인물이었다.

신라가 918년 왕건에 의해 멸망하면서 창건한 고려 초기에는 불교와 유교의 조화로운 유관 불심 사상이 핵을 이루었다. 고려시대 불교는 국민을 사상적, 정신적으로 통일시키기 위한 정신 해방 사상으로 중시되었으며, 유교는 합리적이고 이성적인 현실통치이념의 기반이 되었다. 그러 나 고려 말로 접어들면서 승려 출신의 정치가들의 득세로 정권이 부패하기 시작하였으며 이러한 정치적 혼란을 타개하기 위한 방안으로 안향의 성리학이 등장하였다. 고려 말 안향과 백이정(1247~1323)으로부터 시작된 유학의 학통은 이제현(李齊賢, 1288~1367), 이색(李穡, 1328~1396), 정몽주(鄭夢周, 1337~1392), 권근(權近, 1352~1409), 정도전(鄭道傳, 337~98) 등으로 이어졌다.

안향을 한국에 성리학을 들여온 인물이라고 한다면, 백이정은 한국에 도입된 성리학을 본격적으로 연구하여 성리학 체계를 확립한 인물이라고 할 수 있다. 백이정은 충선왕을 따라 원나라 수도인 연경에 갔다가 그곳에 10년간 머무르며 성리학에 대한 연구를 했으며, 귀국할 때 정주(程朱)의 성리서적과 주자의 '가례(家禮)'를 가지고 들어와 본격적으로 성리학을 연구하기 시작하였다. 백이정의 문하에서는 많은 문인들이 배출되었으며, 이들을 중심으로 성리학이 한국에 정착하게 되었다.

목은(牧隱) 이색(李穡)은 고려 말기의 유학자이며 포은(圃隱) 정몽주, 야은(冶隱) 길재와 더불어 고려 3은이라고 불리는 인물이다. 이제현의 제자이며 정도전의 스승인 이색은 고려 말인 1367년 성균관 대사성이 되면서 정몽주(鄭夢周)를 성균관 박사로 임명하였으며, 이들을 중심으로 정주성리학(程朱性理學)이 발전하였다. 이색은 이성계의 역성혁명에 동참하지 않음으로 인해 의문의 죽음을 맞이한 인물로도 유명하다.

포은 정몽주는 1367년 성균관 박사에 임명되면서 당시 중국에서 들어온 '주자집주(朱子集註)'를 유창하게 강론하였다. 그 당시 유학의 종주로 추앙받던 이색도 정몽주를 한국 성리학의 시조라고 추앙하였다. 정몽주는 이성계의 역성혁명을 동조하지 않았다는 이유로 1392년 선죽교에서 이성계의 아들인 이방원이 보낸 자객에 의해 살해되었다.

권근은 성균관을 중심으로 하는 관학교육에 지대한 공헌을 한 인물로 이성계의 역성혁명에 중추적 역할을 담당하였다. 권근과 정도전은 성리학의 이기론과 인성론에 바탕을 두고 불교의 초세속적 성격과 철학사상을 비판했으며, 초학자를 위한 성리학 입문서를 저술하였다.

성리학자들을 중심으로 하는 신진사대부들이 이성계와 손을 잡고 역성혁명을 성공시킴으로서 1392년 고려가 멸망하고 조선이 건국되었다. 역성혁명(易姓革命)이란 왕조를 교체하기 위한 혁명을 의미하며, 유교적 입장에서의 역성혁명이란 제왕이 부덕하여 민심을 잃으면 덕성이 높은 사람이 천명을 받아 새로운 왕조를 세워야 한다는 사상을 말한다. 조선시대에 들어오면서 성리학은 조선의 새로운 개혁이념과 국가질서를 확립하기 위한 통치철학으로 그 위치를 굳건히 하게 되었다.

고려 말부터 형성된 성리학의 계보는 조선시대로 들어오면서 길재(吉再, 1353~1419), 김숙자(金叔滋, 1389~1456), 김종직(金宗直, 1431~1492), 김굉필(金宏弼, 1454~1504), 조광조(趙光祖, 1482~1519)로 계승되었다. 정몽주와 권근의 제자인 야은 길재는 1388년 성균관 박사에 오른 인물로,

조선 3대왕인 태종 이방원(李芳遠)과는 동향 사람이자 성균관 동창생으로 교분이 두터웠다. 길재는 정계에서 은퇴한 후 고향인 경상북도 영해군에서 유학의 보급과 후진 양성에 힘쓴 결과 영남지역은 많은 유학자들이 배출되어 이들을 중심으로 조선시대의 유학의 주류가 형성되기 시작하였다. 김종직은 김숙자의 아들로 1482년 유학진흥 및 인재양성을 담당하는 홍문관의 책임자로 봉직하면서 김굉필, 조광조 등 많은 제자들을 중심으로 사림파(士林派)를 형성하였다.

사림파란 조선의 유학자들을 일컫는 선비집단을 말한다. 선비란 '유학을 공부하는 학자'라는 뜻으로, 조선시대를 대표하는 이상적 인간상을 상징한다. 사림파에 속하는 유학자들은 자신들을 참 선비라는 의미의 산림유, 혹은 유림파(儒林派)라고 불렀다. 산림유란 재야나 산림에 거주하며 사학인 서원을 창설하여 유학 보급에 기여한 학자들을 말한다. 사림파는 15세기 조선 중기부터 강력한 정치세력으로 등장하면서 온건파 사대부를 계승한 정치집단으로 성장하였다. 이런 의미에서 사림파는 훈구파와 대조되는 집단이라고 할 수 있다. 훈구파란 세조(1417~1468, 재위 1455~1468) 집권이후의 공신으로, 왕실과 혼인하면서 정치적 실권을 장악하여 권세를 누리던 족벌귀족계급을 말한다. 새로운 정치세력으로 등장한 사림파는 훈구파를 묘당유(廟堂儒)라고 부르면서 사사건건 대립하였다. 묘당이란 1400년에 설치한 조선시대 행정부의 최고기관으로, 묘당유란 조선건국에 참여하여 정치적 실권을 장악한 행정부 관료들을 지칭한다. 사림파들은 원래 지방의 중소지주 출신들로 성종 16년(1485)부터 훈구파에 대립하는 정치세력으로 등장하였다. 그러나 사림파들은 4대 사화를 겪으면서 정치적 탄압대상이 되었으며, 김종직 같은 사람은 사망한 지 6년 뒤인 1498년(연산군 4)에 일어난 무오사화 때 그의 시체가 들어있던 관이 쪼개지고 죽은 시체의 목이 다시 잘리는 부관참시(剖棺斬屍)를 당하기도 하였다. 김굉필, 정여창 등도 무오사화로 유배되었다가 중종의 즉위로 복직되었으며, 김종직은 1689년(숙종 15)에 송시열(宋時烈)과 김수항(金壽恒)의 건의로 영의정에 추대되기도 하였다.

김굉필의 제자인 조광조는 전제주의를 배격하고 민의를 존중하는 유교적 도학사상과 왕도지치정치를 이상적인 정치사상으로 삼은 사림파의 대표적 유학자이다. 도학정치사상이란 유교의 전통적인 왕도사상을 재해석한 것으로, 삼강오륜의 윤리도덕을 실현함으로서 굳건한 왕도정치와 민중들의 도덕적 교화가 이루어진다고 보는 사상을 말한다. 조광조의 왕도지치주의는 15세기 말엽에 이르러 당시의 집권세력인 훈구파의 탄압으로 좌절되었다. 그 결과 조광조는 22세인 1504년(연산군 10년)에 일어난 갑자사화로 젊은 나이에 유배를 당하게 되었다. 갑자사화란 1498년에 일어난 무오사화로 사림파가 큰 타격을 입은 상태에서 연산군이 생모 윤 씨 복위에 반대한 사림파와 훈구파까지 모두 제거한 사건을 말한다. 이때 윤 씨 폐위를 찬성한 김굉필은 연산군에 의해 처형당했으며, 다른 사림파들도 삭탈관직이나 유배를 가게 되었다.

16세기 조선 중기를 지나면서 조선의 정치적 상황도 점차 안정기에 접어들었으며, 자유로운 사회적 분위기에서 이언적(李彦迪, 1491~1553)과 서경덕(徐敬德, 1489~1546) 등을 비롯한 사림파 유학자들은 성리학에 대한 다양한 학문세계를 정립하기 시작하였다. 이 후 이황(李滉, 1501~1570)과 조식(曺植, 1501~1572)의 주리론을 지지하는 학자들은 영남학파로, 이이(李珥, 1536~1584)와 성혼(成渾, 1535~1598)의 주기론을 주장하는 학자들은 기호학파로 분열되기 시작하였다.

영남학파를 대표하는 조식은 기묘사화와 을사사화 때 가족과 친구들이 대거 희생을 당하는 것을 경험하면서 평생 산림처사로 자처하며 학문연구와 제자양성에만 매진한 인물이다. 조식은 수기치인(修己治人)의 성리학적 토대 위에서 실천궁행(實踐躬行)을 중요시 여겨 '경'과 '의'를 강조하였다. 실천궁행이란 지식을 알면 이를 몸소 실행해야 한다는 이론을 말한다. 이황과 이이의 추종세력 간의 이기논쟁(理氣論爭)을 관념의 유희인 공리공담이라고 비판하면서 실천과 궁행을 강조한 조식의 사상은 조선 말기에 등장한 실학에 이론적 토대를 제공하였다.

성혼은 이황과 고봉 기대승(高峰 奇大升, 1527~1572)과의 퇴고논쟁(退高論爭)을 이어받아 1572년부터 이율곡과 사단칠정과 이기설에 대한 율우논쟁(栗牛論爭)을 시작한 인물이다. 성혼은 이율곡과는 평생지기이며 이이가 이조판서로 있을 때 이이의 천거로 이조참판에 오른 인물이었다. 이율곡이 죽은 후에는 영남학파의 지류인 서인의 지도자가 되었으며, 1589년 서인이 집권하면서 이조판서에 복귀하였다.

17세기에 들어오면서 사림파들은 형이상학적 이론 대립으로 붕당화 되면서 성리학의 본질적 의미가 점차 변질되었다. 특히 영남학파와 기호학파가 거주하는 서원들은 각자의 학파나 당파를 합리화시키기 위한 붕당정치의 본거지로 변질되기 시작하였다.

18세기 조선 중기의 영조와 정조 시대에 이르러 성리학의 이론적 폐단을 비판하는 이론으로 실사구시(實事求是), 경세치용(經世致用), 이용후생(利用厚生)을 강조하는 실학이 등장하였다. 실학은 크게 유형원, 이익, 정약용으로 대표되는 경세치용학파와 유수원, 홍대용, 박지원, 박제가를 대표로 하는 이용후생학파, 그리고 김정희로 대표되는 실사구시의 학파로 삼분된다. 경세치용학파는 주로 농업 중심의 개혁론을 주장한 사람들로 중농주의를 중시하였으며, 이용후생학파, 또는 북학파는 청나라 문물을 적극 수용하여 상공업의 발전과 기술혁신을 주장하는 중상주의와 부국강병을 강조하였다. 경세치용학파와 이용후생학파들의 급진적인 개혁정신이 정치적으로 탄압을 받자 실사구시를 내세운 김정희는 현실참여정책에서 벗어나 순수한 학문추구의 방향으로 실학의 학풍을 전환하였다. 이와 같이 조선의 실학사상은 17세기 이수광과 유형원을 시작으로 18세기 이익, 유수원, 박지원에게 이어졌으며, 19세기 김정희를 거치면서 정약용(丁若鏞, 1762~1836)에 의해 완성되었다. 정약용은 오랫동안 조선을 지배해온 유교의 삼강오륜 중 상하복종관계를 중시한 삼강을 배척하고 만민평등주의에 입각한 목민사상을 강조하였다.

㉮ 고려시대 성리학

01. 개요

일반적으로 한국에 성리학이 최초로 도입된 원년은 1290년(충렬왕 16년)이며 최초의 전래 자는 안향(安珦, 1243~1306)이라고 알려져 있다. 물론 안향 이전에도 유학은 불교와 함께 한국으로 전래되어 한국의 전통사상 속으로 흡수되었으나, 안향이 1289년 충선왕을 수행하여 원나라 수도 연경을 방문하여 주희의 저서들을 직접 필사하고 공자와 주희의 초상을 모사한 화상을 가지고 돌아온 1290년을 한국 성리학 역사의 출발점으로 삼는 것이 일반적인 견해이다.

성리학이 도입되던 초기에 활동한 안향(安珦, 1243~1306), 백이정(白頤正, 1247~1323), 권보(權溥, 1262~1346) 등은 모두 국왕을 가깝게 모시던 근신들로 원나라를 여러 차례 왕래하면서 신흥 학문인 성리학을 접하게 되었다. 이들은 한국에 성리학을 도입한 후 성균관 교관이나 지공거(知貢擧), 즉 과거제도를 관장하던 고시관 등을 지내면서 성리학을 보급하고 유학자를 양성하였다. 특히 충목왕 즉위년(1344년)에 성리학의 핵심교재인 사서(四書)가 과거제도의 시험과목으로 채택되면서 성리학은 점차 확고한 사상으로 체계를 완성하게 되었다.

02. 안향의 성리학

1) 생애

안향(安珦, 1243~1306)은 성리학을 고려에 최초로 도입한 대학자로 현 경상북도 영주시 순흥면인 홍주(興州)에서 태어났다. 안향의 호는 회헌(晦軒)으로 이는 안향이 말년에 송나라 주희를 추모하여 그의 호인 회암(晦庵)의 '회(晦)'를 따서 붙인 호칭이었다.

안향이 활동하던 시기의 고려는 원나라로부터 7차례나 침공을 받다가 안향이 16세가 되던 1259년에 원나라의 속국이 되었다. 남송(南宋)을 멸망시킨 원나라는 칭기즈 칸(1162~1227)의 후손인 몽골 유목국가로 원나라의 통일로 중국은 역사 상 최초로 북방 유목민의 지배를 받게 되었다. 중국대륙을 통일한 원나라는 중국 한족의 전통적 제도를 그대로 수용하여 한족들을 관리에 등용하고 그들의 성리학을 장려하였다. 원나라의 속국이 된 고려는 그 후 80여 년 동안 원나라의 내정간섭과 전쟁에 동원되었으며, 고려 국왕은 원나라 공주와 혼인하여 원의 부마가 되었으며, 수시로 환관과 공녀를 바쳐야했다. 고려 충렬왕 시기는 전쟁 후 국가재건과 학문부흥에 힘쓰던 시기였으며 안향은 이러한 시기에 왕을 모시고 원나라를 왕래하면서 유학을 접하게 된 것이었다.

안향은 1290년에 성리학을 고려에 도입함으로서 유학자들을 중심으로 하는 신진 사대부를 등장시킨 인물이기도 하다. 신진 사대부란 문벌귀족들처럼 족벌이나 가문의 배경으로 관직에 오른 사람들이 아니라 과거제도를 통해 관리가 된 지방 향리 출신들로 성리학을 사상적 기반으로 하는 문인들을 말한다. 신진 사대부는 고려 말 공민왕 16년(1367)에 이색이 성균관 대사성으로 임명되고 정몽주(鄭夢周), 정도전(鄭道傳), 김구용(金九容), 이숭인(李崇仁) 등의 성리학자들을 교관으로 임명하면서 막강한 정치세력으로 성장하게 되었으며 조선을 건국하는 역성혁명의 중추적인 핵심세력이 되었다.

안향은 또한 고려시대의 관학이었던 국학을 유교를 중심으로 하는 교육기관으로 새롭게 개혁하였다. 국학은 고려시대의 중앙 관학기관으로 예종(1106~1122) 때 국자감에서 국학으로 개칭되었다. 고려 말에 들어와 국학이 날로 쇠퇴해가자 안향은 섬학전이라고 불리는 장학기금을 조성하였으며 박사 김문정(金文鼎)을 중국에 파견하여 공자의 초상화와 제기, 악기, 육경(六經) 등의 책을 구입해 오도록 명하는 등 유학진흥에 전념하였다. 특히 안향이 중국 연경에 있는 만권당(萬卷堂)에서 중국 유학자들과 토론을 벌였을 때 중국 유학자들은 안향의 뛰어난 유학 지식에 감탄하여 그를 '동방의 주자'라고 부르기도 하였다. 만권당은 고려 충선왕이 원나라 수도인 북경에 지은 독서당을 말한다.

안향은 63세가 되던 1306년에 사망하였다. 안향이 죽은 지 12년이 되는 1318년(충숙왕 5)에 충숙왕은 안향의 업적을 기리기 위해 그의 초상화를 그리게 하였으며, 조선 명종 때 다시 그려진 안향의 초상화는 1962년 국보 제111호로 지정되어 현재 소수서원(紹修書院)에 전시되어 있다. 소수서원은 1543년(중종 38) 풍기군수로 재직하던 주세붕(周世鵬, 1495~1554)이 주자의 백록동서원(白鹿洞書院)을 본 따 안향의 고향인 순흥에 설립한 백운동서원(白雲洞書院)의 옛 이름을 말한다. 소수서원이란 조선 중기 명종 5년(1550년)에 풍기군수로 재직하던 이황(李滉, 1502~1571)이 백운동서원을 한국 최초로 사액(賜額)을 받은 사액서원(賜額書院)으로 승격시킨 서원이다. 사액서원이란 향촌 유림들이 개인적으로 건립한 서원중에서 인재양성과 교화정책에 뛰어난 업적을 가진 서원에게 왕이 직접 지어 새긴 현판인 편액(扁額)과 서적, 노비, 교육경비인 학전(學田) 등의 특전을 부여받은 공인된 서원을 말한다. '소수(紹修)'란 "무너진 학문을 다시 이어서(紹) 닦는다(修)."는 뜻으로, 안향의 업적과 정신이 집약된 백운동서원이 점차 과거시험의 준비 장소로 전락해가자 이를 염려한 이황이 백운동서원의 본래의 취지와 학풍을 되살리기 위해 지은 이름이다. 이황은 소수서원을 계기로 당시의 붕괴된 교학을 진흥하고 사풍을 바로잡기 위해서는 서원의 보급이 시급하다고 주장하였으며, 그의 주장이 관철되면서 전국의 많은 서원들이 건립되기 시작하였다. 이렇게 성장한 서원들은 유학연구의 중심지는 물론 사림파의 정치세력을 집결시키는 본거지가 되었다. 그러나 기하급수적으로 늘어난 서원은 21대 왕인 영조(1694~1776) 때에 이르러 전국에 600여 개가 넘게 건립되었으며, 송시열을 배향한 서원이 전국에 44개소에 이르는 등 십여 명의 유학자가 열개 이상의 서원에 배향되었다. 특히 국가로부터 면세와 면역의 혜택이 주어지는 사액서원의 수가 급증하자 이들에 대한 특혜는 곧바로 국가재정에 커다란 부담으로 다가왔다. 이에 대해 영조는 1741년(영조 17)에 전국에 있는 173개 서원을 철폐하고 토지와 노비를 몰수하기 시작하였으며 1868년(고종 5) 고종 때 이르러 흥선대원군은 서원을 부패한 붕당 정치의 근거지라고 판단하여 전국의 모든 사액서원을 철폐시켰다. 그 결과, 전국에는 안향을 기리는 소수서원과 이황을 기리는 도산서원을 포함하여 47개 서원만 남게 되었다. 주세붕은 1633년(인조 11)에 소수서원에 추가 배향하였다.

2) 실천적 성리학

안향의 성리학에 대한 주장은 고려 말 부패하기 시작한 불교를 타파하기 위한 배불론(排佛論)의 대두와 그 맥을 같이 한다고 볼 수 있다. 승려 출신의 정치가들의 재산축적이나 지나치게 번잡한 불교행사와 사탑 건립의 남발 등으로 국가재정이 탕진되고 국민생활이 극도로 궁핍하게 되자 이를 벗어나기 위해 배불론이 대두하게 되었으며, 조선으로 이어지면서 배불숭유정책으로 강화되었다. 안향은 내세적인 신앙만을 고집하는 불교를 일상적 윤리와 현세적 생활에서 벗어난 종교라고 배척하였다. 안향은 주희의 사적을 모은 '회헌실기(晦軒實記)'의 한 구절을 인용하면서 주희도 불교를 배척한 공이 높다고 언급하였다. 안향은 "내 일찍이 주자의 저술을 얻고 보니 그가 선불(禪佛)의 학을 물리치고 성인의 도를 깨우친 공이 족히 공자에 비할 수 있다."고 천명하였다.

안향은 주희의 이기심성론(理氣心性論)과 더불어 실천적 성리학을 강조한 허형(許衡, 1279~1368)의 심성수양론을 중시하였다. 허형은 남송의 정이(程頤, 1033~1107)와 주희의 성리학에 영향을 받아 원나라의 성리학 학풍을 정립하는데 주도적 역할을 한 유학자이다. 남송을 멸망시킨 원나라는 남송의 주희가 집대성한 성리학을 관학으로 공인하였다. 이때 허형은 성리학을 관학으로 공인하는데 주도적으로 관여한 인물로 과거제도 또한 주희의 '사서집주(四書集註)'를 중심으로 치르도록 기여하였다. 허형은 주희의 이기심성론과 같은 형이상학보다는 존심양성(存心養性)

을 통한 수행 및 실천에 보다 더 많은 중점을 두었다.

안향도 성인의 도를 충(忠), 효(孝), 신(信), 경(敬), 성(誠)이라는 실천덕목으로 설명하면서, 일상생활에서 실천하는 윤리의식이야말로 성인군자가 되기 위한 도(道)라고 강조하였다. 즉, 임금에게 충성하고 자식은 부모에게 효도하며, 신의로서 친구와 사귀고, 수기(修己)로 존경심을 익히며, 일을 처리함에 있어서도 성(誠)을 다하는 것이 중요하다고 역설하였다.

안향으로부터 시작된 성리학은 한국 유학의 새로운 경지를 개척하는데 매우 중요한 역할을 하였으며, 고려의 불교정책에서 벗어나 조선의 새로운 건국이념을 형성하는데 가장 중요한 정치적 토대를 제공하게 되었다.

❶ 조선시대 성리학

01. 개요

중국 송 대의 주자학은 조선으로 들어서면서 크게 퇴계 이황의 주리론(主理論)과 율곡 이이(李珥, 1537~1584)의 주기론(主氣論)으로 구분되었다. 이를 좀 더 세분화하면, 기(氣)만을 중시한 서경덕의 기일원론(氣一元論), 이황의 주리론적 이기이원론(主理論的 理氣二元論), 이이의 주기론적 기발이승일도설(主氣論的 氣發理乘一途說)로 대표된다.

조선시대의 유교사상은 먼저, 조선 성리학의 쌍두마차라고 할 수 있는 이황과 이이의 성리학적 관점을 살펴보고 퇴고논쟁, 율우논쟁, 호락논쟁의 맥락에서 이 두 유학자를 중심으로 하는 영남학파와 기호학파의 이론을 비교·대조해 보기로 한다.

02. 이황의 주리론

1) 생애

이황(李滉, 1501~1570)은 현 경상북도 안동시 도산면에 속한 예안현 온계리에서 태어났다. 이황의 호는 퇴계(退溪), 퇴도(退陶), 도수(陶叟)이다. 이황의 아버지가 일찍 사망하자 이황은 12세부터 숙부에게 '논어' 등 유학을 배우기 시작하였으며, 지나치게 공부에 몰두하느라 건강을 해친 이황은 그 후 병약한 시절을 보냈다고 전해진다.

이황은 26세가 되던 1527년(중종 22년) 진사시와 생원시 초시에 합격한 후 성균관에 입학하였다. 33세인 1534년(중종 29년)에 문과에 장원급제를 하면서 관직에 나가기 시작한 이황은 그 후 성균관대사성, 홍문관대제학 지경연 등의 최고관직과 단양군수와 풍기군수의 지방 수령 등을 역임하였다. 그러나 사림파가 무오사화(戊午士禍, 1498, 연산군 4), 갑자사화(甲子士禍, 1504, 연산군 10), 기묘사화(己卯士禍, 1519년, 중종 14), 을사사화(乙巳士禍, 1545, 명종 즉위) 등 4대 사화에 휘말려 화를 당하자 20여 차례나 사직 상소를 올리며 임관의 명을 거절하였다. 사화란 '사림파들이 훈구파에 의해 입은 화'의 준말로, 4대 사화를 통해 김종직 같은 사람은 부관참사를 당했으며, 김굉필, 윤필상 등 수많은 사림파들이 처형이나 유배를 가게 되었다.

1546년(명종 1년)에 이황은 그의 고향인 낙동강 상류 토계(兎溪)에 양진암(養眞庵)을 짓고 토계를 퇴계(退溪)라고 개칭한 후 자신의 아호도 퇴계로 삼았다. 수많은 사직상소가 받아들여지지 않자 중앙 관계에서 멀리 떨어진 외직을 신청한 이황은 47세가 되던 1548년에 충청도 단양군수와 49세가 되던 1550년에 경상도 풍기군수로 봉직하였다. 이 시기에 이황은 백운동서원을 조선 최초의 사액서원(賜額書院)인 소수서원(紹修書院)으로 추대하였다.

이황은 풍기군수에서 퇴임한 후 50세가 되던 1551년에 성균관 대사성을 마지막으로 모든 관직에서 물러났다. 고향으로 돌아온 이황은 1552년에 온계리에 있는 퇴계의 서쪽에 한서암(寒棲庵)을 짓고 학문연구와 후배양성에만 전념하였다. 한서암은 퇴계가 무려 세 번이나 장소를 옮긴 끝에 지은 초가집으로, '한서(寒栖)'란 주자의 무이정사(武夷精舍)에서 나오는 한서관을 인용한 명칭으로 "속세를 떠나 산중에서 가난하게 은거한다."는 뜻이다. 이황은 1560년 도산서당(陶山書堂)을 짓고 그의 아호도 도옹(陶翁)으로 개칭하였다. 한서암이 이황의 개인적 독서를 위한 처소라고 한다면 도산서당은 후배양성을 위한 사학이라고 할 수 있다. 이때 불교에 귀의했다가 파계한 후 성리학을 공부하기 시작한 율곡 이이(1536~1584)가 22세가 되던 1558년에 도산서당의 이황을 방문하여 이틀간 머물면서 가르침을 받기도 하였다. 참고로 서당이란 유학자가 생존에 학문전수를 위해 건립한 향촌의 사립학교를 말하며, 서원이란 유학자가 사망한 후 이들을 기리기 위해 건립한 사학기관을 말한다. 따라서 도산서당은 이황이 생존시 제자들을 가르치던 곳이며, 도산서원은 이황이 죽은 후 제자들에 의해 건립된 사당과 서원을 말한다. 도산서원은 이황이 죽은 지 6년 뒤인 1575년(선조 8)에 한석봉이 쓴 '도산서원'의 편액을 하사 받고 사액서원이 되었으며 그 후 영남학파의 총본산이 되었다. 도산서원은 소수서원과 함께 1870년(고종 7) 대원군의 서원 철폐령에서 제외되었으며, 1969년에 사적 170호로 지정된 후 한국 유학사상의 정신적 본거지로 지금까지 보존되어있다.

한국에서 가장 많은 저술을 남긴 두 명의 학자를 들자면 퇴계 이황과 다산 정약용(丁若鏞, 1762~1836)을 꼽을 수 있을 것이다. 이황의 학문이 원숙기에 접어든 것은 풍기군수에서 퇴임한 후인 50세 이후로 엄청난 양의 독서와 집필활동을 통해 성리학의 이론적 체계를 완성하였다. 이황의 대표적인 저서를 들자면, 58세에 완성한 '주자서절요'와 63세에 완성한 '송계원명이학통록(宋季元明理學通錄)', 68세에 선조를 위해 집필한 '성학십도(聖學十圖)'와 '무진육조소(戊辰六條疏)' 등을 들 수 있다. '성학십도'는 어린 선조를 위해 주돈이, 주희, 이황 등의 성리학 이론을 인용하여 성왕이 지켜야할 열 가지 법도를 일목요연하게 도식으로 정리한 저서를 말한다. '성학십도'는 이황이 선조의 명을 수차례 거절하다가 1567년에 홍문관대제학 지경연의 중임을 맡은 이듬해 완성한 저서이다. 조선 제14대 왕인 선조(1552~1608, 재위 1567~1608)는 명종이 후사가 없이 갑자기 죽자 왕의 적자나 적손이 아닌 방계에서 왕위에 오른 첫번째 국왕으로 15세라는 어린 나이에 왕위를 계승하였다. 홍문관 대제학이란 1420년 홍문관의 전신인 집현전이 설치되면서 주어진 직책으로 국가문헌을 총괄하는 정2품의 최고관직을 말한다. 1569년에 선조에게 올린 '무진육조소'란 성왕으로서 지켜야 할 인효인애사상(仁孝仁愛思想), 왕과 신하 간의 충신사상, 정치의 근본인 성학사상(聖學思想) 등 성왕이 지녀야 할 시무 6개조를 기술한 상소문을 말한다.

이황은 홍문관 대제학에서 퇴임하고 고향으로 돌아 온 지 3년이 채 되지 못한 1570년에 향년 69세로 사망하였다. 이황이 죽은 지 4년 뒤 제자들은 도산서당 뒤편에 도산서원을 짓고 이황의 위패를 모셨다. 이황의 학풍을 따르던 제자들은 기대승, 유성룡(柳成龍), 성혼(成渾), 이익(李瀷) 등 260여명에 달했으며, 이들을 중심으로 이황의 주리론을 계승하는 영남학파가 형성되었다.

2) 우주론: 주리론적 이기이원론(主理論的 理氣二元論)

이황은 주리론(主理論)을 주장한 대표적인 유학자로 그의 주리론적 우주론은 다시 주리적 이기론(主理的 理氣論), 이기이원론(理氣二元論), 이기호발론(理氣互發論), 이동설(理動說) 등으로 불린다. 이황의 성리학적 인성론은 사단칠정론(四端七情論)으로 대변되며, 학문의 수행방법으로는 주희의 격물치지(格物致知)를 기반으로 하는 지행호진설(知行互進設)로 대표된다.

이황은 주자학을 제외한 일체의 학문을 배척하고, 특히 16세기 초에 이미 확산되고 있던 양명학을 비판함으로서 주자학이 조선을 대표하는 사상으로 확립하는데 지대한 역할을 담당하였다. 이황은 불교나 도교는 물론 서경덕(徐敬德, 1489~1546)의 기일원론이나 중국 명대의 유학자인 나흠순(羅欽順, 1465~1547)의 주기설 등을 모두 이단이나 사설로 배척하면서 주리론에 입각한 성리학을 완성하였다.

이황이 주장한 이기이원론(理氣二元論)에서 이원론(二元論)이란 서양의 철학사상을 구별하는 기준과는 상당한 차이점을 가지고 있다. 예를 들어, 서양의 유물론(materialism)과 관념론(idealism)은 우주의 근원을 사물과 인간의 관념의 대립적 개념으로 설명하며, 절대론(absolutism)과 상대론(relativism) 또한 영원불멸하며 절대적이며 보편적 지식이 존재한다는 주장과 모든 지식은 주관적이며 상대적이기 때문에 보편 지식은 존재하지 않는다는 극단적인 이분법을 사용하는 것처럼 서양의 이원론은 차별성만을 기준으로 한다. 반면에 이황은 우주의 근원인 이(理)와 기(氣)란 서로 섞이지 않으나 동시에 분리될 수도 없다는 점을 강조함으로서 이(理)와 기(氣)의 차별성과 분별성 뿐만이 아니라 공존성과 동일성 모두를 포함하는 개념으로 설명하고 있다. 기발이승일도설(氣發理乘一途說)을 주장한 이이도 이(理)와 기(氣)의 세계에 대한 관계를 이기지묘(理氣之妙)의 개념으로 설명하였다. 즉, 이(理)와 기(氣)는 하나(一)이면서 둘(二)이요, 둘(二)이면서 하나(一)로, 서로 분리될 수 있으나 동시에 같다고 주장하였다. 주희 또한 이(理)와 기(氣)란 서로 떨어지지 않을지라도 혼연한 가운데 섞이지 않아서 일물(一物)이라고 할 수 없으므로, 이(理)는 스스로 이(理)이며 기(氣)는 스스로 기(氣)라고 강조하였다.

이황은 이(理)와 기(氣)의 차별성과 공존성을 강조하면서 기(氣)보다는 이(理)를 중시하는 이기이원론(理氣二元論)을 주장하였다. 이황에 의하면, 이(理)란 만물의 생성과 변화를 주재하는 우주의 최종적 본원이자 본체이며, 현상세계를 움직이는 기(氣)는 이(理)가 작용한 결과라고 하였다. 한편 이황은 이(理)가 동정하지 않고 작위성이 없다고 주장한 주자와는 달리, 이기호발론(理氣互發論)을 주장하면서 이(理)와 기(氣) 모두가 능동적 작위성(作爲性)을 가지고 있으며, 따라서 이(理)도 기(氣)처럼 동정(動靜)하고 작용하는 성질을 갖는다고 주장하였다. 즉, 이(理)란 본체적 측면이나 그 작용면에 있어서는 기(氣)처럼 동정하고 작위하는 성질을 갖고 있다는 것이다.

이황은 자신의 이기호발론(理氣互發論)을 주장하기 위해 주돈이의 태극설을 인용하였다. 즉, 주돈이가 태극이 움직여 양기와 음기의 두 기를 낳는다고 한 것은 태극인 이(理)가 움직여 기(氣)가 생겨난다는 것을 의미하므로, 이(理)와 기(氣)는 각각 발동하는 것이라고 주장하였다. 이와 같이 이(理)가 움직이면 기(氣)가 따라 생겨나며, 기(氣)가 움직이면 이(理)는 기(氣)를 따라 드러난다는 것이 바로 이기호발론의 이(理)와 기(氣)의 상호작용설이다. 이 때 이(理)와 기(氣)의 상대적 우위성에 대해 이황은 이(理)와 기(氣)는 이주기종(理主氣從)과 이존기천(理尊氣賤)의 구조를 갖는다고 설명하였다. 이주기종이란 이(理)는 기(氣)보다 절대적으로 우월한 실재가 된다는 뜻을 의미하며, 이존기천(理尊氣賤)이란 말 그대로 이(理)는 존귀한 것이며 기(氣)는 천하다는 뜻을 말한다. 이에 대해 이황은 이(理)는 기(氣)의 장군이며 기(氣)는 이(理)의 졸병과 같다고 비유하였다.

3) 심성론: 사단칠정론(四端七情論)

이황에 의하면, 우주천지의 본질과 인간의 본질은 서로 떨어질 수 없는 상호교환성을 가지고 있으므로 인간의 본성도 우주의 본질인 이(理)와 기(氣)로 이루어졌다고 주장하였다. 이황의 인간 심성론(心性論)에 의하면, 인간의 마음(心)은 이(理)와 기(氣)를 통괄하는 혼합체로, 마음의 본체는 성(性)이며 마음의 작용은 정(情)이라고 하였다. 즉, 성(性)이란 이(理)가 내재해있는 마음(心)의 본체로, 마음이 사물과 감응하기 전인 미발의 마음, 즉 미발지심(未發之心)을 말하며, 정(情)이란 기의 작용으로 마음이 사물과 감응하여 일어나는 이발지심(已發之心)의 정서를 말한다고 하였다.

이황은 인간의 성(性)을 본연의 성(本然之性)과 기질의 성(基質之性)으로 구분하였는데, 본연의 성이란 천기(天氣)로부터 만인에게 주어진 이(理)에서 발동한 것으로 절대본성, 즉 혼잡이 없는 지고익 선을 말한다고 하였다. 반면에 기질의 성은 형기(形氣), 즉 기(氣)의 발동으로 인해 외형으로 드러난 상태로 선과 악의 양면을 가지고 있다고 하였다. 따라서 기의 활동여하에 따라 개인차를 가지며 현인과 우인, 선인과 악인으로 구분된다고 하였다.

이황은 이러한 기준에 따라 정(情)도 둘로 구분하였는데, 정(情) 가운데 이(理)가 발동한 순수하고 선한 인간본성을 사단(四端)이라고 하며, 기(氣)가 발동하여 선이 되기도 하고 악이 되기도 하는 것을 칠정(七情)이라고 하였다. 이황에 의하면, 사단은 맹자의 성선설의 근거가 되는 4덕, 즉 인(仁), 의(義), 예(禮), 지(智)에 각각 해당하는 측은지심(惻隱之心), 수오지심(羞惡之心), 사양지심(辭讓之心), 시비지심(是非之心)을 가리키며, 칠정은 '예기(禮記)'에 나오는 것으로, 기(氣)가 발함으로서 인간의 본성이 사물을 접하면서 표현되는 7가지 자연적인 감정, 즉 기쁨, 노여움, 슬픔, 두려움, 사랑, 미움, 욕망(喜, 怒, 哀, 懼, 愛, 惡, 欲)의 정서가 포함된다고 하였다.

결론적으로 이황은 우주의 원리를 이(理)와 기(氣)로 설명하면서 인간의 마음도 이(理)가 발동하는 본연의 성과 기(氣)가 발동하는 기질의 성으로 구분함으로서 우주론과 심성론을 완성하였다. 그러나 인간의 마음을 구성하는 성(性)을 미발지심, 정(情)을 이발지심으로 구분하고 정을 다시 사단과 칠정으로 분류하는 과정에서 사단을 이(理)가 주재하는 순수한 선으로 규정하고, 칠정은 기(氣)가 발동하여 선과 악의 양면을 가지고 있다고 설명함으로써 이황의 사단칠정론은 그 후 많은 학자들의 뜨거운 논쟁으로 이어졌다. 즉, 사단의 선(善)과, 칠정에 악과 혼재된 선(善)을 어떻게 해석해야하는 가에 대한 의견대립은 그 후 8년간의 퇴고논쟁과 6년간의 율우논쟁으로 전개되었다.

4) 수행론: 지행호진설(知行互進設)

성리학에서는 도덕적 수양이나 윤리적 실천을 무엇보다 중시했으며 지(知)와 행(行)의 문제도 도덕적 수행방법과 결부하여 다루어왔다. 이황도 도덕적 수행의 방법으로 지(知)와 행(行)이

상호불가분의 관계로 함께 진행된다는 지행호진설(知行互進設)을 주장하였다. 이황은 주희가 주장한 격물치지(格物致知) 수행법을 차용하여 객관적 사물의 이법을 알기 위해서는 사물에 접촉하여 체험하면서 원리를 찾는 것이 무엇보다도 중요하다고 강조하였다. 그러나 이황은 주희가 주장한 선지후행설(先知後行說)이나 왕수인이 주장한 지행합일설(知行合一說)과는 달리, 지행호진설을 학문의 수행방법으로 설명하였다. 지행호진설이란 지식과 실천은 앎을 먼저 습득한 후 실천이 뒤따르는 것이 아니라, 지식과 실천이 서로 선(先)과 후(後)가 되어 번갈아가며 상호보완적으로 함께 나아가는 상자호진(相資互進) 관계를 강조한 이론을 말한다. 이황은 특히 인간의 본능적, 감각적 지식과 윤리적, 도덕적 지식을 구분하면서 "사람의 마음이 형기에서 일어나는 것은 본능이므로, 생리적, 감각적 지식은 배우지 아니해도 본능적으로 알 수 있다. 그러나 의리의 마음에서 일어나는 것은 배우지 않으면 알지 못하고 힘쓰지 않으면 능할 수 없다."고 강조함으로서 의리의 측면에서의 지행호진설을 주장하였다. 이러한 도덕적 지식과 실천의 관계에 대해 이황은 지(知)와 행(行)은 마치 수레의 양 바퀴나 새의 양 날개와 같이 앞서거나 뒤서거나 하면서 함께 나아가는 것이라고 비유하였다.

03. 이이의 주기론

1) 생애

이이(1536~1584)는 한국의 어머니상이자 현모양처의 상징으로 추앙받는 신사임당의 아들로 강원도 강릉부 죽헌동에 있는 오죽헌에서 태어나 경기도 파주에 있는 본가에서 성장하였다. 이이의 호는 율곡(栗谷), 석담(石潭), 우재(愚齋)이다.

이율곡은 13세인 1548년(명종 3년) 진사 초시에 합격하였으며, 1558년 문과 초시에 장원급제를 시작으로 아홉 차례나 장원급제하여 '구도장원공(九度壯元公)'이라는 별칭을 얻었으며 대사간에 아홉 차례나 임명되기도 하였다. 대사관이란 왕에게 의견을 상소하는 기관인 사간원의 장관으로 정3품 당상관직을 말한다.

16세가 되던 1551년에 신사임당이 죽자 이이는 3년간이나 모친의 무덤 옆에서 초가집을 짓고 시묘를 하였다. 모친의 죽음에 큰 충격을 받은 이율곡은 생로병사의 문제를 해결하기 위해 금강산으로 들어가 승려가 되었다. 이 당시 이이의 불심이 깊어 승려들 사이에서는 생불이 출현했다는 소문이 자자했다고 한다. 그러나 불교에서 생로병사에 대한 해답을 찾지 못한 이이는 입산 1년 만에 파계하고 속세로 환속하였다. 이이의 불교 입문 경력은 그 후 동인과 남인, 북인의 유학자들에 의해 지속적으로 사상공세를 받는 원인이 되었다.

1555년 20세 때 파계한 후 이율곡은 성리학 연구에 몰두하였다. 조광조를 추앙하던 이이는 조광조의 제자인 백인걸(白仁傑, 1497~1579)의 문하에 들어가 수학하였으며 이때 우계 성혼(牛溪 成渾, 1535~1598)을 만나게 되었다. 그 후 이이는 성혼과 평생지기 친구가 되었다. 백인걸과 성혼, 그리고 이이의 학문적 스승이었던 이황은 불교 입문 경력을 문제 삼지 않았으며 환속 후에도 이이를 진심으로 받아주었다. 그러나 이이는 스승인 백인걸는 물론, 조광조나 성혼에 대해 객관적인 평가를 내려야 하는 상황에서는 일말의 주저함도 없이 냉혹한 판단을 내린 것으로 유명하다. 예를 들어, 이이는 조광조를 급진적 사상가라고 거침없이 비난하였으며, 1567년 사림파에서 정치적 난세를 해결할 인물로 성혼을 천거하는 것에 대해 선조가 묻자 이이는 "성혼은 학문에 적합한 선비이지 난세를 해결할 위인이 못 된다."고 평가하였다. 이에 대해 선조가 이이 자신과 성혼의 인물 됨됨이의 우월성에 대해 묻자, 수신과 학문적 노력은 성혼이 자신보다 월등하다고 답변함으로서 냉철함을 잃지 않았다. 선조가 선조 자신에 대한 평가를 물어왔을 때 이이는 "전하는 선한 의지를 가지고 계시니 학문에 힘쓰고 노력하면 성왕이 될 수 있다."고 답변하였다. 이는 곧 선조에게 현명한 성왕이 되어달라는 이이의 충성어린 요청의 반영이라고 볼 수 있다. 선조는 이러한 이이를 몹시 신뢰했다고 전해진다.

이이는 22세기 되던 1558년(명종 13)에 이이보다 35세가 많았던 대학자인 이황을 도산서당으로 찾아가 이틀 동안 성리학에 대한 사상적 토론을 벌였다. 이때 이(理)와 기(氣)의 문제를 놓고 이황을 논파하려는 이이를 보고 이황의 제자들은 이이를 스승을 모욕한 논적으로 몰아 세웠으나, 이황은 이이의 재능에 크게 감탄하였으며 이이도 이황에 대한 존경심을 잃지 않았다고 전해진다. 두 사람은 비록 사상적 일치는 보지 못했지만 그 후에도 지속적으로 편지를 주고받으며 격물치지나 거경궁리 등에 대해 의견을 교환하였으며, 이황은 불교에서 벗어나 유교로 되돌아온 이이의 용기를 높이 평가하는 서신을 보내기도 하였다.

이율곡은 28세가 되던 1564년에 호조좌랑을 시작으로 정계에 진출하였는데, 이이가 활동하던 정계는 이황이 활동하던 정치적 혼란기와는 달리 안정기에 접어든 시기였다. 이황의 활동 시기는 사림파에 속했던 수많은 유학자들이 사화로 참변을 겪으며 은둔생활을 할 수밖에 없던 시기였다. 그러나 1565년(명종 20년) 문정대비의 사망과 함께 20년간 전횡을 휘두르던 윤원형(尹元衡, 1503~1565)이 실각하자, 을사사화로 유배를 당했던 사림파들이 정계로 복귀하기 시작하였다. 이때가 바로 이이의 나이 30세(1566)가 되던 시기로 출사한지 1년째 되는 해였다. 문정대비의 오빠인 윤원형은 을사사화를 통해 사림파를 일소하면서 권력을 잡은 인물로 역사상 최악의 정치인으로 알려진 인물이다. 어린 선조가 즉위한 다음 해인 1568년에 조광조가 영의정으로 추서되고 이황이 홍문관 대제학으로 임명되었다. 이와 때를 같이하여 이이는 사화로 입은 선비들의 원을 풀어주어야 한다고 주장하면서 사림파의 활동을 독려하기 시작하였다.

1571년 청주목사를 지낸 후 파주 율곡촌으로 돌아온 이이는 1572년부터 이황의 이기이원론을 지지한 친구 성혼과 함께 1년동안 9차례에 걸쳐 서신을 주고받으며 율우논쟁을 벌였으며, 이들의 논쟁은 그 후 이황의 주리파와 이이의 주기파의 논쟁으로 번져 6년간 지속되었다.

이이는 이황보다 훨씬 젊은 나이에 사망했지만, 이황에 못지 않은 저술활동을 벌였다. 이이는 37세가 되던 1573년(선조 6년)에 조선정치와 사회풍습을 흐리는 7가지 폐습과 이에 대한 개선책을 기록한 '만언봉사(萬言封事)'를 선조에게 올렸다. 또한 1582년에는 선조의 왕명으로 '인심도심설(人心道心說)'과 성균관 유생들의 학칙에 관한 '학교모범(學校模範)'을 저술하였다. 그전 1577년에는 아동들의 문맹타파를 위한 아동교육서인 '격몽요결(擊蒙要訣)'을 저술하기도 하였다. 1581년에 홍문관 부제학이 된 이이는 주자학의 핵심내용을 요약하여 성왕이 배워야 할 학문의 내용으로 정리한 '성학집요(聖學輯要)'를 지어 선조에게 바쳤다. 1583년에는 외적의 침입에 대비해 십만 양성설을 주장한 '시무육조(時務六條)'를 지어 올리기도 하였다.

이이는 1584년 48세라는 젊은 나이로 사망하였다. 이이가 죽은 후 왕으로부터 문성(文成)이라는 시호를 받았으며, 황주 백록동서원(白鹿洞書院) 등 20여개의 서원과 문묘에 배향되었다.

2) 우주론: 주기론적 기발이승일도설(主氣論的 氣發理乘一途說)

율곡 이이의 성리학적 특성은 주로 이황이 주장한 주리론을 반박하기 위한 이론으로, 구체적으로는 기발이승일도설과 이통기국설(理通氣局設)로 대변되는 우주론과 사단칠정론에 대한 새로운 해석인 인성론, 그리고 거경궁리 입지역행(居敬窮理 立地力行)을 강조한 수행론으로 대표된다.

율곡 이이는 이황의 이기호발설(理氣互發說)을 비판하면서 기발이승일도설(氣發理乘一途說)로 그의 우주론을 대변하였다. 이황이 이(理)와 기(氣)가 모두 작위성을 가지고 있다고 주장하면서 이발(理發)과 기발(氣發) 모두를 인정한 것과는 달리, 이이는 기발(氣發)만을 인정하기 때문에 주기파(主氣派)로 불린다. 이이는 이(理)란 우주의 본체, 혹은 작위의 까닭이므로 작용력을 가지고 있지 않다고 주장하였다. 따라서 능동적 작용성을 가지고 있는 것은 기(氣)뿐이므로 이(理)는 기(氣)가 발동할 때 기(氣)에 올라타는 것(乘)이라고 주장하였다. 이것이 바로 이이의 기발이승일도설의 핵심이다. 이이의 우주론에 의하면 이(理)란 작용을 일으키는 원인이며, 기(氣)는 발동하는 주체이므로 기(氣)속에 내재하고 있던 이(理)가 기(氣)의 작용에 올라탐으로서 만물이 생성한다는 것이었다. 이때 이(理)는 모든 물질적, 정신적 현상의 소이연(所以然), 즉 그러하게 되는 까닭, 혹은 원인으로서 기(氣)에 이미 내재되어 있기 때문에 이발(理發)과 기발(氣發)이 각각 일어날 수 없다고 강조하였다. 이이는 "기(氣)의 청명여부는 기(氣)의 소위(所爲)이므로 이황이 주장한 이

(理)와 기(氣)가 각각 발동한다는 이기호발설은 맞지 않는 이론이다."라고 비판하였다.

이이는 이통기국설(理通氣局設)을 통해 주기파에 속하던 서경덕(徐敬德, 1489~1546)의 기일원론(氣一元論)도 비판하였다. 이이는 서경덕이 기(氣)의 능동성이나 불멸성을 강조하면서 기(氣)를 우선적으로 다룬 점은 매우 높이 살만하나, 이(理)의 중요성을 간과하고 있는 점은 잘못되었다고 비판하였다. 그러면서 이이는 서경덕의 기일원론적 입장에 대해 '이통기국을 모르는 소치로 한 모퉁이만을 보는 우매한 사람'이라고 폄하하였다.

이율곡이 주장한 이통기국설은 기발이승일도설과 맥락을 같이하는 이론으로 중국 송나라의 정호(程顥, 1032~1085)가 주장한 이기지묘론(理氣之妙論)에 입각한 주기론을 말한다. 정호는 이기이원론(理氣二元論)을 최초로 창시한 중국 송나라 유학자인 정이(1033~1107)의 형으로, 그가 주장한 이기지묘론이란 이(理)는 무형무위하며, 기(氣)는 유형유위하므로 이(理)는 통(通)하고 기(氣)는 국한(局)된다는 이론을 말한다.

이이도 그의 이통기국설에서 이(理)는 형체가 없고 기(氣)는 형체를 가지고 있으므로 이(理)는 통(通)하고 기(氣)는 국한된다고 주장하였다. 즉, 이(理)는 초월적, 보편적 존재이기 때문에 시공(時空)에 국한되지 않고 통하며, 기(氣)는 물질적, 시간적 유한성을 가지고 있으므로 국한된다는 것이다. 이때 이(理)가 기(氣)를 타고 유행하여 천차만별의 현상으로 나타나지만, 모든 현상의 완전성과 불완전성을 결정하는 것은 이(理)가 아니라 기(氣)라고 주장하였다. 따라서 기(氣)가 완전하지 못하면 이(理)도 완전하지 못하며, 기(氣)가 완전하면 이(理) 또한 완전해진다고 설명하였다.

결론적으로 이이의 기발이승일도설은 이황의 이기호발설을 반박하기 위해 내세운 이론이며, 이통기국설은 서경덕의 기일원론을 반박하기 위해 내세운 이론이라고 할 수 있다. 또한 이이는 처음부터 이기를 이원적으로 파악하는 이황과는 달리, 이(理)는 천지만물의 현상 그 자체의 본질적 까닭으로 이(理)와 기(氣)는 분리될 수 없다고 주장하면서 이황과는 전혀 다른 우주론을 내놓았다.

3) 심성론: 사단칠정론(四端七情論)

이이는 이황이 인심과 도심, 사단과 칠정, 본연지성과 기질지성, 천리와 인욕 등을 지나치게 대립적인 양극으로 강조한 것을 지적하면서 이(理)와 기(氣)는 하나의 마음에서 나오는 것이므로 서로 분리될 수 없다고 주장하였다. 이황의 극단적 이분법은 그가 처한 시대적 배경의 반영으로 해석할 수 있다. 이황은 사대사화로 인해 수많은 사림파 학자들이 처형당하던 혼란기에 활동하던 사람으로 혼탁한 정치상황과 이상적인 정치상황을 양극단의 개념들로 비유한 것이었다. 즉,

이발과 도심, 사단은 순수한 정신적 가치를 상징하며, 기발과 인심, 칠정은 현실적, 물질적 욕구로 해석한 것이었다. 이황은 이(理)와 기(氣)를 장군과 병졸, 왕과 신하로 비유하면서, 인심은 항상 도심의 명령을 따라야 한다고 주장함으로서 혼탁해진 정치현실 속에서 파멸되어 가던 개인의 도덕성과 사회적 윤리의 회복을 강조하였다.

이에 비해 이이가 활동하던 시대적 배경은 이황의 그것과는 매우 달랐다. 1565년 이후로 사림파가 정계로 복귀하면서 국맥을 바로잡을 수 있을 것이라는 낙관론이 등장하던 시기였다. 따라서 이이는 이(理)와 기(氣)를 극단적 대립이 아니라 서로 조화롭게 절충하며 동화될 수 있는 묘(妙)로 파악하였다. 이러한 이유로 이이는 이(理)와 기(氣), 인심과 도심은 모두 하나의 마음(心)에서 나온 것이므로 개념적으로는 구별이 가능할지 몰라도 실제로는 분리시킬 수 없다고 하였다. 따라서 사단과 칠정을 확연히 구분한 이황과는 달리, 이이는 사단도 정인만큼 칠정에 속한 것으로, 칠정은 선과 악의 양면을 가지고 있으나, 칠정 중에서 선한 측면만을 지칭한 것이 사단이라고 주장하였다. 또한 이황의 주장처럼 도심은 이(理)에서 발한 것이고 인심은 기(氣)에서 발한 것이 아니라, 인심이란 생리적, 감각적 마음을 말하며, 도심은 도의(道義)를 위한 마음으로 "단지 발하는 곳에 있어 이단(二端)이 있을 뿐 인심과 도심은 서로 다른 본질이나 근원에서 유래된 것이 아니다."라고 주장하였다. 따라서 성현도 인심을 가지고 있으며, 소인도 인욕을 억제하고 선을 따르면 성현이 될 수 있는 것이며, 사람들이 먹고 싶을 때 먹고 입고 싶을 때 입는 것이 바로 천리와 다를 바 없다고 주장하였다.

4) 수행론: 거경궁리(居敬窮理)와 입지역행(立地力行)

이이는 학문을 추구하기 위한 수행방법과 윤리적 행동지침으로 거경궁리(居敬窮理)와 입지역행론(立地力行論)을 들었다. 이이는 모든 학문은 일상의 쓰임에 있어 실행을 위한 것이어야 하므로 현실과 괴리되어 높은 이상만을 쫓는 비현실적이고 비실천적인 학문은 지양되어야 한다고 주장하였다.

이이는 학자에게 있어 필요한 네 가지 실천덕목으로 입지(立志), 거경(居敬), 궁리(窮理), 역행(力行)을 들었다. 이이에 의하면, 입지(立志)란 학문에 대한 뜻을 세우는 일로, 뜻을 세우기 위해서는 성인의 행동을 목표로 삼아야 한다고 주장하였다. 범인과 성인의 본성은 일반적으로 동일하나, 범인은 제대로 뜻을 세우지 못하거나 지혜가 밝지 못하여 올바른 실천을 할 수 없기 때문에 성인이 되지 못하는 것이라고 주장하였다. 거경궁리는 앞에 언급한 바와 같이, 주희나 이황이 강조한 수행법으로, 거경은 마음을 수양하여 존경심을 유지하는 내면적 수양을 말하며, 궁리는 '대학'에서 강조하는 격물치지를 의미한다고 하였다. 역행이란 힘을 다해 실천하는 수신, 혹은 수행을 의미한다고 강조하였다. 따라서 범인과 성인의 차이는 입지불퇴전(立地不退轉), 즉 뜻을 세워 물러나지 않으며 힘써서 앎을 추구하고 실천에 옮기는 것에 달려있다고 강조하였다.

이황과 이이에 의해 완성된 성리학은 17세기에 접어들면서 조선을 지배하는 중심적 사상이 되었다. 이황과 이이의 학문적 심도와 업적은 수많은 사람들에 의해 계승되었으며, 17세기 후반에 들어오면서 이들은 이황과 조식(曺植, 1501~1572)을 종주로 하는 영남학파(嶺南學派)와 이이와 성혼(成渾, 1535~1598)을 중심으로 하는 기호학파(畿湖學派)로 갈라지기 시작하였다. 영남학파는 이황의 이기호발설을 적극적으로 옹호하는 주리파(主理派)를 말하며, 기호학파는 이이의 기발이승 일도설을 주장하는 주기파(主氣派)를 말한다. 영남학파란 구체적으로 영남과 근기 지방의 사림들을 말하는데, 근기지방이란 기호지역, 즉 경기도와 충청도 지역 중에서도 이황의 학풍을 이어가기 위해 별도로 조직된 남인계열의 성호학파(星湖學派)를 가리킨다. 성호란 이익(李瀷, 1681~1764)의 호를 말하며 성호학파는 후에 유형원(柳馨遠), 정약용(丁若鏞) 등 남인 실학자에게 계승되어 실학의 이론적 기초를 제공하였다. 따라서 영남학파는 17세기 이후 동인과 남인의 종통이 되었다.

한편 율곡을 추종하는 기호학파는 주로 경기도와 충청도를 일컫는 기호지방에서 활동하던 사림들을 말하나, 전라도와 황해도 일원의 학자들도 포함된다. 기호학파는 서인을 중심으로 이루어졌으며 17세기 이후에는 노론을 중심으로 활동하였다. 이와 같이 각 학파는 자신들이 활동하던 지역에 서원을 세워 성리학에 대한 연구를 하였으나 점차 각 학파의 주장만을 내세움으로서 성리학은 번쇄한 논쟁으로 변질되기 시작하였으며 그들의 서원 또한 붕당정치의 본거지로 변질되기 시작하였다. 16세기에 들어오면서 두 학파 간의 사상논쟁은 이황과 기대승(奇大升, 1527~1572) 간의 퇴고논쟁이 8년간 일어난 것을 시작으로, 이황이 죽고 난 후 이이와 성혼 간의 율우논쟁이 시초가 되어 6년간이나 지속되었다. 율우논쟁은 다시 7년간의 인물성동이론(人物性同異論)이라는 호락논쟁(湖洛論爭)으로 이어졌다.

04. 퇴고논쟁(退高論爭)

퇴고논쟁(退高論爭)이란 퇴계 이황(李滉, 1501~1570)과 고봉 기대승(高峰 奇大升, 1527~1572)과의 사이에 벌어졌던 사단칠정론에 대한 논쟁으로 이 두 사람의 호를 따서 붙인 이름이다. 퇴고논쟁은 이황의 나이 58세인 1559년에 기대승과의 편지 왕래를 통해 시작되어 1567년까지 8년간이나 영남학파와 기호학파 간의 논쟁으로 이어졌다.

사단칠정의 이기(理氣) 분속에 관한 뜨거운 논쟁은 이발(理發)과 함께 기발(氣發)을 인정하는 이황의 견해와 기발만을 인정하려는 기대승의 견해가 대립되면서 시작되었다. 이황은 인간의 마음을 구성하는 성이란 사물과 접촉하기 전의 마음 상태를 말하며, 정이란 마음이 사물과 접촉을 하면서 일어나는 것으로 사단과 칠정을 포함한다고 주장하였다. 이때 사단은 이(理)가 발한 것으로 선함만을 말하며, 칠정은 기(氣)가 발한 것으로 선과 악이 혼재하는 정서라고 주장하였다.

이에 대해 기대승은 사단과 칠정, 성과 정을 각각 이(理)와 기(氣)에 분속시키는 것은 기발이승의 관점에서 볼 때 불합리한 추론이라고 반박하면서, 사단도 정인만큼 칠정과 같고, 칠정 중에 선한 것만을 가리켜 사단이라고 하므로, 사단이 따로 존재하는 것은 아니라 칠정 안에 포함되어 있다고 반박하였다.

이에 대해 이황은 주희도 사단을 이(理)의 발동으로, 칠정을 기(氣)의 발동으로 보았으며, 자신의 이론도 이와 다르지 않다고 주장하였다. 즉, 기대승의 이론처럼 이(理)와 기(氣)의 관계가 지나치게 밀접하여 서로 분리될 수 없기 때문에 사단은 이(理)가 발함에 기(氣)가 따르는 것이고, 칠정은 기(氣)가 발함에 이(理)가 타는 것이라고 하더라도, 사단은 그것이 유래하는 바가 마음속에 있는 본연지성, 즉 이(理)가 발한 것이요, 칠정은 그 유래하는 바가 기질지성, 즉 기(氣)가 발한 것이므로 주희의 주장대로 사단은 '이지발(理之發)'로, 칠정은 '기지발(氣之發)'로 나누어 설명할 수 있다고 반론하였다.

이에 대해 기대승이 다시 반론을 펴자, 이황은 자신의 이론을 일부 수정하여 "인간의 마음은 이(理)와 기(氣)의 혼합체로 양자가 서로 발용(發用)하고 필요로 한다는 측면에서 이(理)와 기(氣)는 호발(互發)한다고 볼 수 있다. 사단칠정에 있어서도, 칠정의 기(氣)에 대한 관계는 사단의 이(理)에 대한 관계와 같다고 볼 수 있다. 또한 사단도 사물에 감응하여 움직이는 것은 칠정과 같으나, 다만 사단은 이(理)가 발현하는데 기(氣)가 따르는 것이요, 칠정은 기(氣)가 발현하는데 이(理)가 타는 것이다."라고 하였다. 이렇듯 이황이 이(理)와 기(氣)를 귀천관계로 설명하면서 이(理)의 작용을 강조한 의도는 이(理)를 이성으로, 기(氣)를 감성으로 구분함으로서 "이(理)가 기(氣)를 제어하지 못하면 인간은 인욕에 사로잡힌 금수가 되고 만다."는 그의 말처럼 도덕적 타락을 막기 위한 주장이라고 할 수 있다.

이황과 기대승과의 논쟁 이후 이이도 기대승의 이론을 지지하면서 인간존재와 도덕성을 모두 기발이승일도설로 설명하였다. 이이는 천지에 이(理)와 기(氣)의 구분이 없으므로 인간의 마음도 이발과 기발이 따로 존재할 수 없다고 반박하였다. 이이는 이황이 사단을 이(理)의 발현 즉, 이성적 작용으로 파악한 데 대해 이성적 작용도 작용인 이상 기(氣)에 의한 것이며, 칠정은 기(氣)의 발동의 총칭이므로 사단은 칠정에 포함된다고 주장하였다. 이이는 "사단과 칠정은 본연지성과 기질지성과의 관계와 같다. 본연지성은 기질을 포함하지 않은 순수한 이(理)만을 말하나, 기질지성은 본연지성을 겸하고 있는 것처럼, 사단은 칠정을 겸하지 못하나 칠정은 사단을 겸한다."라고 주장하였다.

결론적으로 이황과 기대승의 사단칠정논쟁은 이(理)와 기(氣)의 배속 관계에 대한 개념상 혼란으로 야기되어 점차 언어상의 논쟁으로 변질되었다. 이(理)와 기(氣)의 대립적 개념으로 설명함으로서 이상적인 도덕론을 정립하려는 이황의 시도는 오히려 이기(理氣) 개념에 혼란만을 초래하게 되었으며, 그의 사상적 한계와 언어 사용상의 착오는 논쟁의 실마리를 제공하게 된 것이었다. 왜냐하면 인(仁), 의(義), 예(禮), 지(智)의 사단은 도덕적 표준이라는 성격을 강하게 나타내지만, 형기와 인욕에 의해 발동하는 칠정의 선함은 사단의 순수한 도의적 선함과 같다고 볼 수 없기 때문이었다. 그 뒤 많은 학자들 간의 논쟁 결과, 조선의 성리학적 우주론과 인성론은 이황의 이상주의와 이이의 현실주의의 두 유형으로 구분되었다.

05. 율우논쟁(栗牛論爭)

율우논쟁은 이이의 호인 율곡(栗谷)과 성혼(成渾, 1535~1598)의 호인 우계(牛溪)를 따서 붙인 이름으로, 인심도심논쟁(人心道心論爭)이라고도 한다. 앞에서도 언급한 바와 같이, 성혼은 이이와 기호학파를 주도하던 평생지기였으며 이이가 죽은 뒤에는 모든 관직에서 물러나 서인의 영수로 활동하던 인물이었다.

성혼은 퇴고논쟁에 대해 기대승을 지지하면서 이황의 이기호발설을 반대하던 사람이었다. 그러다가 1568년에 이황을 만나 그의 학문적 깊이에 대해 깊은 영향을 받은 성혼은 공자의 '중용(中庸)'과 주희의 서적에서도 인심과 도심을 이(理)와 기(氣)로 나누어 설명한 것을 발견하고는 이황의 이기호발설을 수긍하기에 이르렀다. 율우논쟁은 이황이 죽은지 2년 뒤인 1572년에 이황의 주리론을 인정한 성혼이 이이의 의견을 타진하기 위해 서신을 보내면서 시작되었다. 성혼과 이이의 1년간의 논쟁은 그 후 영남학파와 기호학파 간의 논쟁으로 이어져 6년 동안 지속되었다.

성혼은 주희도 인심과 도심, 본연의 성과 기질의 성을 각각 이(理)와 기(氣)로 설명하였으므로 이황의 이기호발설이 옳지 않느냐고 이이에게 질문하였다. 성혼은 이황이 주장한 바와 같이 사람의 마음을 형기(刑氣)의 사사로움에서 생기는 인심(人心)과 성명(性命), 즉 천명에서 근원하는 도심(道心)으로 구분할 수 있는 것처럼, 정(情)도 이(理)에서 발한 사단과 기(氣)에서 발한 칠정으로 구분하는 것이 가능하다고 주장이었다.

이에 대해 이이는 인간의 마음(心)은 하나이나 이를 도심과 인심의 둘로 구분하는 것은 천명에서 나오는 도심과 사사로운 형기에서 나오는 인심을 구별하기 위함이나, 이러한 접근법으로 사단칠정을 분류해서는 안 된다고 주장하였다. 즉, 도심은 이성적이며 도의적 일면에 순응하는 마음을 의미하고, 인심은 육체적, 감각적 일면에 쏠리는 마음을 말하므로, 인심과 도심은 지향하는 방향이 서로 다르기 때문에 대립적인 개념으로 설명이 가능하다고 답변하였다. 그러나 인간의 마음은 이기(理氣)를 모두 겸하고 있으므로 어떠한 정신작용도 이기(理氣)의 공동작용이 아닌 것이 없으니, 사단칠정도 이기공발이 아닐 수 없다고 반박하였다. 따라서 사단은 이(理)에서 발동한 것이 아니라 칠정 중 선한 심리상태만을 꼬집어 말한 것에 불과하다고 부언하였다. 또한 이이는 이황이 인심과 도심을 절대적 개념으로 파악하는 것에 반해 인심과 도심은 상대적 개념이라고 하였다. 이이는 "사람의 마음이 성명(性命), 즉 천성(天性)과 천명(天命)에서 나왔다고 하더라도 그것을 능히 따르고 완수하지 못하면 도심으로 시작된 마음도 인심으로 끝나게 되며, 비록 사사로운 형기(形氣)에서 시작된 인심이라고 하더라도 바른 이치를 거슬리지 않거나, 바른 이치를 거슬렸다고 하더라도 이내 잘못을 깨우치고 바른 길로 들어서면 도심이 될 수 있는 것이다."라고 설명하였다. 이는 군자도 타락하면 소인이 될 수 있고 소인도 수련을 쌓으면 군자가 될 수 있다는 이치로 인심과 도심의 상대론적 견해라고 할 수 있다.

율우논쟁은 사단칠정뿐만 아니라 성리학의 핵심 주제까지 포함하여 퇴계학파와 율곡학파의 두 유형 간 사고방식의 대립으로 확대되었다. 그러나 이이에게 있어서 율우논쟁은 성리학에 대한 전반적인 이론체계를 정리하는 계기가 되었으며, 결과적으로 이이가 말년에 완성한 '성학집요'와 '인심도심설'의 이론적 근거를 제공하게 되었다.

06. 호락논쟁(湖洛論爭)

호락논쟁(湖洛論爭)은 18세기 초반에 이르러 노론 송시열 계의 주기파인 권상하(權尙夏, 1641~1721)의 문하생들 사이에서 일어난 인물성동이논쟁(人物性同異論爭)을 말한다. 호락논쟁이란 인간과 사물의 본성이 동일한지 다른지에 대한 논쟁으로, 인물성상이론(人物性相異論), 즉 인성(人性)과 물성(物性)은 다르다고 주장한 사림파들은 주로 충청도 지방인 호서지방에 거주한 호론(湖論)계였으며, 인물성상동론(人物性相同論), 즉 인성과 물성은 같다고 주장한 사림파들은 서울과 경기 지역인 낙론(洛論)계에 속했기 때문에 붙여진 이름이었다.

호락논쟁의 시초는 권상하의 문하생을 대표하는 8명인 강문8학사들 사이에서 두 가지 문제에 대한 토론으로 시작되었다. 첫째는 인간이 지켜야할 인(仁), 의(義), 예(禮), 지(智), 신(信)의 덕을 동물들도 가지고 있는지에 대한 의구심이었으며, 둘째는 칠정이 발동되기 전인 미발지심의 심체(心體)에 선과 악의 양면성이 있는 가하는 문제였다. 이 문제들에 대한 토론은 강문8학사 중 가장 뛰어난 제자인 이간(李柬, 1677~1727)과 한원진(韓元震, 1682~1751)에 의해 심화되었으며,

스승인 권상하가 인물성상이론을 주장한 한원진을 지지하자 인물성상동론을 주장한 이간을 지지하는 낙론파와 한원진을 지지하는 호론파로 분열되어 7년 동안 격렬한 논쟁을 벌이게 되었다.

먼저 인성과 물성이 같다고 주장한 이간은 주리론에 입각하여 만물은 음양오행이 갖추어진 뒤에 생성된 것이므로, 이(理)와 기(氣)는 인간을 포함한 천지만물에 동일하게 주어진 것이며, 따라서 인성과 물성은 같다고 주장하였다. 미발지심의 심체 또한 기발지중의 기질과는 아무런 상관없이 그 근본은 순수한 선이라고 주장하였다. 다만, 인성과 물성이 상이한 것처럼 보이는 것은 기질의 질적 차이로 인한 것이라고 주장하였다.

이에 대해 한원진은 스승인 권상하의 성삼층설(性三層說)을 이어받아 이통기국설(理通氣局說)의 입장에서 인성과 물성이 다름을 주장하였다.

한원진은 먼저 율곡 이이가 그의 이통기국설에서 "본연지성은 하늘로부터 인간을 포함한 천지만물에게 공통적으로 주어진 것이므로 인간과 동물이 다르지 않으나, 기질지성에 있어서는 인간과 동물이 서로 다르며 이때 기질지성의 차이는 기(氣의) 국한성 때문에 일어난다."고 주장하였다. 즉, 인간과 동물은 본연지성에 있어서는 동일하나 기질지성, 즉 기의 발현에 있어 인간의 기질은 정통(正通)하므로 능히 발용할 수 있으나, 동물의 기질은 편색(偏塞), 즉 치우치고 막힘이 많아 발용할 수 없으므로 달라진다고 하였다. 기질의 변화를 통해서 본연지성을 회복할 수 있다고 주장하는 사람들이 있으나, 이때에도 개는 개의 본성을 회복하고 소는 소의 본성을 회복하는 것이지, 개가 인간의 본성을 회복하는 것은 아니며, 따라서 본성이라 하여 인간과 동물의 본성을 같은 것으로 이해해서는 안 된다고 강조하였다.

한원진은 그의 주장을 관철하기 위해 만물의 생성과정을 3층 구조로 구분한 후 이를 권상하가 주장한 심성론의 성삼층설(性三層說)에 대입하여 설명하였다. 한원진은 만물의 생성구조를 기화(氣化) 단계, 형화(形化) 단계, 형화 속의 기화단계의 3단계로, 성삼층설을 초형기(超形氣), 인기질(因氣質), 잡기질(雜氣質)의 성이라는 3층 구조로 구분하여 이 들 간의 관계를 통해 인성과 물성의 차이점을 역설하였다.

우선, 제1층인 기화단계란 우주의 본질인 태극으로부터 남성적인 양기와 여성적인 음기로 나뉘는 기(氣)의 단계를 말하며, 이는 심성론의 초형기에 해당한다고 하였다. 초형기란 사사로운 형기(形氣)를 초월한다는 뜻으로, 태극으로부터 만물의 이치가 동일하게 주어지며, 따라서 사람과 사물도 오로지 일원(一原)으로서 이(理)만이 주재하는 초형기의 성, 즉 본연지성을 부여받아 인성과 물성이 같은 단계라고 하였다.

제2층인 형화단계란 음양의 두 기가 모여 만물의 형체를 이루는 단계로 일원(一原)으로서의 이(理)가 점차 갖가지 사물의 형태로 분수(分殊) 과정에 돌입하는 단계라고 하였다. 한원진은 제

2층과 제3층은 모두 기질지성에 속하나 제2층 단계에서의 이와 기의 관계란 기에 혼잡 되지 않은 이를 말하여, 이는 심성론의 인기질에 해당한다고 설명하였다. 한원진은 3단계의 생성과정 중 인성과 물성이 달라지는 것은 제2층의 인기질로, '기질(氣質)의 원인에 따라' 사람과 사물의 성이 달라진다고 하였다. 이는 앞에서 언급한 바와 같이 인간의 기질은 정통하므로 그 발용에 치우침이 없으나, 동물의 기질은 편협하고 막힘이 많아 국한됨이 많다는 것을 의미한다. 따라서 동물들은 동물로서의 본연의 성을 회복할 수는 있어도 동물이 인간이 될 수 없다고 강조하였다. 한원진은 인성과 물성이 근본적으로 다르다고 구분되어야만 만물의 영장인 인간과 동물 간의 상하, 존비, 귀천의 차등이 규정되며 금수와 차별되는 인간만의 존엄성과 도덕적 원천이 확립된다고 주장하였다.

마지막 단계인 형화 속의 기화단계란 형화과정을 통해 생성된 만물의 개별적인 형체 내부에서 지속적으로 기화가 이루어지는 과정으로, 이는 인간과 인간이 서로 다른 기질의 성으로 구분되는 단계라고 설명하였다. 한원진에 의하면, 제 3층은 심성론의 잡기질의 성에 해당하며, 잡기질의 성이란 이와 기가 섞여있는 기질지성으로 선과 악의 측면에서 인성이 제각기 다르다는 것을 강조한 것이라고 하였다. 따라서 이 단계는 선한 본연지성으로 돌아가기 위한 도덕실천의 대상으로서의 인간존재의 문제가 대두된다고 설명하였다.

또한 미발의 심체가 본래부터 선하다고 주장하는 이간과는 달리, 한원진은 미발의 심체도 기질지성처럼 선과 악의 양면성을 가지고 있다는 미발심체유선악설(未發心體有善惡說)을 주장하였다.

결론적으로, 한국에 전래된 성리학은 크게 우주론, 인성론, 수행론을 포함하는 이론으로 발전하였다. 우주론으로는 우주만물의 생성을 이(理)와 기(氣)로 설명하려는 주리론과 주기론이 대세를 이루어졌으며, 인성론 역시 인간의 신체를 주재하는 마음(心)을 이(理)와 기(氣)로 분류한 사단칠정론으로 집약되었다. 성리학적 수행론으로는 거경궁리(居敬窮理), 격물치지(格物致知), 입지역행(立地力行) 등이 중시되었다.

참고문헌 Reference

강성률 교수의 철학 이야기. 166회분(2017.03.27) – 철학자들의 기묘한 행동(6) – 키르케고르. 전남 영광군: 영광신문.

고은, 김상근, 최인철 등(2016). 어떻게 살 것인가(개정판): 성장하고 치유하는 삶을 위한 근원적 질문, 서울: 21세기 북스.

김영식, 박성래, 송상용(1992). 과학사. 서울: 전파 과학사.

김명혜(2017). 간호심리학. 서울: 나래출판사.

김병헌(2017년 11월 23일). 김병헌의 다시 짚어보는 우리 역사(31): 고종의 사라진 10년과 흥선 대원군(4) – 흥선 대원군은 서원 철폐의 실무 책임자였을 뿐이다. 한국사 교과서, 이대로 가르쳐서는 안 된다. 조선미디어 조선 Pub. 동국대학교 동국역사문화연구소 연구위원. http://pub.chosun.com/client/news

김용환(1989). John Locke의 인간론과 정치론에 대한 한 해석(Man and Politics in Locke's Philosophy: An Interpretation). http://www.dbpia.co.kr/Journal/ArticleDetail/NODE01275799

김정환(1980). 교육의 철학과 과제. 서울: 박영사.

김정환. 강선보. 신창호(2014). 교육철학(Philosophy of Education). 서울: 박영Story.

김종서, 이영덕, 정원식(1996). 최신 교육학개론. 서울: 교육과학사.

김지민(2012). 한국의 美 – 최고의 예술품을 찾아서(25). 도산서원 도산서당. 교수신문(2006년 11월 27일). 서울: 김달진 미술연구소.

남궁용권, 임채식, 정찬주(2008). 교육철학 및 교육사. 서울: 양서원.

네이버 지식백과. 누구든지 부처가 될 수 있다. 도생(청소년을 위한 동양철학사). 서울: 평단문화사.

다음 백과사전. http://100.daum.net/encyclopedia/view

문계석(2016년 12월). 철학 산책: 4. 실재론에서 관념론으로의 전향. 월간개벽, 상생문화연구부 서양철학부. 대전: 개벽

박광순(1994). 새로운 세계사. 서울: 범우사.

박양규(1981). 죤 로크(John Locke)의 人間悟性論에 있어서의 觀念에 關한 考察(Study on the idea in the "an essay concerning human understanding" by John Locke). 전북대학교 석사학위 논문. http://www.riss.kr/link?id=T2597963

박종철, 강현석, 김석우 외(2014). 현대 교육학 개론. 서울: 학지사.

백종기(1981). 한국근대사연구. 서울: 박영사.

성현숙, 박규호, 이민수, 김형민. 안성찬 감수. 그리스 로마 신화 인물백과.

    http://cafe.daum.net/gamlosu/GRN6/1511?q

신차균(2006). 교육철학 및 교육사의 이해. 서울: 학지사.

신차균, 안경식, 유재봉(2014). 교육철학 및 교육사의 이해. 서울: 학지사.

신창호(2015). 교육사 철학의 재인식을 위한 교육철학 및 교육사. 서울: 박영Story.

신창호(2018). 창조성과 교육철학. 창조교육총서 I. 서울: 박영Story.

윤재홍(2014). 교육철학과 교육사: 인간과 교육에 대한 관점의 다양성과 변화. 서울: 학지사.

이돈희(1978). 교육철학개론. 서울: 박영사.

이돈희, 조화태(1995). 교육철학. 서울: 한국방송통신대학교 출판부.

이재영(1983). 조지 버클리에 있어서 마음의 문제. 고려대학교 대학원 철학과 석사학위 논문

이현복(1993년 12월). 근대 철학에 있어 본유원리에 대한 논쟁(The Quarrel about Innate Principles in Modern Philosophy), 哲學, 제40집, 169−197.

임창재(2008). 교육철학 및 교육사. 서울: 양서원.

정세화(1997). 한국교육의 사상적 이해. 서울: 학지사.

정원규(2004). 제임스 실용주의: 철학 텍스트들의 내용분석에 의거한 디지털 지식자원 구축을 위한 기초적 연구. 철학사상, 3권, 19호. 서울: 서울대학교 철학사상연구소.

정진일(2012). 철학개론. 서울: 박영사.

조상식(2002). 윌리엄 제임스의 의식이론에 대한 학습 이론적 고찰−시간개념을 중심으로. 한독교육학연구, 7권, 1호 서울: 서울대학교 교육연구소.

조좌호(1982). 세계문화사. 서울: 박영사.

주영흠(2007). 아우구스티누스 교육사상. 서울: 학지사.

칸트. 백종현 역(2009). 판단력비판. 서울: 대우고전총서 24

최보경(2017년 10월). '미발지중(未發之中)'에 대한 나흠순과 율곡의 이해[Luo Jin Shun(羅欽順) and Yul−gok(栗谷)'s theory of Wei−fa centrality(未發之中)], 용봉인문논총, 51권, 0호. 전남대학교 인문학연구소, 181~212

최해숙(2016.08). 한원진 성삼층설의 현대적 해석(A current Interpretation of Han Wonjin's Theory of Three−Tiered Nature). 유학연구, 36집, 265~293. 충남대학교 유학연구소

피에르 아도. 이세진 역(2017). 고대철학이란 무엇인가, 서울: The Open Books Co.

한국국학진흥원. 유교백과사전. 삼층성설(三層性說). 경북 안동시 도산면.

    http://ugyo.net/et/dict/dict_view.jsp?sActnMode=dict

한국민족문화대백과사전. 인물성동이론(人物性同異論).

http://encykorea.aks.ac.kr/Contents/Item/E0046885

한단석(1982). 서양철학사. 서울: 박영사.

형준(2016. 10. 16). 콰인: 경험주의의 두 도그마.

　　　http://blog.naver.com/mmysides/220837339737

Berkeley, George. 한석환 역(1997). 하일라스와 필로누스가 나눈 대화 세 마당. 서울: 철학과 현실사.

Carl. G. Hempel. 곽강제 역(1987). 自然科學哲學. 서울: 박영사.

Dieter Teichert. 조상식 역(2003). 판단력 비판(06 쉽게 읽는 칸트). 서울: 출판이학사.

Democritus. https://www.ancient.eu/Democritus/

dictionary.catholic.or.kr/dictionary.asp?name1 = 경험론. GoodNews 가톨릭사전. ⓒGoodNews 천주교 서울대교구. 가톨릭인터넷 굿뉴스.

Empedocles. https://ericgerlach.com/greekphilosophy7/

Hicks, G. Dawes Hicks(1968). Berkeley. New York: Russell & Russell.

Immanuel Kant. 이석윤 역(2017). 판단력비판. 부록: 판단력비판 제1서론. 서울: 박영사.

Immanuel Kant. 최재희 역(2018). 실천이성비판. 부록: 순수이성비판연구. 서울: 박영사.

Internet Encyclopedia of Philosophy: A Peer−Reviewed Academic Resource.

　　　http://www.Iep.utm.edu/thales.

J. G. Brennan. 곽강제 역(2007). 철학의 의미(The Meaning of Philosophy). 3판. 서울: 박영사.

Manly P. Hall. The four idols of Francis Bacon and the new Instrument of knowledge. SirBacon.com.

　　　Sir Francis Bacon's new advancement of learning, http://www.sirbacon.org/links/4idols.htm

Michael Grant & John Hazel. 김진욱 역(1993). 그리스 로마 신화사전. 서울: 범우사.

New World Encyclopedia. http://www.newworldencyclopedia.org/entry/Megarian−school

Platon. https://plato.stanford.edu/entries/pragmatism/

Stanford Encyclopedia of Philosophy. stanford.library.sydney.edu.au/

Wikipedia. https://en.wikipedia.org/wiki/Main_Page

저자약력

김명혜
연세대학교 졸업
미국 Kent State University 교육학 박사
현 경복대학교 재직 중

철학의 이해

초판발행   2019년 2월 28일

지은이   김명혜
펴낸이   안상준

기획/마케팅 손준호
표지디자인   김연서
제 작   우인도·고철민

펴낸곳   ㈜ 피와이메이트
          서울특별시 금천구 가산디지털2로 53 한라시그마밸리 201호(가산동)
          등록 2014. 2. 12. 제2018-000080호
전 화   02)733-6771
f a x   02)736-4818
e-mail   pys@pybook.co.kr
homepage www.pybook.co.kr
I S B N   979-11-89643-81-2   93160

정 가   26,000원

박영스토리는 박영사와 함께하는 브랜드입니다.